Financial Accounting

21世纪高等院校经济管理类规划教材

四川省“十二五”普通高等教育本科规划教材

中级财务会计

（第2版）

□ 吴学斌　主编

□ 黄增玉　张雪南　副主编

□ 唐国琼　主审

人民邮电出版社

北京

图书在版编目（CIP）数据

中级财务会计 / 吴学斌主编. -- 2版. -- 北京 : 人民邮电出版社, 2014.2(2016.6重印)
21世纪高等院校经济管理类规划教材
ISBN 978-7-115-33887-7

Ⅰ. ①中… Ⅱ. ①吴… Ⅲ. ①财务会计－高等学校－教材 Ⅳ. ①F234.4

中国版本图书馆CIP数据核字(2013)第317832号

内容提要

本书以新《企业会计准则》为依据，紧跟会计发展的最新动态，深入浅出、循序渐进地阐述了财务会计的基本理论与实务。

全书共13章，内容包括财务会计基本理论、财务会计实务、财务报表编制三大部分。各章编有学习目标、本章小结、复习思考和基本训练。基本训练题型丰富，包括单选题、多选题、判断题、业务题和案例分析题，便于学生全面理解和掌握各章知识要点。

本书提供教案、课件、习题答案、补充习题集及答案、教学案例库、模拟试卷等资料。

本书可作为高等院校会计和其他经济管理专业本科生教材，也可作为自学会计的参考书。

◆ 主　　编　吴学斌
副 主 编　黄增玉　张雪南
主　　审　唐国琼
责任编辑　万国清
责任印制　彭志环　杨林杰

◆ 人民邮电出版社出版发行　　北京市丰台区成寿寺路11号
邮编　100164　　电子邮件　315@ptpress.com.cn
网址　http://www.ptpress.com.cn
固安县铭成印刷有限公司印刷

◆ 开本：787×1092　1/16
印张：21.5　　2014年2月第2版
字数：524千字　　2016年6月河北第5次印刷

定价：45.00元

读者服务热线：(010)81055256　印装质量热线：(010)81055316
反盗版热线：(010)81055315
广告经营许可证：京东工商广字第8052号

第 2 版前言

本书第 1 版自 2011 年 2 月出版以来，受到选用本教材的老师和学生们的广泛肯定，为了更好地满足不同层次学生的学习需要和任课教师的教学要求，结合本书第 1 版用户的反馈意见，我们对原教材进行了修订，主要涉及以下几方面。

1. 删除财务报表分析部分，调整部分章节顺序

原教材考虑体系的完整性设有财务报表分析一章，而财会专业学生均会学习财务报表分析课程，故在本版中删除本部分内容。

原教材中“投资性房地产”放在“无形资产与长期待摊费用”之前，但由于投资性房地产的核算中，有的业务会涉及无形资产的核算内容，为了使章节内容更符合认知的逻辑顺序，我们将这两章进行了调换，将“投资性房地产”作为第八章放在第七章“无形资产与长期待摊费用”之后，这样更便于学生学习和理解。

2. 增加了部分知识链接

根据财政部和国家税务总局 2013 年 5 月 27 日联合印发的《关于在全国开展交通运输业和部分现代服务业营业税改征增值税试点税收政策的通知》，从 2013 年 8 月 1 日起，将在全国范围内开展交通运输业和部分现代服务业营业税改征增值税的全面试点，因此，在第四章“存货”和第九章“流动负债”中增加了关于“营改增”相关内容的知识链接和介绍。除此之外，在其他章节也增加和修改了部分知识链接。

3. 增加和更新了部分案例

根据经济形势的发展和会计实务中出现的新情况、新问题，第 2 版教材新增了部分案例，并将部分相对过时的案例进行了更新，以提高教材的可读性和适用性。

4. 简化、补充了部分章节内容

根据部分用书教师的建议，对个别章节的内容进行了适当的简化或补充。例如，第三章“应收款项”中的“应收票据”一节，我们根据建议简化了带息应收票据的相关会计处理；在第五章“投资”的第二节“交易性金融资产”中，增加了关于金融资产的概念及分类的介绍等。

5. 增加了习题难度和题量

在新版教材中，我们在基本保留原来每章课后练习的基础上，在有些章节后面增加了一部分有难度的习题和案例，有些章节后面增加了习题的题量。

6. 其他改进事项

本版对原书中个别错误进行了勘误，同时对原教辅资料进行了修订和完善。

由于编者的水平和时间有限，本教材可能仍存在不足之处，敬请采用本教材的师生和读者提出宝贵意见，以利于教材的持续改进。

编　者

2013 年 10 月 6 日

前言

自2006年财政部颁布新的《企业会计准则》以来，伴随着我国经济的不断发展，会计改革的步伐也明显加大。为了适应经济发展的需要，在新准则颁布以后，财政部又陆续发布了一系列企业会计准则解释公告。这些新的会计规范的发布和实施，标志着自新准则颁布以来，会计实务又有了重大的发展和变化。在这样的背景下，为了紧跟会计改革的步伐，满足会计教学的需要，我们西南财经大学会计学院的部分教师和学者进行了积极的探索，博采各种财务会计教材之所长，运用最新的会计理论和规范，结合丰富的教学实践经验，共同精心编撰了这本《中级财务会计》。

本书在编写中力求突出以下几个特点。

（1）体现会计准则最新动态。会计教材与其他教材不同，其政策性和时代感都很强，不紧跟时代和政策变化的会计教材很快就会被淘汰。因此，本书在编写时结合新准则颁布后财政部发布的一系列准则解释公告，在长期股权投资和可供出售的金融资产等章节中都体现了会计准则最新变化的内容。

（2）理论与实务紧密结合。本书的编撰充分考虑了财务会计学科的特点，注重理论与实务相结合。本书除在第一章专门介绍财务会计的基本理论以外，以后各章不仅介绍相关的基本原理，也阐明其在会计实务中的具体运用，着力培养学生理论与实践相结合的能力。

（3）遵循会计教学规律。本书在内容的章节安排上尽力遵循会计教学规律，力求做到由浅入深、循序渐进，以适应财务会计教学的要求。

（4）体例上注重形式多样化。本书在每章开头设有学习目标，后面设有本章小结、复习思考和基本训练，以便帮助学生理解和掌握各章重点内容。在各章的适当位置穿插安排了相关案例、知识链接、补充知识、小提示等栏目，以便增加教材的可读性，提高学生学习的兴趣，开拓学生的视野。在每章后面我们还设计了各种类型的习题，并配有答案，以方便学生自学。

（5）配套资料丰富。为方便读者学习和教师授课，本书提供多媒体课件、电子教案、习题库、案例集等相关辅助资料（索取方式参见本书末页“配套资料索取说明”）。

本书由吴学斌任主编，黄增玉、张雪南任副主编，由唐国琼教授主审。各章的撰写具体分工如下：第一、第二、第三章由吴学斌执笔，第四、第五章由黄增玉执笔，第六章由张冬执笔，第七、第九、第十章由张雪南执笔，第八章由蒋航程执笔，第十一章由吴学斌、王天鸽共同执笔，第十二章由邹燕执笔，第十三章由黄增玉、徐坚共同执笔，第十四章由牟涛执笔。初稿完成后，由主编吴学斌对全书进行了修改和统稿。研究生刘禹、杨艳茹对本书初稿进行了文字校对，在此向他们表示衷心的感谢！

本书在撰写过程中参考了大量相关的教材和论著，在此向有关作者致以深深的谢意！

由于作者的水平有限，本书难免有疏漏和不足之处，敬请读者批评指正。

编　者

2011年1月

目 录

第一章 总 论

【学习目标】

通过本章的学习，应该了解财务会计的含义和特征，明确财务会计的目标；了解企业会计准则产生与发展的基本背景；掌握会计基本前提与会计基础；明确会计信息的质量要求；掌握会计要素及其特征；了解会计确认的基本条件和会计计量属性。

第一节 财务会计及其目标

一、财务会计的含义和特征

财务会计是随着社会生产的发展和经济环境的变化而产生和发展起来的，并且在发展中不断地成熟和完善，成为现代会计的一个重要分支。

早期的会计主要是对经济活动进行简单的计量和记录，反映财产的使用和分配情况。当企业出现以后，会计的工作也主要是服务于企业的业主。

进入20世纪以后，随着经济的发展，股份有限公司逐渐发展成为西方国家主要的企业组织形式。在这种企业组织形式下，企业的所有权与经营权相分离，股东是企业的投资人和所有者，但股东通常并不直接从事企业的经营活动，他们通过董事会或股东大会聘用经理人员对企业的生产经营活动进行组织和管理，这样就形成了以投资者、债权人等为主的企业外部利益集团。企业的投资者关心企业的管理层对受托资产的使用和保管情况，关心企业的赢利水平和投资回报；企业的债权人关心企业的赢利能力和偿债能力，以及有关债权的安全性。企业的这些外部利益集团都迫切需要企业会计提供关于企业经营活动的有关财务会计信息，以便他们作出有效的投资和经营决策。这时，会计不再限于对企业的业主服务，而应考虑企业外部利益集团的需要，满足他们对财务会计信息的需求。为适应这种需求，传统会计逐步演变为以对外提供财务会计信息为主的财务会计。

财务会计是为了适应对外提供会计信息的需要而产生的，为了使企业提供的会计信息具有客观性和公正性，财务会计需要接受社会公认的会计原则的约束和指导，使提供的会计信息能够取信于企业外部利益集团，从而保护投资者和债权人的利益。财务会计的形成，也使得会计核算的内容和方法都得到了较大的发展，从原来简单的计量和记录行为，发展成为对企业的所得与所耗进行计量与比较，全面地反映和监督企业的经济活动过程。

综上所述，财务会计是依据会计准则，对企业生产经营过程中所发生的经济业务进行确认、计量、记录和报告，向企业的外部信息使用者提供有关企业财务状况、经营成果和现金流量的信息，以使其作出合理有效的经济决策的一种经济管理活动。

财务会计是在传统会计的基础上发展起来的一门独立的会计学科，是现代企业会计的一个重要分支，它的基本特征表现在以下几个方面。

1. 财务会计以企业外部信息使用者为主要服务对象

企业财务会计信息的使用者既包括企业外部的使用者，又包括企业内部的使用者，但财务会计信息主要是提供给企业外部的信息使用者，如投资者、债权人、政府机构、税务部门、证券监管部门以及社会公众等，作为他们进行投资决策、信贷决策、征税决策、证券上市许可和证券交易管理决策以及其他经济决策的依据。

2. 财务会计以提供财务报告作为信息传递的手段

财务会计提供财务信息的主要形式和对外传递的主要手段是财务报告，包括财务报表、附注等。财务报表是财务报告的核心，它主要提供企业的财务状况、经营业绩和现金流动信息。虽然企业外部会计信息使用者众多，其决策各不相同，对企业会计信息的要求也不一样，但是财务会计不是针对某个具体外部使用者的决策需求来提供财务报表，而是根据各个利益集团的共同需要综合提供一套财务报告，即定期编制通用的财务报告，以满足所有外部会计信息使用者的共同决策需要。

3. 财务会计采用其特定的会计处理程序和方法

财务会计有自己特定的、严密的会计处理程序。这些程序主要由确认、计量、记录和报告等环节构成，它们既各司其职又相互配合，形成一个有机的整体，对日常发生的经济业务进行分类记录、加工汇总和编制报表，以便产生条理化和系统化的会计信息。

4. 财务会计以公认的会计原则为指导

财务会计的服务对象主要是企业外部信息使用者，他们与企业管理当局有着不同的利益和信息要求。为了维护企业所有利害关系人的利益，保证财务会计信息的真实与公允、相关与可比，需要对财务会计的处理程序和财务报表的编制按照公认的会计原则来进行。在我国，财务会计的规范是企业会计准则，企业财务会计的数据处理过程和财务报表的编制都必须符合企业会计准则的要求。

二、财务会计的目标

财务会计的目标是指进行财务会计工作所要达到的境界或目的。财务会计理论体系和会计实务都是建立在财务会计目标的基础之上。我国企业财务会计的目标是向财务会计信息使用者提供与企业财务状况、经营成果和现金流量等有关的会计信息，反映企业管理层受托责任履行情况，有助于财务会计信息使用者作出经济决策。具体来说，财务会计的目标主要包括以下两个方面的内容。

1. 向财务会计信息使用者提供对决策有用的信息

企业财务会计的主要目的是满足财务会计信息使用者的需要，有助于其作出经济决策。财务会计信息的使用者包括投资者、债权人、政府部门以及社会公众等，企业要为外部各方了解其财务状况、经营成果和现金流量提供相关信息。

企业的投资者为企业提供了经济资源，为了自身的利益，关心企业的管理层对受托资产的使用和保管情况，关心企业的赢利水平和投资回报；企业的债权人出于自身债权安全的考虑，关心企业的赢利能力和偿债能力；政府部门为了维护正常的经济秩序，加强对企业的监督，进行税收征管，需要了解企业的会计信息，以作为制定有关政策的依据；社会公众作为企业潜在的投资者，会关注企业的财务状况、经营成果和赢利能力，以便作出是否对其投资的决策。由于这些财务会计信息的使用者不能直接参与企业的生产经营活动，他们对企业财务会计信息的了解只能通过企业对外提供的财务报告来获取。因此，向财务会计信息使用者提供对决策有用的信息是财务会计的基本目标。

2. 反映企业管理层受托责任的履行情况

由于现代企业制度下所有权和经营权的分离，企业管理层受委托人之托经营管理企业的各项资产，因而负有受托责任。企业管理层所经营管理的资产均为投资者投入的或向债权人借入的，投资者和债权人作为委托方将资产委托给了企业管理层，企业管理层作为受托方就有责任妥善保管和有效地运用这些资产，并向委托人报告其受托责任履行的情况，以便其评价企业管理层的经营业绩和责任，以决定是否需要调整投资和信贷政策，是否需要更换企业管理层等。同时，企业经营管理的好坏直接影响到企业的经济效益，影响到企业在市场上的竞争力，甚至事关企业的前途和命运。因此，财务会计应该为企业管理层提供有关企业财务状况、经营成果和现金流动情况的信息，有助于企业经营管理者进行合理、有效的决策，加强企业的经营管理，确保受托经济资源得到保值和增值。

知识链接

关于会计目标的两大观点

20世纪70年代以来，西方会计学界关于会计目标的研究，形成了两种代表性的观点，即受托责任观和决策有用观。

受托责任观产生的经济背景是企业所有权与经营权相分离，并且投资人与经营者之间有明确的委托与受托关系。这种观点认为，任何个人和单位接受了委托人提供的经济资源，就负有受托责任，应以最大的努力运用和管理好委托人交付的各种经济资源，确保它们得到保值和增值，并如实向委托方报告受托责任的履行过程和结果。

决策有用观是在证券市场日益扩大化和规范化的历史背景下形成的。决策有用观认为，会计的目标就是为了向投资者、债权人以及其他会计信息使用者提供对他们作出决策有用的信息。

我国新的企业会计准则对财务会计目标的定义采用了两种观点的结合。

第二节 企业会计准则

财务会计是以企业外部信息使用者为主要服务对象，为他们提供决策所需的信息。为了使企业提供的会计信息具有客观性和公正性，迫切需要一套社会公认的、统一的会计原则来规范其行为，在这种情况下，企业会计准则应运而生。

会计准则最早于20世纪30年代出现在美国。当时美国正经历了经济大危机，这次经济危机之后，美国公众对企业公布的会计报表普遍产生了不信任感，纷纷指责会计处理的随意性，因此，为了加强企业会计核算的规范化，提高会计信息的质量，美国制定了公认会计原则。

1973年6月，来自澳大利亚、加拿大、法国、联邦德国、日本、墨西哥、荷兰、英国、爱尔兰以及美国的16个职业会计师团体，在英国伦敦成立了国际会计准则委员会（IASC）。从1983年起，作为国际会计师联合会（IFAC）成员的所有会计职业团体均已成为国际会计准则委员会的成员。中国于1998年5月正式加入国际会计准则委员会和国际会计师联合会。国际会计准则委员会从成立以来，陆续制定、颁布了一系列国际会计准则，截至2000年年底，国际会计准则委员会已颁布41项国际会计准则（其中大多数仍然有效）和24项解释公告，为促进国际会计的协调作出了重要贡献。

国际会计准则的制定是一个国际协调的过程，并随着世界经济一体化而不断改进和发展。由于国际会计准则委员会是一个民间机构，它所制定的国际会计准则并没有强制约束力，国际会计准则委员会必须寻求各国的支持，特别是会计职业界和证券监管机构的支持。国际会计准则委员会在最初制定会计准则时，由于兼顾各国会计法规、经济环境和法律体系等方面的差异，会计协调比较困难，准则几乎包容了各国会计实务，在许多会计问题上允许在多种备选方案中选择。到了20世纪80年代末，世界经济一体化发展对国际会计协调的需求明显增加，国际会计准则在会计政策选择上的多样性问题变得非常突出，从而遭到国际社会非议。为此，国际会计准则委员会于1989—1993年实施了增进财务报表可比性项目，对10项争议较大的准则进行了改进。在某些情况下，准则对同类交易或事项允许两种处理方法，即基准处理方法和允许选用的处理方法。这一项目的完成无疑有助于提高财务信息的可比性，但是，这套准则没有为证券委员会国际组织（International Organization of Securities Commisions，IOSCO）所接受。1995年，情况有了改变，证券委员会国际组织与国际会计准则委员会达成协议，要求国际会计准则委员会完成一套核心准则，证券委员会国际组织审核通过后，将作为跨境上市和筹资时编制会计报表的依据。到2000年，核心准则项目已基本完成。

经过国际会计准则委员会多年的努力，国际会计准则越来越广泛地被世界所接受。目前，一些国家和地区，如澳大利亚、新加坡和中国香港等，只对国际会计准则稍做改动，即作为本国或地区的会计准则；一些新兴市场国家或转型经济国家，如包括我国在内的很多亚洲国家、中欧和东欧国家，兼顾国际会计准则和本国国情，制定本国的会计准则；一些国家和地区，如法国、德国、澳大利亚和中国香港等的证券交易所及监管机构已允许外国和本地公司按国际会计准则报送财务报表；同时，越来越多的跨国公司采用国际会计准则编制会计报表。但是，世界经济形势发展对国际会计准则委员会这一国际会计准则制定机构提出了更高的要求，即对国际会计准则委员会实施重大重组。

对国际会计准则委员会及国际会计准则的地位与发展来说，美国发挥着重大影响。美国拥有世界最发达的资本市场、最强的经济实力，如何协调国际会计准则与美国的关系成为突出问题。事实上，美国虽然是国际会计准则委员会的发起国，但一直不看重国际会计准则。他们认为美国会计准则优于国际会计准则，拒不接受按国际会计准则编制的会计报表，但这样一来就使得不少上市公司转向欧洲等其他资本市场筹资，这又是美国所不愿看到的。世界经济一体化发展使美国不得不切实地考虑国际会计准则应有的地位，因为不可能让世界各国都按美国会计准则编报会计报表。从而，在国际会计准则委员会将要完成核心准则项目和机构重组进入实质性阶段时，美国从不关心改为主动介入，从而改变了国际会计准则委员会的结构和力量平衡，对国际会计准则委员会重组方向产生了巨大影响。

国际会计准则委员会从1997年开始进行全面重组，并于2001年年初基本完成历时

4年的重大重组，改为国际会计准则理事会（IASB）。重组前颁布的准则称为“国际会计准则（IAS）”，重组后颁布的准则称为“国际财务报告准则（IFRS）”。

小知识

常见会计机构和会计名词中、英文及缩写如下。

1. 国际会计准则委员会 IASC International Accounting Standards Committee
2. 国际会计准则理事会 IASB International Accounting Standards Board
3. 国际会计准则 IAS International Accounting Standards
4. 国际财务报告准则 IFRS International Financial Reporting Standards
5. 中国会计准则 CAS Chinese Accounting Standards
6. 企业会计准则 ASBE Accounting Standards for Business Enterprises
7. 中国注册会计师协会 CICPA The Chinese Institute of Certified Public Accountants
8. 注册会计师 CPA Certified Public Accountants

我国自1988年起开始研究起草企业会计准则，1992年11月正式发布了《企业会计准则》，并于1993年7月1日起施行。之后，为适应我国市场经济发展和经济全球化的需要，财政部对上述准则做了系统的修改，并制定了一系列新的准则。2006年2月15日，我国发布了包括《企业会计准则——基本准则》和38项具体准则在内的企业会计准则体系，从2007年1月1日起施行，从而实现了我国会计准则与国际财务报告准则的实质性趋同。

国际财务报告准则由编报财务报表的框架、国际财务报告准则和解释公告三部分构成，这与我国企业会计准则体系的整体架构一致。

我国企业会计准则体系由基本准则、具体准则、企业会计准则应用指南和解释公告等组成。其中，基本准则类似于国际财务报告准则中“编报财务报表的框架”，在整个企业会计准则体系中起着统驭作用，是具体准则的制定依据。具体准则是在基本准则的基础上对具体交易或事项进行会计处理的规范；应用指南是对具体准则的一些重点难点问题作出的操作性规定；解释公告是随着企业会计准则的贯彻实施，就实务中遇到的实施问题而对准则作出的具体解释。

我国企业会计准则各项具体准则规范的内容和有关国际财务报告准则的内容基本一致，具体对应关系如表1.1所示（财政部会计司编写组，2006）。

表1.1 中国企业会计准则与国际财务报告准则具体项目比较表

中国企业会计准则	国际财务报告准则
CAS 1 存货	IAS 2 存货
CAS 2 长期股权投资	IAS 27 合并财务报表和单独财务报表
	IAS 28 联营中的投资
	IAS 31 合营中的权益
CAS 3 投资性房地产	IAS 40 投资性房地产
CAS 4 固定资产	IAS 16 不动产、厂场和设备
	IFRS 5 持有待售的非流动资产和终止经营
CAS 5 生物资产	IAS 41 农业
CAS 6 无形资产	IAS 38 无形资产
CAS 7 非货币资产交换	IAS 16 不动产、厂场和设备
	IAS 38 无形资产
	IAS 40 投资性房地产

续表

中国企业会计准则	国际财务报告准则
CAS 8 资产减值	IAS 36 资产减值
CAS 9 职工薪酬	IAS 19 雇员福利
CAS 10 企业年金	IAS 26 退休福利计划的会计和报告
CAS 11 股份支付	IFRS 2 以股份为基础的支付
CAS 12 债务重组	IAS 39 金融工具：确认和计量
CAS 13 或有事项	IAS 37 准备、或有负债和或有资产
CAS 14 收入	IAS 18 收入
CAS 15 建造合同	IAS 11 建造合同
CAS 16 政府补助	IAS 20 政府补助的会计和政府援助的披露
CAS 17 借款费用	IAS 23 借款费用
CAS 18 所得税	IAS 12 所得税
CAS 19 外币折算	IAS 21 汇率变动的影响
	IAS29 恶性通货膨胀经济中的财务报告
CAS 20 企业合并	IFRS 3 企业合并
CAS 21 租赁	IAS 17 租赁
CAS 22 金融工具确认和计量	IAS 39 金融工具：确认和计量
CAS 23 金融资产转移	
CAS 24 套期保值	
CAS 25 原保险合同	IFRS 4 保险合同
CAS 26 再保险合同	
CAS 27 石油天然气开采	IFRS 6 矿产资源的勘探和评价
CAS 28 会计政策、会计估计变更和差错更正	IAS 8 会计政策、会计估计变更和差错
CAS 29 资产负债表日后事项	IAS 10 资产负债表日后事项
CAS 30 财务报表列报	IAS 1 财务报表的列报
	IFRS 5 持有待售的非流动资产和终止经营
CAS 31 现金流量表	IAS 7 现金流量表
CAS 32 中期财务报告	IAS 34 中期财务报告
CAS 33 合并财务报表	IAS 27 合并财务报表和单独财务报表
CAS 34 每股收益	IAS 33 每股收益
CAS 35 分部报告	IFRS 8 分部报告
CAS 36 关联方披露	IAS 24 关联方披露
CAS 37 金融工具列报	IFRS 7 金融工具：披露
	IAS 32 金融工具：列报
CAS 38 首次执行企业会计准则	IFRS 1 首次采用国际财务报告准则

第三节　会计基本前提与会计基础

一、会计基本前提

会计的基本前提也称会计假设，它是对会计核算所处的时间、空间等环境所做的合理设定，是进行会计工作所必须具备的前提条件。会计的基本前提包括会计主体、持续经营、会计分期和货币计量。

1. 会计主体

会计主体是指会计为之服务的特定单位，它规范了会计确认、计量和报告的空间范围。要开展会计工作，首先要明确会计主体，会计人员只为其特定的会计主体服务。在会计主体的前提下，会计核算应当以其实际发生的交易或事项为核算对象，进行会计确认、计量和报告。明确了会计主体，才能划定会计所要处理的交易或事项的范围，把握会计处理的立场，以便区分会计主体和其他主体的经济活动，区分会计主体和主体所有者的经济活动。

会计主体不同于法律主体。一般来说，法律主体必然是会计主体，但会计主体并不一定就是法律主体。任何企业，无论是独资、合伙还是公司企业，都是会计主体。在企业规模较大的情况下，为了便于掌握其分支机构的生产经营活动及收支情况，可以将其分支机构作为一个会计主体，要求其定期编制报送会计报表。此外，在控股经营的情况下，母公司及其控制的子公司均为独立的法律主体，且各为会计主体，但为了全面反映企业集团整体财务状况、经营成果和现金流量，可将母公司及其子公司这些独立的法律主体组成的企业集团视为一个会计主体，编制合并会计报表。

【例 1.1】 黄河基金公司共管理了 5 支证券投资基金，对于黄河基金公司而言，其拥有法人资格，既是法律主体，又是会计主体，需要以公司为主体进行会计核算，对外提供财务报表。而其管理的各支基金，不具有独立的法人资格，不属于法律主体，但因各自拥有独立的资金，需要单独进行会计核算，并向基金持有人定期披露基金的财务状况和经营成果等，因此，每支基金都是独立的会计主体。

2. 持续经营

持续经营是指会计主体的生产经营活动将无限期地延续下去，在可以预见的未来，会计主体不会面临破产、进行清算。持续经营要求会计人员以会计主体持续、正常的经营活动为前提，在此前提下选择确定会计程序及会计处理方法，进行会计核算。

财务会计所使用的一系列会计处理方法都是建立在会计主体持续经营前提的基础上的。例如，企业的资产按历史成本计价；机器设备、厂房等固定资产按使用年限计提折旧；无形资产的价值按有效期进行摊销；企业所负担的债务按照原先规定的年限和条件偿还等。如果没有规定持续经营这一前提，这些原则和方法就失去了存在的基础。因此，只有在持续经营的前提下，会计核算中所使用的会计处理方法才能保持稳定。

在现实生活中，企业不能持续经营的风险总是存在的。一旦判定企业不再具备持续经营的前提条件，已经面临停业或破产清算，就应当改变会计核算的程序和方法，并在企业财务会计报告中做相应披露。

3. 会计分期

会计分期又称会计期间，是指将会计主体持续不断的经营活动划分成若干连续的、长短相同的区间。会计分期的目的在于及时结算账目，编制会计报表，提供会计信息，以满足企业内部加强经营管理及其他有关各方进行决策的需要。

在持续经营的情况下，从理论上来说，要想最终确定企业的经营成果，只有等到会计主体所有的生产经营活动最终结束时，才能通过收入和费用的归集与比较，计算会计主体的盈亏。但是，这样做实际上是行不通的，也是不允许的。因为企业的经营管理者以及投资者、债权人都需要及时了解会计信息，以便进行相关决策。因此，有必要将持续不断的经营活动划分成一个个相等的会计期间，分期进行会计核算，提供会计报表。

会计期间通常分为年度和中期。在我国，年度和中期起讫日期与公历日期一致。中期是指短于一个完整的会计年度的报告期间，半年度、季度和月度均称为会计中期。

会计期间的划分对会计核算意义重大。由于有了会计分期，才产生了本期与非本期的区别；有了本期与非本期的区别，才产生了权责发生制和收付实现制两种记账基础；在采用权责发生制的基础上，产生了应收、应付、预收、预付、待摊、预提等特殊的会计处理方法。

4. 货币计量

货币计量是指会计主体在进行会计确认、计量和报告时采用货币作为统一的计量单位，记录和报告会计主体的经营情况。

在商品经济条件下，货币是衡量商品价值的共同尺度，它可以把劳动量度、实物量度等不同的计量单位换算成统一的计量单位。在货币计量的前提下，才能综合、全面地反映企业的财务状况和经营成果。

货币计量以币值不变为条件。因为只有在币值稳定或相对稳定的情况下，不同时期的资产价值才具有可比性，收入和费用才能进行比较，计算确定经营成果。但在现实经济社会，币值变动时有发生，甚至可能出现恶性通货膨胀，这使得货币计量这一假设具有一定的局限性。

二、会计基础

在财务会计工作中，由于会计期间的划分，如何确定每个期间的收入和费用，从而正确计算各期的损益，会计面临两种选择：其一是直接根据账簿中所记录的本期实际发生的收入和费用来计算当期损益，其二是按照收入和费用的归属期来计算当期损益。两种选择代表了两种不同的会计记账基础，即收付实现制与权责发生制。

收付实现制是以款项的实际收付为标准来确定本期收入和费用的方法。在收付实现制下，凡是本期收到的收入和付出的费用，无论是否属于本期，都应作为本期的收入和费用；凡是不在本期收到的收入和付出的费用，即使应该属于本期，也不作为本期的收入和费用。

权责发生制是以应收应付为标准来确定本期收入和费用的方法。在权责发生制下，凡是应该属于本期的收入和费用，无论款项是否实际收到或付出，都作为本期的收入和费用；凡是不属于本期的收入和费用，即使款项已在本期实际收到或付出，也不应当作为本期的收入和费用。

为了更加真实、公允地反映特定会计期间的财务状况和经营成果，我国《企业会计准则——基本准则》明确规定，企业的会计确认、计量和报告应当采用权责发生制作为会计基础。

小提示

目前，我国的行政单位会计核算采用收付实现制。事业单位会计除经营业务可以采用权责发生制外，其他大部分业务采用收付实现制。

第四节　会计信息的质量要求

财务会计的基本目标就是要为会计信息使用者提供决策所需的信息。为了保证会计信息的质量，必须规范会计确认、计量和报告的行为，明确会计信息的质量要求。根据我国《企业会计准则——基本准则》的规定，会计信息的质量要求包括可靠性、相关性、可理解性、可比性、实质重于形式、重要性、谨慎性、及时性等。

一、可靠性

可靠性是指企业应当以实际发生的交易或者事项为依据进行确认、计量和报告，如实反映符合确认和计量要求的各项会计要素及其他相关信息，保证会计信息真实可靠、内容完整。

可靠性是对会计核算工作的基本要求。会计信息是国家宏观经济管理部门、企业管理层以及投资者、债权人等有关各方进行经济决策的依据，如果会计数据不能真实、客观地反映企业经济活动的实际情况，就无法满足有关各方了解企业经营情况、进行经济决策的需要，甚至可能导致错误的决策。

可靠性通常包括下面三层含义：一是会计核算应当以实际发生的交易或者事项为依据，真实反映企业的财务状况、经营成果和现金流量，保证会计信息的真实性；二是会计核算应当准确反映企业的财务情况，保证会计信息的可靠性；三是会计信息应当能够经得起检验，具有可验证性。

二、相关性

相关性是指企业提供的会计信息应当与投资者等财务报告使用者的经济决策需要相关，有助于财务报告使用者对企业过去、现在或者未来的情况作出评价或者预测。

会计的目标就是为有关方面提供会计信息，充分发挥会计信息的作用，提高会计信息的使用价值，必须让提供的会计信息与信息使用者的决策需要相关。如果提供的会计信息不能满足信息使用者的要求，对信息使用者的决策没有什么作用，那就不具有相关性。

相关性要求在会计核算过程中，要考虑会计信息使用者对会计信息需求的不同特点，确保提供的会计信息与有关各方的决策需要相关。由于不同的会计信息使用者有着不同的需要，即使再全面的会计报表也不可能完全满足所有各方的需要。因此，会计核算只能提供通用的会计信息，会计信息的使用者通过对通用会计报表中的信息进行加工整理，能够得到其所需要的会计信息，这样的会计信息就符合相关性的要求。

三、可理解性

可理解性是指企业提供的会计信息应当清晰明了，便于投资者等财务报告使用者理解和使用。

提供会计信息的目的在于使用，要使用会计信息首先必须了解会计信息的内涵，弄懂会计信息的内容。这就要求提供的会计信息应当简明、易懂，能够清晰、明了地反映企业的财务状况、经营成果和现金流量，并容易为人们所理解。随着我国证券市场的发展，会计信息的使用者也越来越广泛，国家宏观经济管理部门、企业内部管理层、企业的投资者和债权人、社会上广大的个人投资者都是会计信息的用户，这客观上对会计信息的可理解性提出了越来越高的要求。

四、可比性

可比性要求企业提供的会计信息应当具有可比性。

可比性主要包括两层含义：一是同一企业不同时期发生的相同或者相似的交易或事项应

当采用一致的会计政策，不得随意变更。确需变更的，应当在附注中说明。二是不同企业发生的相同或相似的交易或事项应当采用规定的会计政策，确保会计信息口径一致、相互可比。

按照可比性的要求，应当按照国家统一规定的会计处理程序和方法进行会计核算，使所有企业的会计核算资料和数据能够相互比较，便于分析、汇总，以满足国民经济宏观管理和调控的需要。

在会计核算中坚持可比性，既可以提高会计信息的相关性，又可以制约和防止会计主体通过会计处理程序和方法的变更在会计核算中弄虚作假，从而保证会计信息的客观性。

五、实质重于形式

实质重于形式是指企业应当按照交易或者事项的经济实质进行会计确认、计量和报告，不应仅以交易或事项的法律形式为依据。

在实际工作中，交易或事项的外在法律形式并不总能完全反映其实质内容。为了使会计信息能够更加真实地反映其客观情况，必须依据交易或事项的实质而非外在形式进行会计核算。

【例 1.2】 A 企业以融资租赁方式租入一台大型固定资产投入生产经营，租期 10 年，该固定资产的使用寿命为 12 年。从法律形式来看，在租期未满以前该固定资产的所有权尚不属于承租企业，但由于租赁合同中规定的租赁期相当长，接近于该固定资产的使用寿命，在租赁期内该固定资产受承租企业实际控制，因此，从其经济实质来看，企业能够控制其创造的未来经济利益，故会计核算上应当将其视为承租企业的资产。

如果仅仅按照交易或事项的法律形式进行会计核算，而其法律形式又没有反映其经济实质，那么，其结果不仅不会有利于会计信息使用者的决策，反而会误导会计信息使用者。

六、重要性

重要性是指企业提供的会计信息应当反映与企业财务状况、经营成果和现金流量有关的所有重要交易或事项。

按照重要性的要求，企业相对重要的经济业务或会计事项应分别核算、分项反映，力求全面准确，并在会计报告中做重点说明；而对于那些次要的经济业务或会计事项，在不影响会计信息真实性的前提下，则可适当简化会计核算程序，采用简便的会计处理方法进行处理，在账户和会计报告中一并反映。

从核算效益来看，对会计事项的处理，如果不分轻重主次和繁简详略，采取完全相同的处理方法，必将耗费过多的人力、物力和财力，增加许多不必要的工作量，影响会计核算工作效率。同时，还有可能有损于会计信息的使用价值，甚至影响决策。

重要性原则的运用涉及对经济业务或会计事项重要性的判断问题。对于不同的会计主体、不同的经济业务或会计事项来说，重要与不重要是相对的。某项会计事项是否具有重要性，在很大程度上取决于会计人员的职业判断。

七、谨慎性

谨慎性又称稳健性，是指企业对交易或者事项进行会计确认、计量和报告应当保持应有的谨慎，不应高估资产或收益、低估负债或费用。

会计核算中的谨慎性是针对经济活动中的不确定性因素，要求人们在会计处理上保持谨慎小心的态度，要充分估计到可能发生的风险和损失，既不高估资产或者收益，也不低估负债或者费用。例如，在会计核算中对应收账款估计可能发生的坏账损失、计提坏账准备，对期末存货的计价采用成本与可变现净值孰低法等都体现了谨慎性的要求。

从谨慎性原则的运用来看，通过会计核算提供反映企业经营风险的信息，不仅有利于企业作出准确的经营决策，也有利于保护投资者和债权人的利益。

谨慎性原则并不意味着企业可以设置秘密准备。因此，我国在规定谨慎性原则的同时，还必须对谨慎性原则的具体运用作出规定，而不能由企业漫无边际、任意使用或歪曲使用谨慎性原则，否则将影响会计核算客观性原则的要求，造成会计核算秩序的混乱。

八、及时性

及时性是指企业对于已经发生的交易或者事项应当及时进行确认、计量和报告，不得提前或者延后。

及时性要求会计核算工作要讲求时效，会计处理要及时进行，以便会计信息的及时利用。会计信息不仅要真实可靠，而且必须保证时效，及时将信息提供给使用者使用。特别是在市场经济条件下，企业竞争日趋激烈，市场瞬息万变，会计信息的及时性越发显得重要。在会计核算中坚持及时性，一是要求及时收集会计信息，在经济业务发生后，会计人员要及时收集整理各种原始凭证；二是要求及时对会计信息进行加工处理，即根据收集的原始凭证及时编制记账凭证、登记账簿和编制财务报表；三是要求及时传递会计信息，将编制出的财务报表传递给报表使用者。

第五节 会计要素及其确认与计量

一、会计要素

会计要素是对会计核算对象按其经济特征所做的基本分类，是进行会计核算和编制会计报表的基本要素。我国《企业会计准则——基本准则》将会计要素划分为资产、负债、所有者权益、收入、费用和利润。这六大会计要素可以划分为两大类，一类是反映财务状况的会计要素，也称为资产负债表要素，包括资产、负债和所有者权益；另一类是反映经营成果的会计要素，也称为利润表要素，包括收入、费用和利润。

1. 资产

资产是指由企业过去的交易或事项形成的、由企业拥有或者控制的、预期会给企业带来经济利益的资源。根据资产的定义，资产具有以下基本特征。

（1）资产是由过去的交易或事项所形成的。企业的资产必须是现实的资产，而不能是预期的资产，是由过去已经发生的交易或事项所形成的结果。企业过去的交易或事项包括购买、生产、建造以及其他交易或事项，预期在未来发生的交易或者事项不形成资产。例如，企业已经购入的机器设备形成了企业的资产，但企业将要购入的机器设备则不属于现在的资产，不得作为资产确认。

（2）资产是企业拥有或者控制的。一项资源是否属于企业的资产，通常要看企业是否对其拥有所有权。有些资源虽然其所有权不为企业所拥有，但企业能够对其实施实际控制，也应将其视为企业资产予以确认。例如，企业以融资租赁方式租入的固定资产就应视为企业的资产。

（3）资产能够直接或间接地给企业带来经济利益。资产最重要的特征就在于其能够为企业带来经济利益。所谓经济利益，是指直接或间接地导致现金和现金等价物流入企业的潜力。如果某项资源不能给企业带来经济利益，就不能确认为企业的资产。

资产导致经济利益流入企业的方式是多种多样的，可以单独或与其他资产组合为企业带来经济利益，也可以用资产交换其他资产，或以资产抵偿债务等。

问题与思考

A 企业 20××年年末的“固定资产”账户余额为 2 800 万元，其中包括一套已淘汰的生产线，价值 100 万元。

这套生产线是否还能作为 A 企业的固定资产？

资产按其流动性分为流动资产和非流动资产。流动资产是指可以在一年或者超过一年的一个营业周期内变现或者耗用的资产，主要包括库存现金、银行存款、其他货币资金、交易性金融资产、应收款项和存货等。非流动资产是指可以在一年或者超过一年的一个营业周期以上变现或者耗用的资产，主要包括可供出售金融资产、持有至到期投资、长期股权投资、投资性房地产、固定资产、在建工程、无形资产、长期待摊费用等。

2. 负债

负债是指由企业过去的交易或事项形成的、预期会导致经济利益流出企业的现时义务。负债具有如下特征。

（1）负债由过去的交易或事项所形成。过去的交易或事项包括购买货物、接受银行贷款等。只有已经发生的交易或事项才会形成负债，而企业预期在将来发生的交易或事项则不形成现实的负债。

（2）负债是企业承担的现时义务。现时义务是指企业在现行条件下已承担的义务。未来发生的交易或事项形成的义务不属于现时义务，不应当确认为负债。

现时义务既可以是法定义务，也可以是推定义务。法定义务是指具有约束力的合同或者法律、法规规定的义务，通常在法律意义上需要强制执行。推定义务是指根据企业多年的习惯做法，公开的承诺或公开宣布的政策而导致企业将承担的责任和义务。

【例 1.3】 A 企业对其销售的产品制定了一项销售政策，即提供两年的产品售后保修服务。A 企业在销售产品以后，预计可能发生的保修服务费属于推定义务，应当将其确认为一项负债。

（3）负债预期会导致经济利益流出企业。导致经济利益流出企业也是负债的一个本质特征，只有当企业在履行偿债义务时会导致经济利益流出企业的，才符合负债的定义，如果不会导致企业经济利益流出，就不符合负债的定义。清偿负债导致经济利益流出企业的方式多种多样，可以用现金或以实物资产偿还，也可以用提供劳务来偿还，还可以通过将债务转为股本的方式来偿还。

负债按其偿还期的长短分为流动负债和非流动负债。流动负债是指将在一年或者超过一年的一个营业周期内偿还的债务，主要包括短期借款、交易性金融负债、应付票据、应付账款、应付职工薪酬、应交税费、应付利息、应付股利等。长期负债是指偿还期在一年或者超过一年的一个营业周期以上的负债，主要包括长期借款、应付债券、长期应付款等。

3. 所有者权益

所有者权益是指企业资产扣除负债后由所有者享有的剩余权益。它代表企业投资人（即所有者）对企业净资产的所有权。公司的所有者权益又称为股东权益。

企业的所有者权益最初表现为所有者的投入资本，随着企业生产经营活动的开展，投入资本逐渐增值，增值部分形成盈余公积和未分配利润，这部分增值的资金归企业所有者享有，与投入资本一起构成了企业的所有者权益。具体来说，所有者权益包括所有者的投入资本、直接计入所有者权益的利得和损失、留存收益等。

投入资本是指企业所有者实际投入企业的资本部分，它既包括构成企业注册资本或者股本的金额，又包括投入资本超过注册资本或者股本的金额，即资本溢价或者股本溢价部分。

直接计入所有者权益的利得和损失是指不应计入当期损益、会导致所有者权益发生增减变动、与所有者投入资本或者向所有者分配利润无关的利得或者损失。其中，利得是指由企业非日常活动所形成的、会导致所有者权益增加的、与所有者投入资本无关的经济利益的流入。损失是指由企业非日常活动所发生的、会导致所有者权益减少的、与向所有者分配利润无关的经济利益的流出。

留存收益是企业历年实现的净利润留存于企业的部分，主要包括累计计提的盈余公积和未分配利润。

4. 收入

收入是指企业在日常活动中所形成的、会导致所有者权益增加的、与所有者投入资本无关的经济利益的总流入。它具有以下特征。

（1）收入是企业在日常活动中形成的。所谓日常活动，是指企业为完成其经营目标而从事的经常性活动以及与之相关的活动。例如，工业企业制造并销售产品、商业企业购入并销售商品、金融企业发放贷款等活动。明确界定日常活动是为了将收入与利得相区分，只有在日常活动中所形成的经济利益的流入，才确认为收入；在非日常活动中所形成的经济利益的流入不能确认为收入，而应当计入利得。例如，工业企业出售固定资产取得的净收益，虽然形成了经济利益的流入，但出售固定资产的活动不是企业的日常活动，所以，其流入的经济利益只能作为利得，而不是收入。

（2）收入会导致所有者权益的增加。收入是引起利润增加的因素，而利润则会成为所有者权益的增加额，因此，与收入相关的经济利益的流入会导致所有者权益的增加。

【例 1.4】 乙企业本月向银行贷款 200 万元，该笔贷款引起了经济利益流入企业，但这种流入并没有导致企业所有者权益的增加，反而使企业承担了一笔现实的义务，因此，企业不应将其确认为收入，而应当确认为负债。

（3）收入是与所有者投入资本无关的经济利益的总流入。收入的获取能导致经济利益流入企业。在实务中，所有者投入企业的资本也导致了经济利益流入企业，但是所有者投入的资本属于企业所有者权益的增加，不应当确认为企业获取的收入。

收入按其性质分为销售商品收入、提供劳务收入和让渡资产使用权取得的收入。

5. 费用

费用是指企业在日常活动中发生的、会导致所有者权益减少的、与向所有者分配利润无关的经济利益的总流出。它具有以下特征。

（1）费用是企业在日常活动中形成的。将费用界定为日常活动所形成的，目的是将其与损失相区分。只有在日常活动中所形成的经济利益的流出，才确认为费用；在非日常活动中所形成的经济利益的流出不能确认为费用，而应当计入损失。

（2）费用会导致所有者权益的减少。收入会导致所有者权益的增加，而费用是为取得收入付出的代价，是收入的抵减项目，因此，与费用相关的经济利益的流出会导致所有者权益的减少。

【例 1.5】 乙企业本月用银行存款偿还了一笔 100 万元的银行贷款，该笔贷款的偿还引起经济利益流出了企业，但这种流出并没有导致企业所有者权益的减少，而是使企业减少了一笔现实的义务，因此，企业不应将其确认为费用。

（3）费用是与向所有者分配利润无关的经济利益的总流出。费用的发生会导致经济利益流出企业。在实务中，向所有者分配利润也会导致经济利益流出企业，但是向所有者分配利润引起所有者权益的减少，不应当确认为发生的费用。

企业的费用主要包括营业成本、营业税金及附加、销售费用、管理费用、财务费用、资产减值损失等。

6. 利润

利润是指企业在一定会计期间的经营成果。利润包括收入减去费用后的净额以及直接计入当期利润的利得和损失等。其中，收入减去费用后的净额反映的是企业日常活动的业绩；直接计入当期利润的利得和损失反映的是企业非日常活动的业绩。

企业的利润总额由营业收入（主营业务收入、其他业务收入）减去营业成本、营业税金及附加、销售费用、管理费用、财务费用、资产减值损失，加上公允价值变动收益（减损失）、投资收益（减损失）之后的金额，再加上营业外收入，减去营业外支出构成。

以上 6 个会计要素之间的关系如下：

资产=负债+所有者权益

这一会计等式表明企业在某一特定时点所拥有的资产，以及债权人和投资者对企业资产要求权的财务状况。它表明企业的资产、负债和所有者权益之间的基本关系，是编制资产负债表的基础。

收入−费用=利润

这一会计等式表明企业在一定期间所实现的经营成果与该期间的收入和费用之间的关系，是编制利润表的基础。

资产=负债+所有者权益+（收入−费用）

这一会计等式表明企业财务状况和经营成果之间的关系。财务状况反映了企业某一特定日期资产的存量，而经营成果则反映了企业一定期间资产的增量或减量。企业的经营成果最终会影响到企业的财务状况。企业实现利润，会使企业资产增加；企业发生亏损，会使企业资产减少。

二、会计确认

会计确认是指依据一定的标准，辨认和确定某一经济事项是否作为会计要素进行正式记录，并列入财务报表的过程。会计确认包括用文字和金额表述某个项目，并将其金额列入资产负债表或利润表中。

按照对经济事项确认的时间顺序，会计确认可以分为初始确认和再确认两个环节。初始确认是决定哪些经济事项可以纳入会计系统予以记录和核算；再次确认是决定如何将它们列入财务报表之中。

要将某一交易或事项作为会计要素予以确认，并列入资产负债表或利润表，除了要符合会计要素的定义以外，还应当满足以下两个基本条件：①与该项目有关的经济利益很可能流入或流出企业；②与该项目有关的经济利益能够可靠地计量。

对于资产要素的确认，除了必须符合资产的定义以外，还应当评估其能为企业带来经济利益流入的可能性的大小，只有当其很可能带来经济利益流入，且流入的经济利益能够可靠计量时，才能予以确认。

【例 1.6】 M 公司是一家出国留学中介公司，公司人力资源丰富，拥有多位高素质的留学咨询专家，每一位专家都能为公司带来经济利益。但是由于人力资源的成本或价值往往无法可靠地计量，因此，在现行会计系统中，人力资源通常不确认为企业的资产。

同样，对于负债要素的确认，除了必须符合负债的定义以外，也应判断其是否很可能导致经济利益流出企业，且流出的经济利益是否能够可靠计量。对于所有者权益要素的确认，由于所有者权益是企业资产减去负债后的余额，因此，所有者权益的确认需要依赖于资产和负债的确认，资产和负债的确认标准就是所有者权益的确认标准。

对于收入和费用要素的确认，如同资产和负债要素的确认一样，除了必须符合相关的定义以外，还必须判断收入所带来的经济利益是否很可能流入企业，从而导致企业资产增加或者负债减少，且经济利益的流入额是否能够可靠计量。同样，对于费用要素的确认，除了必须符合相关的定义以外，还必须判断费用所带来的经济利益是否很可能流出企业，从而导致企业资产减少或者负债增加，且经济利益的流出额能够可靠计量。对于利润要素的确认，由于利润是企业收入减去费用后的余额，因此，利润的确认只能依赖于收入和费用的确认，收入和费用的确认标准就是利润的确认标准。

三、会计计量

会计计量是为了将符合确认条件的会计要素登记入账，并列报于财务报表中而确定其金额的过程。会计计量涉及计量属性的选择。计量属性是指对会计要素计量时采用的标准。企业应当按照规定的计量属性对会计要素进行计量，确定相关要素的金额。我国《企业会计准则——基本准则》规定的计量属性包括历史成本、重置成本、可变现净值、现值和公允价值。

1. 历史成本

历史成本也称实际成本，是指企业取得或制造某项财产物资时所实际支付的现金及其他等价物的金额。在历史成本计量下，资产按照其购置时支付的现金或者现金等价物的金额，或者按照购置资产时所付出的对价的公允价值计量。负债按照其因承担现时义务而实际收到的款项或者资产的金额，或者承担现时义务的合同金额，或者按照日常活动中为偿还负债预期需要支付的现金或者现金等价物的金额计量。

2. 重置成本

重置成本也称现行成本，是指按照当前市场条件，重新取得同样一项资产所需支付的现金或现金等价物的金额。在重置成本计量下，资产按照现在购买相同或者相似资产所需支付的现金或者现金等价物的金额计量。负债按照现在偿付该项债务所需支付的现金或者现金等价物的金额计量。

3. 可变现净值

可变现净值是指在正常生产经营过程中，以预计售价减去进一步加工成本和预计销售费用以及相关税费后的净值。在可变现净值计量下，资产按照其正常对外销售所能收到现金或者现金等价物的金额扣减该资产至完工时估计将要发生的成本、估计的销售费用以及相关税费后的金额计量。

4. 现值

现值是指对未来现金流量以恰当的折现率进行折现后的价值，是考虑货币时间价值因素的一种计量属性。在现值计量下，资产按照预计从其持续使用和最终处置中所产生的未来净现金流入量的折现金额计量，负债按照预计期限内需要偿还的未来净现金流出量的折现金额计量。

5. 公允价值

公允价值是指在公平交易中，熟悉情况的交易双方自愿进行资产交换或者债务清偿的金额。在公允价值计量下，资产和负债按照在公平交易中，熟悉情况的交易双方自愿进行资产交换或者债务清偿的金额计量。

在各种计量属性中，历史成本计量属性通常反映的是资产或者负债过去的价值，而重置成本、可变现净值、现值以及公允价值通常反映的是资产或者负债的现时成本或者现时价值。另外，公允价值相对于历史成本而言具有很强的时间概念，当前环境下某项资产或者负债的历史成本可能是过去环境下该项资产或者负债的公允价值，而当前环境下某项资产或者负债的公允价值可能是未来环境下该项资产或者负债的历史成本。

企业在对会计要素进行计量时，一般应当采用历史成本计量属性，如果要采用其他几种计量属性计量，应当保证所确定的会计要素金额能够取得并可靠计量。

在引入公允价值过程中，我国充分考虑了国际财务报告准则中公允价值运用的三个级次，即：第一，存在活跃市场的资产或负债，活跃市场中的报价应当用于确定其公允价值；第二，不存在活跃市场的，参考熟悉情况并自愿交易的各方最近进行的市场交易中使用的价格或参照实质上相同的其他资产或负债的当前公允价值；第三，不存在活跃市场，且不满足上述两个条件的，应当采用估值技术等确定资产或负债的公允价值。

知识链接

2006 年 2 月 15 日，我国颁布的《企业会计准则——基本准则》在会计计量中增加了新的计量属性。新准则体系明确将公允价值作为会计计量属性之一，并在金融工具、投资性房地产、债务重组、资产减值、租赁和套期保值等 17 个具体会计准则中，不同程度地运用了该计量属性。公允价值的广泛运用，意味着我国传统意义上单一的历史成本计量模式被历史成本、公允价值等多重计量属性并存的计量模式所取代。

引入公允价值计量能够适应金融创新的需要，提高财务信息的相关性。但是，美国 2008 年次贷危机引发的全球金融风暴令世界经济遭受重创，也让我们认识到公允价值计量的缺陷和不足。在我国采用公允价值计量还存在实际操作难度大，可能增加财务报表项目的波动性，容易导致利润操纵，信息成本较高等问题。科学地运用公允价值是一个系统工程。

本章小结

财务会计是依据会计准则，对企业生产经营过程中所发生的经济业务进行确认、计量、记录和报告，向企业的外部信息使用者提供有关企业财务状况、经营成果和现金流量的信息，以使其作出合理有效的经济决策的一种经济管理活动。

财务会计的目标是指进行财务会计工作所要达到的境界或目的。具体包括以下三个方面：①为国家宏观经济管理和调控提供信息；②为企业外部利益关系集团作出有关经济决策提供信息；③为企业的经营管理者提供经营管理所需的信息。

我国企业会计准则体系由基本准则、具体准则、企业会计准则应用指南和解释公告等组成。其中，基本准则在整个企业会计准则体系中起着统驭作用；具体准则是在基本准则的基础上对具体交易或事项进行会计处理的规范；应用指南是对具体准则的一些重点难点问题作出的操作性规定；解释公告是就实务中遇到的实施问题而对准则作出的具体解释。

会计的基本前提也称会计假设，它是对会计核算所处的时间、空间等环境所做的合理设定，是进行会计工作所必须具备的前提条件。会计的基本前提包括会计主体、持续经营、会计分期和货币计量。

企业的会计确认、计量和报告应当采用权责发生制作为会计基础。权责发生制是以应收应付为标准来确定本期收入和费用的方法。

为了保证会计信息的质量，必须规范会计确认、计量和报告的行为，明确会计信息的质量要求。会计信息的质量要求包括可靠性、相关性、可理解性、可比性、实质重于形式、重要性、谨慎性、及时性等。

会计要素是对会计核算对象按其经济特征所做的基本分类，是进行会计核算和编制会计报表的基本要素。会计要素分为资产、负债、所有者权益、收入、费用和利润。这六大会计要素可以划分为两大类，一类是反映财务状况的会计要素，也称为资产负债表要素，包括资产、负债和所有者权益；另一类是反映经营成果的会计要素，也称为利润表要素，包括收入、费用和利润。

会计确认是指依据一定的标准，辨认和确定某一经济事项是否作为会计要素进行正式记录，并列入财务报表的过程。要将某一交易或事项作为会计要素予以确认，除了要符合会计要素的定义以外，还应当满足以下两个基本条件：①与该项目有关的经济利益很可能流入或流出企业；②与该项目有关的经济利益能够可靠地计量。

会计计量是为了将符合确认条件的会计要素登记入账，并列报于财务报表中而确定其金额的过程。会计计量涉及计量属性的选择。计量属性是指对会计要素计量时采用的标准。我国《企业会计准则——基本准则》规定的计量属性包括历史成本、重置成本、可变现净值、现值和公允价值。

复习思考

1. 财务会计是在什么样的背景下产生的？
2. 财务会计有哪些基本特征？
3. 财务会计的目标是什么？
4. 我国企业会计准则体系由哪些内容构成？
5. 持续经营与会计分期是什么关系？
6. 会计信息的质量要求有哪些？
7. 为什么在会计核算中要运用谨慎性原则？
8. 什么是会计要素？各会计要素之间有何联系？
9. 会计计量属性有哪些？

基本训练

一、单选题

1. 下列项目中，符合资产定义的是（　　）。

A. 购入的某项专利权　　B. 经营租入的设备

C. 待处理的财产损失　　D. 计划购买的某项设备

2. 下列各项中，属于反映企业财务状况的会计要素是（　　）。

A. 收入　　B. 所有者权益　　C. 费用　　D. 利润

3. 关于收入，下列说法中错误的是（　　）。

A. 收入是指企业在日常活动中形成的、会导致所有者权益增加的、与所有者投入资本无关的经济利益的总流入

B. 收入只有在经济利益很可能流入从而导致企业资产增加或者负债减少，且经济利益的流入额能够可靠计量时才能予以确认

C. 符合收入定义和收入确认条件的项目，应当列入利润表

D. 收入是指企业日常活动中形成的、会导致所有者权益或者负债增加的、与所有者投入资本无关的经济利益的总流入

4. 关于费用，下列说法中错误的是（　　）。

A. 费用是指企业在日常活动中发生的、会导致所有者权益减少的、与向所有者分配利润无关的经济利益的总流出

B. 费用的发生会导致企业资产减少或者负债增加

C. 费用会导致经济利益的流出，该流出不包括向所有者分配利润

D. 符合费用定义和费用确认条件的项目，应当列入资产负债表

5. 关于利润，下列说法中错误的是（　　）。

A. 利润是指企业在一定会计期间的经营成果

B. 直接计入当期利润的利得和损失是指应当计入当期损益、会导致所有者权益发生增减变动的、与所有者投入资本或者向所有者分配利润无关的利得或者损失

C. 利润项目应当列入利润表

D. 利润金额取决于收入和费用的计量，不涉及利得和损失金额的计量

6. 下列项目中，使负债增加的是（　　）。

A. 发行公司债券　　B. 用银行存款购买公司债券

C. 发行股票　　D. 支付现金股利

7. 下列经济业务中，不引起所有者权益变动的有（　　）。

A. 所有者投入资金偿还欠款　　B. 所有者向企业投入设备

C. 企业向所有者分配利润　　D. 企业提取盈余公积

8. 下列经济业务中，不会引起资产或者负债总额发生变动的经济业务是（　　）。

A. 以银行存款偿还前欠货款　　B. 从银行借款存入银行

C. 从某企业赊购材料　　D. 用资本公积转增资本

9. 下列对会计核算基本前提的表述中恰当的是（　　）。

A. 持续经营和会计分期确定了会计核算的空间范围

B. 一个会计主体必然是一个法律主体

C. 货币计量为会计核算提供了必要的手段

D. 会计主体确立了会计核算的时间范围

10. 企业提供的会计信息应当反映与企业财务状况、经营成果和现金流量等有关的所有重要交易或事项，所反映的是会计信息质量要求中的（　　）。

A. 重要性　　B. 实质重于形式　　C. 谨慎性　　D. 及时性

11. 我国企业会计准则规定，企业的会计核算应当以（　　）为基础。

A. 永续盘存制　　B. 实地盘存制　　C. 权责发生制　　D. 收付实现制

12. 企业对交易或事项进行会计确认、计量和报告应当保持应有的谨慎，不应高估资产或收益、低估负债或费用，体现了会计信息质量要求中的（　　）要求。

A. 可比性　　B. 相关性　　C. 重要性　　D. 谨慎性

13. 企业对已经发生的交易或事项应当及时进行会计确认、计量和报告，不得提前或者延后，所反映的是会计信息质量要求中的（　　）要求。

A. 重要性　　B. 实质重于形式　　C. 谨慎性　　D. 及时性

二、多选题

1. 资产具有以下几个方面的基本特征（　　）。

A. 资产是由于过去的交易或事项所形成的

B. 资产必须是投资者投入或向债权人借入的

C. 资产是企业拥有或者控制的

D. 资产预期能够给企业带来经济利益

2. 下列资产中，属于本企业资产范围的有（　　）。

A. 融资租入设备　　B. 经营方式租出设备

C. 发出商品　　D. 经营方式租入设备

3. 关于资产，下列说法中正确的有（　　）。

A. 企业过去的交易或者事项包括购买、生产、建造行为或者其他交易或事项

B. 由企业拥有或者控制是指企业享有某项资源的所有权，或者虽然不享有某项资源的所有权，但该资源能被企业控制

C. 符合资产定义和资产确认条件的项目，应当列入资产负债表；符合资产定义，但不符合资产确认条件的项目，不应当列入资产负债表

D. 预期在未来发生的交易或者事项也会形成资产

4. 下列各项资产中，可以列入企业资产范围的有（　　）。

A. 融资租入设备　　B. 经营方式租出设备

C. 委托加工物资　　D. 土地使用权

5. 关于所有者权益，下列说法中正确的有（　　）。

A. 所有者权益是指企业资产扣除负债后由所有者享受的剩余权益

B. 直接计入所有者权益的利得和损失属于所有者权益

C. 所有者权益金额应单独计量，不取决于资产和负债的计量

D. 所有者权益项目应当列入资产负债表

6. 下列项目中，属于所有者权益项目的有（　　）。

A. 所有者投入的资本　　B. 直接计入所有者权益的利得和损失

C. 留存收益　　D. 应付职工薪酬

7. 下列各项中，属于反映企业经营成果的会计要素有（　　）。

A. 收入　　B. 费用　　C. 负债　　D. 利润

8. 下列各项中，企业能够确认为资产的有（　　）。

A. 融资租入的设备

B. 经营租入的设备

C. 已收到发票，但尚未到达企业的原材料

D. 近期将要购入的债券

9. 企业在取得收入时可能会影响到的会计要素是（　　）。

A. 资产　　B. 负债　　C. 所有者权益　　D. 费用

10. 下列经济业务中引起资产和负债同时增加的有（　　）。

A. 赊购材料　　B. 从银行提取现金

C. 用银行存款购入各种材料　　D. 向银行借款存入银行

11. 下列做法中，符合谨慎性要求的有（　　）。

A. 被投资企业当年发生严重亏损，投资企业对此项长期投资计提减值准备

B. 在物价上涨时对存货计价采用先进先出法

C. 对应收账款计提坏账准备

D. 对固定资产计提折旧

三、判断题

1. 资产是指由于过去的交易或事项引起的，企业拥有或控制的经济资源。（　　）

2. 企业因固定资产盘亏造成的待处理固定资产净损失属于企业的资产。（　　）

3. 收入不包括为第三方或者客户代收的款项，也不包括处置固定资产净收益和出售无形资产净收益。（　　）

4. 符合资产定义和资产确认条件的项目，应当列入资产负债表；符合资产定义，但不符合资产确认条件的项目，不应当列入资产负债表。（　　）

5. 未来发生的交易或者事项形成的义务，不属于现时义务，但符合负债的确认条件时，就应当将其确认为负债。（　　）

6. 接受投资者投入实物能引起资产和所有者权益同时发生增减变化。（　　）

7. 费用和损失是指企业在日常活动中发生的、会导致所有者权益减少的、与向所有者分配利润无关的经济利益的总流出。（　　）

8. 直接计入当期利润的利得和损失是指应当计入当期损益、不会导致所有者权益发生增减变动的、与所有者投入资本或者向所有者分配利润无关的利得或者损失。（　　）

9. 如果某项资产不能再为企业带来经济利益，即使是由企业拥有或者控制的，也不能作为企业的资产在资产负债表中列示。（　　）

10. 某一会计事项是否具有重要性，在很大程度上取决于会计人员的职业判断。某一会计事项在某一企业具有重要性，在另一企业则不一定具有重要性。（　　）

四、案例分析题

1. 资料

甲软件公司是一家上市公司，近期陷入了财务危机，只有获得大量的银行贷款才能使公司摆脱现有困境，得以继续生存。假设现在是20×3年11月28日，你是甲软件公司的总裁。你同多家银行进行过协商，但他们一致要求看公司20×3年的会计报表，而这些报表要在12月31日（会计年末）才能编报好，并且要经过会计师事务所审计才能对外报出。为了寻找解决问题的最佳方案，你同其他几位公司领导人就目前局势进行讨论。他们提出了下

面的建议。

第一，我们计划在 12 月份支付 500 万元的现金收购乙软件公司。乙软件公司的股东们并不急于在近期内完成这笔交易，因此我们有可能将此项购并推迟到 20×4 年 1 月执行，这样一来，我们在 20×3 年年末就可以多出 500 万元的现金，这会使我们的偿付能力看上去更强一些。

第二，到 20×3 年年末，我们的应付账款账面余额大概会有 1 200 万元。如果我们在资产负债表中只列示该项负债的一半数额，即 600 万元，没有人会看出其中的差异的。我们可以将另外的 600 万元列入股东权益，这样我们的财务状况就好得多。

第三，我们欠丙开发公司 300 万元，这笔债务在 90 天后到期。我们和丙开发公司关系较好，如果我们与该公司签订一项协议并答应支付 12%利息，他们可以允许我们推迟一年或更长的时间来偿还这笔债务。

第四，我们有一项投资当时只支付了 200 万元，但是今天已经价值 600 万元。我们可以在资产负债表中以 600 万元列示这笔投资，我们的资产和股东权益都可以增加 400 万元。

2. 要求

请分别评价上述 4 项提案。你的评价要综合考虑法律、道德和会计处理等因素。除此之外，你还有什么好的意见？

第二章 货币资金

【学习目标】

通过本章的学习，应该了解货币资金的概念、内容和控制原则；了解现金的日常管理，掌握现金的会计处理；了解银行存款的管理和银行结算方式，掌握银行存款的会计处理以及清查核对的方法；了解其他货币资金的内容，掌握其他货币资金的会计处理。

第一节 货币资金概述

一、货币资金的概念和内容

货币资金是指企业生产经营过程中处于货币形态的资产。根据存放地点以及用途的不同，货币资金分为库存现金、银行存款和其他货币资金。

货币资金是企业资产中流动性最强的一种资产，是可以立即投入流通的交换媒介，具有普遍的可接受性。企业可以随时用货币资金购买所需的物资、支付各项费用、偿还债务或进行投资等。任何企业要进行生产经营活动都必须拥有货币资金，持有货币资金是进行生产经营活动的基本条件，货币资金的拥有量通常也是分析和判断企业支付能力与偿债能力的重要指标。

在企业的经济活动中，由于货币收支频繁，容易发生货币资金的差错和意外损失，使货币资金容易成为不法人员贪污、挪用和盗窃的重要目标，具有很高的控制风险。因此，企业加强货币资金的控制与核算，对于保护货币资金的安全完整，提高资金周转速度和使用效益具有重要意义。

二、货币资金的内部控制制度

内部控制制度是指企业为保证经营管理合法合规，保护其资产的安全完整和有效运用，保证会计信息的真实可靠，提高经营管理水平和效益，促进企业实现发展战略，按照企业内部分工负责的原则而建立的相互联系、相互制约的一系列组织规则、业务处理程序以及其他调节方法和措施的总称。

加强对货币资金的内部控制应当结合企业生产经营特点，建立相应的货币资金内部控制制度。企业建立的货币资金内控制度，其具体内容因企业规模的大小和货币收支量的多少而有所不同，但至少应当强化对以下关键方面或者关键环节的风险控制，并采取相应的控制措施。

1. 实行职责分工与授权审批制度

企业应当建立货币资金业务的岗位责任制，明确相关部门和岗位的职责权限，确保办理货币资金业务的不相容岗位相互分离、制约和监督。出纳人员不得兼任稽核、会计档案保管和收入、支出、费用、债权债务账目的登记工作。企业应当配备合格的人员办理货币资金业务，并对办理货币资金业务的人员定期进行岗位轮换。建立货币资金授权和审批制度，并按照规定的权限和程序办理货币资金支付业务。严禁未经授权的部门或人员办理货币资金业务或直接接触货币资金。

小提示

货币资金业务的不相容岗位至少应当包括以下几个：

（1）货币资金支付的审批与执行；

（2）货币资金的保管与盘点清查；

（3）货币资金的会计记录与审计监督。

资料来源：《企业内部控制具体规范第××号——货币资金》（征求意见稿，2007 年）

2. 加强对现金、银行存款的控制

企业应当加强现金库存限额的管理，超过库存限额的现金应当及时存入开户银行。企业应当根据国务院颁布的《中华人民共和国现金管理暂行条例》（1988）规定，结合本企业的实际情况，确定本企业的现金开支范围和现金支付限额。不属于现金开支范围或超过现金开支限额的业务应当通过银行办理转账结算。现金收入应当及时存入银行，不得坐支现金。企业取得的货币资金收入必须及时入账，不得账外设账，严禁收款不入账。应当定期和不定期地进行现金盘点，确保现金账面余额与实际库存相符。

企业应当严格按照中国人民银行发布的《支付结算办法》（1997）等有关规定，加强对银行账户的管理，严格按照规定开立账户，办理存款、取款和结算。企业应当指定专人定期核对银行账户，每月至少核对一次，编制银行存款余额调节表，确定银行存款账面余额与银行对账单余额是否相符。实行网上交易、电子支付等方式办理货币资金支付业务的企业，应当与承办银行签订网上银行操作协议，明确双方在资金安全方面的责任与义务、交易范围等。

3. 强化票据及有关印章的管理

企业应当加强与货币资金相关的票据的管理，明确各种票据的购买、保管、领用、背书转让、注销等环节的职责权限和处理程序，并专设登记簿进行记录，防止空白票据的遗失和被盗用。企业应当加强银行预留印鉴的管理。财务专用章应当由专人保管，个人名章应当由本人或其授权人员保管，不得由一个人保管支付款项所需的全部印章。按规定需要由有关负责人签字或盖章的经济业务与事项，必须严格履行签字或盖章手续。

4. 实施监督检查

企业应当建立对货币资金业务的监督检查制度，明确监督检查机构或人员的职责权限，定期和不定期地进行检查。

相关案例

【案例 1】 某集团上海有限公司总经理胡某某为了归还巨额赌债，在两年时间里，利用手中所握的公司公章、财务专用章、合同专用章保管权，以及公司资金进出全凭自己“一支笔”的职务便利，以虚构公司业务资金、截留公司外借款等方式挪用公款 1 639.5 万元。

【案例 2】儋州××财政所所长吴某，对本所惠农资金疏于管理，长期将该所的公章和出纳个人私章交给市财政局委派该所的会计吴×英一人保管使用，致使吴×英在 2010 年 1 月至 2011 年 4 月期间，利用职务之便，采取自己填写现金支票，加盖由其保管的财政所公章和出纳私章的方法，挪用各类专项农业补助款人民币 1 588 340.9 元、贪污公款人民币 153 000 元进行赌博等非法活动和其他营利活动并潜逃。因大量农户粮食种植补贴款无法及时发放到位，引发数起群体性上访事件，严重影响当地社会稳定。

上述案例中的相关涉案人后来都受到了法律的严惩。但究其案发原因，都是由于相关单位缺乏有效的货币资金内控制度和监督机制，印鉴的管理存在漏洞，未按照规定的权限和程序办理货币资金支付业务所致。

（根据相关新闻报道整理）

第二节 库存现金

现金的概念有广义和狭义之分。我国会计核算上的现金是狭义的概念，它仅指库存现金，即存放于企业财会部门、用于日常零星开支的货币。在西方会计中，现金通常采用广义的概念，即除了库存现金以外，还包括银行存款和其他符合现金定义的票证，如支票、本票、汇票等。

一、现金的管理

国家为了加强对现金的管理，对现金的使用和管理作了明确规定。根据国务院颁布的《中华人民共和国现金管理暂行条例》规定，现金管理制度主要包括规定现金的使用范围，核定现金的库存限额、加强现金收支管理。

1. 现金的使用范围

企业可以在下列范围内使用现金：①职工工资、津贴；②个人劳务报酬；③根据国家规定颁发给个人的科学技术、文化艺术、体育等各种奖金；④各种劳保、福利费用以及国家规定对个人的其他支出；⑤向个人收购农副产品和其他物资的款项；⑥出差人员必须随身携带的差旅费；⑦结算起点（人民币 1 000 元）以下的零星开支；⑧中国人民银行确定需要支付现金的其他支出。除上述情况可以用现金支付外，其他款项的支付应通过银行办理结算。

2. 现金的库存限额

现金的库存限额是指为了保证企业日常零星开支的需要，允许企业留存现金的最高数额。这一限额由开户银行根据企业规模的大小、日常现金开支的多少、企业距离银行的远近，以及交通是否便利等实际情况来核定。库存现金限额一般为 3～5 天的日常零星开支需要量，边远地区和交通不便地区可适当多保留，但不能超过企业 15 天零星开支所需。核定后的库存限额企业应严格遵守，超过部分应于当日终了前及时送存银行，库存现金低于限额时可向银行提取现金补足。

3. 现金的收支管理

企业收入的现金应及时送存开户银行。当日送存确有困难的，由开户银行确定送存时间。企业支付现金时，可以从本企业的库存现金限额中支付，也可从银行存款账户中提取现金支付，但不能用经营业务收入的现金直接支付，即不得“坐支”现金。因特殊情况需要坐支现金的，应事先报经有关部门审查批准，并在核定的范围和限额内支付。企业从开户银行提取现金时，应如实写明提取现金的用途，由本单位财会部门负责人签字盖章，并经开户银行审查批准后予以支付。

此外，企业不准用不符合财务制度的凭证顶替库存现金，即不得“白条顶库”；不准谎报用途套取现金；不准用银行账户代其他单位和个人存入或支取现金；不准将单位收入的现金以个人名义存入储蓄，不准保留账外公款，即不得“公款私存”，不得设置小金库等。银行对于违反上述规定的单位，将按照违规金额的一定比例予以处罚。

二、现金的核算

为了总括反映企业库存现金的收入、支出和结存情况，应当设置“库存现金”总分类账户，由会计人员负责登记。该账户的借方记录企业库存现金的增加，贷方记录库存现金的减少，余额在借方，表示企业实际持有的库存现金的金额。

为了加强企业库存现金的管理，及时反映库存现金收入、支出和结存的情况，企业应当设置“现金日记账”，由出纳人员根据收、付款凭证，按照经济业务发生的先后顺序逐日逐笔登记。每日终了，应当计算当日的现金收入合计、支出合计和结余数，并将结余数与现金实际库存数核对，做到账款相符。

月度终了，企业现金日记账的余额应当与现金总账的余额核对，做到账账相符。

三、现金的清查

企业应当对现金进行定期或不定期清查，以保证现金的安全完整。

现金的清查主要采用实地盘点的方法。清查时，出纳员必须在场。通过实地盘点确定现金实际库存数，并将其与现金日记账的余额核对。现金清查的结果应填制“库存现金盘点报告表”，并由清查人员和出纳员共同签章方能生效。

对清查中发现的有待查明原因的现金短缺或溢余，应通过“待处理财产损溢”账户核算。

属于现金短缺，应该按照实际短缺的金额借记“待处理财产损溢”账户，贷记“库存现金”；属于现金溢余，应该按照实际溢余的金额，借记“库存现金”账户，贷记“待处理财产损溢”账户。

待查明原因后，对发生现金短缺应做如下处理：属于应由责任人赔偿的部分，借记“其他应收款——××责任人”账户或“库存现金”账户；属于应由保险公司赔偿的部分，借记“其他应收款——应收保险赔款”账户；属于无法查明的其他原因，经过批准后，借记“管理费用——现金短缺”账户。做上述处理的同时，贷记“待处理财产损溢”账户。

对发生现金溢余应做如下处理：属于应支付给有关人员或单位的，贷记“其他应付款——××个人或单位”账户；属于无法查明的其他原因的现金溢余，经过批准后，贷记“营业外收入——现金溢余”账户。做上述处理的同时，借记“待处理财产损溢”账户。

【例 2.1】 长江公司在现金清查中发现短缺 180 元，经检查系出纳人员责任，应由其赔偿。

发现短缺时，编制会计分录如下：

借：待处理财产损溢　　180

　　贷：库存现金　　180

查明原因后，编制会计分录如下：

借：其他应收款——出纳员　　180

　　贷：待处理财产损溢　　180

第三节　银行存款

一、银行存款的管理

银行存款是指企业存放在银行或其他金融机构的货币资金。按照国家有关规定，凡是独立核算的单位都必须在当地银行开设账户。

企业在银行开设的账户依据用途的不同可以分为基本存款账户、一般存款账户、临时存款账户和专用存款账户。基本存款账户是企业办理日常结算和现金收付的账户。企业的工资、奖金等现金的支取只能通过基本存款户办理。一家企业只能选择一家银行的一个营业机构开立一个基本存款账户。一般存款账户是企业在基本存款账户以外的银行借款转存、与基本存款账户的企业不在同一地点的附属非独立核算单位开立的账户，企业可通过此账户办理转账结算和现金缴存，但不能办理现金的支取。企业不得在同一家银行的几个分支机构开立一般存款账户。临时存款账户是企业因临时经营活动需要开立的账户，企业可通过本账户办理转账结算和根据国家现金管理的规定办理现金收付。专用存款账户是企业因特定用途需要开立的账户。

企业的一切货币资金收支，除了在规定的范围内可以用现金收支以外，其余一律通过银行账户办理转账结算。

企业通过银行办理转账结算时，应遵守中国人民银行《支付结算办法》的有关规定，不准签发没有资金保证的票据和远期支票，套取银行信用；不准签发、取得和转让没有真实交易和债权债务的票据，套取银行和他人资金；不准无理拒绝付款，任意占用他人资金；不准违反规定开立和使用账户。

相关链接

国家为了加强对货币资金的宏观管理，先后颁布了一系列法律法规，对货币资金的使用和管理作出了明确的规定，这些相关法律法规主要有以下几项：

（1）国务院颁布的《中华人民共和国现金管理暂行条例》（1988）；

（2）中国人民银行发布的《银行账户管理办法》（1994）；

（3）中国人民银行发布的《支付结算办法》（1997）；

（4）财政部发布的《内部会计控制规范——货币资金》（试行）（2001）；

（5）财政部发布的《企业内部控制具体规范第××号——货币资金》（征求意见稿）（2007）。

二、银行结算方式

根据中国人民银行《支付结算办法》的有关规定，现行银行转账结算方式主要包括银行汇票、商业汇票、银行本票、支票、汇兑、委托收款、异地托收承付、信用卡和信用证9种。

1. 银行汇票

银行汇票是汇款人将款项交存当地出票银行，由出票银行签发的，由其在见票时按照实际结算金额无条件支付给收款人或者持票人的票据。

银行汇票具有使用灵活、票随人到、兑现性强等特点，适用于先收款后发货或钱货两清的商品交易。单位和个人各种款项结算均可使用银行汇票。

银行汇票可以用于转账，填明“现金”字样的银行汇票也可以用于支取现金。银行汇票的提示付款期限自出票日起1个月。持票人超过提示付款期限提示付款的，代理付款人不予受理。

企业支付货款等款项时，应向出票银行填写“银行汇票申请书”，填明收款人名称、汇票金额、申请人名称、申请日期等事项并签章，签章为其预留银行的签章。银行受理银行汇票申请书，收妥款项后签发银行汇票。申请人取得银行汇票后，即可持银行汇票向填明的收款单位办理结算。收款企业在收到付款单位交付的银行汇票时，应在出票金额以内，根据实际需要的款项办理结算，并将实际结算金额和多余金额准确、清晰地填入银行汇票和解讫通知的有关栏内。银行汇票的实际结算金额低于出票金额的，其多余金额由出票银行退交申请人。

收款人可以将银行汇票背书转让给被背书人。背书转让以不超过出票金额的实际结算金额为准。

2. 商业汇票

商业汇票是出票人签发的，委托付款人在指定日期无条件支付确定的金额给收款人或者持票人的票据。在银行开立存款账户的法人以及其他组织之间必须具有真实的交易关系或债权债务关系才能使用商业汇票。

商业汇票分为商业承兑汇票和银行承兑汇票。商业汇票的付款期限由双方商定，最长不得超过6个月。商业汇票的付款人为承兑人。

商业承兑汇票由银行以外的付款人承兑。商业承兑汇票按交易双方约定，可以由付款方签发并承兑，也可以由收款方签发交由付款方承兑。商业承兑汇票到期时，付款人开户银行凭票将票款划给收款人或贴现银行。商业汇票的提示付款期限，自汇票到期日起10日。持票人应在提示付款期限内通过开户银行委托收款或直接向付款人提示付款。持票人超过提示付款期限提示付款的，持票人开户银行不予受理。

银行承兑汇票由银行承兑。银行承兑汇票应由在承兑银行开立存款账户的存款人签发。承兑银行应按票面金额向出票人收取万分之五的手续费。银行承兑汇票的出票人应于汇票到期前将票款足额交存其开户银行，以备承兑银行在汇票到期日或到期日后的见票当日支付票款。如果银行承兑汇票的出票人于汇票到期日未能足额交存票款，承兑银行除凭票向持票人无条件付款外，对出票人尚未支付的汇票金额按照每天万分之五计收利息。

采用商业汇票结算方式可以使企业之间债权、债务关系表现为外在的票据形式，使商业信用票据化，加强约束力，有利于维护和发展社会主义的市场经济。对于购货企业来说，由于可以延期付款，便可在资金暂时不足的情况下及时购进商品，使商品流转活动顺利进行。

对于销售企业来说，可以疏通商品渠道，扩大销售，加速资金周转。汇票经过承兑，信用较高，可以按期收回货款，防止拖欠。在需要资金时，还可以向银行申请贴现，融通资金。

3. 银行本票

银行本票是银行签发的，承诺自己在见票时无条件支付确定的金额给收款人或者持票人的票据。

银行本票由银行签发并保证兑付，而且见票即付，具有信誉高、支付功能强等特点。用银行本票购买材料物资，销货方可以见票付货，购货方可以凭票提货；债权债务双方可以凭票清偿；收款人将本票交存银行，银行即可为其入账。无论是单位还是个人，在同一票据交换区域需要支付各种款项均可以使用银行本票。

银行本票分为不定额本票和定额本票两种。定额银行本票面额为 1 000 元、5 000 元、1 万元和 5 万元。银行本票的提示付款期限自出票日起最长不超过 2 个月。银行本票可以用于转账，注明“现金”字样的银行本票可以用于支取现金。

申请人使用银行本票应填写“银行本票申请书”，填明收款人名称、申请人名称、支付金额、申请日期等事项并签章。申请人或收款人为单位的，不得申请签发现金银行本票。

申请人取得银行本票后，即可向填明的收款单位办理结算。收款单位可以根据需要在票据交换区域内背书转让银行本票。

4. 支票

支票是出票人签发的，委托办理支票存款业务的银行在见票时无条件支付确定的金额给收款人或者持票人的票据。

支票结算是同城结算中应用比较广泛的一种方式。单位和个人在同一票据交换区域的各种款项结算均可以使用支票。

支票上印有“现金”字样的为现金支票，现金支票只能用于支取现金。支票上印有“转账”字样的为转账支票，转账支票只能用于转账。支票上未印有“现金”或“转账”字样的为普通支票，普通支票可以用于支取现金，也可以用于转账。在普通支票左上角画两条平行线的为划线支票，划线支票只能用于转账，不得支取现金。

支票的提示付款期限自出票日起 10 日，但中国人民银行另有规定的除外。超过提示付款期限的，持票人开户银行不予受理，付款人不予付款。

企业财会部门在签发支票之前，出纳人员应该认真查明银行存款账面余额，防止签发超过存款余额的空头支票。

5. 信用卡

信用卡是指商业银行向个人和单位发行的，以向特约单位购物、消费和向银行存取现金，且具有消费信用的特制载体卡片。

信用卡按使用对象分为单位卡和个人卡，按信誉等级分为金卡和普通卡。凡在中国境内金融机构开立基本存款账户的单位可申领单位卡。单位卡可申领若干张，持卡人资格由申领单位法定代表人或其委托的代理人书面指定和注销。单位卡账户的资金一律从其基本存款账户转账存入，不得交存现金，不得将销货收入的款项存入其账户。持卡人可持信用卡在特约单位购物、消费。单位卡不得用于 10 万元以上的商品交易、劳务供应等款项的结算。单位卡一律不得支取现金。

信用卡在规定的限额和期限内允许善意透支，但不允许恶意透支，即超过规定限额和期限，并经发卡银行催收无效的透支行为。

6. 汇兑

汇兑是汇款人委托银行将其款项支付给收款人的结算方式。

单位和个人的各种款项的结算均可使用汇兑结算方式。汇兑结算方式适用于异地之间的各种款项结算。这种结算方式划拨款项简便、灵活。

汇兑分为信汇、电汇两种，由汇款人选择使用。

汇出银行受理汇款人签发的汇兑凭证，经审查无误后，应及时向汇入银行办理汇款。汇入银行对开立存款账户的收款人，应将汇给其的款项直接转入收款人账户，并向其发出收账通知。未在银行开立存款账户的收款人，凭信汇、电汇的取款通知向汇入银行支取款项。

7. 托收承付

托收承付是根据购销合同由收款人发货后委托银行向异地付款人收取款项，由付款人向银行承认付款的结算方式。

使用托收承付结算方式的收款单位和付款单位必须是国有企业、供销合作社以及经营管理较好，并经开户银行审查同意的城乡集体所有制工业企业。办理托收承付结算的款项必须是商品交易，以及因商品交易而产生的劳务供应的款项。托收承付结算每笔的金额起点为 1 万元。新华书店系统每笔的金额起点为 1 000 元。

收款人按照签订的购销合同发货后，应将托收凭证并附发运证件或其他符合托收承付结算的有关证明和交易单证送交银行，委托银行办理托收。收款人开户银行接到托收凭证及其附件后，应当按照托收的范围、条件和托收凭证记载的要求认真进行审查，凡不符合要求或违反购销合同发货的，不能办理。

付款人开户银行收到托收凭证及其附件后，应当及时通知付款人。付款人应在承付期内审查核对，安排资金。验单付款的承付期为 3 天，从付款人开户银行发出承付通知的次日算起（承付期内遇法定休假日顺延）。验货付款的承付期为 10 天，从运输部门向付款人发出提货通知的次日算起。付款人在承付期内未向银行表示拒绝付款，银行即视作承付，并在承付期满的次日（法定休假日顺延），将款项主动从付款人的账户内付出，划给收款人。

在符合规定的情况下，付款人在承付期内，可向银行提出全部或部分拒绝付款。付款人提出拒绝付款时，必须填写“拒绝付款理由书”并签章，注明拒绝付款理由，涉及合同的应引证合同上的有关条款。属于商品质量问题，需要提出商品检验部门的检验证明；属于商品数量问题，需要提出数量问题的证明及其有关数量的记录；属于外贸部门进口商品，应当提出国家商品检验或运输等部门出具的证明。开户银行必须认真审查拒绝付款理由，查验合同。对于付款人提出拒绝付款的手续不全、依据不足、理由不符合规定拒绝付款情况的，以及超过承付期拒付和应当部分拒付提为全部拒付的，银行均不得受理，应实行强制扣款。

付款人开户银行对付款人逾期支付的款项，应当根据逾期付款金额和逾期天数，按每天万分之五计算逾期付款赔偿金。逾期付款天数从承付期满日算起。

8. 委托收款

委托收款是收款人委托银行向付款人收取款项的结算方式。单位和个人凭已承兑商业汇票、债券、存单等付款人债务证明办理款项的结算均可以使用委托收款结算方式。委托收款还适用于收取电费、电话费等公用事业费。

收款人办理委托收款应向银行提交委托收款凭证和有关的债务证明。银行接到委托收款凭证及债务证明，审查无误办理付款。以银行为付款人的，银行应在当日将款项主动支付给收款人。以单位为付款人的，银行应及时通知付款人。付款人在接到通知的次日起 3 日内未通知银行付款的，视同付款人同意付款，银行应于付款人接到通知日的次日起第 4 日上午开始营业时，将款项划给收款人。

9. 信用证

信用证是指开证银行依照申请人的申请开出的，凭符合信用证条款的单据支付款项的付款承诺。

信用证起源于国际贸易结算。在国际贸易中，进口商不愿意先支付货款，出口商也不愿意先发货，在这种情况下，银行充当了进出口商之间的中间人和保证人，并代为融通资金，由此产生了信用证结算方式。它的出现不仅在一定程度上解决了买卖双方之间互不信任的矛盾，而且能使双方在使用信用证结算货款的过程中获得银行资金融通的便利，从而促进了国际贸易的发展。因此，该方式被广泛应用于国际贸易之中，成为当今国际贸易中的一种主要的结算方式。为了适应国内贸易的需要，经中国人民银行批准经营结算业务的商业银行总行以及经商业银行总行批准开办信用证结算业务的分支机构，也可以办理国内企业之间的信用证结算业务。

采用信用证结算方式，由付款人首先向开证银行申请办理开证业务。开证行在决定受理该项业务时，应向申请人收取不低于开证金额 20%的保证金。信用证开立后，通知收款方银行转告收款人。收款人按照合同和信用证规定的条件发货以后，将有关发票账单连同运输单据和信用证送交银行，办理付款。

相关案例

小会计何以制造惊天案？

某基金委员会财务局经费管理处原会计卞某，从 1995 年 8 月至 2003 年 1 月间，利用职务之便，采取伪造银行进账单、对账单、信汇凭证、电汇凭证，编造支票配售记录等手段，贪污公款共计人民币 1 262.37 万元，挪用公款共计人民币 19 993.3 万元，伙同其主管领导、经费管理处副处长吴某挪用公款 1 000 万元。

卞某作为一个小会计，为何能在 8 年中贪污、挪用公款而不被发现呢？该基金委员会财务制度管理不规范和基金审批与监管环节中的漏洞给了卞某可乘之机。按规定，主管部门应对财务部门及其工作人员实行有效管理与监督。遗憾的是，办案组在侦查中发现，该基金委员会会计部门账务极其混乱，卞某担任会计期间，主管部门没有很好地查过财务账，而且主管部门的财务做账也不严格，让卞某钻了空子。

市第一中级人民法院 2004 年 11 月 9 日对卞某贪污、挪用巨额公款案作出一审判决，以贪污罪、挪用公款罪，判处被告人卞某死刑，缓期两年执行，剥夺政治权利终身，并处没收个人全部财产。

（根据相关新闻报道整理）

三、银行存款的核算

为了总括反映企业银行存款的增加、减少和结存情况，应该设置“银行存款”总分类账户进行核算。在各种支付结算方式下，存入或转入款项时，借记“银行存款”账户，贷记有关账户；提取或支付在银行的存款时，借记有关账户，贷记“银行存款”账户；该账户期末余额在借方，表示企业期末银行存款的实际结余数。

企业应加强对银行存款的核算和管理，及时掌握银行存款收付动态以及结存情况，应当设置“银行存款日记账”进行银行存款的序时核算。“银行存款日记账”由企业出纳人员根据收付款凭证，按照经济业务发生的先后顺序逐日逐笔登记，并随时结出余额。银行存款日记账应定期与银行对账单核对。月份终了时，银行存款日记账余额必须与银行存款总账余额核对相符。

四、银行存款的清查

为了保证企业银行存款账目的正确性，查明银行存款的实际余额，企业必须对银行存款定期进行清查。银行存款的清查采用与开户银行核对账目的方法，即将企业登记的“银行存款日记账”与开户银行送来的对账单逐笔进行核对，至少每月核对一次。通过核对，若双方余额相符，则说明基本正确。若发现双方余额不相符，其原因一般有两种：一是双方各自的记账过程出现错误；二是由于未达账项所致。

未达账项是指企业与银行对同一笔收付款业务，由于结算凭证在传递时间上的差异，使得一方先得到结算凭证已经入账，另一方尚未取得结算凭证而未入账的项目。未达账项的情况有以下四种。

（1）企业已经收款入账，而银行尚未收款入账；

（2）企业已经付款入账，而银行尚未付款入账；

（3）银行已经收款入账，而企业尚未收款入账；

（4）银行已经付款入账，而企业尚未付款入账。

企业在将银行存款日记账与开户银行对账单核对发现未达账项时，可以通过编制“银行存款余额调节表”对双方的余额进行调节，即根据核对中发现的未达账项填制在“银行存款余额调节表”内。若调节后双方余额一致，则表明记账正确；若调节后双方余额仍不相符，则说明双方记账过程可能存在错误，需要进一步查明错误所在，加以更正。

“银行存款余额调节表”的编制方法举例如下。

【例 2.2】 20×3 年 9 月 30 日，长江公司“银行存款日记账”的账面余额为 834 028 元，开户银行对账单余额为 841 250 元。经逐笔核对，发现有下列未达账项。

（1）公司收到客户支付货款 11 500 元的转账支票，银行尚未入账；

（2）银行已代公司支付到期货款 10 028 元，公司尚未入账；

（3）银行已收到外单位汇来产品货款 26 000 元，公司尚未入账；

（4）公司开出转账支票支付咨询费 2 750 元，持票人尚未到银行办理转账手续。

根据上述资料编制“银行存款余额调节表”，见表 2.1。

表 2.1 银行存款余额调节表

20×3 年 9 月 30 日　　（单位：元）

项　目	金　额	项　目	金　额
公司银行存款日记账余额	834 028	银行对账单余额	841 250
加：银行已收，企业未收	26 000	加：企业已收，银行未收	11 500

续表

项　目	金　额	项　目	金　额
减：银行已付，企业未付	10 028	减：企业已付，银行未付	2 750
调节后余额	850 000	调节后余额	850 000

需要说明的是，“银行存款余额调节表”只能用来与开户银行对账单余额进行核对，检查其账户记录是否一致，不能据此来更改企业“银行存款日记账”或更改开户银行对账单的记录。对于未达账项的入账只有当结算凭证到达并具有相关的记账凭证后才能进行。

第四节　其他货币资金

一、其他货币资金的内容

其他货币资金是指企业除库存现金、银行存款以外的各种货币资金，包括外埠存款、银行汇票存款、银行本票存款、信用卡存款、信用证保证金存款、存出投资款等。

外埠存款是指企业到外地进行临时或零星采购时，汇往采购地银行开立采购专户的款项。银行汇票存款是指企业为取得银行汇票按规定存入银行的款项。银行本票存款是指企业为取得银行本票按规定存入银行的款项。信用卡存款是指企业为取得信用卡按规定存入银行信用卡专户的款项。信用证保证金存款是指采用信用证结算方式的企业为开具信用证而存入银行信用证保证金专户的款项。存出投资款是指企业已经存入证券公司但尚未进行投资的资金。

二、其他货币资金的核算

为了核算其他货币资金的增减变化和结存情况，应当设置“其他货币资金”账户进行总分类核算，同时，按照其他货币资金反映的内容分别设置“外埠存款”、“银行汇票”、“银行本票”、“信用卡”、“信用证保证金”和“存出投资款”等明细分类账户进行明细分类核算。

【例 2.3】 20×3 年 1 月 1 日，长江公司委托当地开户银行将款项 400 000 元汇往采购地银行开立采购专户。数日后，采购员交来购料发票，材料价款为 240 000 元，增值税税额 40 800 元。采购完毕，剩余款项转回本地开户银行。

（1）开立采购专户时，根据有关凭证编制会计分录如下：

借：其他货币资金——外埠存款　　400 000

　　贷：银行存款　　400 000

（2）收到采购员交来的购料凭证时，编制会计分录如下：

借：原材料　　240 000

　　应交税费——应交增值税（进项税额）　　40 800

　　贷：其他货币资金——外埠存款　　280 800

（3）采购结束，根据银行的收账通知等编制会计分录如下：

借：银行存款　　119 200

　　贷：其他货币资金——外埠存款　　119 200

知识链接

增值税是就货物或劳务的增值部分征收的一种流转税，也是一种价外税。从计税原理而言，增值税是对商品生产和流通中各环节的新增价值或商品附加值进行征税，所以称为“增值税”。但在实际操作当中，商品新增价值或附加值在生产和流通过程中很难准确计算，因此，我国也采用国际上普遍采用的税款抵扣的办法，即企业购入货物或接受应税劳务支付的增值税（即进项税额），可以从销售货物或提供劳务收取的增值税（即销项税额）中抵扣，抵扣进项税后的余额为纳税人实际缴纳的增值税额。这种计算方法体现了按增值因素计税的原则。公式为

应交增值税=当期销项税额−当期进项税额

【例 2.4】 20×3 年 2 月 1 日，长江公司申请办理银行汇票，向银行填送“银行汇票申请书”，并交存款项 30 000 元。取得银行汇票后，根据银行盖章的申请书存根联，做如下的会计处理：

借：其他货币资金——银行汇票	30 000	
贷：银行存款		30 000

2 月 5 日，长江公司用银行汇票支付采购的材料货款 25 000 元，增值税 4 250 元，材料已验收入库，编制会计分录如下：

借：原材料	25 000	
应交税费——应交增值税（进项税额）	4 250	
贷：其他货币资金——银行汇票		29 250

2 月 6 日，长江公司收到银行退回的多余款收账通知，编制会计分录如下：

借：银行存款	750	
贷：其他货币资金——银行汇票		750

【例 2.5】 20×3 年 2 月 10 日，长江公司向银行申领了一张单位信用卡，并将银行存款 50 000 元存入卡中，该信用卡由公司总经理张云持有，编制会计分录如下：

借：其他货币资金——信用卡	50 000	
贷：银行存款		50 000

2 月 11 日，张云用信用卡支付业务招待费 1 200 元，编制会计分录如下：

借：管理费用	1 200	
贷：其他货币资金——信用卡		1 200

银行本票与信用证保证金的会计处理与银行汇票业务的会计处理相似，故不再举例。

本章小结

货币资金是指企业生产经营过程中处于货币形态的资产，包括库存现金、银行存款和其他货币资金。货币资金是企业资产中流动性最强的一种资产，持有货币资金是进行生产经营活动的基本条件。

货币资金的特殊性决定了应对其建立完善的内部控制制度，通过岗位分离、授权核准等手段以保证账实相符。

现金应在规定的范围内使用，超过库存限额的现金必须及时送存银行。现金的核算应当设置“库存现金”总账和“现金日记账”，由会计人员和出纳人员分别登记，以形成内部牵制。企业应对现金进行清查，

以保证现金的安全完整。对清查中发现的现金短缺或溢余，应通过“待处理财产损溢”账户进行核算。

凡是独立核算的单位都必须开设银行账户。企业的一切货币收支除了在规定的范围内可以用现金收支以外，其余一律通过银行账户办理转账结算。现行银行转账结算方式主要包括银行汇票、商业汇票、银行本票、支票、汇兑、委托收款、异地托收承付、信用卡和信用证九种。

企业必须定期对银行存款进行清查，清查的方法是将企业的银行存款日记账与银行的对账单逐笔核对，发现未达账项时，可以通过编制“银行存款余额调节表”进行调节。

其他货币资金是指企业除库存现金、银行存款以外的各种货币资金，包括外埠存款、银行汇票存款、银行本票存款、信用卡存款、信用证保证金存款、存出投资款等，应分别设明细账进行核算。

复习思考

1. 货币资金的内部控制制度一般包括哪些内容？
2. 企业在哪些情况下可以使用现金？
3. 什么是坐支？为什么企业不能坐支？
4. 企业在银行可以开立哪些账户？每个账户的用途是什么？
5. 商业汇票与银行汇票有何不同？
6. 什么是未达账项？企业对未达账项如何调整？

基本训练

一、单选题

1. 下列项目中，不属于货币资产的是（　　）。

A. 库存现金　B. 银行存款　C. 其他货币资金　D. 其他应收款

2. 对于银行已经收款而企业尚未入账的未达账项，企业应做的处理为（　　）。

A. 以“银行对账单”为原始记录将该业务入账

B. 根据“银行存款余额调节表”和“银行对账单”自制原始凭证入账

C. 在编制“银行存款余额调节表”的同时入账

D. 待有关结算凭证到达后入账

3. 企业存放在银行的银行汇票存款应通过（　　）科目进行核算。

A. 其他货币资金　B. 银行存款　C. 应收票据　D. 库存现金

4. 企业现金清查中，经检查仍无法查明原因的现金短缺，经批准后应计入（　　）。

A. 财务费用　B. 管理费用　C. 销售费用　D. 营业外支出

5. 企业存放在银行的信用卡存款应通过（　　）科目进行核算。

A. 其他货币资金　B. 银行存款　C. 在途货币资金　D. 库存现金

6. 企业进行现金清查时，查出现金溢余，并将溢余数记入“待处理财产损溢”科目。经进一步核查，无法查明原因，经批准后，对该现金溢余正确的会计处理方法是（　　）。

A. 将其从“待处理财产损溢”科目转入“管理费用”科目

B. 将其从“待处理财产损溢”科目转入“营业外收入”科目

C. 将其从“待处理财产损溢”科目转入“其他应付款”科目

D. 将其从“待处理财产损溢”科目转入“其他应收款”科目

7. 下列各项中，不通过其他货币资金科目核算的是（　　）。

A. 外埠存款　　B. 存出投资款　　C. 备用金　　D. 信用卡存款

8. 下列支付结算方式中，只适用于商品交易以及因商品交易产生的劳务供应款项的是（　　）。

A. 支票　　B. 银行汇票　　C. 汇兑　　D. 托收承付

9. 企业将款项汇往外地开立采购专用账户时，应借记的会计科目是（　　）。

A. 物资采购　　B. 其他货币资金　　C. 预付账款　　D. 在途物资

10. 商业汇票的付款期限由交易双方商定，但最长不得超过（　　）。

A. 3个月　　B. 6个月　　C. 9个月　　D. 1年

11. 关于银行预留印鉴的管理，下列说法中错误的是（　　）。

A. 财务专用章应由专人保管

B. 个人名章必须由本人或其授权人员保管

C. 严禁一人保管支付款项所需的全部印章

D. 单位负责人的印章必须由其本人保管

二、多选题

1. 下列款项中属于未达账项的有（　　）。

A. 企业已开出，但银行尚未兑付的支票

B. 企业已收款入账，但银行尚未收款入账

C. 银行收到委托款项但尚未通知企业

D. 银行划付电话费，但未将其通知单送达企业

2. 下列项目中，属于其他货币资金的有（　　）。

A. 银行承兑汇票　　B. 信用卡存款　　C. 支票　　D. 银行汇票存款

3. 下列各项中，通过“其他货币资金”账户核算的有（　　）。

A. 银行汇票　　B. 商业承兑汇票　　C. 银行本票　　D. 银行承兑汇票

4. 货币资金的管理和控制应当遵循的原则有（　　）。

A. 严格职责分工　　B. 实施定期轮岗

C. 实施内部稽核　　D. 实行不相容岗位相互分离

5. 下列符合企业银行存款开户的有关规定的是（　　）。

A. 一般存款账户可以办理工资、奖金等现金的支取

B. 临时存款账户可以办理转账结算，但不能办理现金收付

C. 一个企业只能选择一家银行的一个营业机构开立一个基本存款账户

D. 不得在同一家银行的几个分支机构开立一般存款账户

E. 一般存款账户可以办理转账结算和现金缴存，但不能办理现金支取

6. 按照《现金管理暂行条例》规定，开户单位可以使用现金的是（　　）。

A. 个人劳务报酬　　B. 向农民收购农副产品

C. 出差人员必备差旅费　　D. 购置设备

7. 下列各项中，不能通过“应收票据”及“应付票据”核算的票据包括（　　）。

A. 银行汇票　　B. 银行承兑汇票　　C. 银行本票　　D. 商业承兑汇票

8. 下列项目中，属于其他货币资金的有（　　）。

A. 存出投资款　　B. 外埠存款

C. 信用证保证金存款　　D. 存出保证金

9. 下列各项中，违背有关货币资金内部控制要求的有（　　）。

A. 采购人员超过授权限额采购原材料

B. 未经授权的机构或人员直接接触企业资金

C. 出纳人员长期保管办理付款业务所使用的全部印章

D. 出纳人员兼任会计档案保管工作和债权债务登记工作

E. 主管财务的副总经理授权财务部经理办理资金支付业务

三、判断题

1. 银行存款余额调节表是调整企业银行存款账面余额的原始凭证。（　　）

2. 企业的现金清查小组应当在出纳人员不在场的情况下对企业库存现金进行定期或不定期清查。（　　）

3. “库存现金”账户反映企业的库存现金，包括企业内部各部门周转使用、由各部门保管的定额备用金。（　　）

4. 企业清查现金发生的短缺或溢余，属于无法查明原因的，经批准均计入管理费用。（　　）

5. 银行汇票分为银行承兑汇票和商业承兑汇票两种。（　　）

6. 商业汇票的付款期最长不得超过 12 个月。（　　）

7. 企业职工预借的差旅费应作为备用金处理。（　　）

8. 企业的各种存款都应当通过“银行存款”科目核算。（　　）

9. 商业承兑汇票承兑后，如承兑人账户不足支付票款的，银行将汇票退给收款人，由其自行处理，同时，银行对付款人处以罚款。（　　）

10. 现金和银行存款的总分类账可以根据现金和银行存款的收、付款凭证分别汇总登记。（　　）

四、业务题

1. 练习银行存款清查的核算

资料：华安公司 20×3 年 9 月 30 日银行存款日记账余额为 257 000 元，银行对账单余额为 275 600 元。华安公司 9 月银行日记账见表 2.3，银行送来的对账单见表 2.2（假定 9 月 24 日以前的记录全部正确）。

表 2.2　银行对账单

户名：华安公司　　　　账号：0156731

20×3 年		结算凭证			借方发生额	贷方发生额	余额
月	日	现金支票	转账支票	其他			
9	24			托收		40 000	300 000
	25		50170#		48 000		252 000
	26		50171#		2 000		250 000
	27	40293#			40 360		209 640
	27		50172#		1 440		208 200
	28			托收		74 000	282 200
	28			电汇		22 400	304 600
	30			托收	29 000		275 600

表 2.3　银行存款日记账

第　页

20×3 年		记账凭证		摘要	结算凭证		借方	贷方	借或贷	余额
月	日	收	付		种类	号数				
9	25	银 8		产品销售收入	托收	4321#	40 000		借	300 000
	25		银 11	采购 A 产品	转	50170#		48 000	借	252 000
	26		银 12	采购 A 产品	转	50171#		2 000	借	250 000
	27		银 13	提取现金	现	40293#		40 360	借	209 640
	27		银 14	付电话费	转	50172#		1 440	借	208 200
	28	银 9		收回欠款	电汇		22 400		借	230 600
	29	银 10		销售乙产品	转	6588#	43 200		借	273 800
	30		银 15	支付保险费	现	40294#		16 800	借	257 000

要求：根据资料核对账目并编制银行存款余额调节表。

2. 练习其他货币资金的核算

资料：20×3 年 3 月中兴公司有关其他货币资金业务如下。

（1）3 月 5 日，汇出 500 000 元到上海的开户银行开立采购专户。

（2）3 月 12 日，收到采购员寄来发票及有关凭证，材料价款 400 000 元，增值税 68 000 元，材料尚未验收入库。

（3）3 月 20 日，外埠采购结束，将外埠账户清户，收到银行收账通知，余款已收妥入账。

（4）3 月 21 日，将银行存款 50 000 元存入由刘经理持有的单位信用卡。

（5）3 月 23 日，刘经理用信用卡支付业务招待费 1 600 元。

（6）3 月 30 日，将银行存款 200 000 元划入某证券公司资金账户准备进行短期投资。

要求：根据资料编制相关会计分录。

五、案例分析题

【案例 1】

1. 资料

兴发公司的会计为外聘的兼职会计，平时不在公司上班，日常事务均由出纳张某办理，所有票据和印章也均由张某保管。一天，有客户持金额为 1 万元的购货发票要求退货，正与张某争执时，被经理李某碰到，经核查该款系 3 个月前的销售货款，并未入账。

兴发公司销售与收款内部控制有关业务流程如下。

（1）销售部门收到顾客的订单后，由销售经理 A 对品种、规格、数量、价格、付款条件、结算方式等详细审核后签章，交仓库办理发货手续。

（2）仓库在商品出库和发运时，均必须由仓库管理员 B 根据经批准的订单，填制一式四联的销售单，在各联上签章后，第一联作为发运单，由工作人员配货并随货交顾客，第二联送会计部，第三联送应收账款管理员 C，第四联由 B 按编号顺序连同订单一并归档保存，作为盘存的依据。

（3）会计部收到销售货单后，根据单中所列资料，开具统一的销售发票，将顾客联寄送顾客，将销售联交应收账款管理员 C，作为记账和收款的凭证。

（4）应收账款管理员 C 收到发票后，将发票与销售货单核对，如无错误，据以登记应收账款明细账，并将发票和销货单按顾客顺序归档保存。

2. 要求

分析并指出兴发公司在销售与收款内部控制中存在的缺陷。

【案例 2】

1. 资料

2001 年 12 月，×市××清洁车辆厂更名为×市××环卫工程集团（下称××集团）有限责任公司，唐某担任董事长兼总经理，于某担任总会计师。当时，××集团公司下属 10 多个子公司，这些公司的所有收入均不入企业大账，而是单独立账，成为企业的小金库。而这些小金库的存在，只有唐某和于某两人知道。2005 年 7 月，唐某以合作开发环保项目为名，提出成立×村垃圾处理有限公司。因为项目没有做起来，该公司后来就成了空壳公司，既没有员工，又没有经营，只有唐某和于某知道它的存在。2006 年 3 月，就在转移小金库资金不久，唐某突然因肝癌去世，此时小金库内巨额资金只有于某一个人知道。2006 年 4 月，××集团被合并重组为××环境卫生工程集团××分公司。在清产核资过程中，于某对小金库的存在只字未提。2008 年，因有人举报于某的研究生学历造假，她进入纪检部门的视线，经过大规模审计，小金库一事终于浮出水面。

经过审理查明，于某利用国企改革之机，侵吞单位公款 3 600 多万元，并伙同他人贪污 238 万元。2009 年 5 月，该市第二中级人民法院以贪污罪判处其死刑，缓期两年执行，于某终于受到了应得的惩罚。

2. 要求

根据以上案例，分析××集团资金管理中存在的问题。

第三章　应 收 款 项

【学习目标】

通过本章的学习，应了解应收票据的概念和种类，掌握应收票据取得、到期、转让和贴现的核算；了解应收账款的概念和范围，掌握应收账款的计价和核算；了解预付账款和其他应收款核算的内容；理解应收款项减值的确认，掌握应收款项减值的会计处理方法；了解应收债权融资业务。

第一节　应 收 票 据

一、应收票据概述

1. 应收票据的概念和种类

应收票据是指企业因销售商品、提供劳务等收到的尚未到期兑现的商业汇票。应收票据是企业未来收取货款的权利，这种权利和将来应收取的货款金额以书面文件形式约定下来，因此它受到法律的保护，具有法律上的约束力。

票据包括支票、本票和汇票。在我国会计实务中，支票、银行本票和银行汇票均为见票即付的即期票据，不必作为应收票据核算，只有属于远期票据的商业汇票才作为应收票据核算。

小提示

票据按能否立即兑付分为即期票据和远期票据。
即期票据见票即付，远期票据则须等到指定的付款日期到期时才兑付。

商业汇票按其承兑人不同分为商业承兑汇票和银行承兑汇票。商业承兑汇票是由付款人签发并承兑，也可以由收款人签发交由付款人承兑的汇票。银行承兑汇票是由在承兑银行开立存款账户的存款人（即出票人）签发，由承兑银行承兑的汇票。

商业汇票按其是否计息分为带息商业汇票和不带息商业汇票。带息商业汇票指票据上注明了利率，到期除按票据面额收款外，还要收取利息。不带息票据是指票据上没有注明利率，票据到期时只能按面额收回款项。

2. 应收票据的计价

应收票据的计价就是确定应收票据的入账价值。应收票据入账价值的确定有两种方法，一种是按照票据的面值确定，另一种是按照票据的未来可收回金额的现值确定。从理论上讲，考虑到货币的时间价值因素，采用现值计价是比较科学和合理的，但由于我国目前允许使用的商业汇票的期限最长为 6 个月，利息金额相对来说不大，现值和面值的差异也较小，为了简化核算，应收票据一般按其面值计价入账。

3. 应收票据利息及到期日的确定

应收票据利息的计算公式为

$$票据利息=票据面值\times利率\times期限$$

在计算票据利息时，应注意利率和期限要一致。利率一般以年利率表示。期限如果是以月或天表示的，计算利息时应将年利率换算成月利率（年利率÷12）或日利率（年利率÷360）。

票据期限有按月表示和按日表示两种。如果票据期限是按月表示的，应以到期月份中与出票日同日的那一天为到期日。如 5 月 10 日签发的两月期票据，到期日为 7 月 10 日。月末签发的票据，不论月份大小，应以到期月份的月末那天为到期日。如 5 月 31 日签发的一月期票据，到期日为 6 月 30 日。

如果票据期限是按天表示的，应从出票日起按实际经历天数计算，出票日和到期日只能计算其中一天，通常“算尾不算头”。如 5 月 10 日签发的 60 天票据，到期日为 7 月 9 日（5 月 10 日出票日不算，5 月 21 天，6 月 30 天，7 月 9 日到期日要算，7 月 9 天，共 60 天）。

二、应收票据取得和到期的核算

为了反映企业的应收票据的取得和款项收回等情况，企业应设置“应收票据”账户。该账户的借方登记企业因销售商品、提供劳务等收到的商业汇票的面值以及期末计提的带息票据的利息；贷方登记商业汇票的到期收回、背书转让以及贴现的金额；借方余额表示尚未收回的票据价值。

（一）带息商业汇票

1. 收到带息票据的会计处理

企业因销售商品、提供劳务等收到带息商业汇票时，按应收票据的面值借记“应收票据”账户，按实现的营业收入贷记“主营业务收入”等账户，按涉及的增值税销项税，贷记“应交税费——应交增值税（销项税额）”账户。

2. 带息票据期末计息的会计处理

对于带息商业汇票，在票据到期之前，尽管利息尚未实际收到，但企业已取得收取利息的权利，因此，期末应按权责发生制的要求计算并提取票据利息。至于是在月末、季末还是年末提取，应根据利息金额的大小以及对企业财务信息的影响而定。计算应提取的利息时，借记“应收利息”账户，贷记“财务费用”账户。

3. 带息票据到期的会计处理

带息商业汇票到期时，其到期值为票据面值加上到期利息。

带息商业汇票到期，收到承兑人兑付的票款时，按实际收到的金额，借记“银行存款”账户，按应收票据的面值贷记“应收票据”账户，按已计提的利息贷记“应收利息”账户，按未计提的利息部分贷记“财务费用”账户。

如果带息的商业承兑汇票到期，承兑人无力兑付票款，企业收到银行退回的商业承兑汇票时，应将票据面值与应计未收利息之和一并转为应收账款，借记“应收账款”账户，贷记

"应收票据"、"应收利息"和"财务费用"账户。

商业汇票中的银行承兑汇票，因其承兑银行负有票据到期无条件付款的责任，因此该种汇票到期无款兑付的可能性极小。

下面举例说明带息商业承兑汇票的会计处理。

【例 3.1】 长江公司 20×3 年 9 月 1 日销售一批商品给 D 企业，货已发出，增值税专用发票上注明的商品价款为 100 000 元，增值税销项税额为 17 000 元，当日收到 D 企业签发的带息商业承兑汇票一张，期限为 6 个月，票面利率 5%。

（1）收到票据时，编制会计分录如下：

借：应收票据——D 企业　　117 000

　　贷：主营业务收入　　100 000

　　　　应交税费——应交增值税（销项税额）　　17 000

（2）年末计提票据利息时，

$$票据利息=117\ 000×5\%÷12×4 = 1\ 950（元）$$

编制会计分录如下：

借：应收利息　　1 950

　　贷：财务费用　　1 950

（3）票据到期收回票款时，

$$收款金额 = 117\ 000×（1+5\%÷12×6） = 119\ 925（元）$$

编制会计分录如下：

借：银行存款　　119 925

　　贷：应收票据——D 企业　　117 000

　　　　应收利息　　1 950

　　　　财务费用　　975

（4）假如票据到期承兑人无力兑付票款，则编制会计分录如下：

借：应收账款　　119 925

　　贷：应收票据——D 企业　　117 000

　　　　应收利息　　1 950

　　　　财务费用　　975

（二）不带息商业汇票

不带息商业汇票的到期值为其票面价值。不带息商业汇票的会计处理，在收到票据时与带息商业汇票的处理相同。由于不带有利率，故期末不用做计息的会计处理。不带息票据到期只按面值收回款项，不计利息，除此之外与带息票据的会计处理相似，故不再举例。

三、应收票据转让和贴现的核算

（一）应收票据的转让

应收票据转让是指持票人将未到期的商业汇票背书后转让给其他单位或个人的行为。背书是指持票人在票据背面签字，将票据的收款权利转让给被背书人。票据背书以后，背书人对票据的到期付款负连带责任。

企业可以将自己持有的商业汇票背书转让，以取得所需物资或偿还债务。转让时，按所取得物资的价值或偿还债务的金额，借记“材料采购”或“原材料”、“应付账款”等账户，按涉及的增值税进项税，借记“应交税费——应交增值税（进项税额）”账户，按应收票据的面值，贷记“应收票据”账户，如有差额，借记或贷记“银行存款”等账户。

【例 3.2】 长江公司 20×3 年 9 月向 A 公司采购了一批材料，货款总计 234 000 元，其中材料价款 200 000 元，增值税 34 000 元。长江公司现将持有的一张面值 240 000 元的不带息银行承兑汇票背书后转让给 A 公司以抵付货款，同时收到差额款 6 000 元存入银行。编制会计分录如下：

借：原材料	200 000	
应交税费——应交增值税（进项税额）	34 000	
银行存款	6 000	
贷：应收票据		240 000

（二）应收票据的贴现

1. 应收票据贴现的性质

应收票据在到期前，如果企业急需资金，可持票向银行申请贴现，以及时获得所需资金。应收票据贴现是指持票人将未到期的票据在背书后转让给银行，银行受理后，从票据中扣除按银行贴现率计算的贴现利息，然后将余款付给持票人的行为。贴现实质上是融通资金的一种形式。

应收票据的贴现一般有两种情形：一种是带有追索权，另一种是不带追索权。所谓追索权，是指企业在转让票据的情况下，受让方在不获兑付时，有向转让方索取票款的权利。不带追索权的情况下，票据一经贴现，企业就将应收票据上的风险和未来经济利益全部转让给了银行，企业对票据到期不获兑付不承担连带责任，贴现以后即可冲销应收票据账户。带有追索权的情况下，贴现企业因背书而在法律上负有连带付款责任，如果贴现的票据到期不获兑付，企业有责任将票款兑付给银行，因此，贴现以后暂不冲销应收票据账户，先作为短期借款增加，待票据到期付款方兑付票款以后再进行冲销。

在我国，由于银行承兑汇票到期不获兑付的可能性极小，故一般将银行承兑汇票贴现视为不带追索权的票据贴现业务，而商业承兑汇票贴现则是一种典型的带追索权的票据贴现业务。

2. 应收票据贴现的计算

应收票据贴现的计算步骤如下。

（1）计算票据的到期值。不带息票据到期值等于其面值。带息票据到期值为面值加上利息。

（2）计算贴现期。贴现期是指从贴现日起至票据到期日止实际经过的天数。

（3）计算贴现息。贴现息=票据到期值×贴现率×贴现期。

（4）计算贴现净额。贴现净额=票据到期值−贴现息。

下面举例说明应收票据贴现的计算。

【例 3.3】 黄河公司于 20×3 年 4 月 1 日将一张出票日为 1 月 1 日、面值为 10 000 元、利率为 10%、到期日为 6 月 30 日的商业汇票向银行贴现，银行贴现率为 12%，该票据不带有追索权。

该票据的贴现净额计算如下：

票据到期值 = 10 000×（1+10%×180/360）= 10 500（元）

贴现利息 = 10 500×12%×90/360 = 315（元）

贴现净额 = 10 500–315 = 10 185（元）

3. 应收票据贴现的账务处理

企业持未到期的应收票据向银行贴现时，如果是不带息的票据，贴现后按实际收到的金额，借记“银行存款”账户，按支付的贴息，借记“财务费用”账户，按应收票据的面值，贷记“应收票据” 账户（不带追索权的情况下）或“短期借款” 账户（带有追索权的情况下）。

如果是带息的票据，贴现后按实际收到的金额，借记“银行存款”账户，按应收票据的面值，贷记“应收票据” 账户（不带追索权的情况下）或“短期借款” 账户（带有追索权的情况下），按其差额，借记或贷记“财务费用”账户。

【例 3.4】 仍以【例 3.3】资料，黄河公司将其持有的不带追索权的商业汇票向银行办理贴现以后，在收到贴现款时编制会计分录如下：

借：银行存款　　10 185

　贷：应收票据　　10 000

　　财务费用　　185

第二节 应 收 账 款

一、应收账款概述

（一）应收账款的概念及范围

应收账款是指企业因销售商品、提供劳务等而应向购货单位或接受劳务单位收取的款项。主要包括企业因销售活动应向购买方收取的价款和增值税款，以及代购货方垫付的运杂费等，但不包括其他应收的非销售活动款项，如应收职工欠款、应收利息等。

在现代经济社会，商业信用得到广泛认可和应用，越来越多的商业活动建立在买卖双方信用的基础上，由此而产生的应收账款也与日俱增。应收账款是由赊销而形成的，赊销虽然能使企业扩大销售，减少库存，增加产品销售收入，但同时也存在着货款不能收回的风险。因此，在应收账款的管理上，如何处理和解决好这一对矛盾，是企业应收账款管理的重要内容。

（二）应收账款的计价

应收账款作为一种在未来能够收取的债权，理论上来说，应该按照未来可收回金额的现值入账，但由于应收账款转化为现金的期限一般在一年以内，其现值和交易发生时的金额不会有很大差别，因此在实际工作中，应收账款都是以交易日的实际发生额计价入账。

在确定应收账款的入账价值时，应注意商业折扣和现金折扣。

1. 商业折扣

商业折扣是指企业为了促销而在商品标价上给予的折扣优惠。商业折扣通常用百分比来表示，如折扣 5%、10% 和 15%等，也可以用金额或其他方式表示，如一些企业和商场所采取的“买 5 件送 1 件”或“满 100 元送 10 元”等优惠方式。企业销售商品在规定了商业折扣的条件下，从商品标价中扣减商业折扣后的净额才是实际销售价格，即发票金额。因此，企业应收账款的入账金额应按扣除商业折扣以后的实际售价加以确认。

2. 现金折扣

现金折扣是指企业为了鼓励客户在一定时期内早日付款而给予的一种折扣优惠。现金折扣一般用“折扣/付款期限”来表示。如 2/10，1/20，*n*/30，其含义分别为 10 天内付款给予 2%的折扣，20 天内付款给予 1%的折扣，30 天内付款无折扣。

在有现金折扣的情况下，应收账款入账价值的确定有两种方法，一种是总价法，另一种是净价法。

总价法是将未扣除现金折扣前的金额作为应收账款的入账价值。现金折扣只有当顾客在折扣期内支付货款时才予以确认。这种方法下，销售方把给予顾客的现金折扣视为一种理财费用，会计上作为财务费用处理。

净价法则是将扣除最大现金折扣后的金额作为应收账款的入账价值。这种方法假设顾客一般都会得到现金折扣，如果顾客超过折扣期付款而丧失了现金折扣，则视为企业的理财收入，冲减财务费用。

在我国目前的会计实务中，规定采用的是总价法。

二、应收账款的核算

企业的应收账款业务应设置“应收账款”账户进行核算。企业销售商品、提供劳务等发生应收账款时，按应收的货款和增值税款金额借记“应收账款”账户（如果销售过程中有为购货单位代垫的运杂费等，也一并记入该账户借方），按实现的营业收入贷记“主营业务收入”等账户，按涉及的增值税销项税，贷记“应交税费——应交增值税（销项税额）”账户。

【例 3.5】 长江公司销售一批产品给 E 公司，按商品价目表标明的价格为 30 000 元。由于是成批销售，公司给予购货方 10%的商业折扣，适用增值税率为 17%，代购货单位垫付运杂费 2 000 元。货已发出并已开出增值税专用发票，货款尚未收到。

发出货物时，编制会计分录如下：

借：应收账款——E 公司	33 590	
贷：主营业务收入		27 000
应交税费——应交增值税（销项税额）		4 590
银行存款		2 000

收到货款时，编制会计分录如下：

借：银行存款	33 590	
贷：应收账款——E 公司		33 590

【例 3.6】 黄河公司销售一批产品给 F 公司，价值 20 000 元，规定的现金折扣条件为 2/10，1/20，*n*/30，适用的增值税率为 17%，产品已发运并办妥托收手续（假设折扣时不考虑增值税）。

（1）销售实现时，编制会计分录如下：

借：应收账款——F 公司	23 400	
贷：主营业务收入		20 000
应交税费——应交增值税（销项税额）		3 400

（2）如果客户在 10 天内付款，编制会计分录如下：

借：银行存款　　23 000
　　财务费用　　400
　　贷：应收账款——F 公司　　23 400

（3）如果客户在 20 天内付款，编制会计分录如下：

借：银行存款　　23 200
　　财务费用　　200
　　贷：应收账款——F 公司　　23 400

（4）如果客户超过 20 天付款，编制会计分录如下：

借：银行存款　　23 400
　　贷：应收账款——F 公司　　23 400

第三节　预付账款及其他应收款

一、预付账款

预付账款是指企业因购买原材料、商品或接受劳务供应而按照购货合同规定预付给供应单位的款项。预付账款和应收账款性质一样，都属于企业的短期债权，但两者有以下两点区别。①形成的原因不同。应收账款是企业对外销货或提供劳务产生的，而预付账款是企业购货或接受劳务而产生的。②债权收回的方式不同。应收账款是等待购买方支付货款，而预付账款则是等待供应方提供货物或劳务。

为了反映预付账款的增减变动情况，企业应设置"预付账款"账户进行核算。该账户是资产类账户，借方登记预付的款项和补付的款项，贷方登记收到所购货物时结转的预付账款，期末余额一般在借方，反映企业已预付但尚未结算的款项。如果期末余额出现在贷方，反映的则是应付账款的金额。

预付账款不多的企业，也可以不设置"预付账款"账户，而将预付的款项直接记入"应付账款"账户的借方。如果"应付账款"账户的期末余额出现在借方，反映的是预付账款的金额。编制资产负债表时，要将"预付账款"和"应付账款"明细账的余额加以分析，并分开报告。

【例 3.7】 长江公司 20×3 年 3 月 1 日向 C 公司订购一批甲材料，按合同规定预付 50 000 元货款，待验收货物以后再补付余款。3 月 25 日收到甲材料，增值税专用发票中注明价款 80 000 元，增值税款 13 600 元，材料已验收入库，3 月 26 日向 C 公司补付余款。

（1）3 月 1 日预付货款时，编制会计分录如下：

借：预付账款——C 公司　　50 000
　　贷：银行存款　　50 000

（2）3 月 25 日收到甲材料时，编制会计分录如下：

借：原材料　　80 000
　　应交税费——应交增值税（进项税额）　　13 600
　　贷：预付账款　　93 600

（3）3 月 26 日补付余款时，编制会计分录如下：

借：预付账款——C 公司　　43 600

　贷：银行存款　　43 600

二、其他应收款

其他应收款是企业除应收票据、应收账款、预付账款等以外的各种应收及暂付款项。其主要内容包括应收的各种赔款、罚款、应收的出租包装物租金、应向职工收取的各种垫付款项、存出保证金（如租入包装物暂付的押金）、备用金、其他各种应收、暂付款项。

企业应设置“其他应收款”账户核算上述业务，该账户是资产类账户，借方登记各种其他应收款项的发生，贷方登记各种其他应收款项的收回，期末借方余额反映已经发生但尚未收回的其他应收款项。

在其他应收款业务中，特别需要指出的是备用金的核算。备用金是企业预付给职工和内部单位备作差旅费和零星开支等，用后需报销的款项。企业的备用金业务可以单独设置“备用金”账户进行核算，也可以在“其他应收款”账户下面设置“备用金”明细账进行核算。备用金的管理方式有定额备用金制度和非定额备用金制度，两种制度下核算方法不同。

1. 非定额备用金制度

非定额备用金制度是企业内部用款单位和个人根据实际需要，向财会部门预借备用金，使用后凭据报销，预借资金多退少补，一次结清的管理方式。下面举例说明。

【例 3.8】 A 企业总务科向财会部门预借备用金 1 000 元，当月采购办公用品支付 800 元，凭据报销。

预付备用金时，编制会计分录如下：

借：其他应收款——备用金（总务科）　　1 000

　贷：库存现金　　1 000

凭据报销时，编制会计分录如下：

借：管理费用　　800

　库存现金　　200

　贷：其他应收款——备用金（总务科）　　1 000

2. 定额备用金制度

定额备用金制度是企业财会部门对经常使用备用金的内部用款单位和个人，根据实际需要核定定额并预付备用金，使用后凭据报销并补足定额的管理方式。下面举例说明。

【例 3.9】 A 企业财会部门签发现金支票为总务科建立定额备用金 5 000 元，总务科累计使用 4 800 元以后，凭据向财会部门报销，审核后，同意报销并付现金补足定额。

建立定额备用金时，编制会计分录如下：

借：其他应收款——备用金（总务科）　　5 000

　贷：银行存款　　5 000

凭据报销时，编制会计分录如下：

借：管理费用　　4 800

　贷：库存现金　　4 800

第四节　应收款项的减值

一、应收款项减值概述

在市场经济环境下，由于商业信用的广泛应用，企业的经营活动存在着大量风险，应收款项在未来是否能够收回存在着不确定性。企业无法收回的应收款项在会计上称为坏账。由于发生坏账而给企业造成的损失称为坏账损失，即应收款项的减值。

根据我国现行会计制度的规定，企业的应收款项符合下列条件之一的，应确认为坏账。

（1）因债务人死亡，以其遗产清偿后仍然无法收回；

（2）因债务人破产，以其破产财产清偿后仍然无法收回；

（3）债务人较长时期内（通常指3年以上）未履行偿债义务，并有足够的证据表明无法收回或收回的可能性极小。

企业应在期末对应收款项进行检查，如有客观证据表明应收款项发生减值的，应当确认减值损失，计提坏账（减值）准备。

按照企业现行会计制度的规定，企业计提坏账准备的方法由企业自行确定。企业应当制定计提坏账准备的政策，明确计提坏账准备的范围、提取方法、账龄的划分和提取比例。在确定坏账准备的计提比例时，企业应当根据以往的经验、债务单位的实际财务状况和现金流量等相关信息予以合理估计。除有确凿证据表明该项应收款项不能够收回或收回的可能性不大外（如债务单位已撤销、破产、资不抵债、现金流量严重不足、发生严重的自然灾害等导致停产而在短时间内无法偿付债务，以及3年以上的应收款项等），下列各种情况不能全额计提坏账准备。

（1）当年发生的应收款项；

（2）计划对应收款项进行重组；

（3）与关联方发生的应收款项；

（4）其他已逾期，但无确凿证据表明不能收回的应收款项。

二、应收款项减值的会计处理

应收款项减值的会计处理就是要确认坏账损失并进行核算。对于坏账损失的会计处理，会计上有直接转销法和备抵法两种。

（一）直接转销法

直接转销法是指某项应收款项实际发生坏账时，确认坏账损失，计入当期损益，同时转销该笔应收款项的会计处理方法。

在直接转销法下，当确认发生坏账时，借记“资产减值损失”账户，贷记“应收账款”、“应收票据”、“预付账款”、“其他应收款”等账户。如果已经确认的坏账由于债务人经济情况好转等原因又收回，为了通过“应收账款”、“应收票据”等账户反映客户的信用情况，可以先冲销发生坏账时的会计分录，再按正常程序反映应收款项的收回。

【例 3.10】 黄河公司应收 C 公司的一笔货款 20 000 元长期无法收回，已确认为坏账。编制会计分录如下。

借：资产减值损失　　20 000

　　贷：应收账款——C 公司　　20 000

假如该笔已冲销的应收账款以后又收回，应编制会计分录如下：

借：应收账款——C 公司　　20 000

　　贷：资产减值损失　　20 000

借：银行存款　　20 000

　　贷：应收账款——C 公司　　20 000

直接转销法的优点是账务处理简单。但是这种方法下必须等到坏账实际发生时才确认为当期的损失，忽视了坏账损失与赊销业务的联系，使得收入和与之相关的坏账损失不相配比，会导致各期收益的不实。另外，采用该方法，期末资产负债表上列示的应收账款金额中隐含了可能发生的坏账，这在一定程度上夸大了企业资产，不符合谨慎性原则的要求，因此，我国企业会计准则不允许采用此种方法。

（二）备抵法

备抵法是按期估计坏账损失并计入当期损益，同时提取坏账准备，待确认发生坏账时，将其金额冲减坏账准备并冲销相应的应收款项的方法。企业如有确凿证据证明应收账款、应收票据、预付账款、其他应收款等不能收回或收回的可能性极小时，均应计提坏账准备。

备抵法的优点是将预计不能收回的应收款项作为坏账损失及时计入当期损益，避免企业虚增利润。此外，在资产负债表上应收款项是按扣除坏账以后的可望收回的净额列示，能够避免虚增资产，较为真实地反映企业的财务状况。因此，企业会计准则规定采用备抵法核算。

采用备抵法，企业应当设置“坏账准备”账户，核算坏账准备的计提、冲销等情况。该账户是资产类账户，但它是“应收账款”、“应收票据”、“预付账款”、“其他应收款”等账户的备抵调整账户，在结构上与资产类账户相反。账户贷方反映坏账准备的提取，借方反映实际发生坏账时冲销的坏账准备，贷方余额反映已提取但尚未冲销的坏账准备。

在备抵法下，应当采用合理的方法按期估计坏账损失。常见的估计坏账损失的方法有余额百分比法、账龄分析法、赊销百分比法。下面主要以应收账款为例说明坏账损失的会计处理。

1. 余额百分比法

余额百分比法是按照期末应收款项的余额和预测的坏账率，估计坏账损失，提取坏账准备的方法。

采用余额百分比法计提坏账准备，可按以下公式计算。

本期应提坏账准备 = 应收款项年末余额×计提比例

本期实提坏账准备 = 本期应提数-“坏账准备”账户本期计提前的贷方余额

（或+“坏账准备”账户本期计提前的借方余额）

【例 3.11】 长江公司对应收账款按照余额百分比法计提坏账准备，20×7 年年末应收账款余额为 2 500 万元。20×8 年，应收账款中客户 A 所欠 30 万元货款无法收回，确认为坏账，年末应收账款余额为 3 000 万元。20×9 年，上年已冲销的 A 客户应收账款因客户经济情况好转又收回 10 万元，年末应收账款余额为 5 000 万元。假设长江公司坏账准备计提比例均为 1%。有关会计处理如下（单位为万元）。

20×7 年年末应提坏账准备=2 500×1%=25（万元）

编制会计分录如下:

借：资产减值损失　　25

　　贷：坏账准备　　25

20×8 年冲销坏账编制会计分录如下:

借：坏账准备　　30

　　贷：应收账款——A 公司　　30

20×8 年年末应提坏账准备=3 000×1%=30（万元）

但由于 20×8 年年末在计提坏账准备前，“坏账准备”账户为借方余额 5（25－30）万元，因此需补提 5 万元，才能达到当年的坏账准备金额，故:

20×8 年年末实际提取坏账准备=30+5=35（万元）

编制会计分录如下:

借：资产减值损失　　35

　　贷：坏账准备　　35

20×9 年收回上年已冲销的坏账 10 万元，编制会计分录如下:

借：应收账款——A 公司　　10

　　贷：坏账准备　　10

借：银行存款　　10

　　贷：应收账款——A 公司　　10

20×9 年年末应提坏账准备=5 000×1%=50（万元）

20×9 年年末计提坏账准备前“坏账准备”账户有贷方余额 40（30＋10）万元，因此需要再提 10 万元才可达到当年的坏账准备金额。故:

20×9 年年末实际提取坏账准备=50−40=10（万元）

编制会计分录如下:

借：资产减值损失　　10

　　贷：坏账准备　　10

2. 账龄分析法

账龄分析法是根据应收款项入账时间的长短来估计坏账损失的方法。虽然应收款项能否收回以及能收回多少不一定取决于账龄的长短，但从理论上来说，应收账款被拖欠的时间越长，发生坏账的可能性就越大。

采用账龄分析法应将企业的应收款项按账龄长短进行分组，编制账龄分析表；然后估计各账龄组的坏账损失率，以此计算各账龄组的坏账损失额，各账龄组的坏账损失额之和即当期估计的坏账损失金额。

【例 3.12】 黄河公司 20×8 年 12 月 31 日的应收账款账龄及估计坏账损失如表 3.1、表 3.2 所示。

表 3.1　应收账款账龄分析表

20×8 年 12 月 31 日　　　　　　　　　　　　（单位：元）

客户名称	账面余额	账龄					
		未到期	过期 1 个月	过期 2 个月	过期 6 个月	过期 1 年	已宣告破产
A	7 200	7 200					
B	3 000						3 000
C	19 200	14 400	4 800				
D	15 600	9 600	6 000				
E	12 600			9 600	3 000		
F	9 300				1 800	7 500	
合　计	66 900	31 200	10 800	9 600	4 800	7 500	3 000

表 3.2　坏账损失估计表

20×8 年 12 月 31 日

账　龄	应收账款金额（元）	估计坏账损失（%）	估计损失金额（元）
未到期	31 200	1	312
过期 1 个月	10 800	2	216
过期 2 个月	9 600	5	480
过期 6 个月	4 800	20	960
过期 1 年	7 500	50	3 750
已宣告破产	3 000	90	2 700
合　计	66 900		8 418

根据以上计算，黄河公司 20×8 年年末按照估计的坏账损失，应提取坏账准备金额为 8 418 元。假设黄河公司在提取坏账准备前，“坏账准备”账户有贷方余额 400 元，则 20×8 年年末实际提取坏账准备为 8 018（8 418－400）元。编制会计分录如下：

借：资产减值损失　　　　8 018

　　贷：坏账准备　　　　　　8 018

3．赊销百分比法

赊销百分比法是根据当期赊销金额的一定百分比估计坏账损失的方法。企业可以根据过去的经验和当前的具体情况，按赊销金额中平均发生坏账损失的比率对百分比加以确定。

【例 3.13】 黄河公司 20×8 年全年赊销金额为 800 000 元，根据以往的资料和经验，估计坏账损失率为 1%。

年末估计坏账损失=800 000×1%=8 000（元）

编制会计分录如下：

借：资产减值损失　　　　8 000

　　贷：坏账准备　　　　　　8 000

采用赊销百分比法估计的坏账损失百分比可能由于企业生产经营情况的不断变化而不相适应，因此，企业需要经常检查坏账百分比是否足以反映坏账损失的实际情况，如发现过高或过低，应及时调整百分比。

第五节　应收债权融资

在商业信用广泛应用的今天，企业在经营活动中如果出现暂时的资金紧缺，又不能及时从银行取得借款的情况下，可以利用应收债权的融资来筹措所需资金，这种业务在西方国家较为盛行。常见的应收债权融资业务主要有应收债权质押借款和应收债权出售。

一、应收债权质押借款

应收债权质押借款就是企业将其按照销售商品、提供劳务的销售合同所产生的应收债权提供给银行，作为其向银行借款的质押，从银行借入资金并同时按借入资金额确认为对银行的一项负债，作为短期借款进行核算。拟通过应收债权质押借款的企业，应与银行等金融机构签订协议，在规定的期限内，以应收债权为担保品，按其一定比率取得借款。借款比率应视借款人的信誉而定，一般在 80%左右。当旧的应收债权收回后，新的应收债权继续充当质押。如果已经质押借款的应收债权中某些款项成为坏账，提供贷款方有权向借款企业追索。

【例 3.14】 20×8 年 6 月 1 日，长江公司因急需流动资金，将一笔应收 D 公司的货款 200 000 元作为质押，向银行以 80%的比率借得资金 160 000 元，期限 3 个月，年利率为 6%，每月末偿付利息。有关账务处理如下。

（1）6 月 1 日取得借款时：

借：银行存款　　160 000

　　贷：短期借款　　160 000

（2）6 月 30 日偿付利息时：

借：财务费用　　800

　　贷：银行存款　　800

（3）借款到期时偿付本金和最后一期利息：

借：财务费用　　800

　　短期借款　　160 000

　　贷：银行存款　　160 800

相关案例

A 企业是一家服装出口企业，其客户主要是一些国外大买家。A 企业原来一直是使用信用证和国外买家进行货款结算。但近年来，一些国外的买家经常不愿开具信用证，而要求赊销。面对这类苛刻的国际大买家，A 企业又不能得罪，但经常赊销给这种客户会给 A 企业的资金流转带来很大的影响。

为了帮助企业解决这一难题，汇丰银行建议采用应收账款融资。具体做法是 A 企业和某个国外大买家签订了一笔服装出口大单，A 企业在服装发运出去以后，立刻可以凭运输单据、发票等相关资料向银行申请融资，提前收回货款。这期间，银行拥有了这笔货物的所有权，银行也会代这位客户向国际买家催收账款。这样，A 企业不仅可以提前拿到一笔资金，马上用于企业资金周转，还免去了许多去向国外买家索要货款的麻烦。

所以，应收账款融资其实就是指企业以自己的应收账款作为抵押向银行申请贷款，可以使企业解锁应收账款，加速资金流转，规避赊销风险。

二、应收债权出售

应收债权出售是企业将其按照销售商品、提供劳务的销售合同所产生的应收债权出售给银行等金融机构以融通资金。根据企业、债权人及银行等金融机构之间的协议，在所出售的应收债权到期无法收回时，银行等金融机构不能够向出售应收债权的企业追索的，称为不附追索权的应收债权出售。在这种情况下，企业应将所售应收债权予以转销，结转计提的相关坏账准备，按协议约定预计将发生的销售退回、销售折让、现金折扣等确认出售损益。

在所出售的应收债权到期无法收回时，银行等金融机构有权向出售应收债权的企业追索的，称为附有追索权的应收债权出售。在这种情况下，企业有义务按照约定金额从银行等金融机构回购部分应收债权，应收债权的坏账风险由出售应收债权的企业负担，在核算上企业应按照以应收债权为质押取得借款的核算原则进行会计处理。

本章小结

应收票据是指企业因销售商品、提供劳务等收到的、尚未到期兑现的商业汇票。商业汇票按其承兑人不同分为商业承兑汇票和银行承兑汇票；按其是否计息分为带息商业汇票和不带息商业汇票。

应收票据取得时，均按其面值计价入账。到期时，不带息票据的到期值为其票面价值，带息票据的到期值为面值加上到期利息。企业可以将自己持有的商业汇票背书转让，以取得所需物资或偿还债务。应收票据在到期前，如果企业急需资金，可持票向银行申请贴现，以及时获得所需资金。

应收账款是指企业因销售商品、提供劳务等而向购货单位或接受劳务单位收取的款项。应收账款通常都是以交易日的实际发生额计价入账。在确定应收账款的入账价值时，应注意商业折扣和现金折扣。

预付账款是指企业因购买原材料、商品或接受劳务供应而按照购货合同规定预付给供应单位的款项。预付账款和应收账款性质一样，都属于企业的短期债权，两者的区别是：①形成的原因不同；②债权收回的方式不同。

其他应收款是企业除应收票据、应收账款、预付账款等以外的各种应收及暂付款项。在其他应收款业务中，备用金的核算有其特点，应注意理解。

商业信用的广泛应用造成企业无法收回的应收款项在会计上称为坏账。由于发生坏账而给企业造成的损失称为坏账损失，即应收款项的减值。企业应在期末对应收款项进行检查，如有客观证据表明应收款项发生减值的，应当确认减值损失，计提坏账（减值）准备。

坏账损失核算的方法有直接转销法和备抵法两种，备抵法包括余额百分比法、账龄分析法、赊销百分比法等。

企业在经营活动中可以利用应收债权的融资来筹措所需资金，应收债权融资业务主要有应收债权质押借款和应收债权出售。

复习思考

1. 应收票据的贴现所得如何确定？
2. 带有追索权与不带追索权的应收票据贴现，其账务处理有何区别？
3. 在有商业折扣的条件下，应收账款的入账价值如何确定？
4. 在有现金折扣的条件下，总价法和净价法在账务处理上有何不同？

5. 预付账款与应收账款的主要区别是什么？

6. 备用金的定额和非定额两种制度下，核算上有何区别？

7. 应收款项确认为坏账的条件是什么？

8. 坏账损失核算的直接转销法和备抵法有何区别？

9. 应收债权质押借款和应收债权出售两种方式的本质区别是什么？

基本训练

一、单选题

1. 企业销售商品时代垫的运杂费应记入（　　）科目。

A. 应收账款　　B. 预付账款　　C. 其他应收款　　D. 应付账款

2. 预付货款不多的企业，可以将预付的货款直接记入（　　）的借方，而不单独设置“预付账款”账户。

A. “应收账款”账户　　B. “其他应收款”账户

C. “应付账款”账户　　D. “应收票据”账户

3. 企业对基本生产车间所需备用金采用定额备用金制度，当基本生产车间报销日常管理支出而补足其备用金定额时，应借记的会计科目是（　　）。

A. 其他应收款　　B. 其他应付款　　C. 制造费用　　D. 生产成本

4. 某企业销售产品每件 120 元，若客户购买 100 件（含 100 件）以上可得到每件 20 元的商业折扣。某客户 20×9 年 12 月 10 日购买该企业产品 100 件，按规定现金折扣条件为 2/10，1/20，*n*/30。该企业于 12 月 29 日收到该笔款项时，应给予客户的现金折扣为（　　）元。

A. 0　　B. 100　　C. 117　　D. 1 100

5. 下列票据中应作为应收票据核算的是（　　）。

A. 支票　　B. 银行本票　　C. 银行汇票　　D. 商业汇票

6. 下列应收、暂付款中，不通过“其他应收款”科目核算的是（　　）。

A. 预付给企业内部各单位的备用金

B. 应向运输部门索赔的物资短缺赔款

C. 应向职工收取的各种垫付款项

D. 应向购货方收取的代垫运杂费

7. 某企业按销货百分比法计提坏账准备，20×9 年赊销金额为 50 万元，根据以往经验和资料，估计坏账损失率为 6%，企业在计提坏账准备前坏账准备账户有借方金额 5 000 元，则该企业 20×9 年应提的坏账准备金额为（　　）万元。

A. 3　　B. 3.5　　C. 0　　D. 2.5

8. 企业销售商品发生的现金折扣，在总价法下作为（　　）处理。

A. 财务费用　　B. 管理费用　　C. 销售费用　　D. 销售成本

9. 在以应收账款余额的一定比例计提坏账准备的情况下，已确认的坏账又收回时，应借记“应收账款”科目，贷记（　　）科目。

A. 营业外收入　B. 银行存款　　C. 资产减值损失　D. 坏账准备

二、多选题

1. 企业将未到期的商业汇票向银行申请贴现，可能会导致（　　）。

A. 应收票据减少　B. 货币资金增加　C. 财务费用增加

D. 财务费用减少　E. 应收账款增加

2. 下列各项中，应记入“坏账准备”科目贷方的有（　　）。

A. 提取坏账准备　B. 冲回多提坏账准备

C. 收回以前确认并转销的坏账　D. 实际发生坏账

3. 应收账款入账金额包括（　　）。

A. 应收的销项税额　B. 应收的销货款

C. 应收的代垫运杂费　D. 商业折扣

4. 下列各项应记入“坏账准备”科目借方的有（　　）。

A. 已发生的坏账损失　B. 坏账收回

C. 冲回多计提的坏账准备　D. 提取坏账准备

5. 应收票据贴现时，影响贴现净额的因素有（　　）。

A. 票据面值　B. 票据期限　C. 票面利率　D. 贴现期限

6. 下列项目中应记入“坏账准备”科目贷方的有（　　）。

A. 经批准转销的坏账

B. 收回过去已经确认并转销的坏账

C. 年末按应收账款余额的一定比例计算应提的坏账准备

D. 年末实际提取的坏账准备

7. 总价法的缺点是（　　）。

A. 高估应收账款　B. 高估成本费用　C. 高估销售收入

D. 低估应收账款　E. 低估成本费用

8. 采用应收账款余额百分比法影响坏账准备提取额的因素有（　　）。

A.“应收账款”科目年末余额　B.“应收票据”科目年末余额

C.“其他应收款”科目年末余额　D.“坏账准备”当前已有余额

9. 下列说法正确的有（　　）。

A. 坏账损失核算的直接转销法不符合权责发生制要求

B. 用备抵法核算坏账损失能更好地贯彻权责发生制

C. 坏账损失采用备抵法核算体现的是谨慎性原则

D. 坏账损失采用备抵法核算更能体现重要性原则

10. 采用备抵法，企业发生坏账损失时，应（　　）。

A. 借记“资产减值损失”科目　B. 贷记“应收账款”科目

C. 借记“坏账准备”科目　D. 贷记“管理费用”科目

三、判断题

1. 采用定额制核算备用金的企业，备用金使用部门日常凭单据报销费用时，会计部门应按报销金额冲减“其他应收款”科目。（　　）

2.“坏账准备”账户期末余额在贷方，在资产负债表上列示时，应列示于流动负债项目中。（　　）

3. 在备抵法下，已确认并已冲销的坏账损失，以后又收回的，仍然应通过“应收账款”账户核算，并贷记“资产减值损失”账户。(　　)

4. 已确认为坏账的应收账款，并不意味着企业放弃了其追索权，一旦重新收回，应及时入账。(　　)

5. 企业持未到期应收票据向银行贴现，应按扣除其贴现利息后的净额，借记“银行存款”科目，按贴现利息部分，借记“财务费用”科目，按应收票据的面值，贷记“应收票据”科目。(　　)

6. 商业折扣对应收账款的入账价值有影响，应做相关账务处理。(　　)

7. 采用应收账款余额百分比法计提坏账准备时，每年年末均应做的会计分录是借记“资产减值损失”科目，贷记“坏账准备”科目。(　　)

8. 由于企业应收及预付账款均属于债权，都应按一定比例计提坏账准备。(　　)

9. 商业汇票贴现的净值就是用票据的面值减去贴现利息。(　　)

10. 现金折扣采用总价法的优点是可以较好地反映销售的总过程，但在客户可能享受现金折扣的情况下，会引起低估应收账款和销售收入。(　　)

四、业务题

1. 练习销售折扣的核算

资料：企业销售A产品，价格为每件200元。其商业折扣条件为

购买数量	折扣比例
100件以内	1%
101～200件	3%
201～300件	5%
300件以上	8%

现有一客户购买A产品300件，企业提供的现金折扣条件为4/10，2/30，*n*/60。假设该企业增值税率为17%，折扣不考虑增值税。

要求：按总价法编制企业在赊销时，折扣期内收款和折扣期外收款的会计分录。

2. 练习应收账款坏账的核算

资料：企业在20×1年年末应收M客户账款余额为100万元。20×2年8月确认M客户所欠账款5万元为坏账，当年末应收账款余额为200万元。20×3年5月M客户经济情况好转偿还所欠账款3万元，当年末应收账款余额为300万元。假设企业对M客户每年坏账的提取比例为5‰。

要求：对上述有关坏账业务进行会计处理。

3. 练习应收票据的核算

资料（1）：A企业于20×3年5月23日，持一张当年3月23日签发的面值为20 000元、年利率6.5%，且在9月20日到期的商业汇票向银行贴现，银行年贴现率7%。企业已收存银行。该票据不带有追索权。

资料（2）：B公司20×3年10月1日销售一批商品给C公司，货款100万元，增值税税率17%，当天收到C公司开出的4个月期的商业汇票一张，票面金额117万元，票面利率6%；20×3年B公司年终结算时按权责发生制计算出属于本年度的利息；B公司到期收回票款。

要求：根据以上资料进行计算并做相关会计分录。

五、案例分析题

【案例 1】

1. 资料

某市某钢化玻璃厂主要从事大型建筑、工程用玻璃和家具用玻璃的磨边、钢化以及生产中空玻璃。该厂注册资本为 500 万元，所有资金均系自有资金。该厂销售对象主要是玻璃公司、装饰工程公司、建筑安装公司，每年的销售额是 1 500 万元。该厂平时是按订单生产，收到客户订货合同后就安排生产，货物发出后并不立即收款，应收账款一般控制在 15%以内，占用时间为 1 个月。该厂采用信用收款的方式，原因在于客户都是合作了多年的老客户，对这些客户的基本情况比较熟悉，相互之间的交易常常建立在信任基础之上，而且彼此之间存在着某些利益关系，大多数情况下，客户能够遵守付款原则。一般在月底该厂派人对账，然后分两三次收回当月货款。但是有时一些客户由于自身的资金周转不好，就会出现拖欠三四个月甚至更长时间的情况，导致到年底时，一般会有 200 多万元的应收账款，公司经常加派人员出去催款。如果此时企业遇到销售旺季需要大量资金购买原材料，就会出现资金短缺，影响生产。

2. 要求

（1）请对该厂应收账款的收款方式进行评价。

（2）你对该厂应收账款的管理有何建议？

【案例 2】

1. 资料

某公司在近 6 年的时间中采用信用销售方式销售公司产品，该公司销售政策规定，对那些在规定信用期内提前付款的客户，公司将在销售价格上给予 10%的现金折扣。

但该公司对在信用期内客户提前付款的会计处理，近 6 年都是按原设定销售价格 90%计算的销售总额记入"银行存款"科目，同时贷方也按照这个数字冲销"应收账款"科目，而 10%的现金折扣并未做"财务费用"支出处理。

2. 要求

（1）如果你是一名会计从业人员，针对上述问题应做何调整？

（2）上述处理方法对资产负债表和利润表有何影响？违背了哪些会计核算质量要求？

第四章　存　货

【学习目标】

通过本章的学习，应理解存货的性质、分类和范围；掌握存货取得和发出的计量方法；掌握存货采用实际成本计价和计划成本计价的核算方法；理解周转材料的内容和核算；掌握存货的期末计量方法以及存货跌价准备的会计处理；掌握存货清查的核算。

第一节　存货概述

一、存货的性质与分类

（一）存货的性质

存货是指企业在日常活动中持有以备出售的产成品或商品、处在生产过程中的在产品、在生产过程或提供劳务过程中耗用的材料和物料等，包括各类材料、在产品、半成品、产成品、商品、包装物、低值易耗品和委托代销商品等。

存货通常在一年或超过一年的一个营业周期内被消耗，或经出售转换为库存现金、银行存款或应收账款等，具有明显的流动性，属于流动资产。在不少企业中，存货在流动资产中占有很大比重，是流动资产的重要组成部分。随着企业生产经营过程的进行，有的存货被耗用后形成了在产品成本、产成品成本；有的存货被销售后形成产品或商品的销售成本；有的存货以管理费用或销售费用的形式被耗用；有的存货仍以原有形态存在。因此，存货所生成的会计信息是否真实、可靠，不仅影响到资产的价值是否准确，也影响到损益的确定是否正确。

（二）存货的分类

为了加强存货的管理，企业应科学合理地对存货进行分类。存货可以从不同角度分类，一般情况下，存货可以按照其经济内容、存放地点等分类，还可以按照企业的性质、经营范围并结合存货的用途进行分类。

1. 存货按其经济内容进行分类

存货按其经济内容可分为原材料、在产品、半成品、产成品、包装物、低值易耗品、商品等。

（1）原材料是指经加工后构成产品主要实体以及虽不构成产品主要实体但有助于产品形成的各种原料及主要材料、外购半成品、辅助材料、修理用备件以及燃料等。各种原材料的含义及举例见表 4.1。

表 4.1　主要原材料含义及举例

序　号	类　别	含　义	举　例
1	原料	指购入的采掘业的自然资源和农副业的产品	炼铁用的铁矿石，纺纱用的棉花
2	主要材料	指购入的经过其他企业加工后的产品	机器制造用的钢铁，织布厂用的棉纱
3	辅助材料	指在企业生产过程中起辅助作用，与最终产品只是间接有关或不构成产品主要实体的各种材料	化工厂使用的催化剂，生产设备用的润滑油，照明用的灯泡
4	外购半成品	指从其他企业购入的现成的零件、部件或已经完成一定生产程序的半成品，这些零件、部件和半成品经过继续加工处理就能构成产品的主要实体	汽车制造厂购入的发动机、蓄电池
5	修理用备件	指为修理本企业机器设备和运输工具所专用的各种设备	为修理设备准备的轴承、齿轮
6	燃料	指通过燃烧发热而提供热能的各项物质，包括固体燃料、液体燃料和气体燃料	为产品的生产工艺过程所消耗，如炼钢使用的焦炭； 提供生产动力，如内燃机使用的柴油； 创造正常的生产环境，如取暖所使用的煤

（2）在产品是指企业正在加工制造尚未完工的在制品，包括正在各个工序加工的产品和已加工完毕但尚未检验入库的产品。

（3）半成品是指经过一定的生产过程并已检验合格交付半成品仓库保管，但尚未制造完工仍需进一步加工的中间产品。

（4）产成品是指企业已经完成全部生产过程并检验入库，可以按照合同规定的条件送交订货单位，或者可以作为商品对外销售的产品。企业接受来料加工制造的代制品和为外单位加工修理的代修品，制造和修理完工入库后也视同企业的产成品。

（5）包装物是指为了包装本企业的商品而储备的各种包装容器，如桶、箱、瓶、坛、袋等，其主要作用是盛装、装潢产品或商品。

（6）低值易耗品是指不能作为固定资产核算的各种用具和物品，如各种工具、玻璃器皿、劳动保护用品，以及在经营中周转使用的容器等。其特点是单位价值较低，使用期限相对于固定资产较短，也可以多次服务于生产经营过程而不改变原有的实物形态，但由于其品种多、易于损坏，一般视同存货进行管理和核算。

（7）商品是指商品流通企业购入的准备对外销售的各种商品。

2. 存货按其存放地点进行分类

存货按其存放地点分为库存存货、在途存货、加工中的存货、委托代销存货等。

（1）库存存货是指已验收合格并入库的各种存货。

（2）在途存货是指货款已经支付、正在运输途中的存货以及已经运达企业但尚未验收入库的存货。

（3）加工中的存货是指本企业正在加工的存货和委托其他单位加工的存货。

（4）委托代销存货是指本企业委托其他单位代为销售的存货。

3. 存货按行业进行分类

存货按行业分为制造业存货、商品流通企业存货、其他行业存货等。

（1）制造业存货指企业购进后直接用于生产制造，并构成产品实体的材料物资。这类存货的特点是在出售前，需要经过企业的生产加工过程，改变其原有实物形态或使用功能。这类存货主要发生在工业企业之中，包括原材料、委托加工材料、包装物和低值易耗品、库存商品及自制半成品、在产品等。

（2）商品流通企业存货指企业购进以供直接销售的商品物资。这类存货的特点是在出售之前，这些商品物资的原有实物形态一般保持不变。这类存货主要指在商品流通企业所购销的商品、委托加工物资等。

（3）其他行业存货指企业购进后为近期的生产活动所耗用的物料和服务性行业未完工的修理物品。这类存货的主要特点是满足企业的各种消耗性需要，而不是将其直接销售或加工制成产品后再出售。这类存货主要指服务业企业供业务活动使用的物品，如旅行社、饭店、宾馆、游乐场所、美容美发、照相、修理等，既不生产产品也不经销产品。这类企业一般存有各种少量物料用品、办公用品、家具用具等，供业务活动时使用，这些用品也作为存货处理。

二、存货的范围

存货范围的认定一般应以产权的归属为标准，在资产负债表日，凡是企业拥有法定所有权的一切存货物资，不论其存放何处，都应作为企业的存货；反之，凡法定所有权不属于企业的存货物资，即使存放在本企业，也不应包括在本企业的存货范围之内。即在判断一项存货的归属时，不能以其所处的空间位置来确定，而应以其法定产权的归属来确定。

确定存货的范围时应注意以下两点。

1. 视其目的和用途而定

确定一项资产是否属于企业的存货，应视其目的和用途而定。应看它用做什么，而不能只看它是什么。存货必须是准备销售或耗用的资产。以汽车为例，对于汽车制造企业来说，它所生产的准备对外销售的汽车属于本企业库存商品存货；对于从汽车制造企业购进汽车用于运输的企业来说，汽车属于该企业的固定资产而不是存货；对于从汽车制造企业购进汽车准备对外销售的商业企业来讲，这些汽车则属于该企业库存商品存货。

2. 视其是否为企业所拥有或控制而定

确定一项资产是否属于企业的存货，应看它是否为该企业所拥有或控制，而不能只看它是否存放于该企业。

（1）存放于企业的物品不一定是本企业的存货。例如，企业开出销售发票出售商品，已将商品所有权上的主要风险和报酬转移给买方，实物仍暂时存放于本企业，但已不属于本企业的存货；又如，企业受托加工的物品等，由于企业对其不具有所有权，因此不属于本企业的存货。

（2）未存放于企业的物品也可能是本企业的存货。例如，企业购进材料、商品，货款已付，商品所有权上的主要风险和报酬已转移给企业，但材料、商品尚在运输途中，应属于本企业存货；又如，企业委托代销的商品、未出售的外出展销存货等，如果商品所有权上的主要风险和报酬还没有转移给买方，即使该存货未存放于本企业，也属于本企业的存货。

在编制资产负债表时，企业的所有存货应以统一的“存货”项目列示。

三、存货的确认条件

存货只有在同时满足以下两个条件时，才能加以确认并计价入账。

（1）该存货包含的经济利益很可能流入企业。

（2）该存货的成本能够可靠地计量。

四、存货的盘存方法

存货的盘存方法主要有实地盘存制和永续盘存制两种。

1. 实地盘存制

实地盘存制又称定期盘存制，是在期末通过对存货的盘点来确定期末存货结存数量，并据以推算出本期发出存货数量的一种方法。这一方法也称为“以存计耗”或“以存计销”。计算公式为

本期耗用或减少数=期初结存数+本期增加数-期末结存数

采用实地盘存制的企业，平时对于存货的增减变动只在账簿上登记其购进或收入的数量和金额，不登记存货发出或减少的数量和金额。期末通过实地盘点确定结存存货的实际数量，倒挤出本期发出或减少存货的数量，并乘以确定的单价，进而计算出本期发出存货成本。期末实地盘点的主要目的是确定期末存货的实际结存数。

实地盘存制一般适用于交易频繁、品种多、价值低的鲜活商品的零售，以及数量大、价值低、收发频繁的存货。

实地盘存制的优点是，平时账面上只记收入不记发出，因而核算工作较简便。缺点是，手续不够严密，不能在账面上随时反映存货的收、发、结存情况，不能及时提供存货管理所需的各种信息，可能出现物资毁损、盗窃、丢失等情况，在账面上均无反映，而全部隐藏在本期的发出数内，不利于存货的管理，影响成本计算的正确性。

2. 永续盘存制

永续盘存制也称账面盘存制，是通过设置存货明细账，对日常发生的存货增加或减少都必须根据会计凭证在账簿中进行连续登记，并随时在账面上结算各项存货的结存数。

采用永续盘存制，平时应在存货明细账上逐日、逐笔登记每一存货的收、发、结存数量和金额。在永续盘存制下，对存货仍需定期或不定期地进行实地盘点，以保证账实相符。

永续盘存制的优点是，在存货明细账中，可以随时反映出每种存货的收入、发出和结存的数量和金额，有利于加强对存货的管理；明细账的结存数量可以通过盘点与实存数量进行核对，当发生库存溢余或短缺时，可以查明原因及时纠正；此外，明细账上的结存数还可以随时与预定的最高和最低库存限额进行比较，取得库存积压或不足的资料，有利于加强对存货的控制。缺点是，明细核算工作量大，核算成本较高。

第二节　存货取得和发出的计量

存货的计量包括取得的计量（也叫初始计量）、发出的计量和期末计量。存货的期末计量将在本章的第六节讲述。

一、存货取得的计量

企业取得存货应按照成本进行初始计量。存货成本包括采购成本、加工成本和其他成本。

（一）存货的采购成本

原材料、商品、低值易耗品等通过购买取得的存货的采购成本主要包括购买价款、相关税费、运输费、装卸费、保险费和其他可归属于存货采购成本的费用。

1. 购买价款

购买价款是指企业购入材料或商品的发票上列明的价款，但不包括按规定可以抵扣的增值税进项税额等。

2. 相关税费

相关税费是指企业购买、自制或委托加工存货所发生的消费税、资源税和不能从增值税销项税额中抵扣的进项税额等。图 4.1 为相关税费计入成本的说明。

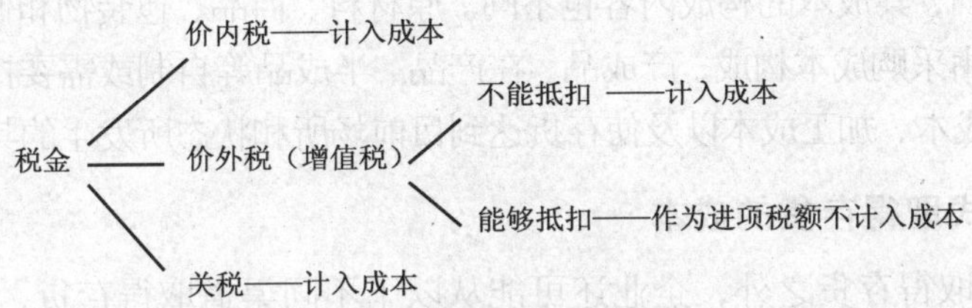

图 4.1　相关税费计入成本示意图

3. 其他采购费用

其他采购费用是指存货采购过程中发生的运输费、装卸费、保险费，以及可归属于存货采购成本的费用，如在存货采购过程中发生的包装费、转运过程中的仓储费、运输途中的合理损耗、入库前的挑选整理费等。

知识链接

财政部和国家税务总局 2013 年 5 月 24 日联合印发《关于在全国开展交通运输业和部分现代服务业营业税改征增值税试点税收政策的通知》(下称《通知》)，明确自 2013 年 8 月 1 日起，在全国范围内开展交通运输业和部分现代服务业营业税改征增值税试点的相关税收政策。《通知》规定，提供交通运输业服务的一般纳税人企业，适用增值税，税率为 11%。企业在采购存货时，如果取得了交通运输业的增值税专用发票，即可按发票上注明的增值税额作为进项税额抵扣。

根据《通知》，此次营改增试点暂不包括铁路运输，接受铁路运输服务，按照铁路运输费用结算单据上注明的运输费用金额和 7%的扣除率计算进项税额。

4. 不应计入存货采购成本的费用

下列费用不应计入存货采购成本，而应区别不同情况进行会计处理。

（1）从供货单位、外部运输机构等收回的物资短缺或其他赔款，应冲减所购物资的采购成本。

（2）采购过程中取得规范发票的铁路运输费，可计算进项税额抵扣。

（3）存货入库以后的仓储费用计入管理费用。

（4）因遭受意外灾害发生的损失和尚待查明原因的途中损耗，暂作为待处理财产损溢进行核算，查明原因后再做处理。

（5）商品流通企业在采购过程中发生的运输费、装卸费、保险费和其他可归属于存货采购成本的费用等应当计入采购成本，也可以先进行归集，期末再根据所购商品的存销情况进行分摊。

（二）存货的加工成本

存货的加工成本是指在存货加工过程中发生的追加费用，包括直接人工费以及按照一定方法分配的制造费用。存货在加工过程中发生的直接人工和制造费用，能够直接计入有关的成本核算对象的则直接计入；否则，按照一定方法分配计入有关成本核算对象。

（三）存货的其他成本

存货的其他成本是指除采购成本、加工成本以外的使存货达到目前场所和状态所发生的其他支出，如为特定客户设计产品所发生的设计费等。企业设计产品所发生的设计费用通常应当计入当期损益，但是为特定客户设计产品所发生的、可以直接确定的设计费用应计入存货成本。

存货的来源不同，其成本的构成内容也不同。原材料、商品、包装物和低值易耗品等通过购买取得的存货成本由采购成本构成；产成品、在产品、半成品等自制或需委托外单位加工完成的存货的成本由采购成本、加工成本以及使存货达到目前场所和状态所发生的其他支出构成。

（四）其他方式取得存货的成本

除了以上方式取得存货之外，企业还可能从以下不同渠道取得存货，其存货成本的确定也有所区别。

1. 投资者投入的存货成本

投资者投入的存货成本应当按照投资合同或协议约定的价值确定，但约定价值不公允的除外。

2. 通过非货币性资产交换取得的存货成本

通过非货币性资产交换取得的存货成本应当按照《企业会计准则——非货币性资产交换》的规定确定。

3. 通过债务重组取得的存货成本

通过债务重组取得的存货成本应当按照《企业会计准则——债务重组》的规定确定。

4. 接受捐赠的存货成本

接受捐赠的存货成本应当分别按以下情况确定。

（1）捐赠方提供了有关凭据的，按凭据上标明的金额加上应支付的相关税费确定。

（2）捐赠方没有提供有关凭据的，应当参照同类或类似存货的市场价格估计的金额，加上应支付的相关税费确定。

5. 盘盈的存货成本

盘盈的存货成本，应按重置成本作为入账价值。

二、存货发出的计量

存货发出的计量，其实质是将存货的取得成本在本期发出存货和期末存货之间进行分配。虽然在取得存货时已经确定了存货的取得成本，但由于在实际工作中，同一批发出的存货往往是分次分批从不同的渠道购入的，或是分批加工完成的，因此，每次入库的存货其单位成本都有可能不同，这样，企业在发出存货时必须采用一定的方法计算确定发出存货的成本。在日常工作中，企业发出存货的成本可以按实际成本核算，也可以按计划成本核算。如果采用计划成本核算，会计期末应调整为实际成本。企业应当根据各类存货的实物流转方式、企业管理要求、存货本身的特点等实际情况，合理地确定发出存货成本的计算方法，以便正确确定当期发出存货的实际成本。在实际成本核算的方式下，企业可以采用发出存货的计价方法包括个别计价法、先进先出法、加权平均法（包括月末一次加权平均法和移动加权平均法）等。

（一）个别计价法

个别计价法也称个别认定法、具体辨认法等，是以每批（次）收入存货的实际成本作为计算该批次发出存货成本的依据的方法。

【例 4.1】 A 公司本月存货收入、发出、结存的情况如表 4.2 所示。

表 4.2　A 公司存货明细账（资料）

日期	摘要	收入			发出			结存		
20×3 年		数量	单价（元）	金额（元）	数量	单价（元）	金额	数量	单价（元）	金额（元）
8.1	期初							1 000	150	150 000
8.5	购货	2 000	160	320 000						
8.10	发出				2 000					
8.15	购货	3 000	170	510 000						
8.25	发出				1 500					
8.31	合计	5 000		830 000	3 500			2 500		

根据表 4.2 中的资料，采用个别计价法对 A 公司本月发出存货和期末存货成本计算如下。

企业 8 月 10 日发出的 2 000 件存货中，经个别辨认有 500 件是单价 150 元的，其余 1 500 件是单价 160 元的；8 月 25 日发出的 1 500 件存货中，经个别辨认有 500 件是单价 150 元的，其余 1 000 件是单价 170 元的。采用个别计价法，计算结果如下。

本月发出存货成本=（150×500+160×1 500）+（150×500+170×1 000）=560 000（元）

本月月末库存存货成本=150 000+830 000−560 000=420 000（元）

采用个别计价法计算发出存货和期末存货的成本比较准确和合理，符合实际情况，但实务操作的工作量繁重，成本分辨工作量大，一般适用于特定项目的存货和劳务，比如房产、船舶、珠宝、名画等贵重物品。

（二）加权平均法

加权平均法也叫全月一次加权平均法，是指以月初存货数量和本月收入存货数量之和为权数，一次计算月初结存存货和本月收入存货的加权平均单位成本，以此为基础计算本月发出存货的成本和期末库存存货成本的一种方法。其计算公式如下：

$$加权平均单位成本=\frac{月初库存存货成本+本月收入存货成本}{月初库存存货数量+本月收入存货数量}$$

本月发出存货成本=本月发出存货数量×加权平均单位成本

月末库存存货成本=月末库存存货数量×加权平均单位成本

或

月末库存存货成本=月初库存存货成本+本月收入存货成本
−本月发出存货成本

【例 4.2】根据表 4.2 中的资料，采用加权平均法对 A 公司本月发出存货和期末存货成本计算如下。

$$加权平均单位成本=\frac{1000\times150+2\,000\times160+3\,000\times170}{1000+2\,000+3\,000}$$

$$=980\,000/6\,000=163.33（元）$$

本月发出存货成本=3 500 × 163.33=571 655（元）

本月月末库存存货成本=980 000−571 655=408 345（元）

采用加权平均法只在月末一次计算加权平均单价，较为简单。按此方法分摊的成本比较折中，但是这种方法平时无法从账面上提供发出和结存存货的单价和金额，不利于存货管理。它是加权平均法在实地盘存制下的具体运用。

（三）移动加权平均法

移动加权平均法是指以每次收入存货的成本加上原有存货成本，除以每次收入存货数量加上原有存货数量，据以计算出加权平均单位成本，并以此计算下一次发出存货成本的方法。计算公式如下：

$$存货单位成本=\frac{原有库存存货实际成本+本次进货的实际成本}{原有库存存货数量+本次进货数量}$$

本次发出存货的成本=本次发出存货的数量 × 存货单位成本

本月月末库存存货成本=月末库存存货数量 × 本月月末存货单位成本

【例 4.3】根据表 4.2 中的资料，采用移动加权平均法对 A 公司本月发出存货和期末存货成本进行计算，如表 4.3 所示。

表 4.3　A 公司存货明细账（移动加权平均法）

日期 20×3 年	摘要	收入			发出			结存		
		数量	单价（元）	金额（元）	数量	单价（元）	金额（元）	数量	单价（元）	金额（元）
8.1	期初							1 000	150	150 000
8.5	购货	2 000	160	320 000				3 000	156.67	470 000
8.10	发出				2 000	156.67	313 340	1 000	156.67	156 660
8.15	购货	3 000	170	510 000				4 000	166.665	666 660
8.25	发出				1 500	166.665	249 997.5	2 500	166.665	416 662.5
8.31	合计	5 000		830 000	3 500		563 337.5	2 500	166.665	416 662.5

8 月 5 日购货后的单位成本=（150 000+320 000）/（1 000+2 000）=156.67（元）

8 月 10 日发出存货成本=2 000 × 156.67=313 340（元）

8 月 15 日购货后的单位成本=（156 660+510 000）/（1 000+3 000）=166.665（元）

8 月 25 日发出存货成本=1 500 × 166.665=249 997.5（元）

本月发出存货成本=313 340+249 997.5=563 337.5（元）

本月月末库存存货成本=2 500 × 166.665=416 662.5（元）

采用移动平均法能够使管理当局及时了解存货的结存情况，计算的平均单位成本以及发出和结存存货成本较为客观，并能随时提供存货的收、发、存情况，满足管理的需要。但由于该方法每收一次货都要计算一次加权平均单位成本，核算工作量较大。它是加权平均法在永续盘存制下的具体运用。

（四）先进先出法

先进先出法是以先购进的存货先发出这样一种实物流转假设为前提，对发出存货进行计价的一种方法。采用这种方法，先购入的存货成本在后购入的存货成本之前转出，据此确定发出存货和期末存货的成本。

【例 4.4】 根据表 4.2 中的资料，采用先进先出法对 A 公司本月发出存货和期末存货成本进行计算，如表 4.4 所示。

表 4.4　A 公司存货明细账（先进先出法）

日期 20×3 年	摘要	收入			发出			结存		
		数量	单价（元）	金额（元）	数量	单价（元）	金额（元）	数量	单价（元）	金额（元）
8.1	期初							1 000	150	150 000
8.5	购货	2 000	160	320 000				1 000 2 000	150 160	150 000 320 000
8.10	发出				1 000 1 000	150 160	150 000 160 000	1 000	160	160 000
8.15	购货	3 000	170	510 000				1 000 3 000	160 170	160 000 510 000
8.25	发出				1 000 500	160 170	160 000 85 000	2 500	170	425 000
8.31	合计	5 000		830 000	3 500		555 000	2 500	170	425 000

本期发出存货成本=1 000 × 150+1 000 × 160+1 000 × 160+500 × 170=555 000（元）

期末结存存货成本=150 000+830 000−555 000=425 000（元）

先进先出法在永续盘存制和实地盘存制下均可采用。

采用先进先出法，期末存货成本是按最近购入的存货价值确定的，比较接近现行的市场价值，其优点是企业不能随意挑选存货计价以调整当期利润，缺点是工作比较烦琐，特别是对于存货进出频繁的企业更是如此。而且，在物价上涨的情况下会高估企业当期利润和库存存货的价值；反之，会低估企业库存存货价值和当期利润。

（五）毛利率法

毛利率法是指根据本期销售额乘以上期实际（或本期计划）毛利率匡算销售毛利，并据以计算发出商品和期末库存商品成本的一种方法。这种方法通常由商品流通企业中的批发业采用。由于商品流通企业经营的商品品种繁多，如果按品种计算商品成本，将会大大增加工作量，一般来说，商品流通企业同类商品的毛利率大致相同，采用这种方法既能减轻工作量，又能满足对库存商品管理的要求。

毛利率=销售毛利÷销售净额 × 100%

销售净额=商品销售收入−销售退回与折让

销售毛利=销售净额 × 毛利率

销售成本=销售净额−销售毛利

【例 4.5】 某大型商场 20 × 3 年 7 月初家电类商品存货 2 430 万元，本月购进 4 600 万元，7 月销售收入 5 100 万元，假设无销售退回与折让，上季度该类商品的销售毛利率为 18%，7

月已销售商品和月末库存商品成本计算如下。

销售毛利=5 100 × 18%=918（万元）

本月销售成本=5 100−918=4 182（万元）

期末库存商品成本=2 430+4 600−4 182=2 848（万元）

小提示

改进后的《国际会计准则第 2 号》取消了存货发出的后进先出法，2006 年 2 月 15 日我国颁布修订后的存货准则《企业会计准则第 1 号——存货》，在存货发出的计价方法中也取消了后进先出法，主要原因是后进先出法不能真实反映存货的实物流转。

第三节　原材料的核算

原材料是指经加工后构成产品主要实体以及虽不构成产品主要实体但有助于产品形成的各种原料及主要材料、外购半成品、辅助材料、修理用备件以及燃料等。

企业可根据自身生产经营特点及管理要求，对原材料采用不同的方法进行核算。在我国会计实务中，原材料的核算方法主要有两种：一是按实际成本计价核算，二是按计划成本计价核算。

一、原材料按实际成本计价核算

原材料采用实际成本计价核算时，无论是总分类核算还是明细分类核算，材料的收入、发出及结存均应按照实际成本计价。

（一）账户的设置

原材料按实际成本核算方式下，在会计核算上应设置“原材料”、“在途物资”等账户，并按材料的品种、规格等设置明细账，进行明细核算。

“原材料”账户：用于核算库存的各种原材料的收入、发出和结存情况。在原材料按实际成本核算时，该账户借方登记入库材料的实际成本，贷方登记发出材料的实际成本，期末余额在借方，表示库存材料的实际成本。

“在途物资”账户：用于核算企业货款已付或已签发商业汇票但尚未验收入库的各种物资的实际成本。借方登记已付款或已签发商业汇票但尚未到达或已到达但尚未验收入库的在途物资的实际成本，贷方登记已验收入库的在途物资的实际成本，期末余额在借方，反映月末尚未验收入库的在途物资的实际成本。

（二）购入原材料的核算

企业外购的原材料，由于货款的结算凭证是通过银行传递，而材料是由运输部门运输，使得结算凭证的到达和材料的验收入库在时间上可能出现不一致，具体来说有 3 种情况：①结算凭证到达，材料同时验收入库；②结算凭证先到，材料后到；③材料先到，结算凭证后到。不同情况下，会计核算上有所区别，下面分别举例说明。

1. 结算凭证到达，材料已验收入库

【例 4.6】 A 公司购进甲材料一批，增值税专用发票上注明货款 360 000 元，增值税进项税额 61 200 元，铁路运输费 2 000 元，包装费 1 000 元，全部费用已用银行存款支付，材料已验收入库。编制会计分录如下：

借：原材料——甲材料　　362 860

　　应交税费——应交增值税（进项税额）　　61 340

　　贷：银行存款　　424 200

其中：

运输费计入增值税进项税的金额=2 000 × 7%=140（元）

运输费计入材料成本的金额=2 000 ×（1−7%）=1 860（元）

【例 4.7】 A 公司持银行汇票 1 173 000 元购进乙材料一批，增值税专用发票上注明货款 1 000 000 元，增值税进项税额 170 000 元，铁路运输费 3 000 元，材料已验收入库。编制会计分录如下：

借：原材料——乙材料　　1 002 790

　　应交税费——应交增值税（进项税额）　　170 210

　　贷：其他货币资金——银行汇票　　1 173 000

2. 结算凭证先到，材料后到

【例 4.8】 A 公司采用汇兑结算方式购入甲材料一批，结算单证已经收到，增值税专用发票上注明货款 200 000 元，增值税进项税额 34 000 元，铁路运输费 2 000 元，途中保险费 1 000 元，材料尚未到达。编制会计分录如下：

借：在途物资　　202 860

　　应交税费——应交增值税（进项税额）　　34 140

　　贷：银行存款　　237 000

【例 4.9】 承【例 4.8】17 天以后，购入的甲材料收到，并已验收入库。编制会计分录如下：

借：原材料——甲材料　　202 860

　　贷：在途物资　　202 860

3. 材料先到，结算凭证后到

在材料先到，结算凭证后到的情况下，由于材料到达时企业未收到有关结算凭证，无法确定材料实际成本及采购费用，因此，这类业务一般先暂不做账务处理，在月内可等待凭证的到达。但如果会计期末凭证仍未到达，为了正确反映企业实存原材料的情况，应按暂估价入账，下一会计期初冲回，以便结算单证到达时，按正常的方式进行核算。

【例 4.10】 5 月 13 日 A 公司购入乙材料，材料已验收入库，结算单证未到，5 月 31 日按暂估价 180 000 元入账。6 月 10 日，结算单证到达，增值税专用发票上注明货款 180 000 元，增值税进项税额 30 600 元，入库前的挑选整理费 800 元，全部费用已用银行存款支付。

5 月 31 日按暂估价 180 000 元入账，编制会计分录如下：

借：原材料——乙材料　　180 000

　　贷：应付账款——暂估应付账款　　180 000

6 月 1 日做相反的会计分录予以冲销，编制会计分录如下：

借：应付账款——暂估应付账款　　180 000

　　贷：原材料——乙材料　　180 000

或者采用红字凭证进行冲销，编制会计分录如下：

借：原材料——乙材料　　[180 000]

　　贷：应付账款——暂估应付账款　　[180 000]

6 月 10 日结算单证到达，编制会计分录如下：

借：原材料——乙材料　　180 800

　　应交税费——应交增值税（进项税额）　　30 600

　　贷：银行存款　　211 400

4．预付货款购进材料

【例 4.11】 A 公司与某工厂签订的购销合同规定，为购买丙材料向某工厂预付货款 120 000 元的 70%，A 公司已经采用汇兑方式汇出货款。其会计处理如下：

借：预付账款　　84 000

　　贷：银行存款　　84 000

【例 4.12】 承【例 4.11】A 公司收到某工厂发运来的丙材料，已经验收入库。发票账单上记载货款 120 000 元，增值税进项税额 20 400 元，对方代垫包装费 2 000 元，运输途中合理损耗 600 元，不足货款已用银行存款补付。其会计处理如下：

借：原材料　　122 000

　　应交税费——应交增值税（进项税额）　　20 400

　　贷：预付账款　　84 000

　　　　银行存款　　58 400

知识链接

增值税一般纳税人企业采购农副产品时，往往不能取得增值税专用发票，税法对营业执照中有农产品收购业务的纳税人，允许其自行开具由税务机关提供的收购凭证，并允许按买价 13%的扣除率计算进项税额予以抵扣。

（三）委托加工取得原材料的核算

委托加工原材料是指企业提供原料及主要材料，委托其他单位代为加工或改制为企业所需的原材料，包括委托加工材料、委托加工半成品等。委托外单位加工完成的存货，以实际耗用的原材料或者半成品、加工费、运输费等费用以及按规定应当计入成本的税金作为实际成本。在会计处理上主要包括拨付加工物资、支付加工费用和税金、收回加工物资等几个环节。

企业通过委托加工取得原材料应设置“委托加工物资”账户进行核算。该账户是资产账户，借方反映委托加工物资的实际成本、支付的加工费和相关税费、运杂费等；贷方反映加工完成验收入库物资的成本；余额反映尚未完成加工的委托加工物资的实际成本。

【例 4.13】 A 公司发出实际成本为 280 万元的原材料，委托 B 企业加工成生产产品所需的乙材料。A 公司和 B 企业均为增值税一般纳税人，双方适用的增值税率为 17%，A 公司根据 B 企业开具的增值税专用发票向其支付加工费 8 万元和增值税 1.36 万元。假定不考虑其他相关税费，有关账务处理如下。

（1）发出委托加工材料：

借：委托加工物资	2 800 000
贷：原材料	2 800 000

（2）支付加工费用和税金：

借：委托加工物资	80 000
应交税费——应交增值税（进项税额）	13 600
贷：银行存款	93 600

（3）加工完成收回委托加工材料：

借：原材料	2 880 000
贷：委托加工物资	2 880 000

（四）原材料发出的核算

如果企业各生产单位及相关部门领发材料的种类多，业务频繁，为了简化核算手续，可以在月末根据"领料单"或者"限额领料单"中有关领料的单位、部门进行归类，按期编制"发出材料汇总表"，据以编制记账凭证，按材料的用途分别记入"生产成本"、"制造费用"、"管理费用"等账户。发出材料实际成本的确定，可由企业从个别计价法、先进先出法、月末一次加权平均法和移动加权平均法等方法中进行选择。存货计价方法一经确定，不得随意变更，如需变更应在附注中予以说明。

【例 4.14】 A 公司根据"发出材料汇总表"的记录，9 月基本生产车间领用甲材料 560 000 元，乙材料 930 000 元，辅助生产车间领用甲材料 37 000 元，车间管理部门领用甲材料 13 000 元，企业行政管理部门领用甲材料 24 000 元，销售部门领用乙材料 30 000 元。会计处理如下：

借：生产成本——基本生产成本	1 490 000
——辅助生产成本	37 000
制造费用	13 000
管理费用	24 000
销售费用	30 000
贷：原材料——甲材料	634 000
——乙材料	960 000

二、原材料按计划成本计价核算

原材料采用计划成本计价核算时，无论总分类核算还是明细分类核算，材料的收入、发出及结存均应按照计划成本计价。

（一）账户的设置

原材料按计划成本核算方式下，在会计核算上应设置"原材料"、"材料采购"、"材料成本差异"等账户进行核算，该方式下不再设置"在途物资"账户。原材料的总账和明细账都要按计划成本进行登记，而原材料的实际成本和计划成本之间的差异，则作为材料成本差异核算。

"原材料"账户：用于核算库存的各种原材料的收入、发出和结存情况。在原材料按计划成本核算时，该账户借方登记入库材料的计划成本，贷方登记发出材料的计划成本，期末余额在借方，表示库存材料的计划成本。

"材料采购"账户：借方登记采购材料的实际成本，贷方登记入库材料的计划成本。借方大于贷方表明实际成本大于计划成本，为超支差异，从本账户的贷方转入"材料成本差异"账户的借方；贷方大于借方表示实际成本小于计划成本，为节约差异，从本账户的借方转入"材料成本差异"账户的贷方；期末借方余额，表示在途材料的采购成本。

"材料成本差异"账户：反映两个主要内容，一是收入材料时实际成本与计划成本之间的差异；二是结转发出材料应负担的差异额。该账户借方登记收入材料时出现的超支差异；贷方登记收入材料时出现的节约差异以及结转发出材料应负担的超支差异或节约差异，超支差异用蓝字结转，节约差异用红字结转。期末如为借方余额，反映库存材料的超支差异；期末如为贷方余额，反映库存材料的节约差异。

（二）购入原材料的核算

原材料采用计划成本计价核算方式下，外购原材料时，无论材料是否入库，都要通过"材料采购"账户进行核算。

1. 结算凭证到达，材料已验收入库

【例 4.15】 甲公司购买 K 材料，增值税专用发票上注明货款 200 000 元，增值税进项税额 34 000 元，铁路运输费 3 000 元，全部款项已用银行存款支付。材料的计划成本为 210 000 元，材料已验收入库。编制会计分录如下：

借：材料采购——K	202 790
应交税费——应交增值税（进项税额）	34 210
贷：银行存款	237 000

一般来说，材料采用计划成本计价核算时应分别做 3 笔分录：①按实际成本付款；②按计划成本入库；③结转入库材料的成本差异。为了简化核算，材料入库和结转成本差异的账务处理往往集中到月末进行。

【例 4.16】 甲公司采用商业承兑汇票结算方式购买一批 K 材料，发票账单已经收到，增值税专用发票上注明货款 450 000 元，增值税进项税额 76 500 元。材料的计划成本为 452 000 元，材料已经验收入库。编制会计分录如下：

借：材料采购——K	450 000
应交税费——应交增值税（进项税额）	76 500
贷：应付票据	526 500

2. 结算凭证先到，材料后到

【例 4.17】 甲公司采用汇兑结算方式购买一批 K 材料，发票账单已经收到，增值税专用发票上注明货款 300 000 元，增值税进项税额 51 000 元，材料尚未收到，材料的计划成本为 293 000 元。编制会计分录如下：

借：材料采购——K	300 000
应交税费——应交增值税（进项税额）	51 000

贷：银行存款　351 000

3. 材料先到，结算凭证后到

这种情况和材料按实际成本计价方式一样，暂不做账务处理，在月内可等待凭证的到达。月末如果凭证仍未到达，应按暂估价入账，下一会计期初冲回，等结算单证到达时，再按正常的方式进行核算。

【例 4.18】 甲公司购买一批 T 材料，材料已验收入库，发票账单尚未收到。月末按照计划成本 432 000 元暂估入账，编制会计分录如下：

借：原材料——T 材料　432 000

　贷：应付账款——暂估应付账款　432 000

下月初做相反的会计分录予以冲回。

借：应付账款——暂估应付账款　432 000

　贷：原材料——T 材料　432 000

【例 4.19】 承【例 4.15】、【例 4.16】月末计算出甲公司汇总本月已付款或已经开出并承兑商业汇票的入库 K 材料的计划成本，210 000+452 000=662 000（元），做按计划成本入库和结转材料成本差异的账务处理。

借：原材料——K　662 000

　贷：材料采购——K　662 000

本月入库 K 材料的实际成本为 652 790（202 790+450 000）元，计划成本为 662 000 元，成本差异为节约 9 210（662 000−652 790）元，编制会计分录如下：

借：材料采购——K　9 210

　贷：材料成本差异——K　9 210

（三）原材料发出的核算

月末企业应根据领料单等编制“发出材料汇总表”，根据材料的用途，按计划成本分别计入“生产成本”、“制造费用”、“管理费用”、“销售费用”等账户。但是企业在生产经营过程中耗用的原材料最终应按实际成本而不是计划成本反映，因此，必须将原材料的计划成本调整为实际成本。调整的方法是，将材料成本差异总额在发出材料和期末库存材料之间进行分配。调整时，首先计算出材料成本差异率，其计算公式如下。

$$\text{本期材料成本差异率}=\frac{\text{期初结存材料的成本差异}+\text{本期验收入库材料的成本差异}}{\text{期初结存材料的计划成本}+\text{本期验收入库材料的计划成本}}\times 100\%$$

本期发出材料应负担的成本差异=发出材料的计划成本×材料成本差异率

本期发出材料的实际成本=发出材料的计划成本+（或−）材料成本差异

【例 4.20】 承【例 4.19】，甲公司根据“发出材料汇总表”的记录，10 月份基本生产车间领用 K 材料 600 000 元，辅助生产车间领用 K 材料 73 000 元，车间管理部门领用 K 材料 34 000 元，企业行政管理部门领用 K 材料 56 000 元，销售部门领用 K 材料 50 000 元。甲公司 10 月初结存 K 材料的计划成本 1 200 000 元，成本差异为节约 37 340 元。

（1）材料按计划成本发出，编制会计分录如下：

借：生产成本——基本生产成本　600 000

　　　　　——辅助生产成本　73 000

制造费用　　34 000

管理费用　　56 000

销售费用　　50 000

贷：原材料——K材料　　813 000

本期K材料成本差异率=−37 340+（−9 210）÷（1 200 000+662 000）×100%=−2.5%

（2）结转本期发出材料应负担的成本差异，编制会计分录如下：

借：生产成本——基本生产成本　　15 000

——辅助生产成本　　1 825

制造费用　　850

管理费用　　1 400

销售费用　　1 250

贷：材料成本差异　　20 325

第四节　周转材料的核算

周转材料是企业能够多次使用、其价值逐渐转移但仍保持原有实物形态、不确认为固定资产的材料。企业的周转材料主要包括低值易耗品、包装物等。

一、低值易耗品的核算

低值易耗品是指单位价值较低或使用期限较短，不能作为固定资产核算的各种用具物品等劳动资料，如工具器具、管理用具、玻璃器皿、劳保用品，以及建筑企业的钢模板、木模板、脚手架等。

低值易耗品通常视同为存货，作为流动资产进行核算和管理。企业既可以设置“周转材料——低值易耗品”账户，又可以单独设置“低值易耗品”账户进行核算。低值易耗品价值的摊销方法可以采用一次转销法和五五摊销法。

（一）一次转销法

采用一次转销法摊销低值易耗品，在领用低值易耗品时，将其价值一次全部计入有关资产或者当期损益，这种摊销方法适用于价值较低、容易损坏的低值易耗品。

【例4.21】 甲公司基本生产车间领用一批专用工具，实际成本32 300元，全部计入当期的制造费用；甲公司的低值易耗品采用实际成本核算。编制会计分录如下：

借：制造费用　　32 300

贷：周转材料——低值易耗品　　32 300

（二）五五摊销法

采用五五摊销法核算低值易耗品，低值易耗品在领用时摊销50%的价值，报废时再摊销另外一半的价值。五五摊销法通常适用于价值较低、使用期限较短的低值易耗品，也适用于每期领用和报废大致相等的低值易耗品。采用五五摊销法，需要分别设置“在库”、“在用”

和“摊销”三个明细科目进行明细核算。“在用”和“摊销”两个明细科目相结合可以揭示在用低值易耗品的摊余价值。

【例 4.22】 甲公司基本生产车间本月领用一批专用工具，实际成本 120 000 元，采用五五摊销法进行摊销。本月报废一般工具一批，实际成本 85 000 元，残料出售收回现金 500 元。

（1）领用专用工具时，编制会计分录如下：

借：周转材料——低值易耗品——在用　　120 000

　　贷：周转材料——低值易耗品——在库　　120 000

（2）领用时摊销 50%的价值，编制会计分录如下：

借：制造费用　　60 000

　　贷：周转材料——低值易耗品——摊销　　60 000

（3）报废一般工具时摊销另外一半成本，编制会计分录如下：

借：制造费用　　42 000

　　贷：周转材料——低值易耗品——摊销　　42 000

同时，

借：库存现金　　500

　　周转材料——低值易耗品——摊销　　84 500

　　贷：周转材料——低值易耗品——在用　　85 000

二、包装物的核算

包装物是指为了包装本企业的商品而储备的各种包装容器，如桶、箱、瓶、坛、袋等。其主要作用是盛装、装潢产品或商品。企业的包装物包括生产过程中用于包装产品作为产品组成部分的包装物，随同商品出售而不单独计价的包装物，随同商品出售而单独计价的包装物，出租或出借给购买单位使用的包装物。

包装物的核算既可以设置“周转材料——包装物”账户，又可以单独设置“包装物”账户进行核算。包装物价值的摊销方法也可以采用一次转销法和五五摊销法。

（一）生产领用包装物

企业生产部门领用的用于包装产品的包装物构成了产品的组成部分，因此，应将包装物的成本计入产品生产成本，借记“生产成本”科目，贷记“包装物”科目。如果存货采用计划成本计价，还应结转成本差异。

【例 4.23】 甲公司对包装物采用计划成本核算，某月生产产品领用包装物的计划成本为 120 000 元，材料成本差异率为−2%。编制会计分录如下：

借：生产成本　　120 000

　　贷：周转材料——包装物　　120 000

借：生产成本　　2 400

　　贷：材料成本差异　　2 400

（二）随同商品出售的包装物

1. 随同商品出售但不单独计价的包装物

随同商品出售但不单独计价的包装物，应在包装物发出时，按其实际成本计入销售费用中，借记“销售费用”科目，贷记“包装物”科目。

【例 4.24】 甲公司某月销售商品领用不单独计价的包装物，实际成本为 70 000 元，编制会计分录如下：

借：销售费用　　70 000

　　贷：周转材料——包装物　　70 000

2. 随同商品出售单独计价的包装物

随同商品出售单独计价的包装物应视同销售材料处理，一方面应反映销售收入，计入其他业务收入；另一方面还需反映销售成本，计入其他业务成本。

【例 4.25】 甲公司某月销售商品领用单独计价的包装物一批，计划成本为 90 000 元，销售收入 112 000 元，增值税税率 17%，材料成本差异率为 2%。包装物的款项已收到存入银行。

（1）出售单独计价的包装物，编制会计分录如下：

借：银行存款　　131 040

　　贷：其他业务收入　　112 000

　　　　应交税费——应交增值税（销项税额）　　19 040

（2）结转单独计价的包装物成本，编制会计分录如下：

借：其他业务成本　　91800

　　贷：周转材料——包装物　　90 000

　　　　材料成本差异　　1 800

（三）出租、出借包装物

企业可以周转使用的包装物，一般采取出租或出借的方式向客户提供必要的配套服务。以出租方式提供包装物时，要求客户支付包装物租金，包装物租金收入属于企业让渡资产使用权给他人取得的收入，应作为企业的其他业务收入；以出借方式提供包装物，实际上是无偿提供给客户使用。为了确保周转使用包装物的安全完好和按期归还，无论是出租还是出借包装物都要向客户收取押金。周转使用的包装物在出租、出借的过程中价值会逐渐减少直至消失，因此，应核算出租、出借包装物的价值摊销，摊销方法可采取一次转销法和五五摊销法。

1. 出借包装物

【例 4.26】 甲公司本月销售产品出借一批包装物给 A 客户，合同约定 1 个月之内归还。包装物实际成本 500 元，向 A 客户收取押金 600 元。包装物价值采用一次转销法。

收取押金时，编制会计分录如下：

借：库存现金　　600

　　贷：其他应付款　　600

出借包装物时，编制会计分录如下：

借：销售费用　　500

　　贷：周转材料——包装物　　500

【例 4.26】中，如果客户按期归还了包装物，企业应退还押金，作与收取押金借贷相反的会计分录。收回的包装物入库时，如果采用一次转销法进行包装物价值摊销核算，收回时只需在备查账簿中登记，不做收回的账务处理。

如果客户逾期未归还包装物，企业可按合同规定没收其押金，扣除按规定应交的增值税后，其差额作为其他业务收入。

【例 4.27】 续【例 4.26】，假设【例 4.26】中 A 客户逾期未归还包装物，甲公司应做如下账务处理：

借：其他应付款 600

　贷：应交税费——应交增值税（销项税额） 102

　　其他业务收入 498

2. 出租包装物

【例 4.28】 甲公司本月出租一批新包装物给客户，租期 3 个月，每月租金 400 元。包装物实际成本 3 000 元，向客户收取押金 4 000 元。包装物价值采用五五摊销法，甲公司适用的增值税率为 17%。

（1）收取押金时，编制会计分录如下：

借：库存现金 4 000

　贷：其他应付款 4 000

（2）发出包装物时，编制会计分录如下：

借：周转材料——包装物——在用 3 000

　贷：周转材料——包装物——在库 3 000

（3）收到租金时，编制会计分录如下：

借：银行存款 468

　贷：其他业务收入 400

　　应交税费——应交增值税（销项税额） 68

（4）领用时摊销 50%的价值，编制会计分录如下：

借：其他业务成本 1 500

　贷：周转材料——包装物——摊销 1 500

第五节　存货的期末计量

一、存货期末计量原则

在资产负债表日，为了客观地反映企业期末存货的实际价值，应当对存货按照成本与可变现净值孰低进行计量。

所谓“成本与可变现净值孰低”，是指对期末存货按照成本与可变现净值两者之中较低者进行计价的方法。即当成本低于可变现净值时，存货按成本计价；当可变现净值低于成本时，存货按可变现净值计价。这里的“成本”是指存货的历史成本，即实际成本，如果企业在存货日常核算中是采用计划成本计价的，应调整为实际成本。“可变现净值”是指在日常活动中，存货的估计售价减去至完工时估计将要发生的成本、估计的销售费用以及相关税费后的金额。

成本与可变现净值孰低计量的理论基础主要是使存货符合资产的定义。当存货的可变现净值低于成本时，表明存货能给企业带来的未来经济利益低于账面成本，即存货已发生了跌价损失，因而应将这部分损失从资产价值中扣除，计入当期损益。如果仍然以成本计量，就会出现虚计资产的情况。成本与可变现净值孰低法是对历史成本计价的修正，充分体现了会计核算谨慎性的原则。

二、存货可变现净值的确定

（一）确定存货可变现净值应考虑的因素

存货期末计量的关键是要正确确定存货的可变现净值。存货可变现净值的确定应当以取得的确凿证据为基础，并且考虑持有存货的目的以及资产负债表日后事项的影响等因素。

1. 确定存货可变现净值的确凿证据

企业确定可变现净值时，应当以取得的可靠证据为基础，如产品的市场销售价格、与企业产品相同或者类似商品的市场销售价格、供货方提供的有关资料、生产成本资料等。

2. 持有存货的目的

一般来说，企业持有存货的目的一是持有以备出售，如产成品、商品；二是持有以备耗用，如原材料等。由于企业持有存货的目的不同，确定存货可变现净值的计算方法也不一样。

3. 资产负债表日后事项的影响

企业在确定资产负债表日存货的可变现净值时，不仅要考虑资产负债表日与该存货相关的价格与成本波动，还应考虑未来的相关事项影响。也就是说，不仅限于财务报告报出日之前发生的相关价格与成本波动，还应考虑以后期间发生的相关事项。

（二）确定存货可变现净值应注意的问题

1. 可变现净值是指未来净现金流入，而不是指存货的售价或合同价

企业预计销售存货取得的现金流入，并不完全等于存货的可变现净值。由于存货在销售过程中可能发生相关税费和销售费用，以及为达到预定可销售状态还可能发生进一步的加工成本，这些相关税费、销售费用和成本支出均构成存货销售产生现金流入的抵减项目，只有在扣除这些抵减项目后，才能确定存货的可变现净值。

2. 不同存货可变现净值的构成不同

（1）产成品、商品和用于出售的材料等直接用于出售的存货，应以该存货的估计售价减去估计的销售费用和相关税费后的金额确定其可变现净值。

（2）需要经过加工的材料、在产品或自制半成品等存货，应当以所生产的产成品的估计售价减去至完工时估计将要发生的成本、估计的销售费用以及相关税费后的金额确定其可变现净值。

（三）不同情况下存货可变现净值的确定

（1）产成品、商品等（不包括用于出售的材料）直接用于出售且没有销售合同约定的，其可变现净值应当以产成品、商品的市场销售价格减去销售费用和相关税费等后的金额确定。

【例 4.29】 20×8 年 12 月 31 日，甲公司生产的 B1 型设备账面成本为 500 万元，数量为 10 台，单位成本为 50 万元/台。20×8 年 12 月 31 日 B1 型设备的市场销售价格为 53 万元/台，预计还会发生相关税费 2 万元/台。

由于甲公司没有就 B1 型设备签订销售合同，因此，在这种情况下，计算 B1 型设备的可

变现净值应以一般销售价格总额510 [（53−2）×10]万元作为计算基础。

（2）为执行销售合同或者劳务合同而持有的存货，应当以产成品和商品的合同价格作为其可变现净值的计算基础。

【例4.30】 20×8年9月27日，甲公司与丙公司签订了一份不可撤销的销售合同，双方约定20×9年1月27日，甲公司按52万元/台价格向丙公司提供B1型设备10台。20×8年12月31日，甲公司库存B1型设备10台，单位生产成本为47万元/台。20×8年12月31日，B1型设备市场销售价格为53万元/台。

根据甲公司与丙公司签订的销售合同规定，该批B1型设备的价格应由销售合同约定，并且其库存数量等于销售合同规定的数量，因此，在这种情况下，计算B1型设备的可变现净值应以销售合同约定的价格520（52×10）万元为计算基础。

如果企业持有的同一项存货数量多于销售合同订购的数量，应分别确定其可变现净值，在合同订购数量之内的按合同价格计算，超出合同部分的存货，应当以市场销售价格为基础计算。

（3）用于出售的材料等，应当以市场价格作为其可变现净值的计算基础。这里的市场价格是指材料等的市场销售价格。

【例4.31】 20×9年年末，根据市场需求的变化，甲公司决定停止生产B2型设备，为了减少损失，公司准备把专门用于生产B2型设备的K材料全部出售，20×9年12月31日K材料的账面成本300万元，数量为20吨。根据市场调查，该批材料的市场销售价格为280万元，同时销售该批材料还会发生销售费用及税金6万元。

在本例中，由于企业已决定停止生产B2型设备，因此，该批材料的可变现净值不能再以B2型设备的销售价格为计算基础，而应按材料本身的市场销售价格为计算基础。

该批K材料的可变现净值=280−6=274（万元）

（4）需要加工的材料存货，如原材料、在产品、委托加工材料等，由于持有该材料的目的是生产产品而不是出售，该材料的价值体现在用其生产的产成品上。因此，在确定需要加工的材料存货的可变现净值时，需要用其生产的产成品的可变现净值与该产品的成本进行比较。如果该产品的可变现净值高于其成本，则该材料仍然应当按照成本计量。如果该产品的可变现净值低于成本，则该材料应当按照可变现净值计量。

【例4.32】 20×9年年末，甲公司库存的K1材料的账面成本为560万元，同时，该材料的市场销售价格为537万元，假定不发生其他的销售费用，用该材料生产的产成品——B3设备的可变现净值高于设备的成本。

在本例中，虽然K1材料的可变现净值低于账面成本，似乎发生了减值损失，但是由于用其生产的B3设备的可变现净值高于设备成本，即用该材料生产的最终产品此时并没有发生价值减损。所以，在这种情况下，即使K1材料的账面成本已高于市场价格，也不应确认发生跌价损失，仍按其原账面成本560万元列示在甲公司20×9年12月31日的资产负债表的存货项目之中。

三、存货成本与可变现净值的比较

按成本与可变现净值孰低法对期末存货计价时，有以下三种不同的比较方法可供选择。

（1）单项比较法。对每一种存货的成本与可变现净值逐项进行比较，每项存货均取较低数确定存货的期末价值。

（2）分类比较法。对每一类存货的成本与可变现净值进行比较，每类存货均取较低数确定存货的期末价值。

（3）总额比较法。对全部存货的总成本与可变现净值总额进行比较，取较低数作为全部存货的期末价值。

表 4.5　存货成本与可变现净值比较表

（单位：元）

项　目	成　本	可变现净值	存货成本与可变现净值孰低的选择金额		
			单 项 比 较	分 类 比 较	总 额 比 较
甲类存货：					
A 存货	2 000	3 000	2 000		
B 存货	8 000	6 000	6 000		
小　计	10 000	9 000		9 000	
乙类存货：					
C 存货	7 000	6 000	6 000		
D 存货	4 000	5 600	4 000		
小　计	11 000	11 600		11 000	
全部存货总计	21 000	20 600	18 000	20 000	20 600

在上述三种比较方法中，采用单项比较法确定的期末存货价值最低，最能充分地体现谨慎性原则，但在存货种类很多的情况下，核算工作量比较大。

我国《企业会计准则——存货》规定，“企业通常应当按照单个存货项目计提存货跌价准备”。即在一般情况下，企业应当按照单项比较法计提存货跌价准备。但是，准则同时规定，对于数量繁多、单位价值比较低的存货，可以按照存货的类别比较成本与可变现净值计提存货跌价准备。

四、存货跌价准备的核算

（一）存货减值迹象的判定

企业在判定存货是否出现减值的时候，可以根据以下条件进行判断。存货存在下列情形之一的，表明存货的可变现净值低于成本。

（1）该存货的市场价格持续下跌，并且在可预见的未来无回升的希望；

（2）企业使用该项原材料生产的产品的成本大于产品的销售价格；

（3）企业因产品更新换代，原有库存原材料已不适应新产品的需要，而该原材料的市场价格又低于其账面成本；

（4）因企业所提供的商品或劳务过时或消费者偏好改变而使市场需求发生变化，导致市场价格逐渐下跌；

（5）其他足以证明该项存货实质上已经发生减值的情形。

存货存在下列情形之一的，表明存货的可变现净值为零。

（1）已霉烂变质的存货；

（2）已过期且无转让价值的存货；

（3）生产中已不再需要，并且已无使用价值和转让价值的存货；

（4）其他足以证明已无使用价值和转让价值的存货。

（二）存货跌价准备的账务处理

资产负债表日，企业存货采用成本与可变现净值孰低法计价时，如果期末存货的成本低于可变现净值，则不需做账务处理，资产负债表上按存货的成本列示。如果期末存货的成本高于可变现净值，表明存货发生了跌价损失，应按成本高于可变现净值的差额计提存货跌价准备。

如果以前减记存货价值的影响因素已经消失，减记的金额应当予以恢复，并在原已计提的存货跌价准备的金额内转回，转回的金额计入当期损益。

在核算存货跌价准备转回时，转回的存货跌价准备与计提该准备的存货项目或类别应存在直接对应关系，在原计提的存货跌价准备金额内转回，意味着转回的金额将以存货跌价准备的余额冲减至零为限。

存货跌价准备的核算应当设置“存货跌价准备”账户，核算存货跌价准备的计提、冲销等情况。该账户是资产类账户，但它是“存货”账户的备抵调整账户，在结构上与资产类账户相反。账户贷方反映存货跌价准备的提取，借方反映实际发生存货跌价时冲销的存货跌价准备，贷方余额反映已提取但尚未冲销的存货跌价准备。

下面举例说明存货跌价准备的核算。

【例 4.33】 20×6 年 12 月 31 日，甲公司 B1 型设备的账面成本为 640 万元，但由于 B1 型设备的市场价格下跌，预计可变现净值为 600 万元；20×7 年 12 月 31 日，假定 B1 型设备的账面成本仍为 640 万元，由于 B1 型设备市场价格有所上升，使得 B1 型设备预计可变现净值为 625 万元；20×8 年 12 月 31 日，B1 型设备的账面成本仍为 640 万元，由于 B1 型设备市场价格继续上升，使得 B1 型设备预计可变现净值为 660 万元。

（1）20×6 年年末计提 B1 型设备的存货跌价准备

640−600=40（万元）

编制会计分录如下：

借：资产减值损失　　400 000

　　贷：存货跌价准备　　400 000

（2）20×7 年年末 B1 型设备的可变现净值部分恢复：

恢复金额=(640−625)−40=−25（万元）

编制会计分录如下：

借：存货跌价准备　　250 000

　　贷：资产减值损失　　250 000

（3）20×8 年年末 B1 型设备的可变现净值全部恢复。B1 型设备的可变现净值 660 万元已经超过成本 640 万元，不仅不再计提存货跌价准备，且应将对 B1 型设备原计提的存货跌价准备余额冲减至零为限。编制会计分录如下：

借：存货跌价准备　　150 000

　　贷：资产减值损失——计提的存货跌价准备　　150 000

第六节　存货的清查

一、存货清查概述

存货清查是指通过对存货的实物盘点，确定存货的实存数量并与账面记录核对，以保证账实相符的方法。其对于真实反映存货的实际情况、保证存货的安全、加速存货周转、挖掘企业内部潜力等具有重要意义。

由于企业存货种类繁多，收发频繁，在日常收发过程中可能发生计量差错、计算差错、自然损耗，还可能发生损坏变质及贪污、盗窃等情况，造成账实不符，形成存货的盘盈盘亏。为了客观、真实、准确地反映期末存货的实际价值，做到账实相符，企业应当定期或不定期地对存货进行清查。

为了反映企业在财产清查中各种存货的盘盈、盘亏或毁损，应当设置“待处理财产损溢”科目，该科目的借方登记盘亏或毁损存货的金额，以及经批准结转的盘盈存货的金额。贷方登记盘盈存货的金额，以及经批准结转盘亏存货的金额。企业清查中发现的各种存货损溢，应在期末结账前处理完毕，期末处理后本科目应无余额。

二、存货清查的核算

（一）存货盘盈的核算

企业发生存货盘盈，应借记“原材料”、“库存商品”等科目，贷记“待处理财产损溢”科目，在按管理权限报经批准后，借记“待处理财产损溢”科目，贷记“管理费用”科目。

【例 4.34】 甲公司在财产清查中盘盈 K 材料 3 200 元，属于收发计量差错造成的，企业应做如下会计处理。

批准处理前：

借：原材料——K　　3 200

　　贷：待处理财产损溢　　3 200

批准处理后：

借：待处理财产损溢　　3 200

　　贷：管理费用　　3 200

（二）存货盘亏及毁损的核算

企业发生存货盘亏及毁损，应借记“待处理财产损溢”科目，贷记“原材料”、“库存商品”等科目，在按管理权限报经批准后，入库的残料价值记入“原材料”科目；对于应由保险公司赔偿部分和应由过失人赔款的部分记入“其他应收款”科目；扣除残料价值和应由保险公司、过失人赔偿部分后的净损失，属于一般经营损失部分，记入“管理费用”科目，属于自然灾害或意外事故造成的存货毁损，将净损失转作营业外支出。

【例 4.35】 甲公司在财产清查中盘亏 K1 材料 800 千克，实际单位成本 150 元，其中 500 千克属于一般经营损失，另外 300 千克属于材料保管员过失造成的，按规定由材料保管员赔偿 15 000 元，残料价值 3 500 元已办理入库。（假设不考虑税费）企业应做如下会计处理。

批准处理前：

借：待处理财产损溢　　120 000

　　贷：原材料　　120 000

批准处理后，对一般经营损失：

借：管理费用　　75 000

　　贷：待处理财产损溢　　75 000

批准处理后，对过失人赔偿部分：

借：其他应收款——××× 15 000

　　贷：待处理财产损溢 15 000

批准处理后，对残料入库：

借：原材料 3 500

　　贷：待处理财产损溢 3 500

批准处理后，对材料盘亏净损失：

借：管理费用 26 500

　　贷：待处理财产损溢 26 500

【例 4.36】 由于遭受水灾甲公司一批 K2 材料毁损，价值 230 000 元，根据保险责任范围和保险合同规定，应由保险公司赔偿 164 450 元。企业应做如下会计处理。

（1）批准处理前：

借：待处理财产损溢 230 000

　　贷：原材料 230 000

（2）批准处理后：

借：其他应收款——某保险公司 164 450

　　营业外支出 65 550

　　贷：待处理财产损溢 230 000

本章小结

存货是指企业在日常活动中持有以备出售的产成品或商品、处在生产过程中的在产品、在生产过程或提供劳务过程中耗用的材料和物料等。确认存货应以法定的所有权为标准，而不能以存货的存放地点为标准。

取得存货时以实际成本入账。存货发出的计价方法有个别计价法、加权平均法、移动加权平均法、先进先出法等。应注意各种计价方法的优缺点、适用范围以及对会计信息的影响。

原材料的核算方法有按实际成本计价核算和按计划成本计价核算两种。原材料按实际成本计价需设置“原材料”、“在途物资”等账户进行核算。原材料按计划成本计价需设置“原材料”、“材料采购”、“材料成本差异”等账户进行核算。材料按计划成本计价核算时，材料入库会产生材料成本差异，材料发出应结转材料成本差异。材料成本差异率的正确计算直接影响发出和库存材料的实际成本。

企业的周转材料包括包装物和低值易耗品，注意理解低值易耗品的一次摊销法和五五摊销法。包装物应明确生产过程中用于包装产品作为产品组成部分的包装物、随同商品出售而不单独计价的包装物、随同商品出售而单独计价的包装物、出租或出借给购买单位使用的包装物的核算。

资产负债表日，存货应当按照成本与可变现净值孰低计量。存货成本高于其可变现净值的，按其差额计提存货跌价准备，计入当期损益；存货成本低于其可变现净值的，按其成本计量，不计提存货跌价准备。如果以前减记存货价值的影响因素已经消失，则减记的金额应当予以恢复，并在原已计提的存货跌价准备的金额内转回，转回的金额计入当期损益。

存货清查是指通过对存货的实物盘点，确定存货的实存数量并与账面记录核对，存货发生的盘亏或盘盈应作为待处理财产损溢进行核算。按管理权限报经批准后，根据造成存货盘亏或盘盈的原因分别进行处理。

复习思考

1. 企业的存货包括哪些内容？
2. 存货采用实际成本核算时，可以采用哪些方法来确定发出存货的成本？
3. 存货采用计划成本核算时，如何计算发出存货的成本差异率？如何确定发出存货的实际成本？
4. 存货采用计划成本核算时应如何进行会计处理？
5. 存货发生盘盈盘亏时应如何进行会计处理？
6. 可变现净值的含义是什么？举例说明如何计算确定存货的可变现净值？
7. 怎样进行存货跌价准备的会计处理？

基本训练

一、单选题

1. 下列各项支出中，一般纳税人企业不应计入存货成本的是（　　）。

A. 购入存货时支付的增值税进项税额

B. 入库前的挑选整理费

C. 购买存货发生的运杂费

D. 购买存货发生的进口关税

2. 某企业月初结存材料的计划成本为 200 000 元，成本差异为节约 2 000 元；本月入库材料的计划成本为 200 000 元，成本差异为超支 800 元。当月生产车间领用材料的计划成本为 240 000 元。假定该企业按月末计算的材料成本差异率分配结转材料成本差异，则当月生产车间领用材料应负担的材料成本差异为（　　）元。

A. 720　　B. −720　　C. 840　　D. −840

3. 期末对存货采用成本与可变现净值孰低法计价时，其可变现净值的含义是（　　）。

A. 预计售价

B. 预计售价减去进一步加工成本和销售所必需的预计税金、费用

C. 现时重置成本

D. 现时重置成本加正常利润

4. 企业应以（　　）作为确定存货范围的基本原则。

A. 存放地点　　B. 交货时间　　C. 交货地点　　D. 法定所有权

5. 下列原材料相关损失项目中，应计入营业外支出的是（　　）。

A. 计量差错引起的原材料盘亏　　B. 自然灾害造成的原材料净损失

C. 原材料运输途中发生合理损耗　　D. 人为责任造成的原材料损失

6. 某企业为增值税一般纳税人，从外地购入原材料 5 000 吨，收到增值税专用发票上注明的售价为每吨 100 元，增值税税款为 85 000 元，另发生运输费 2 000 元（可按 7%抵扣增值税），装卸费 1 000 元，途中保险费为 800 元。所购原材料到达后验收发现短缺 20%，其中合理损耗 5%，另 15%的短缺尚待查明原因。该材料应计入存货的实际成本为（　　）元。

A. 435 336　　B. 432 650　　C. 503 660　　D. 428 111

7. 存货采用先进先出法计价的情况下，如果物价上涨，将会使企业（　　）。

A. 期末存货升高，当期利润减少　　B. 期末存货升高，当期利润增加

C. 期末存货降低，当期利润增加　　D. 期末存货降低，当期利润减少

8. 甲企业为小规模纳税人企业，从某一般纳税人企业购入原材料一批，增值税专用发票上注明，货款为 100 000 元，增值税进项税额为 17 000 元，对方代垫的运杂费 2 000 元，该原材料已验收入库，则购买该原材料的入账价值为（　　）元。

A. 117 000　　B. 100 000　　C. 119 000　　D. 102 000

9. 某企业采用先进先出法计算发出甲材料的成本，20×3 年 9 月 1 日，结存甲材料 200 千克，每千克实际成本 100 元；9 月 10 日购入甲材料 300 千克，每千克实际成本 110 元；9 月 15 日发出甲材料 400 千克。9 月末，库存甲材料的实际成本为（　　）元。

A. 10 000　　B. 10 500　　C. 11 000　　D. 10 600

10. 资产负债表日，存货应当按照成本与可变现净值孰低计量，这一做法体现了会计信息质量要求的（　　）要求。

A. 相关性　　B. 谨慎性　　C. 重要性　　D. 实质重于形式

11. 甲公司 2008 年 12 月 31 日库存配件 200 套，每套配件的账面成本为 10 万元，市场价格为 8 万元。该批配件可用于加工 200 件 A 产品，将每套配件加工成 A 产品尚需投入 20 万元。A 产品 2008 年 12 月 31 日的市场价格为每件 30.5 万元，估计销售过程中每件将发生销售费用及相关税费 1 万元。该配件此前未计提存货跌价准备，甲公司 2008 年 12 月 31 日该配件应计提的存货跌价准备为(　　)万元。

A. 0　　B. 50　　C. 100　　D. 200

二、多选题

1. “材料成本差异”科目贷方核算的内容有（　　）。

A. 入库材料成本超支差异　　B. 入库材料成本节约差异

C. 结转发出材料应负担的超支差异　　D. 结转发出材料应负担的节约差异

2. 存货按实际成本核算时，下列属于存货发出的计价方法的有（　　）。

A. 先进先出法　　B. 加权平均法　　C. 个别计价法　　D. 移动加权平均法

3. 一般纳税人企业的下列支出中构成存货采购成本的有（　　）。

A. 运输途中的合理损耗　　B. 装卸费

C. 支付的增值税　　D. 入库前的挑选整理费

E. 支付的进口关税

4. 在物价持续上涨的情况下，采用先进先出法结转存货成本，其特点是（　　）。

A. 高估期末存货成本　　B. 低估期末存货成本

C. 高估当期资产价值　　D. 高估当期利润

E. 低估当期利润

5. 企业会计准则规范的周转材料包括（　　）。

A. 低值易耗品　　B. 包装物　　C. 库存商品

D. 在产品　　E. 半成品

6. 企业原材料采用计划成本核算，应设置的账户有（　　）。

A. 原材料　B. 在途物资　C. 材料采购

D. 库存商品　E. 材料成本差异

7. 下列项目中，应作为存货核算的有（　　）。

A. 工程物资　B. 原材料　C. 低值易耗品

D. 在产品　E. 委托加工材料

8. 存货的确认是以取得法定产权为标志。下列属于企业的存货的有（　　）。

A. 已经购入但未存放在本企业的货物

B. 已售出但货物尚未运离本企业的存货

C. 已经运离企业但尚未售出的存货

D. 未购入但存放在企业的存货

E. 已经确认销售收入但未收到货款的存货

9. 存货的盘存方法有（　　）。

A. 账目核对法　B. 永续盘存制　C. 实地盘存制　D. 收付实现制

10. 企业存货发生盘盈或盘亏，应先记入"待处理财产损溢"科目，待报经批准后，分别转入（　　）。

A. 营业外支出　B. 营业外收入　C. 管理费用

D. 其他应收款　E. 财务费用

11. 依据企业会计准则的规定，下列有关存货可变现净值的表述中，正确的有（　　）。

A. 为执行销售合同而持有的存货，通常应当以产成品或商品合同价格作为其可变现净值的计算基础

B. 持有存货的数量多于销售合同订购数量，超出部分的存货可变现净值应当以产成品或商品的合同价格作为计算基础

C. 没有销售合同约定的存货，应当以产成品或商品市场销售价格作为其可变现净值的计算基础

D. 用于出售的材料，通常应当以市场销售价格作为其可变现净值的计算基础

E. 用于生产产品的材料，确定其可变现净值时的估计售价为所生产产品的估计售价

三、判断题

1. 购入材料在运输途中发生的合理损耗应计入管理费用。（　　）

2. 存货的可变现净值等于企业预计销售存货取得的现金流量。（　　）

3. 企业采购材料运输途中发生的短缺和毁损，均应计入材料的采购成本。（　　）

4. 采用实地盘存制核算，由于是倒挤成本，从而使非正常原因引起的存货短缺全部挤进耗用或销售成本之内，削弱了对存货的控制。（　　）

5. 企业发出存货的计价，在资产负债表日可以按实际成本核算，也可以按计划成本核算。（　　）

6. 小规模纳税人企业采购货物所支付的增值税一律计入所购货物的采购成本。（　　）

7. 企业购买的原材料，如果期末原材料已到达且已验收入库，但发票账单未到，企业可以先不进行会计处理，等到下月发票账单到达以后再进行会计处理。（　　）

8. 为执行销售合同或者劳务合同而持有的存货，通常应当以产成品和商品的市场价格作为其可变现净值的计算基础。（　）

9. 一般纳税人企业购进生产用原材料时，支付的外地运输费应全部计入购进材料的采购成本。（　）

10. 企业是否计提存货跌价准备都不会影响资产负债表中存货项目的金额。（　）

四、业务题

1. 大地公司A存货9月1日期初结存1 000件，单价50元。9月份发生以下A存货收入、发出的经济业务。

（1）9月5日购进2 000件，单价48元。

（2）9月7日发出2 200件。

（3）9月13日购进1 500件，单价52元。

（4）9月15日发出1 000件。

（5）9月20日购进3 000件，单价53元。

（6）9月30日发出3 500件。

要求：根据以上资料，采用先进先出法、加权平均法计算期末结存A存货的成本和本期发出A存货的成本。

2. 大地公司为增值税一般纳税人，存货按实际成本计价核算，20×3年4月发生下列相关业务。

（1）4月3日采用银行本票结算方式购入K1材料一批，增值税专用发票上注明货款200 000元，增值税进项税34 000元。另支付运输费2 000元，入库前的挑选整理费300元，材料已验收入库。

（2）4月17日向乙公司购买K2材料，增值税专用发票上注明K2材料的买价86 000元，增值税进项税14 620元。材料已验收入库，企业向乙公司开出3个月期限的商业承兑汇票。

（3）4月19日向甲企业购入K3材料一批，增值税专用发票上注明货款100 000元，增值税进项税17 000元。该批材料途中保险费500元。货款和途中保险费已用银行存款支付，材料尚未到达。

（4）4月25日K3材料收到，并已验收入库。

（5）4月26日购入K1材料一批，材料已经验收入库，发票账单尚未收到。4月30日发票账单仍未收到，将该批材料估价80 000元入账。5月5日收到K1材料的发票账单，增值税专用发票上注明货款80 000元，增值税进项税13 600元。企业用银行存款支付。

要求：根据上述经济业务编制会计分录。

3. 大地公司存货按计划成本计价核算，20×3年8月初库存A材料的计划成本为100万元，材料成本差异率为5%，当月发生以下经济业务。

（1）8月8日购买A材料一批，增值税专用发票上注明货款60万元，增值税进项税额10.2万元，运费2万元，用银行存款支付全部款项，材料已验收入库，该批材料的计划成本为63万元。

（2）8月15日购买A材料一批，增值税专用发票上注明货款20万元，增值税进项税额3.4万元，货款尚未支付，材料尚未验收入库。

（3）8月20日，8月15日购买的A材料验收入库，该批材料的计划成本为193 600元。

（4）8 月 31 日，根据“发出材料汇总表”，本月发出材料计划成本为 120 万元，其中，生产产品耗用 100 万元，生产车间耗用 10 万元，企业行政管理部门耗用 10 万元。

要求：计算当月材料成本差异率，根据经济业务编制相关会计分录。

4. 甲公司期末存货采用成本与可变现净值孰低法计价，20×8 年 9 月 26 日甲公司与乙企业签订销售合同：由甲公司于 20×9 年 3 月 6 日向乙企业销售 A 存货 10 000 台，每台 1.5 万元。20×8 年 12 月 31 日甲公司库存存货 13 000 台，单位成本 1.41 万元。20×8 年 12 月 31 日市场销售价格为每台 1.3 万元，预计销售费用每台 0.05 万元。甲公司于 20×9 年 3 月 6 日向乙企业销售 A 存货 10 000 台，每台 1.5 万元；此外 4 月 6 日销售未签订销售合同的 A 存货 100 台，市场销售价格为每台 1.2 万元，货款均已收到。

要求：（1）编制 20×8 年年末计提存货跌价损失准备会计分录并列示计算过程。

（2）编制 20×9 年有关销售业务的会计分录。

五、案例分析题

【案例 1】

1. 资料

（1）新光公司于 20×3 年 6 月与 B 企业签订了一项订货合同，合同要求公司为 B 企业加工乙产品 20 000 件，合同定价为 150 元/件。根据合同规定，公司应于 9 个月之内将产品运抵 B 企业指定的地点，并由 B 企业承担预计 20 000 元的运杂费，如果运杂费超过 20 000 元，则超过部分由新光公司承担。新光公司认为该产品有一定的市场，因此在 B 企业的订购数量外多加工了 1 000 件。公司加工的 21 000 件乙产品已于 12 月底全部完工，乙产品的成本为 100 元/件，总成本为 2 100 000 元。但公司在年末分析乙产品的可变现净值时发现，由于市场条件的变化，乙产品的市场价格已降至 90 元/件，并且销售乙产品还会发生预计 10 元/件的销售费用及相关税金，公司为此确定该批产品的可变现净值为 1 680 000 元，计提存货跌价准备 420 000 元。

（2）新光公司 20×3 年 9 月发生了一场火灾，材料损失超过 80 万元。保险公司的赔偿额 40 万元。公司在预计了全年的收支情况后，明确了如果列报材料损失，会使公司利润下降更加严重。为保证利润指标的实现，公司领导要求财会部门不在 20×3 年列报该毁损材料。

2. 要求

（1）根据以上资料判断新光公司对期末存货的处理是否正确并说明理由。

（2）根据以上资料分析新光公司对材料损失的处理是否正确？这样处理对企业利润有何影响？

【案例 2】

1. 资料

某市地税稽查局在 20×3 年税收财务大检查中，发现某五金厂 20×2 年上半年和下半年对存货成本采用了不同的计价方法。上半年产成品的存货成本采用移动加权平均法，销售实现后，按账面存货成本结转产品销售成本。但是从 20×2 年 7 月开始，该企业改变存货计价方法而采用了后进先出法，致使 20×2 年产品销售成本上升了将近 400 万元。

2. 要求

（1）请分析该企业对存货计价的做法是否正确？为什么？

（2）请评价该企业改变存货计价方法对会计信息的影响。

第五章　投　资

【学习目标】

通过本章的学习，了解投资的性质、特点与分类；掌握交易性金融资产的特点及核算；掌握持有至到期投资的性质及核算；掌握可供出售金融资产的性质和核算；掌握长期股权投资的性质、分类及核算。

第一节　投资概述

一、投资的性质与特点

为了合理有效地使用资金以提高资金的利用效果，企业所拥有的资金，除了用于正常的生产经营活动以外，还可以将经营活动过程中暂时闲置的资金以一定方式对外投资，以获取经济利益。

从财务会计的角度表述，投资是企业为通过分配来增加财富，或为谋求其他利益，而将资产让渡给其他单位所获得的另一项资产。

财务会计中的投资有广义和狭义之分。广义的投资可以分为两大类：一类是对外投资，如权益性投资、债权性投资、期货投资、房地产投资等；另一类是对内投资，如固定资产投资、无形资产投资、存货投资等。狭义的投资仅包括对外投资。本章所指的投资，仅限于狭义投资中的权益性投资和债权性投资。

投资具有以下特点。

（1）投资是以让渡其他资产而换取的另一项资产，如企业用现金购买股票、用固定资产向其他单位投资，这意味着企业将所拥有的现金、固定资产等让渡给其他单位使用，以换取交易性金融资产或股权投资等。企业换取的资产与其他资产一样，能为企业带来未来的经济利益。

（2）投资所带来的经济利益与其他资产为企业带来的经济利益在形式上有所不同。企业除投资以外的其他资产通常能为企业带来直接的经济利益，如企业的库存商品，通过出售可以直接为企业带来经济利益。又如，企业的固定资产，通过其生产的产品为企业带来直接的经济利益。而投资给企业带来的经济利益则是通过从被投资方使用投资者投入的资产所创造的经济利益中分配而来，或者通过投资获得稳定的原料供应、良好的销售网点等改善贸易关系，从而间接达到获利的目的。

（3）某些投资获取的收益实际上是对购买证券的投资者投入的所有现金再次分配的结果。企业通过在证券市场上进行的具有交易性质的股票或债券的买卖，获取低价买入高价卖出的价差收入。这种收益是对购买证券的投资者投入的所有现金再次分配的结果，使企业获得了高于原始投资的资本增值。

相关链接

我国关于投资的规范主要包括以下准则。

（1）《企业会计准则第 22 号——金融工具确认与计量》，该准则中规范了交易性金融资产、持有至到期投资和可供出售金融资产的有关内容。

（2）《企业会计准则第 2 号——长期股权投资》，该准则中规范了长期股权投资的会计处理方法。

（3）《企业会计准则解释第 1 号》、《企业会计准则解释第 2 号》、《企业会计准则解释第 3 号》，这 3 个准则解释中，财政部对涉及长期股权投资和可供出售金融资产在执行中的有关问题作出了解释。

二、投资的分类

为了合理地确定投资的会计核算方法，在会计报表中正确地报告投资的价值，应对投资进行适当的分类。

1. 按投资的性质分类

按照投资的性质可以分为权益性投资、债权性投资和混合性投资。

（1）权益性投资是指为获取另一企业的所有者权益所进行的投资。投资企业通过投资取得对被投资企业相应份额的所有权，从而形成投资企业与被投资企业之间的所有权关系。这种投资的目的是取得对另一企业的控制权，或实施对另一个企业的重大影响，或为了其他目的。权益性投资主要通过购买普通股股票、签订投资合同或协议进行。

（2）债权性投资是指为取得债权所做的投资。投资企业与被投资企业之间形成了一种债权债务关系。这种投资的目的是取得高于银行存款利率的利息，并保证按期收回本息。债权性投资主要通过购买国库券、公司债券等进行。

（3）混合性投资是指既有权益性性质，又有债权性性质的投资。这种投资往往表现为混合性证券投资，如购买另一企业发行的优先股股票、可转换公司债券等，即属于混合性投资。

2. 按投资的目的分类

按照企业管理层持有投资的目的，投资可以分为交易性金融资产、持有至到期投资、可供出售的金融资产和长期股权投资。

（1）交易性金融资产。交易性金融资产是指为近期内出售而购入和持有的金融资产，如企业以赚取差价为目的从二级市场购入的股票、债券、基金等。这种投资的目的是在保证资金流动性的前提下，从有价证券的短期价格变化中获取价差收益。

（2）持有至到期投资。持有至到期投资是指到期日固定、回收金额固定或可确定，且企业有明确意图和能力持有至到期的那部分投资。企业购买的国债、公司债券等，符合持有至到期条件的，可以划分为持有至到期投资。购入的股票由于没有固定的到期日，不可作为持有至到期投资。

（3）可供出售金融资产。可供出售金融资产是指购入时即被指定为可供出售的非衍生金融资产。这种资产在购入时管理层持有的时间尚不明确，企业购入的股票、债券和基金等，没有划分为交易性金融资产或持有至到期投资的，可归类为可供出售金融资产。

（4）长期股权投资。长期股权投资是指持有时间准备超过一年的各种股权性质的投资。这种投资的意图是打算在较长时期内从被投资方获取股利收益或对被投资方实施控制，使之为实现本企业的经营战略服务。

第二节　交易性金融资产

一、交易性金融资产概述

1. 金融资产概念

金融资产是一切可以在有组织的金融市场上进行交易、具有现实价格和未来估价的金融工具的总称。金融资产的最大特征是能够在市场交易中为其所有者提供即期或远期的货币收入流量。

金融资产主要包括企业的库存现金、银行存款、其他货币资金、应收账款、应收票据、其他应收款、贷款、股权投资、债权投资和衍生金融工具等。

从持有金融资产的目的和内容角度来看，金融资产一般划分为交易性金融资产、持有至到期投资、贷款和应收款项、可供出售金融资产四类。从金融资产的会计计量角度来看，金融资产可以分为以公允价值计量的金融资产和以摊余成本（或成本）计量的金融资产两类。

根据企业会计准则的有关规定，以公允价值计量的金融资产又分为两种：一是以公允价值计量且其变动直接计入当期损益的金融资产；二是以公允价值计量且其变动计入所有者权益的金融资产。其中，以公允价值计量且其变动计入当期损益的金融资产包括交易性金融资产和直接指定为以公允价值计量且其变动计入当期损益的金融资产。以公允价值计量且其变动计入所有者权益的金融资产主要是指可供出售金融资产。

某项金融资产划分为以公允价值计量且其变动计入当期损益的金融资产后，不能再重分类为其他类别的金融资产；其他类别的金融资产也不能再重分类为以公允价值计量且其变动计入当期损益的金融资产。

2. 交易性金融资产及其主要内容

交易性金融资产主要是指企业为了近期内出售而持有的金融资产。例如，企业以赚取差价为目的从二级市场购入的股票、债券、基金等。

根据企业会计准则对金融资产的分类，交易性金融资产属于以公允价值计量且其变动计入当期损益的金融资产。

交易性金融资产是企业以进行交易为目的而持有的，在将其出售以前发生的公允价值变动会直接影响交易性金融资产的价值。因此，为了使企业的会计信息使用者了解企业交易性金融资产的现有价值，企业应当设置“交易性金融资产”、“公允价值变动损益”等账户进行核算。

“交易性金融资产”账户核算企业为交易目的而持有的股票、债券、基金等交易性金融资产的公允价值。账户借方登记交易性金融资产的取得成本、资产负债表日其公允价值高于账面余额的差额，以及出售交易性金融资产时结转的原形成的公允价值变动损失；贷方登记资产负债表日其公允价值低于账面余额的差额，以及出售交易性金融资产时结转的成本和原形成的公允价值变动收益。该账户下面分别设置“成本”和“公允价值变动”两个明细账户进行核算。

“公允价值变动损益”账户核算企业交易性金融资产等因公允价值变动而形成的应计入当期损益的利得或损失。账户贷方登记资产负债表日交易性金融资产公允价值高于账面余额的差额，以及出售交易性金融资产时结转的原形成的公允价值变动损失；借方登记资产负债表日交易性金融资产公允价值低于账面余额的差额，以及出售交易性金融资产时结转的原形成的公允价值变动收益。

二、交易性金融资产的取得

交易性金融资产应当按照取得时的公允价值作为初始确认金额，相关的交易费用（如印花税、手续费、佣金等）在发生时冲减投资收益。如果实际支付的价款中包含已宣告但尚未发放的现金股利或已到付息期但尚未领取的债券利息，应当单独确认为应收项目，不计入交易性金融资产的初始确认金额。

企业取得交易性金融资产时，按取得时的公允价值，借记“交易性金融资产——成本”账户；按发生的交易费用，借记“投资收益”账户；按实际支付的价款中包含的已宣告但尚未发放的现金股利或已到付息期但尚未领取的利息，借记“应收股利”或“应收利息”账户；按实际支付的金额，贷记“银行存款”账户。

【例 5.1】 20×9 年 3 月 1 日，长江公司从股票市场上购入 A 公司股票 20 000 股作为交易性金融资产，每股买价 10 元，另支付交易费用 1 000 元，款项以存入证券公司投资款支付。编制会计分录如下：

借：交易性金融资产——A 股票（成本）　200 000
　　投资收益　1 000
　　贷：其他货币资金——存出投资款　201 000

【例 5.2】 20×9 年 7 月 1 日，黄河公司从证券市场上按 258 万元的价格购入 B 公司于 20×9 年 1 月 1 日发行的面值 250 万元、期限 3 年、票面利率 4%，每半年付息一次的公司债券作为交易性金融资产，支付的价款中包含已到付息期但尚未领取的利息 5 万元以及交易费用 3 万元，款项以存入证券公司投资款支付。20×9 年 7 月 5 日，黄河公司收到债券利息。

7 月 1 日购入债券时编制会计分录如下：

借：交易性金融资产——B 公司债券（成本）　2 500 000
　　应收利息　50 000
　　投资收益　30 000
　　贷：其他货币资金——存出投资款　2 580 000

7 月 5 日收到债券利息时编制会计分录如下：

借：银行存款　50 000
　　贷：应收利息　50 000

三、交易性金融资产持有期间的现金股利和利息

企业持有交易性金融资产期间，对被投资单位宣告发放的现金股利或企业在资产负债表日按债券票面利率计算的利息，应作为交易性金融资产持有期间的投资收益，借记“应收股利”或“应收利息”账户，贷记“投资收益”账户。

【例 5.3】 续【例 5.1】，A 公司于 5 月 1 日宣告发放现金股利，每股 0.5 元，长江公司持有 A 公司股票 20 000 股，应收股利 10 000 元，于 5 月 15 日实际收到存入银行。

5 月 1 日 A 公司宣告发放现金股利时编制会计分录如下：

借：应收股利　10 000
　　贷：投资收益　10 000

5 月 15 日收到现金股利时编制会计分录如下：

借：银行存款　　10 000

　　贷：应收股利　　10 000

【例 5.4】 续【例 5.2】，20×9 年 12 月 31 日，黄河公司确认持有的 B 公司债券利息收入 50 000 元。编制会计分录如下：

借：应收利息　　50 000

　　贷：投资收益　　50 000

四、交易性金融资产的期末计价

交易性金融资产在最初取得时，按取得时的公允价值入账，反映了企业取得交易性金融资产时的实际成本。由于交易性金融资产大多是在证券市场上交易活跃的有价证券，其公允价值瞬息万变，为了使资产负债表上所报告的交易性金融资产的价值能够真实地反映其期末可变现价值，交易性金融资产应按资产负债表日的公允价值列示在报表上，公允价值的变动计入当期损益。

在资产负债表日，应按编表日交易性金融资产公允价值的变化对其账面余额进行调整，将二者之间的差额计入当期损益。交易性金融资产的公允价值高于其账面余额时，表明交易性金融资产因公允价值上升而增值并形成变动收益，故按其差额借记"交易性金融资产——公允价值变动"账户，贷记"公允价值变动损益"账户；交易性金融资产的公允价值低于其账面余额时，表明交易性金融资产因公允价值下降而贬值并形成变动损失，应按其差额做相反的会计分录。

【例 5.5】 续【例 5.1】，6 月 30 日长江公司持有的 A 公司股票 20 000 股期末市价为 160 000 元，编制会计分录如下：

借：公允价值变动损益　　40 000

　　贷：交易性金融资产——A 股票（公允价值变动）　　40 000

【例 5.6】 续【例 5.2】，12 月 31 日黄河公司持有的 B 公司债券的期末市价为 2 510 000 元，编制会计分录如下：

借：交易性金融资产——B 债券（公允价值变动）　　10 000

　　贷：公允价值变动损益　　10 000

五、交易性金融资产的处置

企业以交易为目的而持有的股票、债券、基金等交易性金融资产，在市价上升或企业需要现金的情况下，企业可将其抛售出去。企业出售交易性金融资产时，应按出售以后实际收到的价款与交易性金融资产账面余额的差额作为损益处置。

处置交易性金融资产时，企业应按实际收到的金额，借记"银行存款"等账户；按该交易性金融资产的账面余额贷记"交易性金融资产"账户；按出售收入大于（或小于）账面余额的差额贷记（或借记）"投资收益"账户。同时，将原计入该交易性金融资产账户的公允价值变动损益转出，借记（或贷记）"公允价值变动损益"账户，贷记（或借记）"投资收益"账户。

【例 5.7】 续【例 5.1】、【例 5.5】，7 月 5 日长江公司将 A 公司股票 20 000 股出售，出售净收入为 210 000 元，款项已收存银行，编制会计分录如下：

借：银行存款　　210 000

　　交易性金融资产——A 股票（公允价值变动）　　40 000

贷：交易性金融资产——A 股票（成本） 200 000

投资收益 50 000

同时，将该交易性金融资产持有期间已确认的公允价值变动损益 40 000 元作为已实现的损益，转到“投资收益”账户，编制会计分录如下：

借：投资收益 40 000

贷：公允价值变动损益 40 000

第三节 持有至到期投资

一、持有至到期投资概述

持有至到期投资是指到期日固定、回收金额固定或可确定，且企业有明确意图和能力持有至到期的非衍生金融资产。持有至到期投资通常是指债权性的投资，如企业购入的国债、企业债券等。企业的股权投资由于没有固定的到期日，回收金额也不固定或不能确定，不符合持有至到期投资的条件，不能作为持有至到期投资。持有至到期投资通常具有长期性质，但购入期限较短（1 年以内）的债券，符合持有至到期条件的，也可将其划分为持有至到期投资。

企业在确认持有至到期投资时，应注意把握以下特征。

（1）到期日固定、回收金额固定或可确定。到期日固定、回收金额固定或可确定是指相关合同明确了投资者在确定的期间内获得或应收取现金流量的金额和时间。

（2）有明确意图持有至到期。有明确意图持有至到期是指投资者在取得投资时意图就是明确的，除非遇到一些企业所不能控制、预期不会重复发生且难以合理预计的独立事件，否则将持有至到期。

（3）有能力持有至到期。有能力持有至到期是指企业有足够的财务资源，并不受外部因素影响将投资持有至到期。

企业将所持有的债券划分为持有至到期投资后，如果企业的持有意图和能力发生了改变，可以将其重分类为可供出售的金融资产，也可以将其出售。

二、持有至到期投资的取得

1. 持有至到期投资的取得方式

企业购入的准备持有至到期的债券，有的是按债券面值购入的；有的是按高于债券面值的价格购入，即溢价购入的；有的是按低于债券面值的价格购入，即折价购入的。

债券的溢价和折价主要是由于债券的票面利率与金融市场利率不一致造成的。当债券票面利率高于市场利率时，债券通常溢价购入。这部分溢价差额，相当于债券购买者由于日后会多获利息而给予债券发行者的利息返还。反之，当债券票面利率低于市场利率时，债券通常折价购入，这部分折价差额，相当于债券发行者由于日后会少支付利息而给予债券购买者的利息补偿。

2. 持有至到期投资取得的会计处理

为了反映企业持有至到期投资的取得、收益、处置等情况，应设置“持有至到期投资”

账户，该账户下面分别设置“成本”、“利息调整”、“应计利息”等明细账户进行核算。

取得持有至到期投资时，应当按取得时的公允价值与相关交易费用之和作为初始确认金额。如果实际支付的价款中包含已到付息期但尚未领取的利息，应当单独确认为应收项目。

当企业取得持有至到期投资时，应按债券的面值，借记“持有至到期投资——成本”账户；按实际支付的价款中包含的已到付息期但尚未领取的利息，借记“应收利息”账户；按实际支付的金额，贷记“银行存款”账户；按其差额，借记或贷记“持有至到期投资——利息调整”账户。

【例 5.8】 蓝天公司于 20×5 年 1 月 1 日以 204 000 元的价格购入 C 公司当日发行的公司债券 2 000 张，每张面值 100 元，另支付交易费用 4 000 元，作为持有至到期投资。该债券系 4 年期、每年 12 月 31 日付息、到期还本的债券，票面年利率为 9%。编制会计分录如下：

借：持有至到期投资——C 债券（成本） 200 000
　　　　　　　　　——C 债券（利息调整） 8 000
　贷：银行存款 208 000

【例 5.9】 大地公司于 20×5 年 1 月 1 日以 389 250 元的价格（含交易费用）购入 A 公司当日发行的面值 400 000 元、期限 4 年、票面利率 5%、到期一次还本付息的债券，作为持有至到期投资。编制会计分录如下：

借：持有至到期投资——A 债券（成本） 400 000
　贷：银行存款 389 250
　　　持有至到期投资——A 债券（利息调整） 10 750

三、持有至到期投资持有期间的收益

企业的持有至到期投资在持有期间，无论是分期付息、到期还本，还是到期一次还本付息的债券，都应根据权责发生制按期确认利息收入。在债券溢价或折价购入的情况下，债券按面值和票面利率计算的应收利息和实际的利息收入（即投资收益）是不一致的。企业应采用实际利率法，按债券期初的摊余成本和实际利率计算各期利息收入，确认投资收益，并进行溢、折价的摊销。

实际利率是将金融资产在预计存续期内的未来现金流量，折现为该金融资产当前账面价值所使用的利率，也就是将持有至到期投资未来收回的本金和利息折现为取得时的账面价值所使用的利率。实际利率法是以债券的摊余成本和实际利率计算确定利息收入的方法。按实际利率法计算的实际利息收入（即投资收益）与按票面利率计算的应收利息收入之间的差额即为当期溢价或折价摊销额。

持有至到期投资如为分期付息、到期一次还本的债券投资，应于资产负债表日按票面利率计算确定应收未收利息，借记“应收利息”账户，按持有至到期投资摊余成本和实际利率计算确定的利息收入，贷记“投资收益”账户，按其差额，借记或贷记“持有至到期投资——利息调整”账户。

持有至到期投资如为到期一次还本付息的债券投资，应于资产负债表日按票面利率计算确定应收未收利息，借记“持有至到期投资——应计利息”账户，按持有至到期投资摊余成本和实际利率计算确定的利息收入，贷记“投资收益”账户，按其差额，借记或贷记“持有至到期投资——利息调整”账户。

【例 5.10】 续【例 5.8】，蓝天公司对持有的 C 公司债券于每年年末采用实际利率法确认利息收入，并进行溢价的摊销。

该债券的实际利率计算如下。

由于该债券为分期付息、到期还本的债券，故应根据公式“债券到期收回本金的现值+各期利息的现值=债券面值+债券溢价（或−债券折价）”计算。又由于该债券为溢价购入，实际利率应该低于票面利率，故先按 8%作为折现率测算。通过查复利现值系数表和年金现值系数表可知，4 期、8%的复利现值系数和年金现值系数分别为 0.735 和 3.312，得

200 000×0.735+200 000×9%×3.312=206 616（元）＜208 000（元）

上式计算结果小于取得 C 公司债券的实际成本，说明实际利率小于 8%。再按 7%作为折现率测算。通过查表可知，4 期、7%的复利现值系数和年金现值系数分别为 0.763 和 3.387，得

200 000×0.763+200 000×9%×3.387=213 566（元）＞208 000（元）

上式计算结果大于取得 C 公司债券的实际成本，说明实际利率大于 7%。因此，实际利率介于 7%和 8%之间。采用插值法计算实际利率如下:

实际利率=7%+ (8%−7%) × (213 566−208 000) / (213 566−206 616) =7.8%

蓝天公司持有 C 公司债券期间各期投资收益、溢价摊销和期末摊余成本见表 5.1。

表 5.1 债券溢价摊销表（实际利率法）

（单位：元）

计息日期	应收利息 ① ＝ 面值×票面利率	投资收益 ②＝上期④×实际利率	溢价摊销 ③ ＝ ① − ②	摊余成本 ④＝上期④−③
20×5.01.01				208 000
20×5.12.31	18 000	16 224	1 776	206 224
20×6.12.31	18 000	16 086	1 914	204 310
20×7.12.31	18 000	15 936	2 064	202 246
20×8.12.31	18 000	15 754*	2 246	200 000
合 计	72 000	64 000	8 000	—

* 含小数点尾差

根据表 5.1 计算结果，蓝天公司编制会计分录如下。

（1）20×5 年 12 月 31 日，确认利息收入和摊销溢价:

借：应收利息　　18 000

　贷：投资收益　　16 224

　　持有至到期投资——C 债券（利息调整）　　1 776

（2）20×6 年 1 月 1 日收到利息:

借：银行存款　　18 000

　贷：应收利息　　18 000

（20×6 年和 20×7 年年末确认利息收入和摊销溢价、收取利息的会计分录以此类推，略）

（3）20×8 年 12 月 31 日，确认利息收入和摊销溢价:

借：应收利息　　18 000

　贷：投资收益　　15 754

　　持有至到期投资——C 债券（利息调整）　　2 246

（4）20×9 年 1 月 1 日，债券到期收回本金和最后一期利息:

借：银行存款　　218 000

　贷：持有至到期投资——C 债券（成本）　　200 000

　　应收利息　　18 000

【例 5.11】 续【例 5.9】，假设 A 公司债券的实际利率为 5.78%。

大地公司持有 A 公司债券期间各期投资收益、折价摊销和期末摊余成本见表 5.2。

表 5.2 债券折价摊销表（实际利率法）

（金额：元）

计息日期	投资收益	应计利息	折价摊销	摊余成本
	①＝上期④×实际利率	②＝面值×票面利率	③＝①-②	④＝上期④+③
20×5.01.01				389 250
20×5.12.31	22 498	20 000	2 498	391 748
20×6.12.31	22 643	20 000	2 643	394 391
20×7.12.31	22 796	20 000	2 796	397 187
20×8.12.31	22 813*	20 000	2 813	400 000
合　计	90 750	80 000	10 750	—

* 含小数点尾差

根据表 5.2 计算结果，大地公司编制会计分录如下。

（1）20×5 年 12 月 31 日，确认利息收入和摊销折价：

借：持有至到期投资——A 债券（应计利息）　　20 000

　　　　　　　　　——A 债券（利息调整）　　2 498

　贷：投资收益　　22 498

（以后各年确认利息收入和摊销折价的会计分录依次类推，此略）

（2）20×9 年 1 月 1 日，债券到期收回本金和利息：

借：银行存款　　480 000

　贷：持有至到期投资——A 债券（成本）　　400 000

　　　　　　　　　　——A 债券（应计利息）　　80 000

四、持有至到期投资的减值

企业应当在资产负债表日对持有至到期投资的账面价值进行检查，如有客观证据表明其发生了减值，应当确认减值损失，计提减值准备。如债券发行方发生了严重的财务困难等，即可认为该项投资发生了减值。确认发生减值时，按减记的金额，借记“资产减值损失”账户，贷记“持有至到期投资减值准备”账户。

持有至到期投资计提减值准备后，如有客观证据表明该投资的价值已恢复，应在原计提的减值准备金额内按恢复的价值予以转回。

五、持有至到期投资的重分类

企业因持有意图或能力发生改变，使某项投资不再适合划分为持有至到期投资，或因持有至到期投资部分出售等原因，使该投资的剩余部分不再适合作为持有至到期投资的，应当将其重分类为可供出售金融资产，并以公允价值进行后续计量。重分类日，该投资的剩余账面价值与其公允价值之间的差额计入所有者权益，在该可供出售金融资产发生减值或处置时转出，计入当期损益。

在重分类日，按持有至到期投资的公允价值，借记“可供出售金融资产——成本”账户，按其账面余额，贷记“持有至到期投资——成本”、“持有至到期投资——应计利息”账户，贷记或借记“持有至到期投资——利息调整”账户，按其差额，贷记或借记“资本公积——其他资本公积”账户。已提减值准备的，应同时结转减值准备。

【例5.12】 20×8年5月1日，由于利率调整和其他市场因素的影响，黄河公司将持有的原划分为持有至到期投资的E公司债券重分类为可供出售金融资产。重分类时，该债券“成本”明细科目20 000元，“利息调整”明细科目（借方）370元，转换当日该债券公允价值为21 000元。编制会计分录如下：

借：可供出售金融资产——E债券（成本）　　21 000
　　贷：持有至到期投资——E债券（成本）　　20 000
　　　　　　　　　　　——E债券（利息调整）　　370
　　　　资本公积——其他资本公积　　630

假设5月20日，黄河公司将持有的E公司债券全部出售，收取价款22 000万元，则相关账务处理如下：

借：银行存款　　22 000
　　贷：可供出售金融资产——E债券（成本）　　21 000
　　　　投资收益　　1 000
借：资本公积——其他资本公积　　630
　　贷：投资收益　　630

第四节　可供出售金融资产

一、可供出售金融资产概述

可供出售金融资产是指初始确认时即被指定为可供出售的非衍生金融资产。如企业购入的在活跃市场上有报价的股票、债券和基金等，没有划分为以公允价值计量且其变动计入当期损益的金融资产或持有至到期投资的，可归类为可供出售金融资产。

对于在活跃市场上有报价的金融资产，既可能划分为以公允价值计量且其变动计入当期损益的金融资产，又可能划分为可供出售金融资产，如果属于到期日固定、回收金额固定或可确定的金融资产，则还可以划分为持有至到期投资。金融资产如何分类是企业管理层风险管理、投资决策等意图的体现。

补充说明

企业在划分可供出售金融资产的时候，需要注意以下两类限售股权的分类。

（1）企业在股权分置改革过程中持有对被投资单位在重大影响以上的股权，应作为长期股权投资；企业在股权分置改革过程中持有对被投资单位不具有控制、共同控制或重大影响的股权，应当划分为可供出售金融资产。

（2）企业持有上市公司限售股权（不包括股权分置改革过程中持有的限售股权），对上市公司不具有控制、共同控制或重大影响的，应当按照《企业会计准则第22号——金融工具确认和计量》的规定，将该限售股权划分为可供出售金融资产或以公允价值计量且其变动计入当期损益的金融资产。

——根据企业会计准则解释第1号和第3号整理

企业应当设置“可供出售金融资产”账户，核算持有的可供出售金融资产的公允价值，该账户下面设置“成本”、“利息调整”、“应计利息”、“公允价值变动”等明细账户分别进行核算。

可供出售金融资产的会计处理与交易性金融资产有相似之处，均要求按公允价值进行后续计量。但两者也有不同之处：①可供出售金融资产取得时发生的交易费用应当计入初始确认金额；②可供出售金融资产后续计量时公允价值变动计入所有者权益。

二、可供出售金融资产的取得

企业取得除债券以外的可供出售金融资产时，应按其公允价值与交易费用之和，借记“可供出售金融资产——成本”账户；按支付的价款中包含的已宣告但尚未发放的现金股利，借记“应收股利”账户；按实际支付的金额，贷记“银行存款”等账户。

企业取得可供出售的债券时，应按债券的面值，借记“可供出售金融资产——成本”账户；按支付的价款中包含的已到付息期但尚未领取的利息，借记“应收利息”账户；按实际支付的金额，贷记“银行存款”等账户；按其差额，借记或贷记“可供出售金融资产——利息调整”账户。

【例 5.13】 蓝天公司于 20×8 年 7 月 1 日购入 G 公司股票 100 000 股作为可供出售金融资产，每股市价 15.5 元，交易费用 20 000 元，股票买价中包含每股 0.5 元已宣告但尚未发放的现金股利，该现金股利于 7 月 15 日发放。

7 月 1 日购入股票时编制会计分录如下：

借：可供出售金融资产——G 股票（成本）　　1 520 000

　　应收股利　　50 000

　　贷：银行存款　　1 570 000

7 月 15 日领取现金股利时编制会计分录如下：

借：银行存款　　50 000

　　贷：应收股利　　50 000

【例 5.14】 大地公司于 20×8 年 1 月 1 日购入 H 公司当日发行的面值 300 000 元、期限 3 年、票面利率 8%、到期一次还本付息的债券作为可供出售金融资产，实际支付购买价款 310 000 元（含交易费用）。编制会计分录如下：

借：可供出售金融资产——H 债券（成本）　　300 000

　　　　　　　　　　——H 债券（利息调整）　　10 000

　　贷：银行存款　　310 000

三、可供出售金融资产持有期间的收益

企业取得可供出售金融资产以后，在持有期间获得的现金股利，应当计入投资收益。当被投资单位宣告发放现金股利时，借记“应收股利”账户，贷记“投资收益”账户。

企业持有可供出售债券期间，应按期根据债券票面利率计算确定应收未收利息，借记“应收利息”账户（分期付息、一次还本债券）或“可供出售金融资产——应计利息”账户（到期一次还本付息债券）；按可供出售债券的摊余成本和实际利率计算确定的利息收入，贷记“投资收益”账户；按其差额，借记或贷记“可供出售金融资产——利息调整”账户。其账务处理与持有至到期投资持有期间收益的确认类似，此处不再详述。

四、可供出售金融资产的期末计价

由于可供出售金融资产是企业准备适时出售的股票、债券等有价证券，为了能够真实地反映可供出售金融资产的现时价值，在资产负债表日，应按可供出售金融资产公允价值的变化对其账面余额进行调整。与交易性金融资产不同，可供出售金融资产不以获取短期价差收益为目的，故其公允价值与账面余额的差额不是计入当期损益而是计入所有者权益，待该投资出售时才将其转入当期损益。

期末编表日，可供出售的金融资产的公允价值高于其账面余额的差额，借记“可供出售金融资产——公允价值变动”账户，贷记“资本公积——其他资本公积”账户；公允价值低于其账面余额的差额，编制相反的会计分录。

【例 5.15】 接【例 5.13】，假设蓝天公司在 20×8 年 12 月 31 日仍持有该股票，当时的市价为每股 18 元。

1 800 000−1 520 000=280 000（元）

蓝天公司编制会计分录如下:

借：可供出售金融资产——G 股票（公允价值变动） 280 000

　贷：资本公积——其他资本公积 280 000

五、可供出售金融资产的减值

可供出售金融资产期末采用公允价值计价，期末计价时已经将由于公允价值变动而形成的可供出售金融资产的升值和贬值都进行了调整，似乎不应该再进行减值的会计处理了。但是，如果可供出售金融资产的公允价值发生了较大幅度下降，在综合考虑了各种相关因素以后，判断这种下降趋势属于非暂时性的，可以认定该可供出售金融资产已发生减值，应当确认减值损失。

可供出售金融资产确认发生减值时，应将原直接计入所有者权益的因公允价值下降形成的累计损失一并转出，计入当期损益。

当确定可供出售金融资产发生减值时，按应减记的金额，借记“资产减值损失”账户；同时，按应从所有者权益中转出的累计损失，贷记“资本公积——其他资本公积”账户；按其差额，贷记“可供出售金融资产——公允价值变动”账户。

【例 5.16】 大地公司 20×8 年 4 月 10 日从股票市场购入 B 公司股票 10 万股作为可供出售金融资产，每股买价 30 元，另支付相关费用 2 万元。6 月 30 日每股公允价值为 28 元，9 月 30 日每股公允价值为 26 元。12 月 31 日由于 B 公司发生严重财务困难，引起公司股价在股市上暴跌，每股公允价值为 10 元，大地公司决定对 B 公司股票计提减值准备。假设大地公司按季度对外提供财务报告。

大地公司有关会计处理如下（金额单位为万元）。

（1）20×8 年 4 月 10 日:

借：可供出售金融资产——B 股票（成本） （30×10+2）302

　贷：银行存款 302

（2）20×8 年 6 月 30 日:

借：资本公积——其他资本公积 （302−10×28）22

　贷：可供出售金融资产——B 股票（公允价值变动） 22

（3）20×8 年 9 月 30 日:

借：资本公积——其他资本公积 （280−10×26）20

贷：可供出售金融资产——B 股票（公允价值变动） 20

（4）20×8 年 12 月 31 日：

借：资产减值损失 202

贷：资本公积——其他资本公积 （22+20）42

可供出售金融资产——B 股票（公允价值变动） （260−10×10）160

已确认减值损失的可供出售的债券，若在随后的会计期间公允价值已上升且客观上与原减值损失确认后发生的事项有关的，原确认的减值损失应当予以转回，计入当期损益。可供出售的股票已确认的减值损失，转回时不计入当期损益，而是计入资本公积。

六、可供出售金融资产的处置

可供出售金融资产出售时，应按实际收到的金额，借记“银行存款”等账户；按其账面余额，贷记“可供出售金融资产——成本、应计利息”账户，贷记或借记“可供出售金融资产——公允价值变动、利息调整”账户；按应从所有者权益中转出的公允价值累计变动额，借记或贷记“资本公积——其他资本公积”账户；按其差额，贷记或借记“投资收益”账户。

【例 5.17】 W 公司于 20×8 年 7 月 1 日购入股票 100 000 股，每股市价 15 元，交易费用 20 000 元。该股票划分为可供出售金融资产。W 公司至 20×8 年 12 月 31 日仍持有该股票，当时的市价为每股 18 元。20×9 年 1 月 21 日，W 公司因资金需要将该股票出售，售价为每股 13 元，另支付交易费用 10 000 元。

W 公司有关账务处理如下。

（1）20×8 年 7 月 1 日购入股票：

借：可供出售金融资产——成本 1 520 000

贷：银行存款 1 520 000

（2）20×8 年 12 月 31 日期末计价：

借：可供出售金融资产——公允价值变动 280 000

贷：资本公积——其他资本公积 280 000

（3）20×9 年 1 月 21 日出售股票：

借：银行存款 1 290 000

资本公积——其他资本公积 280 000

投资收益 230 000

贷：可供出售金融资产——成本 1 520 000

——公允价值变动 280 000

第五节 长期股权投资

一、长期股权投资概述

（一）长期股权投资的性质与特点

长期股权投资是投资企业为长期持有目的，通过让渡资产，取得被投资单位股权的权益性投资。企业进行长期股权投资的目的往往与其长期发展战略密切相关，例如，为了控制其他企业的经营活动，使之配合自身的经营，或为了建立长期稳固的供销关系等进行长期股权投资，投资后成为被投资单位的股东，从而具有参与被投资单位经营决策的权力。

长期股权投资具有以下主要特点：①持有时间较长，通常在一年以上；②投资金额一般较大；③投资方与被投资方形成所有权关系，这是股权投资与债券投资的最大区别；④按持股比例获取经济利益和承担经济责任。

（二）长期股权投资的分类

长期股权投资按照投资方与被投资方的关系，可以分为以下四种类型。

1. 对子公司的投资

投资企业能够对被投资单位实施控制的权益性投资，即对子公司的投资。该种投资方式下，投资企业为母公司，被投资单位为其子公司，投资企业应将子公司纳入合并财务报表的范围。

控制是指有权决定一个企业的财务和经营政策，并能据以从该企业的经营活动中获取利益。一般来说，当投资企业直接或通过其子公司间接地持有被投资单位50%以上表决权资本时，被视为对被投资单位有控制权。如果投资企业虽然未持有被投资单位50%以上表决权资本，但具备下列情形之一的，也视为对其具有实质控制权：①根据章程或协议，投资企业有权控制被投资单位的财务和经营政策；②有权任免被投资单位董事会等类似权力机构的多数成员；③在董事会或类似权力机构会议上有半数以上投票权。

2. 对合营企业的投资

投资企业与其他合资方一同对被投资单位实施共同控制的权益性投资，即对合营企业投资。该种投资方式下，被投资单位为投资方的合营企业。

共同控制是指按照合同约定对某项经济活动所共有的控制。共同控制通常存在于合营企业。一般来说，合营各方所持有的表决权资本比例相同，或虽然所持表决权资本的比例不同，但均按合同约定对合营企业实施共同控制。合营企业的重要财务和经营政策必须由投资各方共同决定，任何一方都不能单方面作出决定。合营企业的合营各方均受到合营合同的限制和约束。

实务中，在确定是否构成共同控制时，一般可以考虑以下情况作为确定基础：①任何一个合营方均不能单独控制合营企业的生产经营活动；②涉及合营企业基本经营活动的决策需要各合营方一致同意；③各合营方可能通过合同或协议的形式任命其中的一个合营方对合营企业的日常活动进行管理，但其必须在各合营方已经一致同意的财务和经营政策范围内行使管理权。

3. 对联营企业的投资

投资企业对被投资单位具有重大影响的权益性投资，即对联营企业投资。该种投资方式下，被投资单位为投资方的联营企业。

重大影响是指对一个企业的财务和经营政策有参与决策的权力，但并不能够控制或者与其他方一起共同控制这些政策的制定。当投资企业直接或通过子公司间接持有被投资单位20%或以上但低于50%的表决权股份时，一般认为对被投资单位具有重大影响。如果投资企业虽然持有被投资单位20%以下的表决权资本，但具备下列情形之一的，也应视为对其具有重大影响。

（1）在被投资单位的董事会或类似权力机构中派有代表。这种情况下，投资企业可以通过该代表参与被投资单位经营政策的制定，从而对被投资单位施加重大影响。

（2）参与被投资单位的政策制定，包括股利分配政策等的制定。在制定政策过程中可以为其自身利益提出建议和意见，从而对被投资单位施加重大影响。

（3）与被投资单位之间发生重要交易。有关的交易因对被投资单位的日常经营具有重要性，在一定程度上可以影响到被投资单位的生产经营决策。

（4）向被投资单位派出管理人员。通过向被投资单位派出管理人员，管理人员有权力负责被投资单位的财务和经营活动，从而能够对被投资单位施加重大影响。

（5）向被投资单位提供关键技术资料。因被投资单位的生产经营需要依赖投资企业的技术或资料，表明投资企业对被投资单位具有重大影响。

4. 对非上市公司的无控制、无共同控制、无重大影响的投资

投资企业对被投资单位不具有控制、共同控制或重大影响，并且在活跃市场中没有报价、公允价值不能可靠计量的权益性投资，通常是指投资企业持有被投资单位具有表决权资本的比例低于20%，且不存在其他施加重大影响的途径，而且被投资单位是非上市公司。

特别需要注意的是，如果投资企业对被投资单位不具有控制、共同控制或重大影响，且在活跃市场中有报价、公允价值能够可靠计量的投资，应根据投资意图划分为交易性金融资产或可供出售金融资产，而不作为长期股权投资。

长期股权投资按照形成投资的方式，分为企业合并形成的长期股权投资和非企业合并形成的长期股权投资。本教材主要讲述非企业合并方式下形成的长期股权投资，有关企业合并的内容见高级财务会计学教材，本教材将不涉及。

相关案例

2010年3月28日中国吉利控股集团（以下简称吉利集团）和沃尔沃在瑞典签署正式协议，收购沃尔沃轿车100%的股权，这桩中国民营企业最大的海外汽车收购案终于尘埃落定。2010年7月欧盟、美国的监管机构正式批准中国吉利收购沃尔沃，2010年7月29日该收购案通过了中国政府部门的批准，2010年8月2日美国福特公司正式向吉利集团移交沃尔沃的资产。吉利集团将100%拥有沃尔沃品牌，收购内容包括沃尔沃轿车的9个系列产品、3个最新平台、2 000多个全球网络以及相关的人才和重要的供应商体系。沃尔沃净资产超过15亿美元，品牌价值接近百亿美元。

2010年7月12日，北京太平洋世纪汽车系统有限公司（简称“PCM”）收购美国通用汽车NEXTEER全球转向与传动业务，签约仪式在美国底特律通用汽车总部正式举行。这标志着目前中国最大的汽车零部件海外并购案终成正果，也标志了中国民族品牌汽车零部件跨越式发展的一次重大举措。跨国横向并购已逐渐成为中国企业“走出去”过程中迅速壮大自己的一个重要选择途径，也是中国企业迅速融入世界经济的一条捷径。

二、长期股权投资取得的核算

1. 以支付现金的方式取得长期股权投资

以支付现金取得的长期股权投资，其初始投资成本包括购买价款、与取得长期股权投资直接相关的费用、税金及其他必要支出，但所支付的价款中包含的被投资单位已宣告但尚未发放的现金股利或利润应作为应收项目核算，不构成长期股权投资的成本。

【例5.18】 A公司于20×3年2月10日自公开市场中买入乙公司20%的股份，实际支付

价款 1 000 万元。另外，在购买过程中支付手续费等相关费用 45 万元。A 公司取得该部分股权后能够对乙公司的生产经营决策施加重大影响。

A 公司取得长期股权投资时的账务处理如下：

借：长期股权投资——乙公司（成本）　　10 450 000

　贷：银行存款　　10 450 000

2. 以发行权益性证券方式取得长期股权投资

以发行权益性证券方式取得的长期股权投资，其成本为所发行的权益性证券的公允价值。为发行权益性证券支付给有关证券承销机构等的手续费、佣金等相关费用，不构成取得长期股权投资的成本。该部分费用应从权益性证券的溢价发行收入中扣除，溢价收入不足冲减的，应冲减盈余公积和未分配利润。

【例 5.19】 20×3 年 3 月，A 公司通过增发 5 000 万股本公司普通股（每股面值 1 元）取得 B 公司 20%的股权，按照增发前后的平均股价计算，该 5 000 万股股份的公允价值为 8 600 万元。为增发该部分股份，A 公司向证券承销机构等支付了 320 万元的佣金和手续费。假定 A 公司取得该部分股权后能够对 B 公司的生产经营决策产生重大影响。

A 公司应当以所发行股份的公允价值作为取得长期股权投资的成本，编制会计分录如下：

借：长期股权投资——B 公司（成本）　　86 000 000

　贷：股本　　50 000 000

　　　资本公积——股本溢价　　36 000 000

发行权益性证券过程中支付的佣金和手续费，应冲减溢价发行收入，编制会计分录如下：

借：资本公积——股本溢价　　3 200 000

　贷：银行存款　　3 200 000

3. 投资者投入的长期股权投资

投资者投入的长期股权投资是指投资者以其持有的对第三方的投资作为出资投入企业，接受投资的企业原则上应当按照投资各方在投资合同或协议中约定的价值作为取得投资的初始投资成本，但有明确证据表明合同或协议中约定的价值不公允的除外。

在确定投资者投入的长期股权投资的公允价值时，有关权益性投资存在活跃市场的，应当参照活跃市场中的市价确定其公允价值；不存在活跃市场，无法按照市场信息确定其公允价值的情况下，应当将按照一定的估值技术等合理的方法确定的价值作为其公允价值。

【例 5.20】 A 公司设立时，其主要出资方之一甲公司以其持有的对 B 公司的长期股权投资作为出资投入 A 公司。投资各方在投资合同中约定，作为出资的该项长期股权投资作价 4 000 万元。该作价是按照 B 公司股票的市价经考虑相关调整因素后确定的。A 公司注册资本为 16 000 万元。甲公司出资占 A 公司注册资本的 20%，取得该项投资后，A 公司根据其持股比例，能够派人参与 B 公司的财务和生产经营决策。

A 公司对于投资者投入的该项长期股权投资，应进行的会计处理如下：

借：长期股权投资——B 公司（成本）　　40 000 000

　贷：实收资本　　32 000 000

　　　资本公积——资本溢价　　8 000 000

三、长期股权投资核算的成本法

长期股权投资在持有期间，根据投资企业对被投资单位的影响程度等情况的不同，应当分别采用成本法和权益法进行核算。

1. 成本法的概念及适用范围

成本法是指长期股权投资按成本计价的方法。成本法的核算适用于下列情形。

（1）投资企业能够对被投资单位实施控制的长期股权投资，即对子公司的投资。该方式下，投资企业是母公司，需要编制合并报表，因此，为了区分母公司的个别报表和集团合并报表，其长期股权投资按照成本计价，以免在编制合并报表时，抵销过多的内部计算项目。但编制合并报表时需要按照权益法在工作底稿中进行调整。

（2）投资企业对被投资单位不具有共同控制或重大影响，并且在活跃市场中没有报价、公允价值不能可靠计量的长期股权投资。该方式下，由于投资企业对被投资企业不具有重大影响，因此，其长期股权投资可以按照成本计价，不用反映在被投资单位的所有者权益中享有份额的变动情况。

2. 成本法的核算要点

（1）初始投资或追加投资时，按照初始投资或追加投资的成本增加长期股权投资的账面价值。

（2）被投资单位宣告分派现金股利或利润，投资企业应当按照享有被投资单位宣告发放的现金股利或利润确认为当期投资收益。

（3）如果被投资企业不分派现金股利或利润，不管其是赢利还是亏损，投资企业均不进行账务处理。

3. 成本法的核算

为了反映企业长期股权投资的取得、投资额的增减变动以及处置等情况，应设置“长期股权投资”账户，在成本法下，该账户按照被投资单位进行明细核算。

【例 5.21】光华公司 20×8 年 1 月 5 日购入非上市 A 公司股份 50 000 股，每股价格 14.20 元，另支付相关税费 3 600 元，所支付的价款中含被投资单位已宣告尚未发放的现金股利每股 0.40 元。4 月 26 日收到现金股利。光华公司购入的股份占 A 公司有表决权资本的 10%，并准备长期持有。20×9 年 2 月 19 日 A 公司宣告分派 20×8 年度的现金股利，每股 0.30 元。

账务处理如下。

（1）计算初始投资成本。

成交价:	50 000×14.20=710 000 (元)
减：已宣告尚未发放的现金股利	50 000×0.40= 20 000 (元)
加：相关税费	3 600 元
初始投资成本	693 600 元

（2）1 月 5 日购入时编制会计分录如下:

借：长期股权投资——A 公司	693 600	
应收股利	20 000	
贷：银行存款		713 600

（3）4 月 26 日收到现金股利时编制会计分录如下:

借：银行存款　　20 000

　　贷：应收股利　　20 000

（4）20×9 年 2 月 19 日宣告分派 20×8 年度的现金股利时，

应分得的现金股利=0.30×50 000=15 000（元）

编制会计分录如下：

借：应收股利　　15 000

　　贷：投资收益　　15 000

知识链接

根据财政部 2009 年 6 月颁布的企业会计准则解释第 3 号中的规定，采用成本法核算的长期股权投资，除取得投资时实际支付的价款或对价中包含的已宣告但尚未发放的现金股利或利润外，投资企业应当按照享有被投资单位宣告发放的现金股利或利润确认投资收益，不再划分是否属于投资前和投资后被投资单位实现的净利润。

四、长期股权投资的权益法

（一）权益法的概念及适用范围

权益法是指长期股权投资以初始投资成本计量后，在投资持有期间根据投资企业享有被投资单位所有者权益份额的变动，对投资的账面价值进行调整的方法。

投资企业对被投资单位具有共同控制或重大影响的长期股权投资，即对合营企业和联营企业的投资，应当采用权益法核算。在这两种方式下，投资企业不编制合并报表，但由于其在被投资企业的所有者权益中占有较大份额，因此，应采用权益法核算，以反映这种份额的增减变动情况。

（二）权益法的核算要点

利用权益法进行核算需要注意以下几个重点。

（1）初始投资或追加投资时，按照初始投资或追加投资的成本增加长期股权投资的账面价值。

（2）比较初始投资成本与投资时应享有被投资单位可辨认净资产公允价值的份额，确定其差额并做相应的会计处理。

（3）持有投资期间，随着被投资单位所有者权益的变动，相应调整长期股权投资的账面价值。

（4）被投资单位宣告分派利润或现金股利时，投资企业按持股比例计算应分得的部分，一般应冲减长期股权投资的账面价值。

（三）权益法的核算

在权益法下，“长期股权投资”账户下面按被投资单位分别以“成本”、“损益调整”、“其他权益变动”进行明细核算。

1. 初始投资成本的确认和调整

在权益法下，长期股权投资初始投资成本的确认与成本法的核算相同，根据不同的取得方式确认其初始投资成本。但投资企业取得对联营企业或合营企业的投资以后，为了客观地反映在被投资企业所有者权益中享有的份额，应将初始投资成本按照被投资企业可辨认净资产公允价值和投资企业持股比例进行调整。可辨认净资产公允价值是指被投资企业可辨认资产的公允价值减去负债公允价值后的余额。

对于初始投资成本与应享有被投资企业可辨认净资产公允价值份额之间的差额，应区别以下情况处理。

（1）初始投资成本大于投资时应享有被投资企业可辨认净资产公允价值份额的差额，其性质相当于商誉，无需进行调整，而是构成长期股权投资的成本。

（2）初始投资成本小于投资时应享有被投资企业可辨认净资产公允价值份额的差额，其性质可视为双方在交易过程中被投资企业给予的让步，该部分经济利益流入应计入当期收益，同时调整增加长期股权投资的账面价值。

【例 5.22】 20×9 年 2 月 1 日，甲公司以银行存款 5 100 万元向乙公司投资，占乙公司有表决权资本的 30%，投资当日乙公司可辨认净资产公允价值为 16 000 万元（假定被投资单位各项可辨认资产、负债的公允价值与其账面价值相同）。

甲公司投资时编制会计分录如下：

借：长期股权投资——乙公司（成本）　　51 000 000

　　贷：银行存款　　51 000 000

长期股权投资的初始投资成本 5 100 万元大于取得投资时应享有被投资单位可辨认净资产公允价值的份额 4 800（16 000×30%）万元，故不调整长期股权投资的账面价值。

【例 5.23】 承【例 5.22】，假定本例中甲公司以银行存款 4 200 万元向乙公司投资，占乙公司有表决权资本的 30%，初始投资成本 4 200 万元小于应享有被投资单位可辨认净资产公允价值份额 4 800 万元，之间的差额 600 万元应计入取得投资当期的营业外收入，同时相应调整增加长期股权投资的成本。有关账务处理如下：

借：长期股权投资——乙公司（成本）　　42 000 000

　　贷：银行存款　　42 000 000

同时，

借：长期股权投资——乙公司（成本）　　6 000 000

　　贷：营业外收入　　6 000 000

小提示

初始投资成本调整应予关注的问题：该初始投资成本的调整仅适用于对联营企业和合营企业投资。对子公司投资采用成本法核算，取得时不需要对初始投资成本进行调整。

2. 投资损益的确认

权益法下，投资企业在持有投资期间，应当按照应享有或应分担的被投资企业净损益的份额确认投资损益，并调整长期股权投资的账面价值。分享利润时，借记“长期股权投资”，贷记“投资收益”；承担亏损时，做相反的会计分录。

在确认应享有或应分担被投资企业净损益的份额时，不能完全以被投资企业账面的净利润为基础计算，而是需要在被投资企业账面净利润的基础上经过适当调整后计算确定。调整时主要应考虑以下因素的影响。

（1）被投资企业采用的会计政策及会计期间与投资企业不一致的，应按投资企业的会计政策及会计期间对被投资企业的净利润进行调整，以调整后的净利润为基础计算确定投资收益。

因为在权益法下，将投资企业与被投资企业作为一个整体对待其所产生的损益应当在一致的会计政策和相同的会计期间基础上确定。

（2）取得投资时被投资企业各项资产、负债的公允价值与其账面价值不同的，投资企业在计算确认投资收益时，应以取得投资时被投资企业各项可辨认资产等的公允价值为基础，对被投资企业净利润进行调整，以调整后的净利润为基础计算确定投资收益。

例如，按取得投资时被投资企业固定资产、无形资产的公允价值为基础计提的折旧额或摊销额，相对于被投资企业按账面价值已计提的折旧额、摊销额之间存在差额的，应按其差额对被投资企业净利润进行调整，以调整后的净利润为基础计算确定投资收益。

【例 5.24】 光华公司于 20×3 年 1 月 5 日购入柳林公司 30%的股份，购买价款为 4 500 万元，并自取得投资之日起派人参与柳林公司的生产经营决策。取得投资当日，柳林公司可辨认净资产的公允价值为 12 000 万元，除表 5.3 所列项目外，柳林公司的其他资产、负债的公允价值与账面价值相同。

表 5.3　柳林公司相关资产

项　　目	账面原价（万元）	已提折旧或摊销（万元）	公允价值（万元）	柳林公司预计使用年限	光华公司取得投资后的剩余使用年限
存　　货	900		1 100		
固定资产	2 300	460	2 700	20	15
无形资产	1 200	170	1 320	10	8
合　　计	4 400	630	5 120		

假定柳林公司 20×3 年实现净利润 1 000 万元。其中，在光华公司取得投资时的账面存货中有 85%对外出售。光华公司与柳林公司的会计年度及采用的会计政策相同。固定资产、无形资产均按直线法提取折旧或摊销，预计净残值均为 0。

光华公司在确定其应享有的投资收益时，应在柳林公司实现净利润的基础上，根据取得投资时柳林公司有关资产的账面价值与其公允价值差额的影响进行调整（假定不考虑所得税的影响）。

存货公允价值与账面价值的差额应调减的利润=（1 100−900）×85%=170（万元）

固定资产公允价值与账面价值差额应调整增加的折旧额=2 700 ÷ 15−2 300 ÷ 20=65（万元）

无形资产公允价值与账面价值差额应调整增加的摊销额=1 320 ÷ 8−1 200 ÷ 10=45（万元）

调整后的净利润=1 000−170−65−45=720（万元）

光华公司应享有的份额=720×30%=216（万元）

光华公司确认投资收益的账务处理如下：

借：长期股权投资——柳林公司（损益调整）　　2 160 000

　贷：投资收益　　2 160 000

3. 取得现金股利或利润的处理

投资企业自被投资单位取得的现金股利或利润，应冲减长期股权投资的账面价值。在被投资单位宣告分派现金股利或利润时，借记"应收股利"科目，贷记"长期股权投资——损益调整"科目。收到现金股利或利润时，借记"银行存款"科目，贷记"应收股利"科目。自被投资单位取得的现金股利或利润超过已确认损益调整的部分，应视同投资成本的收回，冲减长期股权投资的账面价值，贷记"长期股权投资——成本"科目。

4. 超额亏损的确认

投资企业确认被投资单位发生的净亏损，应以长期股权投资的账面价值以及其他实质上构成长期权益的项目减记至零为限，投资企业负有承担额外损失义务的除外。

"其他实质上构成长期权益的项目"通常是指长期性的应收项目，如企业应收被投资单位的长期债权，该债权目前没有明确的清收计划且在可预见的未来期间也不准备收回的，实质上构成对被投资单位的长期权益。

投资企业在确认应分担被投资单位发生的亏损时，应当按照以下顺序进行处理。

首先，冲减长期股权投资的账面价值。

其次，在长期股权投资的账面价值减记至零的情况下，考虑是否有其他实质上构成长期权益的项目，如果有，则以该长期权益的账面价值为限，继续减记。

最后，在上述长期权益项目的价值也减记至零的情况下，如果按照投资合同或协议约定，投资企业需要承担额外义务的，则需按预计将承担责任的金额确认相关的损失。

如果除按上述顺序已确认的损失外仍有额外损失的，应在账外做备查登记，不再予以确认。

在确认了相关的投资损失以后，被投资单位于以后期间实现赢利的，应按以上相反顺序恢复长期权益及长期股权投资的账面价值。

下面举例对长期股权投资权益法下初始投资成本的调整、现金股利及超额亏损的处理进行说明。

【例 5.25】甲股份有限公司于 20×6 年 1 月从乙公司的原有股东中以 4 200 万元购买乙公司 30%的普通股，对乙公司有重大影响。投资时乙公司可辨认净资产公允价值为 12 000 万元。乙公司 20×6 年 3 月 5 日宣告分派 20×5 年的现金股利 800 万元，支付日为 5 月 15 日。20×6 年度乙公司实现净利润为 1 000 万元。20×7 年 3 月 2 日宣告分派 20×6 年度现金股利 500 万元，支付日为 5 月 12 日。20×7 年度乙公司实现净利润 600 万元，无其他所有者权益变动。20×8 年度发生亏损 15 000 万元。20×9 年乙公司实现净利润为 1 200 万元，不考虑相关税费。

假定被投资单位采用的会计政策及会计期间与投资企业一致，投资时有关资产的公允价值与其账面价值也相同，没有任何调整事项。

（1）20×6 年 1 月投资时编制会计分录如下：

借：长期股权投资——乙公司（成本）	42 000 000	
贷：银行存款		42 000 000

应享有被投资单位可辨认净资产公允价值份额=12 000×30% =3 600（万元）

甲公司投资后享有被投资单位可辨认净资产公允价值份额低于初始投资成本 4 200 万元，无需调整长期股权投资初始投资成本。

（2）20×6 年 3 月 5 日乙公司宣告分派现金股利，编制会计分录如下：

借：应收股利	（800 万元×30%）	2 400 000	
贷：长期股权投资——乙公司（损益调整）			2 400 000

（3）20×6 年 5 月 15 日收到现金股利，编制会计分录如下：

借：银行存款　　　　2 400 000

　　贷：应收股利　　　　2 400 000

（4）20×6 年年末确认投资收益，

应确认的投资收益=1 000×30%=300（万元）

编制会计分录如下：

借：长期股权投资——乙公司（损益调整）　　　　3 000 000

　　贷：投资收益　　　　3 000 000

（5）20×7 年 3 月 2 日乙公司宣告分派现金股利，

应分得的现金股利=500×30%=150（万元）

编制会计分录如下：

借：应收股利　　　　1 500 000

　　贷：长期股权投资——乙公司（损益调整）　　　　1 500 000

（6）20×7 年 5 月 12 日收到现金股利时，编制会计分录如下：

借：银行存款　　　　1 500 000

　　贷：应收股利　　　　1 500 000

（7）确认 20×7 年度投资收益，

应确认的投资收益=600×30%=180（万元）

编制会计分录如下：

借：长期股权投资——乙公司（损益调整）　　　　1 800 000

　　贷：投资收益　　　　1 800 000

（8）20×8 年乙公司发生亏损 15 000 万元。

甲企业按持股比例计算应承担的亏损额为 4 500（15 000×30%）万元，但因“长期股权投资——乙公司”的账面价值为 4 290 万元，其中

“长期股权投资——乙公司（成本）”账面余额=4 200（万元）

“长期股权投资——乙公司（损益调整）”账面余额=300−240−150+180 = 90（万元）

而长期股权投资的账面价值只能减至为零，因此，当期只能减少“长期股权投资——乙公司”的账面价值金额为 4 290 万元，未确认的亏损分担额为 210（4 500−4 290）万元，该部分未确认的亏损分担额，应在备查账簿中进行登记，编制会计分录如下：

借：投资收益　　　　42 900 000

　　贷：长期股权投资——乙公司（损益调整）　　　　42 900 000

（9）20×8 年 12 月 31 日“长期股权投资——乙公司”科目的账面价值为零。

（10）20×9 年 12 月 31 日，乙公司实现净利润 1 200 万元，按持股比例计算甲企业应享有 360（1 200×30%）万元，按规定应享有的投资收益首先应当减去以前未确认的亏损分担额 210 万元，差额部分 150（360−210）万元，才可恢复长期股权投资的账面价值。

可恢复“长期股权投资——乙公司”科目的账面价值=1 200×30%−210=150（万元）

编制会计分录如下：

借：长期股权投资——乙公司（损益调整）　　　　1 500 000

　　贷：投资收益　　　　1 500 000

假如甲企业对乙公司长期股权投资的账面价值减至零，应该承担的亏损额为 4 500 万元，未确认的亏损分担额为 210 万元，这时甲企业账面上仍有应收乙公司的长期应收款 300 万元，该款项从目前情况看，乙公司没有明确的清偿计划（并非产生于商品购销等日常活动），则甲企业应进行的账务处理如下:

借: 投资收益　　42 900 000

　贷: 长期股权投资——乙公司——损益调整　　42 900 000

借: 投资收益　　2 100 000

　贷: 长期应收款　　2 100 000

20×9 年 12 月 31 日，乙公司实现净利润 1 200 万元，按持股比例计算甲企业应享有 360（1 200×30%）万元。

可恢复“长期股权投资——乙公司”科目的账面价值=1 200×30%−210=150（万元）

编制会计分录如下:

借: 长期股权投资——乙公司（损益调整）　　1 500 000

　　长期应收款　　2 100 000

　贷: 投资收益　　3 600 000

5. 被投资单位除净损益以外所有者权益的其他变动

在权益法下，投资企业将被投资单位的所有者权益变动视为自身的所有者权益变动。被投资单位除净损益以外还可能发生引起所有者权益其他变动的事项。对于被投资单位除净损益以外所有者权益的其他变动，在持股比例不变的情况下，投资企业应按照持股比例计算应享有或承担的部分，调整长期股权投资的账面价值，同时增加或减少资本公积（其他资本公积）。

【例 5.26】 B 公司持有 H 公司 30%的股份，当期 H 公司因持有可供出售的金融资产公允价值的变动计入资本公积的金额为 600 万元，除该事项外，H 公司当期实现的净收益为 3 200 万元。

假定 B 公司与 H 公司适用的会计政策、会计期间相同，投资时有关资产的公允价值与其账面价值也相同。

B 公司的会计处理如下。

其他权益变动应享有部分=600×30%=180（万元）

损益调整应享有部分=3 200×30%=960（万元）

编制会计分录如下:

借: 长期股权投资——H 公司（损益调整）　　9 600 000

　　　　　　　　——H 公司（其他权益变动）　　1 800 000

　贷: 投资收益　　9 600 000

　　　资本公积——其他资本公积　　1 800 000

6. 股票股利的处理

股票股利是企业用增发的股票代替现金股利派发给股东的股利。当企业实现净利润但现金不足时，为了满足股东的要求，通常派发股票股利。分派股票股利，一是不会使所有者权益总额发生变动，而仅仅是所有者权益各项目结构发生内部的调整；二是不需要企业拿出现金。从理论上讲，被投资单位派发股票股利，既没有使资产减少，又没有减少所有者权益，但每股净资产减低了，表明股份稀释；投资企业既没有收到资产，又没有增加所有者权益，仅仅是股份的增加，股份的增加并未使持股比例增加，而是以更多的股份代表原持股比例，所享有的权益也未变化，表明每股应享有被投资单位净资产份额的减少，每股投资成本降低。

因此，股票股利不能作为一种收益加以确认。被投资单位分派的股票股利，投资企业不做账务处理，但应于除权日在备查账簿中注明所增加的股数，以反映股份的变化情况。

五、长期股权投资核算方法的转换

企业进行长期股权投资以后，追加投资或减少投资等因素，会引起投资企业对被投资企业的影响程度随之发生相应变化，从而导致长期股权投资核算方法由成本法转换为权益法，或由权益法转换为成本法。

成本法与权益法之间的转换,应当做到转换前后长期股权投资及投资收益计量口径的一致性。

1. 成本法转换为权益法

投资企业因追加投资等原因导致对被投资企业由无重大影响变为有重大影响或共同控制时，或因减少投资等原因导致对被投资企业由控制变为共同控制或重大影响时，其长期股权投资核算方法应从成本法转换为权益法。

因追加投资引起的成本法转换为权益法，应区分为原持有的长期股权投资和新增加的长期股权投资两部分分别处理。对原持有的长期股权投资应从原投资日起由成本法调整为权益法；对新增加的长期股权投资直接按权益法核算；对原取得投资日至新增投资日之间被投资单位所有者权益的变动对应于原持股比例的部分，也相应改按权益法进行调整。

因减持股份引起的成本法转换为权益法，首先应按处置或收回投资的比例结转已终止确认的长期股权投资成本；然后将剩余的长期股权投资成本与其剩余持股比例从原投资日起由成本法调整为权益法；对原取得投资日至减持股份日之间被投资单位所有者权益的变动投资企业应享有的份额，也相应改按权益法进行调整。

2. 权益法转换为成本法

投资企业因追加投资等原因导致对被投资企业由共同控制或重大影响变为控制时，或因减少投资等原因导致对被投资企业由共同控制或重大影响变为无重大影响时，其长期股权投资核算方法应从权益法转换为成本法。

因追加投资引起的权益法转换为成本法，长期股权投资账面价值的调整应当按照分步实现企业合并的原则处理。

因减持股份引起的权益法转换为成本法，应以转换时长期股权投资的账面价值作为按照成本法核算的基础。

六、长期股权投资的减值和处置

1. 长期股权投资的减值

长期股权投资在按规定进行核算确定其账面价值的基础上，如果存在减值迹象，应当按照相关准则的规定计提减值准备。

投资企业持有的对被投资单位不具有共同控制或重大影响，并且在活跃市场中没有报价、公允价值不能可靠计量的长期股权投资进行减值核算时，应将长期股权投资的账面价值与按照类似金融资产当时市场收益率对未来现金流量折现确定的现值之间的差额确认减值损失，计入当期损益。

投资企业对子公司、联营企业及合营企业的投资进行减值核算时，应当估计其可收回金额。这里的“可收回金额”是指长期股权投资的出售净价与其预计未来现金流量的现值之间的较高者。长期股权投资可收回金额低于其账面价值的，应当将其账面价值减记至可收回金额，减计的金额确认为资产减值损失，计入当期损益，同时计提相应的资产减值准备。

长期股权投资计提减值准备后，在以后会计期间不得转回。

【例 5.27】 20×9 年 12 月 31 日，甲公司占乙公司有表决权股份的 70%，对乙公司构成控制。截至此时，该长期股权投资的账面价值为 3 000 万元。由于没有公开市场价格且不能可靠计量其公允价值，按市场收益率计算，该项长期股权投资在 20×9 年 12 月 31 日预计未来现金流量现值为 2 480 万元。

根据上述资料，该长期股权投资减值 520（3 000−2 480=520）万元，其会计分录如下：

借：资产减值损失	5 200 000	
贷：长期股权投资减值准备		5 200 000

2. 长期股权投资的处置

企业将持有的长期股权投资出售时，应相应结转长期股权投资的账面价值，将出售所得的价款与所出售的长期股权投资账面价值的差额确认为处置损益。原已计提减值准备的，应同时结转相应的长期股权投资减值准备。

出售长期股权投资时，按实际收到的金额，借记“银行存款”科目；原已计提减值准备的，借记“长期股权投资减值准备”科目；按其账面余额，贷记“长期股权投资”科目；按尚未领取的现金股利或利润，贷记“应收股利”科目；按其差额，贷记或借记“投资收益”科目。

出售采用权益法核算的长期股权投资时，原计入资本公积的金额，在处置时也应相应转入当期损益。借记或贷记“资本公积——其他资本公积”科目，贷记或借记“投资收益”科目。

【例 5.28】 甲公司拥有乙公司有表决权股份的 30%，对乙公司有重大影响。20×9 年 12 月 31 日，甲公司出售乙公司的全部股权。所得价款 2 300 万元全部存入银行。截至 20×9 年 12 月 31 日，该项长期股权投资的账面价值为 2 000 万元，其中，投资成本为 1 500 万元，损益调整 400 万元，其他权益变动 300 万元，长期股权投资减值准备 200 万元。

假定不考虑相关税费，甲公司的会计分录如下：

借：银行存款	23 000 000	
长期股权投资减值准备	2 000 000	
贷：长期股权投资——乙公司（成本）		15 000 000
——乙公司（损益调整）		4 000 000
——乙公司（其他权益变动）		3 000 000
投资收益		3 000 000

同时，将原计入其他资本公积项目的金额转入投资收益，其会计分录如下：

借：资本公积——其他资本公积	3 000 000	
贷：投资收益		3 000 000

本章小结

投资是企业为通过分配来增加财富，或为谋求其他利益，而将资产让渡给其他单位所获得的另一项资产。按照投资的性质可以分为权益性投资、债权性投资和混合性投资。按照企业管理层持有投资的目的，投资可以分为交易性金融资产、持有至到期投资、可供出售的金融资产和长期股权投资。

交易性金融资产主要是指企业为了近期内出售而持有的金融资产。交易性金融资产按取得时的公允价值作为初始确认金额。相关的交易费用在发生时冲减投资收益。如果实际支付的价款中包含已宣告但尚未发放的现金股利或已到付息期但尚未领取的债券利息，应当单独作为应收项目，不计入交易性金融资产的初始确认金额。

交易性金融资产持有期间获得的现金股利或债券利息应作为投资收益。期末，应按编表日交易性金融资产的公允价值进行期末计价，将公允价值的变动计入当期损益。

持有至到期投资是指到期日固定、回收金额固定或可确定，且企业有明确意图和能力持有至到期的非衍生金融资产，通常是指企业购入的国债、企业债券等。取得持有至到期投资时，应当按取得时的公允价值与交易费用之和作为初始确认金额。如果实际支付的价款中包含已到付息期但尚未领取的利息，应当单独作为应收项目。

持有至到期投资在持有期间，应采用实际利率法，按债券期初的摊余成本和实际利率计算各期利息收入，确认投资收益，并进行溢、折价的摊销。持有至到期投资如有客观证据表明其发生了减值，应当确认减值损失，计提减值准备。企业因持有意图或能力发生改变，使某项投资不再适合划分为持有至到期投资的，应当将其重分类为可供出售金融资产，并以公允价值进行后续计量。

可供出售金融资产是指初始确认时即被指定为可供出售的非衍生金融资产。取得可供出售金融资产时，应按取得时的公允价值与交易费用之和作为初始确认金额。持有期间获得的现金股利和债券利息应当计入投资收益。

可供出售金融资产按公允价值进行期末计价，将公允价值的变动计入所有者权益。企业的可供出售金融资产如有客观证据表明其发生了减值，应当确认减值损失，计提减值准备。

长期股权投资是投资企业为长期持有目的，通过让渡资产，取得被投资单位股权的权益性投资。长期股权投资按照投资企业对被投资企业的影响程度，可分为控制、共同控制、重大影响和无重大影响 4 种类型。取得长期股权投资时，应确定其初始投资成本。在持有投资期间，根据投资企业对被投资单位的影响程度等情况的不同，应当分别采用成本法和权益法进行核算。

成本法是指长期股权投资按成本计价的方法。成本法的核算适用于投资企业对子公司的投资以及投资企业对被投资单位不具有共同控制或重大影响，并且在活跃市场中没有报价、公允价值不能可靠计量的长期股权投资。

权益法是指长期股权投资以初始投资成本计量后，在投资持有期间根据投资企业享有被投资单位所有者权益份额的变动，对投资的账面价值进行调整的方法。权益法的核算适用于投资企业对合营企业和联营企业的投资。其核算内容主要有：①初始投资成本的调整；②投资损益的确认；③取得现金股利或利润的处理；④超额亏损的确认；⑤被投资单位除净损益以外所有者权益的其他变动；⑥股票股利的处理等。

企业进行长期股权投资以后，由于追加投资或减少投资等因素，会引起投资企业对被投资企业的影响程度随之发生相应变化，从而导致长期股权投资核算方法由成本法转换为权益法，或由权益法转换为成本法。

长期股权投资在按规定进行核算确定其账面价值的基础上，如果存在减值迹象，应当按照相关准则的规定计提减值准备。企业将持有的长期股权投资出售时，应相应结转长期股权投资的账面价值，将出售所得的价款与所出售的长期股权投资账面价值的差额确认为处置损益。

复习思考

1. 什么是交易性金融资产？
2. 交易性金融资产与可供出售金融资产在会计处理上有何异同？
3. 如何确认持有至到期投资的投资收益？
4. 为什么投资企业对被投资企业具有共同控制或重大影响时要采用权益法核算？
5. 成本法与权益法各自的适用范围是什么？
6. 成本法与权益法会计处理的主要区别是什么？
7. 为什么持有至到期投资和可供出售金融资产提取的减值准备可以转回，而长期股权投资提取的减值准备不允许转回？

基本训练

一、单选题

1. 关于交易性金融资产的计量，下列说法中正确的是（　　）。

A. 应当按取得该金融资产的公允价值和相关交易费用之和作为初始确认金额

B. 应当按取得该金融资产的公允价值作为初始确认金额，相关交易费用在发生时计入当期损益

C. 资产负债表日，企业应将金融资产的公允价值变动计入当期所有者权益

D. 处置该金融资产时，其公允价值与初始入账金额之间的差额应确认为投资收益，不调整公允价值变动损益

2. A 公司于 20×3 年 4 月 5 日从证券市场上购入 B 公司发行在外的股票 100 万股作为交易性金融资产，每股支付价款 5 元（含已宣告但尚未发放的现金股利 1 元），另支付相关费用 8 万元，A 公司交易性金融资产取得时的入账价值为（　　）万元。

A. 408　　B. 400　　C. 500　　D. 508

3. A 公司于 20×3 年 11 月 5 日从证券市场上购入 B 公司发行在外的股票 200 万股作为交易性金融资产，每股支付价款 5 元，另支付相关费用 20 万元，20×3 年 12 月 31 日，这部分股票的公允价值为 1 050 万元，A 公司 20×3 年 12 月 31 日应确认的公允价值变动损益为（　　）万元。

A. 损失 50　　B. 收益 50　　C. 收益 30　　D. 损失 30

4. 取得交易性金融资产所发生的相关交易费用应当在发生时计入（　　）。

A. 财务费用　　B. 投资收益

C. 管理费用　　D. 交易性金融资产——成本

5. 甲公司与乙公司共同出资设立丙公司。经甲、乙双方协议，丙公司的总经理由甲公司委派，董事长由乙公司委派，各方的出资比例均为 50%，股东按出资比例行使表决权。在这种情况下，（　　）。

A. 甲公司采用权益法核算该长期股权投资，乙公司采用成本法核算该长期股权投资

B. 甲公司采用成本法核算该长期股权投资，乙公司采用权益法核算该长期股权投资

C. 甲、乙公司均采用成本法核算该长期股权投资

D. 甲、乙公司均采用权益法核算该长期股权投资

6. 企业购买分期付息的债券作为持有至到期投资时，实付价款中包含的已到期而尚未领取的债券利息，应记入的会计科目是（　　）。

A. 持有至到期投资　　B. 投资收益　　C. 财务费用　　D. 应收利息

7. 采用成本法核算长期股权投资的情况下，被投资企业发生亏损时，投资企业应当（　　）。

A. 借记“投资收益”科目　　B. 借记“资本公积”科目

C. 贷记“长期股权投资”科目　　D. 不做处理

8. 在长期股权投资采用权益法核算时，下列各项中应当确认投资收益的是（　　）。

A. 被投资企业实现净利润　　B. 被投资企业提取盈余公积

C. 收到被投资企业分配的现金股利　　D. 收到被投资企业分配的股票股利

9. 下列长期股权投资中，应采用权益法核算的是（　　）。

A. 投资企业对被投资企业无控制、无共同控制且无重大影响

B. 在活跃市场中没有报价、公允价值不能可靠计量的权益性投资

C. 投资企业能够对被投资单位实施控制的长期股权投资

D. 投资企业对被投资单位具有共同控制或重大影响

10. A公司20×9年1月1日，以1 500万元的价格购入B公司10%的股份，对B公司无重大影响。B公司20×9年共实现利润500万元，年末宣告分派现金股利130万元。则A公司20×9年年末，应确认对B公司长期股权投资的投资收益为（　　）万元。

A. 50　　B. 13　　C. 63　　D. 150

11. 20×7年1月1日，甲公司自证券市场购入面值总额为2 000万元的债券。购入时实际支付价款2 078.98万元，另外支付交易费用10万元。该债券发行日为20×7年1月1日，系分期付息、到期还本债券，期限为5年，票面年利率为5%，年实际利率为4%，每年12月31日支付当年利息。甲公司将该债券作为持有至到期投资核算。假定不考虑其他因素，该持有至到期投资20×7年12月31日的账面价值为(　　)万元。

A. 2 062.14　　B. 2 068.98　　C. 2 072.54　　D. 2 083.43

二、多选题

1. 下列说法中不正确的是（　　）。

A. 交易性金融资产主要是指企业为了近期内出售而持有的金融资产

B. 以公允价值计量且其变动计入当期损益的金融资产

C. 以公允价值计量且其变动计入当期成本的金融资产

D. 取得交易性金融资产时，以实际支付的买价和交易费用作为其初始确认金额

2. 交易性金融资产科目借方登记的内容有（　　）。

A. 交易性金融资产的取得成本

B. 资产负债表日其公允价值高于账面余额的差额

C. 取得交易性金融资产所发生的交易费用

D. 资产负债表日其公允价值低于账面余额的差额

3. 企业取得的下列收入，应计入投资收益的是（　　）。

A. 转让股票的净收益　　B. 国库券的利息收入

C. 银行存款的利息收入　　　　　　　　D. 公司债券的利息收入

4. 长期股权投资采用权益法核算时，以下（　　）业务的发生投资企业不需要进行会计处理。

A. 因被投资单位重大会计差错、会计政策变更而调整前期留存收益

B. 被投资单位提取法定盈余公积

C. 因被投资单位增加“资本公积——其他资本公积”

D. 因被投资单位以盈余公积转增资本，盈余公积弥补亏损

E. 被投资单位以税前利润补亏

5. 持有至到期投资相比长期股权投资而言，（　　）。

A. 投资风险小　　　　　　　　　　B. 一般无权参与被投资企业的利润分配

C. 有到期收回本金和利息的权利　　D. 无经营管理权

6. 权益法的适用范围有（　　）。

A. 控制　　　　　　　　　　　　B. 共同控制

C. 重大影响　　　　　　　　　　D. 无控制、无共同控制且无重大影响

7. 长期股权投资采用权益法核算，长期股权投资账户应当分别设置（　　）明细科目进行明细核算。

A. 其他权益变动　B. 成本　　　C. 损益调整

D. 相关税费　　　E. 投资收益

8. 长期股权投资采用权益法核算的企业，出现（　　）情况时，投资企业长期股权投资的账面价值应做相应的调整。

A. 投资后被投资单位获得净利润

B. 被投资单位派发现金股利或利润

C. 被投资单位除净损益以外所有者权益的其他变动

D. 投资后被投资单位发生净亏损

E. 被投资单位派发股票股利

9. 下列长期股权投资中，应采用成本法核算的是（　　）。

A. 投资企业能够对被投资单位实施控制

B. 在活跃市场中没有报价、公允价值不能可靠计量的长期股权投资

C. 投资企业拥有被投资单位有表决权股份的比例高于20%

D. 投资企业对被投资单位不具有共同控制或重大影响

10. 股票股利是企业用增发的股票代替现金股利派发给股东，分派股票股利（　　）。

A. 会导致所有者权益总额发生减少

B. 仅仅是所有者权益各项目内部发生此增彼减

C. 不会使所有者权益总额发生变动

D. 分派股票股利会使每股净资产降低

11. 可供出售金融资产是指初始确认时即被指定为可供出售的非衍生金融资产，包括（　　）。

A. 活跃市场上有报价的股票　　　　B. 活跃市场上有报价的债券和基金

C. 交易性金融资产　　　　　　　　D. 持有至到期投资金融资产

12. 关于金融资产的重分类，下列说法中正确的有（　　）。

A. 以公允价值计量且其变动计入当期损益的金融资产不能重分类为持有至到期投资

B. 以公允价值计量且其变动计入当期损益的金融资产可以重分类为持有至到期投资

C. 可供出售金融资产不能重分类为以公允价值计量且其变动计入当期损益的金融资产

D. 可供出售金融资产可以重分类为以公允价值计量且其变动计入当期损益的金融资产

E. 持有至到期投资可以重分类为交易性金融资产

三、判断题

1. 以公允价值计量且具变动计入当期损益的金融资产，即交易性金融资产。(　　)

2. 资产负债表日，交易性金融资产公允价值与账面余额之间的差额记入“投资收益”科目。(　　)

3. 出售交易性金融资产时，应当将该金融资产出售时的公允价值与其账面余额之间的差额确认为投资收益，同时调整公允价值变动损益。(　　)

4. 取得交易性金融资产所支付价款中包含的已宣告但尚未发放的现金股利或已到付息期但尚未领取的债券利息，记入“交易性金融资产——成本”科目。(　　)

5. 长期股权投资取得的成本包括实际支付的所有价款，但不包括买价中所包含的已宣告尚未支付的现金股利。(　　)

6. 只要投资企业对被投资单位无控制，就要按成本法核算投资收益。(　　)

7. 采用成本法核算的长期股权投资，被投资单位宣告分派现金股利，投资企业应当按照享有的现金股利确认为当期投资收益。(　　)

8. 现金股利和股票股利都是被投资单位给予投资企业的报酬，所以投资企业均应确认为投资收益。(　　)

9. 长期股权投资采用权益法核算时，长期股权投资的初始成本小于取得投资时应享有被投资单位可辨认净资产公允价值份额的，其差额应计入资本公积，同时调整长期股权投资的账面价值。(　　)

10. 采用权益法核算长期股权投资，如果被投资企业提取法定盈余公积，投资企业应按持股比例调减长期股权投资的账面价值。(　　)

11. 在实际利率法下，每期溢折价的摊销数额相等。(　　)

12. 持有至到期投资应当按期计提利息，计提的利息按债券账面价值及适用的利率计算。(　　)

13. 将持有至到期投资重分类为可供出售金融资产的，应在重分类日按其公允价值，借记“可供出售金融资产”科目，按其账面余额，贷记“持有至到期投资”科目，按其差额，贷记或借记“资本公积——其他资本公积”科目。(　　)

四、业务题

1. 20×7 年 5 月，甲公司以 480 万元购入乙公司股票 60 万股作为交易性金融资产，另支付手续费 10 万元。20×7 年 6 月 30 日该股票市价为 7.5 元。20×7 年 8 月 10 日，乙公司宣告分派现金股利，每股 0.20 元，8 月 20 日，甲公司收到分派的现金股利。至 12 月 31 日，甲公司仍持有该股票，期末每股市价 8.5 元。20×8 年 1 月 3 日以 515 万元出售该股票。假定甲公司每年 6 月 30 日和 12 月 31 日对外提供财务报告。

要求：(1) 编制上述经济业务的会计分录。

(2) 计算该交易性金融资产的累计损益。

2. 20×6 年年初，甲公司购买了一项公司债券，作为持有至到期投资，期限 5 年，债券本金 1 100 万元，买价 950 万元，交易费用 11 万元，每年 1 月 5 日按票面利率 3%支付利息，实际利率 6%。该债券在第 5 年兑付本金及最后一次利息。

要求：根据经济业务编制相关会计分录。

3. A 企业发生以下经济业务：20×8 年 1 月 1 日购入非上市的 B 公司股份 60 000 股，每股价格 8 元，另支付相关税费 2 000 元，A 企业所购股份对 B 公司经营无重大影响，采用成本法核算。B 公司宣告分派 20×8 年现金股利，每股 0.3 元。于 20×9 年 5 月收到 B 公司分派的现金股利 18 000 元。2×10 年 B 公司宣告分派 20×9 年股利，每股送 0.1 股股票红利。于 2×10 年 5 月收到 6 000 股 B 公司分派的股票红利。

要求：根据经济业务编制会计分录。

4. 甲公司发生下列长期股权投资业务。

（1）20×7 年 1 月 3 日，购入乙公司股票 600 万股，占乙公司有表决权股份的 25%，对乙公司的财务和经营决策具有重大影响，甲公司将其作为长期股权投资核算。每股买入价 8 元，每股价格中包含已宣告尚未发放的现金股利 0.15 元，另支付相关税费 9 万元。款项均以银行存款支付。当日，乙公司所有者权益的账面价值（与其公允价值不存在差异）为 18 000 万元。

（2）20×7 年 3 月 16 日，收到乙公司宣告分派的现金股利。

（3）20×7 年度，乙公司实现净利润 3 400 万元。

（4）20×8 年 2 月 16 日，乙公司宣告分派 20×7 年度股利，每股分派现金股利 0.24 元。

（5）20×8 年 3 月 12 日，甲公司收到乙公司分派的 20×7 年度的现金股利。

（6）20×9 年 1 月 4 日，甲公司出售所持有的全部乙公司的股票，共取得价款 5 520 万元（不考虑长期股权投资减值及相关税费）。

要求：根据上述资料，编制甲公司长期股权投资的会计分录。答案中的金额单位用万元表示。

五、案例分析题

【案例 1】

1. 资料

人们对于雅戈尔公司的最初印象是从服装开始的，然而近几年它却因为在金融证券领域的成功投资而迅速走红全国。一时间，雅戈尔成了国内民营企业涉足金融投资领域的典范。然而股市风云突变，金融风暴席卷全球，从美洲、欧洲到亚洲，无一不受到波及。事实证明，金融风暴来袭，首当其冲的就是金融资产，其市场价值应声而落，惨不忍睹。2008 年年末，雅戈尔的金融资产已经从最高处的 200 亿元缩水至 100 亿元左右。雅戈尔股票本身的市值更是在 2008 年蒸发 385.65 亿元，位列浙江上市公司之首。

其实，雅戈尔并没有摆脱很多民营企业"炒股"的心态。雅戈尔公布的 2008 年第三季度季报显示，在 2008 年 11 月前，雅戈尔持有海通证券 2 亿股，买入价为 17.94 元，而在 2008 年年末，海通证券的股价只有 13 元左右，以此估算雅戈尔已经浮亏 8 亿元；此外，雅戈尔在金马股份上面的投资也存在近 7 000 万元浮亏。事实上，金融投资受挫的不仅仅是这两个超大项目，雅戈尔在双鹤药业、中国铁建、大秦铁路、攀钢钢钒上的投资均有折损，仅有中信证券、宁波银行等因持股较早成本超低而依然获利。

2. 思考分析

（1）什么是金融资产？金融资产有哪些分类？

（2）什么是金融资产的浮亏、浮盈？

（3）本案例中提到的股票可以划分为哪类金融资产？

【案例2】

1. 资料

据深交所2007年9月9日发布的《深市主板上市公司2007年中报盈利结构分析》报告显示，在深市主板478家公司中，主营业务对深市主板上市公司的利润贡献比率有所下降，相比之下，投资收益等非主营因素占净利润超过两成，这正是本轮业绩大增长的一大困惑。

如果放眼整个沪、深两市，1 471 家上市公司中期业绩显示，投资收益占利润总额比重上升到17.87%，而在2006年中期，上市公司整体投资收益占整体利润总额比重仅为9.06%。

深交所的报告中指出，非主营因素对利润贡献的影响主要来自投资收益、营业外收入及公允价值变动3个方面，此外深市主板公司2007年中报非经常性损益也发生了快速增长，这反映出深市主板上市公司中报利润增长受新会计准则变动影响较大。

该报告特别强调，由于上市公司交叉持股、短线证券投资以及上市公司投资性房地产的价值升值，而给上市公司带来的利润并不稳定，上述利润可能由于日后的股价及房价的下跌变成亏损，从而拖累上市公司未来的利润增长，非主营利润毫无疑问将成为上市公司业绩的"双刃剑"。

2. 要求

（1）请评价本案例中上市公司投资收益对利润的贡献。

（2）为什么说本案例中上市公司的非主营利润将成为上市公司业绩的"双刃剑"？

第六章　固定资产

【学习目标】

通过本章的学习，应了解固定资产的性质、特征、分类和计价标准；掌握固定资产取得的核算；理解固定资产折旧的性质和影响折旧的因素，掌握固定资产折旧的计算方法和会计处理；理解和掌握固定资产后续支出以及处置和清查的会计处理。

第一节　固定资产概述

一、固定资产的性质

作为企业的重要生产要素之一，固定资产是企业生产经营过程中的重要劳动资料，在其使用过程中保持原有的实物形态，但其价值则由于损耗而逐渐减小，这部分减小的价值以折旧的形式，分期逐步转移到产品成本或费用中去，并从销售收入中得到补偿。企业科学管理和正确核算固定资产，有利于促进企业正确评估固定资产的整体情况，提高资产使用效率，降低生产成本，保护固定资产的安全完整，实现资产的保值增值，增强企业的综合竞争力。

固定资产是指同时具有下列特征的有形资产：①为生产商品、提供劳务、出租或经营管理而持有；②使用寿命超过一个会计年度。

根据固定资产的定义，固定资产应具有以下三个特征。

1. 固定资产是为了用于生产经营活动而不是为了出售

企业持有固定资产的目的是生产商品、提供劳务、出租或经营管理，这意味着企业持有的固定资产是企业的劳动工具或手段，而不是直接用于出售的产品。其中“出租”的固定资产是指用以出租的机器设备类固定资产，不包括以经营租赁方式而出租的建筑物，后者按照会计准则规定属于企业的投资性房地产，不属于固定资产。

2. 固定资产的使用寿命超过一个会计年度

固定资产使用寿命超过一个会计年度意味着固定资产属于长期资产，这一特征使固定资产明显区别于流动资产。固定资产的使用寿命是指企业使用固定资产的预计期间，或者该固定资产所能生产产品或提供劳务的数量。通常情况下，固定资产的使用寿命是指使用固定资产的预计期间，如自用房屋建筑物的使用寿命按使用年限表示。对于某些机器设备或运输设备等固定资产，其使用寿命往往以该固定资产所能生产产品或提供劳务的数量来表示。例如，发电设备按其预计发电量估计使用寿命；汽车或飞机按其预计行驶或飞行里程估计使用寿命。

固定资产在长期的生产经营过程中，随着使用和磨损，其服务能力会逐渐丧失，直至报废，因此，必须在固定资产的有效使用期限内，通过计提折旧的方式实现对其价值的补偿。

3. 固定资产是有形资产

固定资产具有实物特征，这一特征将固定资产与无形资产区别开来。有些无形资产可能同时符合固定资产的其他特征，如无形资产为生产商品、提供劳务而持有，使用寿命超过一个会计年度，但由于其没有实物形态，所以不属于固定资产。

对于工业企业所持有的工具、用具、备品备件、维修设备等资产，企业应该根据实际情况（使用期限和单位价值等因素），区分固定资产和低值易耗品，分别核算和管理。

小提示

以经营使用为目的是区分固定资产和存货类物资的重要标志。有的存货单位价值很高，使用的年限也很长，但只要企业持有的目的是用于销售，就不能确认为固定资产。

二、固定资产的分类

企业固定资产的种类繁多，为了正确进行固定资产核算，应按不同标准对固定资产进行分类。

1. 按经济用途分类

固定资产按经济用途进行分类可以分为生产经营用固定资产和非生产经营用固定资产。

生产经营用固定资产是指直接参加生产经营过程或直接服务于生产经营过程的各种房屋及建筑物、机器设备、运输设备、动力传导设备、工具器具和管理用具等。

非生产经营用固定资产是指不直接服务于生产经营过程的各种房屋、设备、器具等固定资产，如职工食堂、职工宿舍等。

2. 按使用情况分类

固定资产按使用情况分类可以分为使用中固定资产、未使用固定资产和不需用固定资产。

使用中固定资产是指正在使用的各种固定资产。

未使用固定资产是指尚未投入使用或者暂停使用的各种固定资产，如建造完工但尚未交付使用的固定资产，以及因进行改扩建等原因暂停使用的固定资产等。

不需用固定资产是指不适合本企业需要，准备出售处理的各种固定资产。

3. 按所有权分类

固定资产按所有权进行分类可以分为自有固定资产和融资租入固定资产。

自有固定资产是指企业拥有所有权的各种固定资产。

融资租入固定资产是指企业在租赁期间不拥有所有权但拥有实质控制权的各种固定资产。

4. 综合分类

在实际工作中，通常结合固定资产的经济用途、使用情况和产权关系等因素进行综合分类，将固定资产分为生产经营用固定资产、非生产经营用固定资产、租出固定资产、未使用固定资产、不需用固定资产、土地、融资租入固定资产七大类。

上述七类中，土地主要是指已经估价单独入账的土地。因征地而支付的补偿费应计入与土地有关房屋、建筑物的价值内，不单独作为土地价值入账。企业取得的土地使用权不能作为固定资产，而是作为无形资产或投资性房地产。

融资租入固定资产是指企业采取融资租赁方式租入的固定资产，在租赁期内应视同自有固定资产进行管理。

综合分类是会计实务中进行固定资产明细核算的主要依据。

三、固定资产的计价

固定资产计价是指以货币为计量单位来计量固定资产的价值。固定资产计价的正确与否，不仅关系到固定资产的管理和核算，而且关系到企业的收入与费用是否配比，经营成果的核算是否真实。为了正确反映固定资产价值的增减变动，应按一定的标准对固定资产进行计价。固定资产的计价标准一般有以下几种。

1. 原始价值

原始价值也称原值或原价，是指购建固定资产并使之达到预定可使用状态前所发生的一切合理、必要的支出。企业新购建固定资产的计价、确定计提折旧的依据等均采用这种计价标准。其主要优点是具有客观性和可验证性，按这种计价标准确定的价值均是实际发生并有凭据的支出，它成为固定资产的基本计价标准。

2. 重置价值

重置价值也称重置完全价值，是指企业在当前条件下，重新购置同样的固定资产所需支付的金额。按重置完全价值计价，虽然可以比较真实地反映固定资产的现实价值，但也带来一系列的其他问题，会计实务操作比较复杂。因此，这种标准目前仅在清查财产中确定盘盈固定资产的价值时使用，或在对报表进行补充、附注说明时采用。

3. 净值

净值也称为折余价值，是指固定资产原值减去已提折旧后的余额。它可以反映企业实际占用固定资产的金额和固定资产的新旧程度。这种计价标准主要用于计算盘盈、盘亏、毁损固定资产的损益等。

四、固定资产核算的账户设置

为了反映固定资产的增减变动，应设置“固定资产”、“累计折旧”、“工程物资”和“在建工程”账户。

1. “固定资产”账户

“固定资产”账户反映固定资产原值的增减变动和结存情况。该账户借方登记增加固定资产的原值，贷方登记减少固定资产的原值，借方余额表示企业实有固定资产的原值。企业应根据自身实际情况设置固定资产明细账户、明细账簿以及固定资产卡片加强固定资产的核算和管理。

2. “累计折旧”账户

“累计折旧”账户属于“固定资产”账户的抵减账户。该账户贷方登记计提的固定资产折旧，借方注销因出售、报废、毁损等减少的固定资产已提的折旧额，贷方余额表示企业固定资产已提折旧的累计数。

3. “工程物资”账户

“工程物资”账户反映为企业各项工程准备的物资的实际成本增减变动和结存情况。借方登记验收入库的工程物资的实际成本，贷方登记出库的工程物资的实际成本，借方余额表示库存的工程物资的实际成本。工程物资账户应按工程物资的品种设置明细账。

4. “在建工程”账户

“在建工程”账户反映企业进行各项工程的实际成本的发生和结转情况。借方登记各项工程发生的实际成本，贷方结转已完工程的实际成本，借方余额表示未完工程的实际成本。“在建工程”账户应按工程项目设置明细账。

第二节 固定资产的取得

企业通过购置或建造取得固定资产时，应对固定资产进行初始计量。固定资产的初始计量是指确定固定资产的取得成本。

固定资产的取得成本包括企业为购建某项固定资产并使之达到预定可使用状态前所发生的一切合理、必要的支出。在实务中，企业取得固定资产的方式是多种多样的，包括外购、自行建造、投资者投入以及非货币性资产交换、债务重组、企业合并和融资租赁等，取得的方式不同，其成本的具体构成内容及确定方法也不尽相同。

一、外购固定资产

企业外购固定资产的成本包括购买价款、相关税费（不含可抵扣的增值税进项税额）、使固定资产达到预定可使用状态前所发生的可归属于该项资产的运输费、装卸费、安装费和专业人员服务费等。从 2009 年 1 月 1 日起，企业购入机器设备类固定资产所发生的增值税进项税额准予抵扣，不计入固定资产成本。

企业购入的固定资产，有些不需要安装即可投入使用，有些则需要安装后才能使用。在结算方式上，可能采用现款交易结算方式，也可能采用赊购结算方式。企业应根据不同情况，分别采用不同的核算方法。

（一）购入不需安装的固定资产

企业购入不需安装的固定资产，按应计入固定资产成本的金额，借记“固定资产”科目，贷记“银行存款”、“其他应付款”、“应付票据”等科目。

【例 6.1】 甲公司（一般纳税人）购入一台不需要安装的生产用设备，取得的增值税专用发票上注明的设备价款为 100 万元，增值税进项税额为 17 万元（符合税法规定可以抵扣），另发生运输费 5 000 元，关税 10 000 元，保险费 2 000 元，款项全部付清。账务处理如下。

借：固定资产——××设备　　1 016 650

　　应交税费——应交增值税（进项税额）（170 000+5 000×7%）　　170 350

贷：银行存款　　1 187 000

甲公司购置设备的成本=1 000 000+10 000+2 000+5 000×93% = 1 016 650（元）

企业采用赊购方式购入不需安装的固定资产应按其发票价格和支付（或应付）的包装运杂费，借记“固定资产”科目，贷记“应付账款”、“银行存款”等科目。但如果发生超过正常信用条件购买固定资产的经济业务，如采用分期付款方式购买资产，且在合同中规定的付款期限比较长，超过了正常信用条件，在这种情况下，该项购货合同实质上具有融资性质，购入固定资产的成本不能以各期付款额之和确定，而应以各期付款额的现值之和确定，其会计处理参见长期应付款章节的内容。

在实际工作中，企业可能以一笔款项购入多项没有单独标价的资产。如果这些资产均符合固定资产的定义，并满足固定资产的确认条件，则应将各项资产单独确认为固定资产，并按各项固定资产公允价值的比例对总成本进行分配，分别确定各项固定资产的成本。

【例 6.2】 20×8 年 2 月 1 日，甲公司向乙公司一次购入 3 套不同型号且具有不同生产能力的设备 A、B、C。甲公司为该批设备共支付货款 1 000 000 元，增值税进项税额 170 000 元，保险费 3 400 元，装卸费 600 元，全部以银行存款转账支付；假定 A、B、C 设备分别满足固定资产确认条件，公允价值分别为 312 000 元、468 000 元和 260 000 元。

甲公司的账务处理如下。

（1）确认计入固定资产成本的金额，包括购买价款、保险费、装卸费等，即

1 000 000 + 3 400 + 600=1 004 000（元）

（2）确定 A、B 和 C 的价值分配比例。A 设备应分配的固定资产价值比例为

312 000/（312 000 + 468 000 + 260 000）×100%=30%

B 设备应分配的固定资产价值比例为

468 000/（312 000 + 468 000 + 260 000）×100%=45%

C 设备应分配的固定资产比例为

260 000/（312 000 + 468 000 + 260 000）×100%=25%

（3）确定 A、B、C 设备各自的成本：

A 设备的成本=1 004 000×30%=301 200（元）
B 设备的成本=1 004 000×45%=451 800（元）
C 设备的成本=1 004 000×25%=251 000（元）

（4）根据计算结果编制会计分录如下：

借：固定资产——A　　301 200
　　　　　　——B　　451 800
　　　　　　——C　　251 000
　　应交税费——应交增值税（进项税额）　　170 000
　　贷：银行存款　　1 174 000

（二）购入需要安装的固定资产

企业购入需要安装的固定资产的取得成本是在不需安装的固定资产成本基础上再加上安装调试成本等，其账务处理为按应计入固定资产成本的金额，先记入“在建工程”科目，安

装完毕交付使用时再转入“固定资产”科目。

【例 6.3】 甲公司购入一台需要安装的生产用机器设备，取得增值税专用发票上注明的设备价款为 5 万元，增值税进项税额为 8 500 元，款项已通过银行支付；安装设备时，领用公司原材料一批，价值 3 000 元，安装工人的工资为 490 元。假定不考虑其他税费，账务处理如下。

（1）支付设备价款、增值税，编制会计分录如下：

借：在建工程——××设备　　50 000

　　应交税费——应交增值税（进项税额）　　8 500

　　贷：银行存款　　58 500

（2）领用原材料、结算安装工人工资，编制会计分录如下：

借：在建工程——××设备　　3 490

　　贷：原材料　　3 000

　　　　应付职工薪酬　　490

（3）设备安装完毕达到预定可使用状态，编制会计分录如下：

借：固定资产——××设备　　53 490

　　贷：在建工程——××设备　　53 490

二、自行建造固定资产

自行建造固定资产是指企业利用自己的力量自营建造以及出包给他人建造的固定资产。自行建造固定资产的成本，无论是自营建造还是出包给他人建造，均由建造该项资产达到预定可使用状态前所发生的必要支出构成，包括工程物资成本、人工成本、交纳的相关税费、应予资本化的借款费用以及应分摊的间接费用等。

自行建造固定资产，从开始建造到完工交付使用需经历较长的时间。为了归集建造过程中发生的各项支出，合理确定固定资产的建造成本，应通过“在建工程”账户进行核算。自建工程耗用的物资一般应通过“工程物资”账户核算。

自营建造和出包建造两种方式下，会计处理有所不同。

1. 自营方式建造固定资产

企业以自营方式建造固定资产是由企业自行组织工程物资采购、自行组织施工人员从事工程施工。自营方式建造的固定资产，其入账价值应由建造该项资产达到预定可使用状态前所发生的必要支出构成，具体包括建造固定资产领用的工程物资、原材料或库存商品的实际成本，工程应负担的职工薪酬，辅助生产部门为之提供的水、电、运输等劳务，以及其他必要支出等。

企业为建造固定资产准备的各种物资应当按照实际支付的买价、运输费、保险费等相关税费作为实际成本。

企业以自营方式建造固定资产发生的工程成本应通过“在建工程”账户核算。工程完工达到预定可使用状态时，从“在建工程”账户转入“固定资产”账户。

【例 6.4】 20×9 年 3 月 1 日甲企业为自行建造厂房购入一批工程物资，买价 300 000 元，增值税额 51 000 元，保险费 3 000 元，以银行存款支付。4 月 1 日将所购工程物资全部投入工程建设。由于工程需要，领用本企业原材料一批，实际成本 2 500 元，该批材料购入时支付的进项税为 425 元。工程中应付自营工程人员工资 118 000 元。辅助生产部门为工程提供的水、电、运输劳务等费用共34 000元。6月底，工程完工达到预定可使用状态并交付使用。

甲企业有关会计处理如下。

（1）购入为工程准备的物资：

借：工程物资　354 000

　贷：银行存款　354 000

（2）工程领用物资：

借：在建工程——厂房　354 000

　贷：工程物资　354 000

（3）工程领用原材料：

借：在建工程——厂房　2 925

　贷：原材料　2 500

　　应交税费——应交增值税（进项税额转出）　425

（4）应付工程人员工资：

借：在建工程——厂房　118 000

　贷：应付职工薪酬　118 000

（5）分配并结转辅助生产部门提供的水、电、运输劳务等费用：

借：在建工程——厂房　34 000

　贷：生产成本——辅助生产成本　34 000

（6）完工转入固定资产：

借：固定资产　508 925

　贷：在建工程——厂房　508 925

2. 出包方式建造固定资产

企业以出包方式建造固定资产，企业要与建造承包商签订建造合同，由建造承包商（即施工企业）组织工程项目施工。

以出包方式建造的固定资产，其成本由建造该项固定资产达到预定可使用状态前所发生的必要支出构成，包括发生的建筑工程支出、安装工程支出以及应分摊计入各固定资产价值的待摊支出。建筑工程、安装工程支出，如人工费、材料费、机械使用费等，由建造承包商核算，发包企业按照合同规定的结算方式和工程进度定期与建造承包商办理工程价款结算，结算的工程价款计入在建工程成本。待摊支出是指在建设期间发生的不能直接计入某项固定资产价值，而应由所建造固定资产共同负担的相关费用。

在出包方式下，"在建工程"账户主要是企业与建造承包商办理工程价款的结算账户，企业支付给建造承包商的工程价款作为工程成本借记"在建工程——××工程"账户，贷记"银行存款"、"预付账款"等账户。在建工程达到预定可使用状态时，借记"固定资产"账户，贷记"在建工程——××工程"账户。

【例6.5】 20×9年3月10日甲企业将一幢厂房的建造工程出包给丙公司承建，根据出包合同预付工程款100 000元。6月10日按合理估计的发包工程进度和合同规定向丙公司结算进度款600 000元。9月10日工程完工后，收到丙公司有关工程结算单据，补付工程款400 000元，工程完工并达到预定可使用状态。甲企业应做如下会计处理。

（1）按合同预付工程款：

借：预付账款——丙公司　　100 000

　　贷：银行存款　　100 000

（2）按发包工程进度和合同规定向丙公司结算进度款：

借：在建工程——建筑工程（厂房）　　600 000

　　贷：银行存款　　500 000

　　　　预付账款——丙公司　　100 000

（3）补付工程款：

借：在建工程——建筑工程（厂房）　　400 000

　　贷：银行存款　　400 000

（4）工程完工并达到预定可使用状态时：

借：固定资产　　1 000 000

　　贷：在建工程——建筑工程（厂房）　　1 000 000

三、其他方式取得的固定资产

1. 投资者投入的固定资产

投资者投入的固定资产应按投资合同或协议约定的价值确定固定资产价值（合同或协议约定价值不公允的除外），借记“固定资产”科目，贷记“股本”或“实收资本”科目。

【例 6.6】 甲公司于设立时收到乙公司作为资本投入的不需安装的设备一台，该设备的合同约定价值为 100 000 元，增值税进项税为 17 000 元，合同约定价值与公允价值相符。假设不考虑其他因素。

甲公司编制会计分录如下：

借：固定资产　　100 000

　　应交税费——应交增值税（进项税额）　　17 000

　　贷：实收资本　　117 000

2. 接受捐赠的固定资产

接受捐赠的固定资产应按以下规定确定其入账价值。

捐赠方提供了有关凭证的，按凭证上标明的金额加上应支付的相关税费作为入账价值。

捐赠方没有提供有关凭据的，按如下顺序确定其入账价值。

（1）同类或类似固定资产存在活跃市场的，按同类或类似固定资产的市场价格估计的金额，加上应支付的相关税费作为入账价值。

（2）同类或类似固定资产不存在活跃市场的，按该接受捐赠的固定资产的预计未来现金流量现值作为入账价值。

如受赠的是旧的固定资产，按照上述方法确认的价值，减去按该项资产的新旧程度估计的价值损耗后的余额作为入账价值。

3. 盘盈的固定资产

根据《企业会计准则第 4 号——固定资产》及其应用指南的有关规定，固定资产盘盈应作为前期差错记入“以前年度损益调整”科目，而原来的则作为当期损益。之所以新准则将固定资产盘盈作为前期差错进行会计处理，是因为固定资产出现由于企业无法控制的因素而造成盘盈的可能性极小，甚至是不可能的，企业出现了固定资产的盘盈必定是企业以前会计期间少计、漏计而产生的，应当作为会计差错进行更正处理，这样也能在一定程度上控制人为地调节利润的可能性。

（四）通过非货币性交换、债务重组、企业合并等方式取得的固定资产

企业通过非货币性交换、债务重组、企业合并等方式取得的固定资产，其成本应当分别按照《企业会计准则第 7 号——非货币性资产交换》、《企业会计准则第 12 号——债务重组》、《企业会计准则第 20 号——企业合并》等的规定确定。

第三节　固定资产折旧

一、固定资产折旧的性质

企业的固定资产可以长期参加生产经营活动而仍保持其原有的实物形态，其价值是随着固定资产的使用而逐渐转移到生产的产品中或构成企业费用，通过销售产品（商品）收回的货款弥补了成本费用，从而使这部分价值损耗得到补偿。这部分随着固定资产损耗而逐渐转移的价值即称为固定资产的折旧。

固定资产的损耗分为有形损耗和无形损耗两种。有形损耗是指固定资产由于使用和自然力的影响而引起的使用价值和价值的损失。例如，机器设备由于使用而发生的机械磨损和自然侵蚀产生的价值损失等。无形损耗则是指由于科学技术进步等而引起的固定资产价值的损失。固定资产的有形损耗是显而易见，但是，随着科学技术的日新月异，固定资产的无形损耗有时比有形损耗更为严重，对计算折旧的影响更大。

从本质上讲，折旧也是一种费用，只不过这一费用没有在计提折旧期间付出实实在在的货币资金，但这种费用是固定资产在长期使用过程中已经发生的支出，而这种支出的收益在资产投入使用后的有效使用期内体现。无论是从权责发生制原则，还是从收入费用配比的原则来讲，计提折旧都是必需的，换言之，不提折旧或不正确地计提折旧都将对企业计算产品成本（或营业成本）、计算损益产生错误影响。

二、影响固定资产折旧的因素

要合理、正确地计提固定资产折旧，首先要了解影响折旧的因素。影响折旧的因素主要有以下几个方面。

1. 计提折旧基数

固定资产计提折旧的基数是指固定资产的取得成本，即原始价值。

2. 预计净残值

固定资产的预计净残值是指固定资产报废处置时预计可收回的残值收入扣除预计处置费用后的净额。

企业应根据固定资产的性质和使用情况，合理确定固定资产的使用寿命和预计净残值。

在实务中，通常用固定资产原值的一定百分比来估算预计净残值。

3. 预计使用年限

固定资产预计使用年限的长短直接关系到折旧率的高低，从而影响企业各期应提折旧的数额。在确定固定资产预计使用年限时，应当考虑固定资产的预计生产能力或实物产量，考虑有形损耗和无形损耗等对固定资产使用寿命的影响，合理地确定固定资产的预计使用年限。

在我国，各类固定资产预计使用年限的上下限通常由国家统一规定，企业应根据国家的有关规定，结合企业的具体情况，合理地确定固定资产的折旧年限。

4. 固定资产减值准备

固定资产减值准备是指固定资产已计提的减值准备累计金额。固定资产计提减值准备后，应当在剩余使用期限内根据调整后的固定资产账面价值（固定资产账面余额扣减累计折旧和累计减值准备后的金额）和预计净残值重新计算确定折旧率和折旧额。

固定资产的使用寿命、预计净残值和折旧方法一经确定，不得随意变更。但是，在固定资产使用过程中，由于其所处的经济环境、技术环境以及其他环境有可能对固定资产使用寿命和预计净残值产生较大影响，因此，企业至少应当于每年年度终了，对固定资产的使用寿命、预计净残值和折旧方法进行复核。如有确凿证据表明固定资产使用寿命预计数、预计净残值预计数与原先估计数有差异，应当调整固定资产使用寿命和预计净残值。固定资产在使用过程中，与其有关的经济利益预期实现方式有重大改变的，也应当相应改变固定资产折旧方法。

固定资产的使用寿命、预计净残值和折旧方法的改变按照会计估计变更的有关规定处理。

三、固定资产计提折旧的范围

计提折旧首先要明确哪些固定资产应计提折旧，哪些固定资产不计提折旧，即必须明确固定资产计提折旧的范围。按照固定资产准则的规定，企业应当对所有固定资产计提折旧。但是，已提足折旧仍继续使用的固定资产和单独计价入账的土地除外。

相关链接

关于固定资产折旧的有关规定：

（1）固定资产应当按月计提折旧。当月增加的固定资产，当月不计提折旧，从下月起计提折旧；当月减少的固定资产，当月仍计提折旧，从下月起不计提折旧。

（2）固定资产提足折旧后，不论能否继续使用，均不再计提折旧；提前报废的固定资产，也不再补提折旧。

提足折旧是指已经提足该项固定资产的应计折旧额。应计折旧额是指应当计提折旧的固定资产的原价扣除其预计净残值后的金额。已计提减值准备的固定资产，还应当扣除已计提的固定资产减值准备累计金额。

（3）已达到预定可使用状态但尚未办理竣工决算的固定资产，应当按照估计价值确定其成本，并计提折旧；待办理竣工决算后，再按实际成本调整原来的暂估价值，但不需要调整原已计提的折旧额。

——摘自《企业会计准则——应用指南（2006）》

四、固定资产折旧方法

固定资产折旧方法常用的有年限平均法、工作量法、加速折旧法等。由于固定资产折旧方法的选用直接影响到企业成本、费用的计算，也影响到企业的利润和纳税，从而影响到国家的财政收入，因此，对固定资产折旧方法的选用我国历来有较严格的规定，企业应在国家规定的范围内，根据固定资产所含经济利益的预期实现方式选择折旧方法。

（一）年限平均法

年限平均法又称直线法，是将固定资产的应计折旧额均衡地分摊到固定资产的使用年限内的一种方法。采用这种方法计算的每期折旧额是相等的。年限平均法的计算公式为

$$年折旧额=\frac{固定资产原值-预计净残值}{预计折旧年年限}$$

$$=\frac{固定资产原值\times(1-预计净残值率)}{预计折旧年限}$$

式中预计净残值率是预计净残值占固定资产原值的百分比。

在日常核算中，固定资产的折旧额是按固定资产的折旧率来计算的。固定资产折旧率是折旧额占固定资产原值的百分比。固定资产折旧率通常是按年计算的。在按月计算折旧时，可将年折旧率除以 12，折合为月折旧率，再与固定资产原值相乘。固定资产年限平均折旧法的折旧率和折旧额的计算公式为

$$年折旧率=\frac{年折旧额}{固定资产原值}\times100\%$$

$$=\frac{固定资产原值\times(1-预计净残值率)}{预计折旧年限\times固定资产原值}\times100\%$$

$$=\frac{1-预计净残值率}{预计折旧年限}\times100\%$$

$$月折旧率=\frac{年折旧率}{12}$$

$$月折旧额=固定资产原值\times月折旧率$$

年限平均法计算固定资产折旧的优点是计算简便，但这种方法只注重固定资产使用时间的长短，而忽视了其实际利用程度，当固定资产在各期的负荷程度相同时，采用年限平均法计算折旧才显得合理。如果固定资产在各期的负荷程度不同，采用年限平均法计算折旧，所提取的折旧额与固定资产的实际损耗程度就不一致，也就不能合理反映固定资产的实际使用情况。因此，这种方法适用于各个时期使用程度和使用效率大致相同的固定资产。

【例 6.7】 甲公司有一台机器设备，原价 300 000 元，预计可使用 10 年，预计净残值率为 3%。该机器设备的折旧率和折旧额的计算如下。

$$年折旧额=\frac{300\,000-300\,000\times3\%}{10}=29\,100（元）$$

$$年折旧率=\frac{1-3\%}{10}\times100\%=9.7\%$$

$$月折旧率=9.7\%\div12=0.81\%$$

$$月折旧额=300\,000\times0.81\%=2\,430（元）$$

上述折旧率的计算是以单项固定资产为基础，称为个别折旧率。此外，还有分类折旧率和综合折旧率。分类折旧率是指按某类固定资产折旧额与该类固定资产原值的比率。采用这种方法在计算时，需先将固定资产按性质、结构和使用年限接近的固定资产归为一类，再按分类计算折旧率，然后用该类折旧率计算该类固定资产折旧额。综合折旧率是指某一期间企业全部固定资产折旧额与全部固定资产原值之比率。

个别折旧率是按单项固定资产计算的，采用其计算折旧准确性高，但工作量大；采用分类折旧率计算折旧的优点是计算简便，但准确性不如个别折旧率；与个别折旧率和分类折旧率相比，采用综合折旧率计算固定资产折旧，其计算结果的准确性较差。在实务中，未使用电算化处理账务的企业多采用分类折旧率，采用电算化处理的企业更多是选择个别折旧率。

（二）工作量法

工作量法是根据固定资产实际工作量计提折旧的一种方法。这种方法可以弥补年限平均法只注重固定资产的使用时间，不考虑其实际利用程度的缺点。计算公式为

$$单位工作量折旧额==\frac{固定资产原值\times(1-预计净残值率)}{预计总工作量}$$

某项固定资产的月折旧额=该项固定资产当月工作量×单位工作量折旧额

【例 6.8】 甲公司有一辆汽车原值 200 000 元，预计行驶里程 600 000 千米，报废时预计的残值收入 5 000 元，预计清理费用 800 元，本月行驶里程为 4 000 千米。

$$每千米折旧额=\frac{200\,000-(5\,000-800)}{600\,000}$$

$$=0.326\,3（元/千米）$$

$$本月折旧额=4\,000\times0.326\,3=1\,305（元）$$

工作量法的优点是，它能够使每期提取的折旧额与固定资产在当期实际的使用程度相一致，使用程度越高，工作量越大，提取的折旧费数额就越大。因此，这种方法较适用于磨损程度与完成工作量成正比例关系的固定资产，或在使用期限内不能均衡使用的固定资产。

（三）加速折旧法

加速折旧法又称为快速折旧法，是指在固定资产的有效使用年限的前期多提折旧，后期少提折旧，折旧费用逐年递减的一种折旧方法。其目的是相对加快折旧速度，从而使固定资产成本在有效使用年限内尽快得到补偿。加速折旧的计提方法有多种，常用的有双倍余额递减法和年数总和法两种。

1. 双倍余额递减法

双倍余额递减法是在不考虑固定资产预计净残值的情况下，根据每期期初固定资产原值减去累计折旧后的金额（即固定资产净值）和双倍的直线法折旧率计算固定资产折旧的一种方法。采用双倍余额递减法，折旧率是固定不变的，而计提折旧的基数为逐年递减的固定资产的净值，因此，计提的折旧额逐年递减。计算公式为

$$年折旧率=\frac{2}{预计的折旧年限}\times100\%$$

年折旧额=固定资产期初净值×年折旧率

月折旧额=年折旧额÷12

采用这种方法计算折旧时应注意，在计算时不能使固定资产的账面折余价值低于它的预计残值，为此，在固定资产使用的后期，如果发现使用双倍余额递减法计算的折旧额小于采用直线法计算的折旧额，就可以改用直线法计提折旧。为了操作方便，采用双倍余额递减法计提折旧的固定资产，应当在固定资产折旧年限到期以前两年内，将固定资产净值扣除预计残值后的余额平均摊销。

【例 6.9】 甲公司有一台机器原价 80 000 元，预计使用年限 5 年，预计净残值 2 000 元。按双倍余额递减法计提折旧，计算如下。

双倍直线折旧率=2÷5×100% = 40%

表 6.1　双倍余额递减法折旧计算表

年　份	年初账面净值（元）	年折旧率（%）	年折旧额（元）	累计折旧额（元）	年末账面净值（元）
1	80 000	40	32 000	32 000	48 000
2	48 000	40	19 200	51 200	28 800
3	28 800	40	11 520	62 720	17 280
4	17 280	—	7 640	70 360	9 640
5	9 640	—	7 640	78 000	2 000

从第四年起改按年限平均法计提折旧。

第四、第五年应提的折旧额=（17 280−2 000）÷2 =7 640（元）。

2. 年数总和法

年数总和法又称为年限合计法，是将固定资产的原值减去预计净残值后的余额乘以一个逐年递减的分数计算每年的折旧额，该分数的分子为固定资产的尚可使用年数，分母为使用年数的逐年数字总和。年数总和法折旧率是逐年降低的，而计提折旧的基数为固定资产原值减去预计净残值后的余额（即应计折旧总额），是固定不变的，因此，计提的折旧额也是逐年递减的。计算公式如下。

$$年折旧率=\frac{尚可使用年数}{预计使用年限的年数总和}$$

年折旧额=（固定资产原值−预计净残值）×年折旧率

月折旧额=年折旧额÷12

【例 6.10】 甲企业某项固定资产原价 60 000 元，预计使用年限 5 年，预计净残值 3 000 元。采用年数总和法计算各年折旧额，见表 6.2。

表 6.2　年数总和法折旧计算表

年　数	尚可使用年限	原值−净残值（元）	年折旧率	每年折旧额（元）	累计折旧（元）
1	5	57 000	5/15	19 000	19 000
2	4	57 000	4/15	15 200	34 200
3	3	57 000	3/15	11 400	45 600
4	2	57 000	2/15	7 600	53 200
5	1	57 000	1/15	3 800	57 000

小提示

双倍余额递减法与年数总和法在计算折旧时的主要区别：
双倍余额递减法每年折旧率不变，折旧基数逐年递减，计算的每年折旧额也逐年递减；
年数总和法每年折旧基数不变，折旧率逐年递减，计算的每年折旧额也逐年递减。

运用加速折旧法克服了直线法的不足。因为这种方法固定资产早期计提的折旧费较多而早期发生的维修费较少，后期计提的折旧费较少而维修费较多，从而保持了各个会计期间负担的固定资产使用成本的均衡性。此外，由于这种方法早期计提的折旧费较多，能够使固定资产投资在早期较多地收回，在税法允许将企业计提的折旧费作为税前费用扣除的前提下，还能够减少企业早期的所得税额，这样可以把较多税款延迟到以后年份缴纳，相当于从政府那里取得一笔无息贷款，这对一些企业缓解资金紧张的情况是很有利的。

五、固定资产折旧的账务处理

固定资产计提折旧的核算，企业应根据月初应提折旧的固定资产原值和采用的计算方法编制固定资产折旧计算表。实务中，企业计提固定资产折旧时，可以在上月计提折旧额的基础上，根据上月固定资产增减情况进行调整后计算当月应计提的折旧额。其计算公式为

当月固定资产应提折旧额=上月固定资产计提的折旧额
+上月增加固定资产应计提的折旧额
−上月减少固定资产应计提的折旧额

企业计提的各期固定资产折旧费应根据固定资产用途进行分配，借记“制造费用”、“管理费用”、“销售费用”、“研发支出”、“其他业务成本”等账户，贷记“累计折旧”账户。

【例 6.11】 20×9 年 8 月甲企业编制的固定资产计算表见表 6.3。

表 6.3　甲企业固定资产折旧计算表

（单位：元）

使用部门	项目	上月折旧额	上月增加固定资产		上月减少固定资产		本月折旧额
			原价	折旧额	原价	折旧额	
一车间	厂　房	7 200					7 200
	设　备	19 200	300 000	3 600			22 800
	小　计	26 400	300 000	3 600			30 000
二车间	厂　房	6 400					6 400
	设　备	24 000			200 000	2 400	21 600
	小　计	30 400			200 000	2 400	28 000
管理部门	办公楼	3 400					3 400
	设　备	2 100					2 100
	小　计	5 500					5 500
租出设备		1 200					1 200
合　计		63 500	300 000	3 600	200 000	2 400	64 700

根据表 6.3 编制会计分录如下：

借：制造费用　　58 000
　　管理费用　　5 500
　　其他业务成本　　1 200
　贷：累计折旧　　64 700

第四节　固定资产的后续支出与减值

一、固定资产的后续支出

固定资产在使用过程中还可能发生各种后续的支出。固定资产的后续支出是指固定资产在使用过程中发生的更新改造支出、修理费用等。其中，有的后续支出可以延长固定资产的使用寿命，有的后续支出可以提高固定资产的生产能力，而有的后续支出则是为了维护固定资产的正常使用状态。

固定资产后续支出的核算，其处理原则是，如果发生的后续支出使固定资产给企业带来的经济利益超过了原先的估计，比如，延长了固定资产的使用寿命，增强了固定资产的生产能力，使产品的质量实质性提高或使产品成本实质性降低，则符合资产的确认条件，应将后续支出资本化，计入固定资产的账面价值；否则，固定资产的后续支出应予以费用化，计入发生当期的损益。

与固定资产有关的改建、扩建、更新改造等后续支出，符合固定资产确认条件的，应当将其资本化计入固定资产成本，同时将被替换部分的账面价值扣除。固定资产发生的可资本化的后续支出通过"在建工程"科目核算。待固定资产发生的后续支出完工并达到预定可使用状态时，再从在建工程转为固定资产，并按重新确定的固定资产的原价、使用寿命、预计净残值和折旧方法计提折旧。

与固定资产有关的修理费用等后续支出，不符合固定资产确认条件的，应当根据不同情况分别在发生时计入当期管理费用或销售费用。

1. 资本化的后续支出

企业对固定资产进行改建、扩建或改良，符合资本化条件的，应停止计提折旧，并将该固定资产的原价、累计折旧和减值准备转销，将其账面价值转入在建工程，借记"在建工程"、"累计折旧"、"固定资产减值准备"科目，贷记"固定资产"科目；固定资产在改扩建过程中发生的支出，符合资本化条件的，借记"在建工程"科目，贷记"银行存款"等科目；在改扩建等工程完工并达到预定可使用状态时，借记"固定资产"科目，贷记"在建工程"科目，并按重新确定的使用寿命、预计净残值和折旧方法计提折旧。

【例 6.12】 甲公司 20×9 年 8 月 20 日对以前年度购入的设备进行改良，该设备原值为 100 000 元，累计折旧 19 400 元。改良过程中，共发生支出 9 000 元，全部以银行存款支付。

（1）转入改良时编制会计分录如下:

借: 在建工程	80 600	
累计折旧	19 400	
贷: 固定资产		100 000

（2）支付改良支出时编制会计分录如下:

借: 在建工程	9 000	
贷: 银行存款		9 000

（3）结转完工固定资产时编制会计分录如下：

借：固定资产 89 600

　　贷：在建工程 89 600

企业发生的某些固定资产后续支出可能涉及替换原固定资产的某组成部分，当发生的后续支出符合固定资产确认条件时，应将其计入固定资产成本，同时将被替换部分的账面价值扣除。这样可以避免将替换部分的成本和被替换部分的成本同时计入固定资产成本，导致固定资产成本虚高。

2. 费用化的后续支出

固定资产在使用过程中，由于各个组成部分的耐用程度不同或者使用的条件不同，往往会发生固定资产局部的损坏，为了保持固定资产的正常运转和使用，充分发挥其使用效能，必须对其进行必要的修理。一般情况下，固定资产的日常修理、大修理等只是确保固定资产的正常工作状况，这类维修一般范围较小、间隔时间较短，一次修理费用较少，不能改变固定资产的性能，不能增加固定资产的未来经济利益，不符合固定资产的确认条件，在发生时应直接计入当期损益。企业生产车间和行政管理部门发生的固定资产修理费用等后续支出记入"管理费用"科目；企业专设销售机构的，其发生的与专设销售机构相关的固定资产修理费用等后续支出记入"销售费用"科目。企业固定资产更新改造支出如果不满足固定资产确认条件，也应直接计入当期损益。

【例 6.13】 某企业对现有的一台生产用设备进行修理维护，修理过程中发生如下支出：领用库存原材料一批，价值 5 000 元，维修人员工资 2 000 元。假定不考虑其他因素，会计处理如下：

借：管理费用 7 000

　　贷：原材料 5 000

　　　　应付职工薪酬——工资 2 000

二、固定资产的减值

固定资产由于发生损坏、技术陈旧或其他经济原因，导致其可收回金额低于其账面净值，这种情况称为固定资产价值减值。企业应当在期末或者至少在每年年末，对固定资产逐项进行检查，如果发现固定资产预计可收回金额低于其账面价值，企业应按其差额计提固定资产减值准备，并计入当期损益。

企业可从以下几种迹象去判断固定资产是否发生减值。

（1）固定资产的市价在当期大幅度下跌，其跌幅大大高于因时间推移或正常使用而预计的下跌，并且预计在近期内不可能恢复。

（2）企业经营所处的技术、市场、经济或法律等环境，或者固定资产所处的市场在当前或近期发生重大变化，对企业产生不利影响。

（3）市场利率或市场的其他投资回报率在当期已经提高，从而很可能影响企业计算固定资产预计未来现金流量现值的折现率，导致固定资产可收回金额大幅度降低。

（4）固定资产已经陈旧过时或发生实体损坏等。

（5）固定资产使用方式发生重大不利变化，如企业计划终止或重组该资产所属的经营业务、提前处置资产等情形，从而对企业产生负面影响。

（6）企业内部报告提供的证据表明，固定资产的经济绩效已经或将要比预期的差。

（7）其他表明固定资产可能已经发生减值的迹象。

根据客观性原则和谨慎性原则要求，对于已经发生的固定资产价值的减值应予确认。因此，每年年末企业应对固定资产的账面价值进行检查。如果固定资产可收回金额低于其账面价值，应将固定资产的账面价值减记至可收回金额，借记“资产减值损失”科目，贷记“固定资产减值准备”科目。固定资产减值损失一经确认，在以后会计期间不得转回。

【例 6.14】 甲公司有一台生产设备，账面价值 200 000 元，因市价持续下跌，预计可收回金额为 180 000 元，年末计提固定资产减值准备 20 000 元。

甲公司编制会计分录如下:

借: 资产减值损失　　20 000

　　贷: 固定资产减值准备　　20 000

第五节　固定资产的处置和清查

一、固定资产的处置

固定资产的处置包括固定资产的出售、转让、报废或毁损、对外投资、非货币性资产交换、债务重组等情形。处于处置状态的固定资产不再用于生产商品、提供劳务、出租或经营管理，也不能再给企业带来经济利益的流入，因此不再符合固定资产的定义和确认条件，应予以终止确认。

为了反映固定资产处置过程情况，应设置“固定资产清理”科目，用来核算企业因出售、报废和毁损等原因转入清理的固定资产净值，以及在清理过程中所发生的清理费用和清理收入。账户借方登记固定资产转入清理的净值和清理过程中发生的费用；贷方登记收回出售固定资产的价款、残料价值和变价收入；其贷方余额表示清理后的净收益；借方余额表示清理后的净损失。清理完毕后应将其贷方或借方余额转入“营业外收入”或“营业外支出”账户。

企业因出售、报废、毁损、对外投资、非货币性资产交换、债务重组等原因转出的固定资产，应通过“固定资产清理”科目进行核算。会计核算一般分为以下几个步骤。

第一，固定资产转入清理。固定资产转入清理时，按清理固定资产的账面价值，借记“固定资产清理”科目，按已提的累计折旧，借记“累计折旧”科目，按已提的减值准备，借记“固定资产减值准备”科目，按固定资产账面原价，贷记“固定资产”科目。

第二，发生的清理费用。在固定资产清理过程中，应按实际发生的清理费用以及应交的税金，借记“固定资产清理”科目，贷记“银行存款”、“应交税费——应交营业税”等科目。

第三，出售收入和残料等的处理。企业收回出售固定资产的价款、报废固定资产的残料价值和变价收入等，应按实际发生额冲减清理支出，借记“银行存款”、“原材料”等科目，贷记“固定资产清理”科目。

第四，保险赔偿的处理。企业计算或收到应由保险公司或过失人赔偿报废、毁损固定资产的损失时，应冲减清理支出，借记“银行存款”、“其他应收款”等科目，贷记“固定资产清理”科目。

第五，清理净损益的处理。固定资产清理后的净收益，属于生产经营期间的，应计入当期损益，借记“固定资产清理”科目，贷记“营业外收入——处置非流动资产收益”科目。

固定资产清理后的净损失，属于生产经营期间正常的处理损失，借记“营业外支出——处置非流动资产损失”科目，贷记“固定资产清理”科目；属于自然灾害等非正常原因造成的损失，借记“营业外支出——非常损失”科目，贷记“固定资产清理”科目。

【例 6.15】 甲公司出售一套商住楼，原价 3 000 000 元，已提折旧 200 000 元，支付有关费用 10 000 元，出售取得收入 3 300 000 元，营业税税率为 5%（其他税费略），该企业对商住楼计提的减值准备为 50 000 元。甲公司编制如下会计分录。

（1）固定资产转入清理：

借：固定资产清理　　2 750 000

　　固定资产减值准备　　50 000

　　累计折旧　　200 000

　　贷：固定资产　　3 000 000

（2）支付清理费用：

借：固定资产清理　　10 000

　　贷：银行存款　　10 000

（3）收到出售价款：

借：银行存款　　3 300 000

　　贷：固定资产清理　　3 300 000

（4）应交营业税：

$$3\,300\,000\times5\%=165\,000\ （元）$$

借：固定资产清理　　165 000

　　贷：应交税费——应交营业税　　165 000

（5）结转固定资产清理净收益：

$$3\,300\,000-（2\,750\,000+10\,000+165\,000）=375\,000（元）$$

借：固定资产清理　　375 000

　　贷：营业外收入——处置非流动资产收益　　375 000

【例 6.16】 甲公司有一辆汽车发生交通事故而报废，原价 230 000 元，已提折旧 36 000 元，保险公司应赔偿 161 000 元，汽车残料变价收入 3 000 元，支付清理费用 1 000 元。甲公司编制如下会计分录。

（1）固定资产转入清理：

借：固定资产清理　　194 000

　　累计折旧　　36 000

　　贷：固定资产　　230 000

（2）支付清理费用：

借：固定资产清理　　1 000

　　贷：银行存款　　1 000

（3）残料变价收入：

借：银行存款　　3 000

　　贷：固定资产清理　　3 000

（4）应收保险公司赔款：

借：其他应收款　　161 000

　　贷：固定资产清理　　161 000

（5）结转固定资产清理净损失：

194 000+1 000−3 000−161 000=31 000（元）

借：营业外支出——非常损失　　31 000

　　贷：固定资产清理　　31 000

二、固定资产的清查

固定资产清查是指从实物管理的角度对单位实际拥有的固定资产进行实物清查，并与固定资产账目进行核对。

为了保证固定资产核算的真实性，企业应经常对固定资产进行盘点清查。一般来说，每年至少应在编制会计决算报告之前对固定资产进行一次全面清查，平时可以根据需要进行局部清查。对清查过程中发现的盘盈、盘亏的固定资产应及时查明原因，并编制固定资产盘盈盘亏报告表，作为调整固定资产账簿的依据。

1．固定资产盘盈

在固定资产清查过程中发现盘盈的固定资产，经查明确属企业所有，应确定固定资产重置价值，并为其开立固定资产卡片。

企业盘盈的固定资产一般是以前年度发生的会计差错，应根据重置价值借记“固定资产”科目，贷记“以前年度损益调整”科目。

2．固定资产盘亏

企业盘亏的固定资产经过批准之后作为损益处理。在批准之前，企业只能调整固定资产的账面价值，作为待处理财产损溢，不能直接计入损益。为此，固定资产盘亏应通过“待处理财产损溢”科目进行核算。

盘亏的固定资产按其账面价值，借记“待处理财产损溢——待处理非流动资产损溢”科目，按该项资产已提的累计折旧，借记“累计折旧”科目，按已计提的减值准备，借记“固定资产减值准备”科目，按该固定资产账面原价，贷记“固定资产”科目。经批准后，将净损失转入营业外支出，借记“营业外支出”科目，贷记“待处理财产损溢——待处理非流动资产损溢”科目。

【例 6.17】 甲公司在年末财产清查中发现盘亏一台机器，原价 30 000 元，已提的累计折旧 8 500 元，已提减值准备 1 000 元。经批准，净损失转入营业外支出（假定不考虑增值税）。

（1）固定资产盘亏，编制会计分录如下：

借：待处理财产损溢——待处理非流动资产损溢　　20 500

　　累计折旧　　8 500

　　固定资产减值准备　　1 000

　　贷：固定资产　　30 000

（2）批准后，编制会计分录如下：

借：营业外支出　　20 500

　　贷：待处理财产损溢——待处理非流动资产损溢　　20 500

本章小结

固定资产是指企业为生产商品、提供劳务、出租或经营管理而持有的，使用寿命超过一个会计年度、并在使用过程中保持其原有实物形态的劳动资料。

固定资产的计价标准一般有原始价值、重置价值和净值。原始价值也称原值或原价，是指购建固定资产并使之达到预定可使用状态前所发生的一切合理、必要的支出。重置价值也称重置完全价值，是指企业在当前条件下，重新购置同样的固定资产所需支付的金额。净值也称为折余价值，是指固定资产原值减去已提折旧后的余额。

为了反映固定资产的增减变动，应设置“固定资产”、“累计折旧”、“工程物资”和“在建工程”等账户进行核算。

固定资产的取得成本包括企业为购建某项固定资产并使之达到预定可使用状态前所发生的一切合理、必要的支出。在实务中，企业取得固定资产的方式是多种多样的，包括外购、自行建造等，取得的方式不同，其成本的具体构成内容及确定方法也不尽相同。

固定资产折旧是指固定资产在使用过程中，逐渐损耗而转移到产品成本、费用中的那部分价值。影响固定资产折旧的因素有计提折旧基数、预计净残值、预计使用年限、固定资产减值准备。折旧的计提方法包括年限平均法、工作量法、年数总和法、双倍余额递减法。

固定资产的后续支出是指固定资产在使用过程中发生的更新改造支出、修理费用等。固定资产后续支出的处理原则是，符合固定资产确认条件的，应当计入固定资产成本，同时将被替换部分的账面价值扣除；不符合固定资产确认条件的，应当计入当期损益。

固定资产价值减值是指固定资产由于发生损坏、技术陈旧或其他经济原因，导致其可收回金额低于其账面净值。企业应当在期末或者至少在每年年末对固定资产逐项进行检查，如果发现固定资产预计可收回金额低于其账面价值，企业应按其差额计提固定资产减值准备，并计入当期损益。

固定资产的处置包括固定资产的出售、转让、报废或毁损、对外投资、非货币性资产交换、债务重组等情形。为了反映固定资产处置过程情况，应设置“固定资产清理”科目进行核算。固定资产清查是指对单位实际拥有的固定资产进行实物清查盘点，以保证账实相符。固定资产盘盈盘亏应通过“待处理财产损溢”科目进行核算。

复习思考

1. 固定资产的计价标准有哪些？各有何作用？
2. 为什么要对固定资产计提折旧？固定资产折旧的方法有哪些，各自的特点是什么？
3. 固定资产折旧与减值有何不同？
4. 固定资产的修理与改良有何区别？
5. 固定资产减值如何处理？准则规定“固定资产减值损失一经确认，在以后会计期间不得转回”的出发点是什么？

基本训练

一、单选题

1. A企业20×5年12月购入一项固定资产，原价为600万元，采用年限平均法计提折旧，使用寿命为10年，预计净残值为零，20×9年1月该企业对该项固定资产的某一主要部件进行更换，发生支出合计 400 万元，符合固定资产确认条件，被更换的部件的原价为 300 万元。则对该项固定资产进行更换后的原价为（　）万元。

A. 210　　B. 1 000　　C. 820　　D. 610

2. 正常报废的固定资产在处理时应（　）。

A. 通过“待处理财产损溢”科目核算

B. 通过“固定资产清理”科目核算

C. 通过“在建工程”科目核算

D. 通过“营业外支出”科目核算

3. A 公司 20×9 年 6 月 19 日购入需安装的设备一台，取得的增值税专用发票上注明的设备买价为 100 万元，增值税额为 17 万元，支付的运输费为 3 万元，设备安装时领用生产用材料价值 20 万元，支付安装人员薪酬 3 万元。该固定资产的成本为（　）万元（假定运输费不考虑增值税）。

A. 123　　B. 126　　C. 129　　D. 142.6

4. 由于自然灾害等原因造成的在建工程报废或毁损，减去残料价值和过失人或保险公司等赔款后的净损失，应借记的会计科目是（　）。

A. 在建工程　　B. 待处理财产损溢　　C. 营业外支出　　D. 固定资产清理

5. 企业生产车间使用的固定资产发生的下列支出中，直接计入当期损益的是（　）。

A. 购入时发生的安装费用　　B. 发生的装修费用

C. 购入时发生的运杂费　　D. 发生的修理费

6. 下列固定资产中，应计提折旧的是（　）。

A. 未提足折旧提前报废的设备　　B. 闲置的设备

C. 已提足折旧继续使用的设备　　D. 经营租赁租入的设备

7. 20×9 年 12 月 31 日 S 公司进行盘点，发现有一台使用中的机器设备未入账，该型号机器设备存在活跃市场，市场价格为 750 万元，该机器八成新。其正确的会计处理方法是（　）。

A. 贷记“待处理财产损溢”科目 750 万元

B. 贷记“待处理财产损溢”科目 1 350 万元

C. 贷记“待处理财产损溢”科目 600 万元

D. 贷记“以前年度损益调整”科目 600 万元

8. S 公司的一台机器设备采用工作量法计提折旧。原价为 153 万元，预计生产产品产量为 450 万件，预计净残值率为 3%，本月生产产品 7.65 万件。则该台机器设备的月折旧额为（　）万元。

A. 2.679 03　　B. 2.629 59　　C. 2.522 97　　D. 2.522 835

9. 20×7 年 1 月 1 日，AS 公司决定对现有生产线进行改扩建，以提高其生产力能力。原值 2 400 万元，已计提折旧 750 万元。经过 5 个月的改扩建，完成了对这条生产线的改扩建工程，共发生支出 1 200 万元，符合固定资产确认条件。被更换的部件的原价为 200 万元，被更换的部件的折旧为 50 万元。则对该项生产线进行更换后的原价为（　）万元。

A. 3 450　　B. 2 700　　C. 3 600　　D. 3 000

10. 某企业 20×6 年 6 月期初固定资产原值 10 500 万元。6 月增加了一项固定资产，入账价值为 750 万元；同时 6 月减少了固定资产原值 150 万元；则 6 月该企业应提折旧的固定资产原值为（　）万元。

A. 11 100　　B. 10 650　　C. 10 500　　D. 10 350

二、多选题

1. “固定资产清理”账户的贷方登记的项目有（　　）。

A. 转入清理的固定资产的净值　B. 残料变价收入　C. 结转的清理净收益

D. 结转的清理净损失　E. 发生的清理费用

2. 下列固定资产应计提折旧的有（　　）。

A. 融资租入的固定资产　B. 按规定单独估价作为固定资产入账的土地

C. 大修理停用的固定资产　D. 未使用的机器设备、房屋及建筑物

3. 企业计算固定资产折旧的主要依据有（　　）。

A. 固定资产的预计使用年限　B. 固定资产取得时的原始价值

C. 固定资产的净残值　D. 固定资产的使用部门

4. 双倍余额递减法和年数总和法计算固定资产累计折旧的共同点有（　　）。

A. 属于加速折旧法　B. 每期折旧率固定

C. 前期折旧高，后期折旧低　D. 不考虑净残值

5. 下列有关固定资产的特征和确认条件的描述，正确的是（　　）。

A. 为生产商品、提供劳务、出租、出售或经营管理而持有

B. 使用寿命超过一个会计年度

C. 固定资产是有形资产

D. 固定资产的成本能够可靠地计量是确认固定资产的一项基本条件

6. 下列项目中，构成固定资产入账价值的有（　　）。

A. 购买设备发生的运杂费

B. 接受投资者投入固定资产支付的相关税费

C. 施工过程中盘亏工程物资的净损失

D. 固定资产达到预定可使用状态前发生的专门借款利息

7. 下列各项中，影响固定资产清理净收益的因素应包括（　　）。

A. 出售固定资产的价款　B. 转让不动产应交纳的营业税

C. 毁损固定资产取得的赔款　D. 报废固定资产的原价

8. 计提固定资产折旧可能借记的会计科目有（　　）。

A. 制造费用　B. 销售费用

C. 管理费用　D. 其他业务成本

9. 期末发生的下列事项中，影响当年度利润表中营业利润的是（　　）。

A. 计提管理部门不需用固定资产的折旧费

B. 计提固定资产减值损失

C. 购买固定资产支付的运杂费

D. 管理部门设备发生的修理支出

E. 管理部门用固定资产发生的可资本化的改良支出

10. 下列固定资产中，不计提折旧的固定资产有（　　）。

A. 土地　B. 当月增加的固定资产

C. 未提足折旧提前报废的固定资产　D. 大修理停用的固定资产

E. 当月减少的固定资产

11. 按照《企业会计准则——固定资产》规定，下列会计处理方法中正确的有（　　）。

A. 固定资产的各组成部分具有不同使用寿命或者以不同方式为企业提供经济利益，适用不同折旧率或折旧方法的，应当分别将各组成部分确认为单项固定资产

B. 经营租赁方式租入的固定资产发生的改良支出，应全部记入“经营租入固定资产改良”科目

C. 备品备件和维修设备通常确认为存货，但某些备品备件和维修设备需要与相关固定资产组合发挥效用，应当确认为固定资产

D. 生产车间发生的固定资产修理费用记入“制造费用”科目，行政管理部门发生的固定资产修理费用记入“管理费用”科目

E. 生产车间发生的固定资产修理费用记入“管理费用”科目

三、判断题

1. 对于构成固定资产的各组成部分，如果各自具有不同的使用寿命或者以不同的方式为企业提供经济利益，企业应将各组成部分单独确认为固定资产，并且采用不同的折旧率或者折旧方法计提折旧。（　　）

2. 企业购置的环保设备和安全设备等资产，由于它们的使用不能直接为企业带来经济利益，所以企业不应将其确认为固定资产。（　　）

3. 在不考虑计提固定资产减值准备的情况下，某项固定资产期满报废时，无论采用年限平均法，还是采用加速折旧法，其累计折旧额一定等于该项固定资产应计提折旧总额。（　　）

4. 经营租赁方式租入的固定资产发生的改良支出，应全部记入“经营租入固定资产改良”科目。（　　）

5. 固定资产的大修理费用和日常修理费用通常不符合固定资产确认条件，金额较小时应当在发生时计入当期管理费用，金额较大时采用预提或待摊方式处理。（　　）

6. 企业在财产清查中如果发现固定资产盘盈，在报经批准后，应按其重置价值转入“营业外收入”。（　　）

7. 固定资产提足折旧后，不管是否继续使用，均不再提取折旧；提前报废的固定资产还需再补提折旧。（　　）

8. 固定资产发生的更新改造支出、房屋装修费用等，符合固定资产确认条件的，应当计入固定资产成本，同时将被替换部分的账面价值扣除。（　　）

9. 土地属于固定资产，企业取得的土地使用权可作为固定资产管理。（　　）

10. 采用双倍余额递减法计算固定资产折旧时是用固定资产的净值乘以双倍的直线法折旧率。（　　）

四、业务题

1. 某企业于20×9年年初自行建造仓库一座，购入为工程准备的各种物资100 000元，支付的增值税额为17 000元，实际领用工程物资（含增值税）105 300元，剩余物资转作企业生产用原材料；另外领用了企业生产用的原材料一批，实际成本为10 000元，应转出的增值税为1 700元；分配工程人员工资40 000元，企业辅助生产车间为工程提供有关劳务支出3 000元，工程于20×9年4月达到预定可使用状态并交付使用。

要求：（1）计算工程完工交付使用时固定资产的入账价值。

（2）编制 20×9 年与工程物资和固定资产构建有关的会计分录。

2. 某企业发生如下经济业务。

（1）购买设备一台，价款 120 万元，增值税税率 17%，以银行存款支付，需进行安装。

（2）安装过程中领用本企业材料 17 万元（不含增值税），全部用于安装工程。

（3）应付安装工程人员工资 23 万元。

（4）安装完毕交付生产车间使用。

（5）该设备预计使用 10 年，净残值 5%，采用直线法计提折旧。

（6）该设备于交付使用后第四年末报废，在清理中，支付清理费 2 000 元，收到过失人赔款和残料变价收入款共计 13 000 元。

要求：编制上述有关业务的会计分录（金额单位使用万元表示）。

3. 某小企业有旧厂房一幢，原值 200 000 元，已提折旧 180 000 元，因使用期满经批准报废。在清理过程中，以银行存款支付清理费用 5 000 元，拆除的残料一部分作价 10 000 元，由仓库收作维修材料，另一部分变卖收入 18 000 元存入银行。要求编制固定资产转入清理、支付清理费用、材料入库并收到变价收入以及结转固定资产清理净损益的会计分录。

五、案例分析题

【案例 1】

1. 资料

审计人员对某公司 20×9 年度固定资产折旧进行审查时发现，该公司本年度 1 月初新增已投入生产使用的机器设备一台，原价 800 000 元，估计净残值为 35 000 元，预计使用年限为 8 年，采用年数总和法对该项固定资产计提折旧。又经调查发现该公司其余固定资产均采用直线法计提折旧。该公司对这一事项未在财务情况说明书中予以揭示。

2. 要求

根据以上情况，分析审计人员如何确定该事项对该公司资产负债表和利润表的影响，对被审计单位提出什么要求？

【案例 2】

1. 资料

方达公司是一家制造企业，固定资产折旧采用平均年限法，公司所得税率为 25%。以下是公司会计今年所做的有关固定资产业务的会计处理。

对公司今年通过经营租赁方式租入的一座仓库提取了折旧 50 000 元；对采用融资租赁方式租入的一套大型设备提取了折旧 80 000 元；对公司今年 1 月初租出的一台机器设备停止提折旧，该设备每年折旧额为 10 000 元。

2. 要求

（1）请评价该公司会计对固定资产的账务处理是否正确？为什么？

（2）这样处理对公司的利润和所得税有无影响？

【案例 3】

1. 资料

厦门建发、南方航空确定的厦门航空（厦门航空是厦门建发与南方航空的合资企业）2002 年净利润分别为 0.78 亿元、4.36 亿元。然而厦门航空的真实会计数据到底如何呢？南方航空与厦门建发分别持有厦门航空60%和40%的股权（2003年5月，厦门建发已将其持有厦门航空股权转让给了大股东）。记者在采访中得知，厦门航空自身经审计的会计报表中，飞机的折旧年限是十年。而按照十年的折旧期，厦门航空2002年净利润为0.78亿元。厦门建发在编制自身会计报表时即认同了厦门航空的这一折旧年限。

国家有关部门对于民航飞机折旧年限问题自2002年起有所调整。其中小飞机从8年至15年延长到10年至15年，大飞机从10年至15年延长到10年至20年。也就是说，对于飞机折旧年限存在一定的弹性空间。考虑到飞机折旧年限对于航空公司利润核算的重大影响，如果对航空公司飞机折旧年限作出一定的调整，其年度利润的差别会相当大。因此，南方航空对合并后的厦门航空经审计的会计报表有可能不认同厦门航空的飞机折旧年限。

2．要求

（1）折旧年限和折旧政策对企业的费用有什么影响？是什么原因导致厦门建发、南方航空计算出的厦门航空2002年净利润的差异？

（2）折旧额的高低对会计利润的确定会产生什么影响？

第七章　无形资产与长期待摊费用

【学习目标】

通过本章的学习，应该了解无形资产的概念、特征和内容；掌握无形资产取得、价值摊销和处置的会计处理；了解长期待摊费用的概念和会计处理。

第一节　无形资产概述

一、无形资产的概念与特征

无形资产是指企业拥有或者控制的没有实物形态的可辨认非货币性资产。无形资产通常包括专利权、非专利技术、商标权、著作权、土地使用权和特许权等。相对于其他资产，无形资产具有以下特征。

1. 无形资产不具有实物形态

无形资产不是以实物形态存在的，看不见，摸不着，通常表现为某种权利、某项技术或是某种获取超额利润的综合能力，比如，专利权、非专利技术等。不具有实物形态是无形资产区别于存货、固定资产等实物资产的特征之一。在确定一项包含有形和无形要素的资产是否属于无形资产时，需要通过判断来加以确定，通常以哪个要素更重要作为判断的依据。例如，计算机软件一般存储在光盘中，如果计算机软件不是相关硬件不可缺少的组成部分，则该软件应作为无形资产核算；但是，计算机控制的机械工具没有特定计算机软件就不能运行时，则说明该软件是构成相关硬件不可缺少的组成部分，则该软件应作为固定资产处理。

2. 无形资产具有可辨认性

要作为无形资产核算，该资产必须是能够区别于其他资产可单独辨认的，满足以下条件之一的，符合无形资产定义中的可辨认性标准。

（1）能够从企业中分离或者划分出来，并能单独或者与相关合同、资产或负债一起，用于出售、转移、授权许可、租赁或者交换。

（2）源自合同性权利或其他法定权利，无论这些权利是否可以从企业或其他权利和义务中转移或者分离。

商誉通常是与企业整体价值联系在一起的，无法与企业自身分离，不具有可辨认性，不属于本章所指的无形资产。

3. 无形资产属于非货币性资产

非货币性资产是指企业持有的货币资金和将以固定或可确定的金额收取的资产以外的其他资产。无形资产在持有过程中为企业带来未来经济利益的情况不确定，不属于以固定或可确定的金额收取的资产，属于非货币性资产。

小提示

商誉、应收账款、石油天然气矿区权益等资产也是无形的，不具有实物形态，但它们不属于无形资产准则所定义的无形资产。

商誉的存在无法与企业自身相分离，不具有可辨认性。企业合并中形成的商誉，适用《企业会计准则第 20 号——企业合并》。应收账款也没有实物形态，它属于企业的债权资产，不属于无形资产。石油天然气矿区权益是指企业取得的在矿区内勘探、开发和生产油气的权利，可参见《企业会计准则第 27 号——石油天然气开采》。

二、无形资产的内容

1. 专利权

专利权是指国家专利主管机关依法授予发明创造专利申请人，对其发明创造在法定期限内所享有的专有权利，包括发明专利权、实用新型专利权和外观设计专利权。专利权是允许其持有者独家使用或控制的权利，但它并不保证一定能给持有者带来经济效益。

2. 非专利技术

非专利技术又称专有技术，是指未经公开也未申请专利，但在生产经营活动中已采用的、不享有法律保护，但为发明人所垄断，具有实用价值的各种技术和经验。非专利技术一般包括工业专有技术、商业贸易专有技术、管理专有技术等，如设计图纸、资料、技术规范、工艺流程、材料配方、管理制度和方法等。

3. 商标权

商标是用来辨认特定的商品或劳务的标记。商标权是商标专用权的简称，是指商标主管机关依法授予商标所有人对其注册商标受国家法律保护的专有权。

4. 著作权

著作权又称为版权，是指自然人、法人或者其他组织对文学、艺术或科学作品依法享有的财产权利和人身权利的总称。著作权包括作品署名权、发表权、修改权、保护作品完整权、复制权、发行权等以及应当由著作权人享有的其他权利。

5. 特许权

特许权又称专营权，指企业在某一地区、一定时间内生产经营或销售某种特定商品的权利或是一家企业接受另一家企业使用其商标、商号、技术秘密等的权利。特许权分为两种，一种是由政府机构授权，准许企业在一定地区享有经营某种业务的特权，如烟草专卖权和水、电、邮电通信等专营权等；另一种是指企业间依照签订的合同，有限期或无限期使用另一家企业的某些权利，如非专利技术使用权、商标使用权等。

6. 土地使用权

土地使用权是指国家准许某企业在一定期间内对国有土地享有开发、利用、经营的权利。我国实行土地公有制，任何单位和个人只能拥有土地的使用权，而不是所有权。企业取得土地使用权的方式大致有以下几种：行政划拨取得、外购取得和投资者投资取得。通常情况下，缴纳土地出让金等方式外购的土地使用权、投资者投入等方式取得的土地使用权作为无形资产核算。但是，作为投资性房地产的土地使用权，适用《企业会计准则第 3 号——投资性房地产》作为投资性房地产核算；作为固定资产的土地按照固定资产核算。

第二节　无形资产的取得

一、无形资产取得的成本

无形资产通常是按实际成本计量的，即以取得无形资产并使之达到预定用途而发生的全部支出作为无形资产的成本。企业可以从外部取得无形资产，也可以自行进行研究开发。对于不同来源取得的无形资产，其成本构成不尽相同。

1. 外购的无形资产成本

外购无形资产的成本包括购买价款、相关税费以及直接归属于使该项资产达到预定用途所发生的其他支出。其中，直接归属于使该项资产达到预定用途所发生的其他支出包括使无形资产达到预定用途所发生的专业服务费用、测试无形资产是否能够正常发挥作用的费用等，但不包括为引入新产品进行宣传发生的广告费、管理费用及其他间接费用，也不包括在无形资产已经达到预定用途以后发生的费用。

2. 投资者投入的无形资产成本

投资者投入无形资产的成本应当按照投资合同或协议约定的价值确定。在投资合同或协议约定的价值不公允的情况下，应按无形资产的公允价值入账。

3. 研究开发取得的无形资产成本

企业通过自行研究开发取得的无形资产以其开发成本作为入账价值。对于企业自行研究开发的项目，无形资产准则要求区分为研究阶段与开发阶段两个部分分别进行核算。研究阶段的支出通常予以费用化计入当期损益；开发阶段中发生的支出符合无形资产确认条件的，计入无形资产成本。

4. 其他方式取得的无形资产成本

企业还可以通过非货币性资产交换、债务重组、政府补助和企业合并等方式取得无形资产。通过这些方式取得的无形资产，如果其公允价值能够可靠计量，一般来说其成本的确定采用公允价值计量。

二、无形资产取得的核算

为了反映企业无形资产的取得情况，应设置“无形资产”和“研发支出”等账户进行核算。

“无形资产”账户核算企业持有的无形资产的成本。借方记录取得无形资产的成本，贷方记录减少的无形资产成本，余额在借方，反映企业持有的无形资产成本。该账户可以按无形资产项目进行明细核算。

“研发支出”账户核算企业研究与开发无形资产过程中发生的各项支出。借方记录企业自行研究开发无形资产发生的研发支出，贷方结转达到预定用途的研究开发项目已资本化的金额和期末结转的费用化金额，余额在借方，反映企业正在进行的无形资产研究开发项目所发生的支出。该账户应当按照研究开发项目，分别对“费用化支出”与“资本化支出”进行明细核算。

（一）外购的无形资产

外购的无形资产按应计入无形资产成本的金额，借记“无形资产”账户，贷记“银行存款”等账户。

【例 7.1】 20×9 年 3 月 1 日，长江公司购入一项专利权，所付费用总计为 20 000 元。根据有关凭证编制会计分录如下：

借：无形资产——专利权　　20 000

　　贷：银行存款　　20 000

（二）投资者投入的无形资产

投资者投入的无形资产的成本应当按照投资合同或协议约定的价值确定无形资产的取得成本。如果投资合同或协议约定价值不公允，应按无形资产的公允价值作为无形资产的初始成本入账。

【例 7.2】 20×9 年 3 月 7 日，长江公司接受黄河公司投入专利技术一项，双方协议约定该专利技术作价 50 000 元，该专利技术协议价与其公允价值相等，编制会计分录如下：

借：无形资产——专利权　　50 000

　　贷：实收资本　　50 000

（三）研究开发取得的无形资产

1. 研究阶段和开发阶段

对于企业自行进行的研究开发项目，应该区分研究阶段与开发阶段两个部分分别进行核算。企业需要根据研究与开发的实际情况加以判断。

研究阶段是指为获取新的技术和知识等进行的有计划的调查，具有计划性和探索性。研究阶段为进一步的开发活动进行资料及相关方面的准备，从已经进行的研究活动看，将来是否会转入开发、开发后是否会形成无形资产等具有较大的不确定性。研究活动的例子包括意在获取知识而进行的活动，研究成果或其他知识的应用研究、评价和最终选择，材料、设备、产品、工序、系统或服务替代品的研究，以及新的或经改进的材料、设备、产品、工序、系统或服务的可能替代品的配制、设计、评价和最终选择。

开发阶段是指在进行商业性生产或使用前，将研究成果或其他知识应用于某项计划或设计，以生产出新的或具有实质性改进的材料、装置、产品等。开发阶段具有针对性并且形成成果的可能性较大，应当是完成了研究阶段的工作，在很大程度上形成一项新产品或新技术的基本条件已经具备。例如，生产前或使用前的原型和模型的设计、建造和测试；含有新技术的工具、模具和冲模的设计；不具有商业性生产经济规模的试生产设施的设计、建造和运营。

2. 研究与开发支出的确认和计量

无形资产准则规定，企业内部研究开发项目研究阶段的支出应当于发生时计入当期损益（管理费用）。开发阶段的支出满足资本化条件的，才能确认为无形资产。内部开发活动形成的无形资产，其成本通常包括开发该无形资产时耗费的材料、劳务成本、注册费、在开发该无形资产过程中使用的其他专利权和特许权的摊销、可以资本化的利息支出等。如果确实无法区分研究阶段的支出和开发阶段的支出，应将其所发生的研发支出全部费用化，计入当期损益（参见图 7.1）。

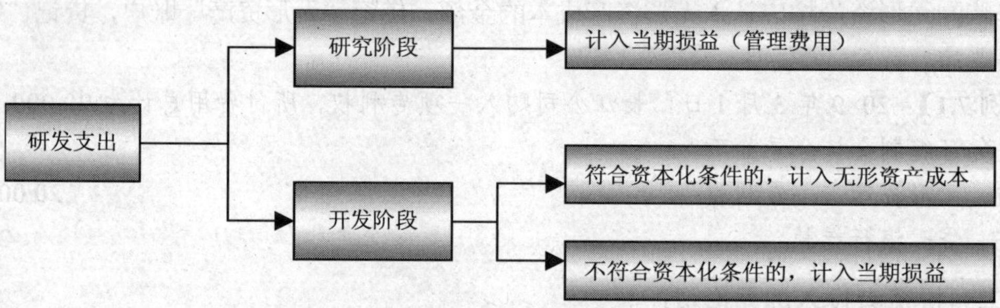

图 7.1　无形资产内部研究开发费用的会计处理

补充知识

在企业内部研究开发项目的开发阶段，判断可以将有关支出资本化计入无形资产成本的条件包括：

（1）完成该无形资产以使其能够使用或出售在技术上具有可行性；

（2）具有完成该无形资产并使用或出售的意图；

（3）无形资产产生经济利益的方式包括能够证明运用该无形资产生产的产品存在市场或无形资产自身存在市场；无形资产将在内部使用的，应当证明其有用性；

（4）有足够的技术、财务资源和其他资源支持，以完成该无形资产的开发，并有能力使用或出售该无形资产；

（5）归属于该无形资产开发阶段的支出能够可靠计量。

——摘自《企业会计准则讲解 2010》

3. 内部研究开发费用的会计处理

内部研究开发费用的会计处理按以下方法进行。

（1）企业自行开发无形资产发生的研发支出未满足资本化条件的，借记“研发支出——费用化支出”科目，满足资本化条件的，借记“研发支出——资本化支出”科目，贷记“原材料”、“银行存款”、“应付职工薪酬”等科目。

（2）研究开发项目达到预定用途形成无形资产的，应按“研发支出——资本化支出”科目的余额，借记“无形资产”科目，贷记“研发支出——资本化支出”科目。

（3）期末，企业应将“研发支出——费用化支出”科目归集的费用化支出金额转入管理费用，借记“管理费用”科目，贷记“研发支出——费用化支出”科目。

【例 7.3】 20×6 年，长江公司开发某项专利技术，在研究开发过程中发生材料费 500 000 元、人工工资 200 000 元，其他费用 300 000 元，总计 1 000 000 元。其中，符合资本化条件的支出为 600 000 元，年末该专利技术已经达到预定用途。

相关费用发生时，编制会计分录如下：

借：研发支出——费用化支出　　400 000
　　　　　　——资本化支出　　600 000
　贷：原材料　　500 000
　　　应付职工薪酬　　200 000
　　　银行存款　　300 000

期末，将不符合资本化条件的研发支出转入当期管理费用，编制会计分录如下：

借：管理费用　　400 000
　贷：研发支出——费用化支出　　400 000

期末，该专利技术已经达到预定用途，将符合资本化条件的研发支出转入无形资产成本，编制会计分录如下：

借：无形资产——××专利　　600 000
　贷：研发支出——资本化支出　　600 000

（四）通过其他方式取得的无形资产

企业通过非货币性资产交换、债务重组、政府补助和企业合并等方式取得的无形资产，应当分别按照《企业会计准则第 7 号——非货币性资产交换》、《企业会计准则第 12 号——债务重组》、《企业会计准则第 16 号——政府补助》和《企业会计准则第 20 号——企业合并》进行会计处理。

第三节　无形资产的价值摊销

一、无形资产的使用寿命

（一）无形资产价值摊销的原则

企业应当在取得无形资产时分析判断其使用寿命，根据使用寿命是否可确定，无形资产可以分为使用寿命有限的无形资产和使用寿命不确定的无形资产。使用寿命有限的无形资产是指无形资产的使用寿命是有限的或可以根据可靠证据确定的。无形资产的使用寿命如为有限的，应当估计该使用寿命的年限或者构成使用寿命的产量等类似计量单位数量。无法预见无形资产为企业带来未来经济利益期限的，应当视为使用寿命不确定的无形资产。

只有使用寿命有限的无形资产才需要在估计的使用寿命内采用系统合理的方法进行摊销，对于使用寿命不确定的无形资产则不需要摊销。

（二）无形资产使用寿命的确定

1. 估计无形资产使用寿命应考虑的因素

无形资产的后续计量是以其使用寿命为基础的。无形资产的使用寿命包括经济寿命和法定寿命两个方面。经济寿命是指无形资产可以为企业带来经济利益的年限。有些无形资产的使用寿命受法律、规章或合同的限制，称为法定寿命。如我国法律规定发明专利权有效期为 20 年，商标权的有效期为 10 年。有些无形资产如永久性特许经营权、非专利技术等的寿命则不受法律或合同的限制。

在估计无形资产使用寿命时，应当综合考虑各方面的影响，通常应该考虑如下因素。

（1）运用该资产生产的产品通常的寿命周期、可获得的类似资产使用寿命的信息；

（2）技术、工艺等方面的现实情况及对未来发展的估计；

（3）以该资产生产的产品或服务的市场需求情况；

（4）现在或潜在的竞争者预期将采取的行动；

（5）为维持该资产带来经济利益能力的预期维护支出，以及企业预计支付有关支出的能力；

（6）对该资产控制期限的相关法律规定或类似限制，如特许使用期间、租赁期等；

（7）与企业持有的其他资产使用寿命的关联性等。

2. 无形资产使用寿命的确定方法

（1）源自合同性权利或其他法定权利取得的无形资产，其使用寿命不应超过合同性权利或其他法定权利的期限。如果合同性权利或其他法定权利能够在到期时因续约等延续，当有证据表明企业续约不需要付出重大成本时，续约期才能够包括在使用寿命的估计中。例如，我国法律规定发明专利权有效期为 20 年，企业取得了一项发明专利，估计能在 10 年内给企业带来经济利益，则该项无形资产的使用寿命为 10 年。

（2）合同或者法律没有规定使用寿命的，企业应当综合各方面情况判断来确定无形资产为企业带来未来经济利益的期限。例如，与同行业的情况进行比较、参考历史经验，或者聘请相关专家进行论证等。

（3）按照上述方法，仍然确实无法合理确定无形资产为企业带来经济利益期限的，才能将其作为使用寿命不确定的无形资产。

二、使用寿命有限的无形资产的摊销

1. 摊销期和摊销方法

使用寿命有限的无形资产应在其预计的使用寿命内采用系统合理的方法对应摊销金额进行摊销。其中，应摊销金额是指无形资产的成本扣除预计残值后的金额。

无形资产的摊销期自其可供使用时起，至不再作为无形资产确认时止。企业选择无形资产的摊销方法，应当反映与该项无形资产有关的经济利益的实现方式。这些方法包括直线法、生产总量法等。无法可靠确定预期实现方式的，应当采用直线法摊销。

使用寿命有限的无形资产，其残值应当视为零，除非有第三方承诺在无形资产使用寿命结束时购买该项无形资产，或者可以根据活跃市场得到预计残值信息，并且该市场在无形资产使用寿命结束时很可能存在。

2. 摊销的会计处理

无形资产的摊销一般应计入当期损益。如果某项无形资产所包含的经济利益通过所生产的产品或其他资产实现，其摊销金额应当计入相关资产的成本。例如，某项无形资产是专门用于生产某种产品的，其所包含的经济利益是通过转入到所生产的产品中体现的，无形资产的摊销费用应构成产品成本的一部分。

企业应当设置"累计摊销"科目，该科目核算企业对使用寿命有限的无形资产计提的累计摊销额。本科目应按无形资产项目进行明细核算。企业计提无形资产摊销时，借记"管理费用"、"其他业务成本"等科目，贷记"累计摊销"科目。该科目期末贷方余额，反映企业无形资产的累计摊销额。

企业至少应当于每年年度终了，对使用寿命有限的无形资产的使用寿命及摊销方法进行复核。如果有证据表明无形资产的使用寿命及摊销方法与以前估计不同，应当改变摊销期限和摊销方法。

【例 7.4】 20×6 年 1 月 1 日，长江公司从外单位购得一项商标权，支付价款 300 000 元，款项已支付。该项商标的法律保护期为 10 年，企业预计在未来 5 年内会给公司带来经济利益，预计净残值为零，并按直线法摊销。

公司取得无形资产的账务处理如下：

借：无形资产——商标权　　300 000

　　贷：银行存款　　300 000

按月摊销时，

摊销金额=300 000÷5÷12=5 000（元）

编制会计分录如下：

借：管理费用　　5 000

　　贷：累计摊销　　5 000

三、使用寿命不确定的无形资产减值测试

按照无形资产准则规定，对于使用寿命不确定的无形资产，在持有期间内不需要摊销。但至少应当在每年年度终了按照《企业会计准则第 8 号——资产减值》的有关规定进行减值测试。经减值测试表明已发生减值的，应该计提有关的减值准备。企业应当在每个会计期间对使用寿命不确定的无形资产的使用寿命进行复核。如果有证据表明无形资产的使用寿命是有限的，应当估计其使用寿命，并按准则规定处理。

第四节　无形资产的处置和报废

无形资产的处置主要是指无形资产出售、对外出租、对外捐赠等。无形资产的报废是指

无形资产无法为企业带来未来经济利益时，应予转销并终止确认。

一、无形资产的出售

企业出售无形资产时，应将所取得的价款与该无形资产账面价值的差额计入当期损益。企业将无形资产出售表明企业转让无形资产的所有权，所以需要注销无形资产的账面价值，并确定资产处置利得或损失。

出售无形资产时，应按实际收到的金额，借记“银行存款”等科目；按已摊销的累计摊销额，借记“累计摊销”科目；原已计提减值准备的，借记“无形资产减值准备”科目；按应支付的相关税费，贷记“应交税费”等科目；按其账面余额，贷记“无形资产”科目；按其差额，贷记“营业外收入——处置非流动资产利得”科目或借记“营业外支出——处置非流动资产损失”科目。

【例 7.5】20×5 年 12 月 1 日，长江公司将拥有的一项非专利技术出售，取得收入 1 000 000 元，应交营业税为 50 000 元。该非专利技术的账面余额为 2 000 000 元，累计摊销额为 800 000 元。编制会计分录如下：

借：银行存款	1 000 000
累计摊销	800 000
营业外支出——处置非流动资产损失	250 000
贷：无形资产——非专利技术	2 000 000
应交税费——应交营业税	50 000

二、无形资产的出租

无形资产出租是指根据租赁合同或协议，企业允许他人使用本企业的无形资产，并收取使用费。企业出租无形资产转让的是使用权，收取的租金收入属于让渡资产使用权取得的收入，所以应属于其他业务收入。在满足收入准则规定的确认标准的情况下，应确认相关的收入及成本。

出租无形资产时，取得的租金收入，借记“银行存款”等科目，贷记“其他业务收入”等科目；摊销出租无形资产的成本和发生与转让有关的各种费用支出时，借记“其他业务成本”、“营业税金及附加”科目，贷记“累计摊销”、“应交税费”等科目。

【例 7.6】 20×7 年 1 月 1 日，长江公司将一项专利技术出租给另外一个企业使用，该专利技术账面余额为 500 000 元，摊销期限为 10 年，出租合同规定每年专利技术使用费为 100 000 元，租期为 5 年。假定不考虑其他相关税费。

每年收取租金，编制会计分录如下：

借：银行存款	100 000
贷：其他业务收入	100 000

按年对该专利技术进行摊销，编制会计分录如下：

借：其他业务成本	50 000
贷：累计摊销	50 000

三、无形资产的报废

如果无形资产预期不能为企业带来未来经济利益，不再符合无形资产的定义，应将其转销。如该无形资产已被其他新技术所替代，不能为企业带来经济利益。无形资产预期不能为企业带来经济利益的，应按已摊销的累计摊销额，借记“累计摊销”科目；原已计提减值准备的，借记“无形资产减值准备”科目；按其账面余额，贷记“无形资产”科目；按其差额，借记“营业外支出”科目。

【例 7.7】 长江公司的一项专利技术，其账面余额为 600 万元，摊销期限为 10 年，采用直线法进行摊销，已摊销了 6 年，假定该专利权的残值为 0，已累计计提的减值准备为 140 万元。目前用该专利技术生产的产品已没有市场，预期不能再为企业带来经济利益，该专利应予报废。假定不考虑其他相关因素，其账务处理如下：

借：累计摊销	3 600 000	
无形资产减值准备	1 400 000	
营业外支出——处置无形资产损失	1 000 000	
贷：无形资产——专利权		6 000 000

第五节　长期待摊费用

一、长期待摊费用的定义和内容

长期待摊费用是指企业已经发生但应由本期和以后各期负担的分摊期限在 1 年以上的各项费用，如以经营租赁方式租入的固定资产发生的改良支出等。

长期待摊费用虽然也列为资产项目，但它与一般资产相比有很大的不同，主要表现在以下两方面。

（1）长期待摊费用本身没有交换价值，不能转让，也不能用于清偿债务；而长期待摊费用以外的其他资产都具有交换价值，既可以转让，也可以用于清偿债务。

（2）长期待摊费用在本质上是一种费用，由于支出数额一般较大，对企业生产经营影响时间较长或支出的效益要期待于未来，若将其全部计入当期的费用中显然有违权责发生制原则的要求，因此，需要将其分期进行摊销。

二、长期待摊费用的会计处理

企业应对发生的长期待摊费用设置“长期待摊费用”科目进行总分类核算，该科目应按费用项目进行明细核算。企业发生长期待摊费用时，借记“长期待摊费用”科目，贷记“银行存款”等科目。摊销长期待摊费用时，借记“管理费用”、“销售费用”等科目，贷记“长期待摊费用”科目。该科目期末借方余额，反映企业尚未摊销完毕的长期待摊费用的摊余价值。

以经营租赁方式租入的固定资产发生的改良支出应通过“长期待摊费用”科目核算，并在剩余租赁期与租赁资产尚可使用年限两者中较短的期间内，采用合理的方法进行摊销。

【例 7.8】 20×6 年 4 月 1 日，长江公司以经营租赁方式租入一项固定资产，租赁期限为 5 年，该项固定资产尚可使用年限为 10 年。该企业于购进时对该租赁资产进行了改良，并支出了 60 000 元的改良费用。

发生改良支出时，编制会计分录如下：

借：长期待摊费用　　60 000

　　贷：银行存款　　60 000

每月摊销时，

$$摊销金额=60\ 000\div5\div12=1\ 000（元）$$

编制会计分录如下：

借：管理费用　　1 000

　　贷：长期待摊费用　　1 000

本章小结

无形资产是指企业拥有或者控制的没有实物形态的可辨认非货币性资产。无形资产通常包括专利权、非专利技术、商标权、著作权、土地使用权和特许权等。无形资产不具有实物形态，具有可辨认性，属于非货币性资产。

无形资产通常按实际成本计量，即以取得无形资产并使之达到预定用途而发生的全部支出作为无形资产的成本。

外购无形资产的成本包括购买价款、相关税费以及直接归属于使该项资产达到预定用途所发生的其他支出。

企业可以通过自行进行研究开发取得无形资产，以其开发成本作为入账价值。对于企业自行进行的研究开发项目，应区分研究阶段与开发阶段分别进行核算。研究阶段的支出应当于发生时计入当期损益（管理费用）。开发阶段的支出满足资本化条件的，才能确认为无形资产。

无形资产的价值摊销应区分使用寿命有限的无形资产和使用寿命不确定的无形资产。只有使用寿命有限的无形资产才需要在估计的使用寿命内采用系统合理的方法进行摊销，对于使用寿命不确定的无形资产则不需要摊销。

无形资产的处置主要是指无形资产出售、对外出租、对外捐赠等。出售无形资产时，应将所取得的价款与该无形资产账面价值的差额计入当期损益，同时注销无形资产的账面价值并确定资产处置利得或损失。出租无形资产转让的是使用权，收取的租金收入属于让渡资产使用权取得的收入，属于其他业务收入。

无形资产的报废是指无形资产无法为企业带来未来经济利益时，应予转销并终止确认。

长期待摊费用是指企业已经发生但应由本期和以后各期负担的分摊期限在 1 年以上的各项费用。企业应当对发生的长期待摊费用设置“长期待摊费用”科目进行核算。

复习思考

1. 什么是无形资产？无形资产有哪些基本特征？无形资产包括哪些内容？
2. 无形资产取得有哪些方式？如何确定无形资产的成本？
3. 无形资产的研究开发包括哪些阶段？每个阶段的支出应该如何处理？

4. 怎样确定无形资产的使用寿命？使用寿命有限的无形资产摊销应考虑哪些因素？

5. 无形资产处置的方式主要有哪些？企业出售无形资产和出租无形资产的会计处理有何差异？

基本训练

一、单选题

1. 下列项目中不属于企业无形资产的有（　　）。

A. 商标权　　B. 著作权　　C. 非专利技术　　D. 商誉

2. 某企业研制一项新技术，该企业在此项研究过程中发生研究费用 50 000 元，开发阶段的支出为 30 000 元，其中符合资本化条件的有 20 000 元，该项专利权的入账价值为（　　）元。

A. 50 000　　B. 20 000　　C. 30 000　　D. 80 000

3. 接受投资者投入的无形资产，应按（　　）入账。

A. 同类无形资产的价格

B. 投资各方合同或协议约定的价值

C. 投资方无形资产账面价值

D. 该无形资产可能带来的未来现金流量之和

4. 下列项目中属于企业无形资产的有（　　）。

A. 开办费　　B. 开发新技术过程中发生的研究费

C. 品牌　　D. 为获得土地使用权支付的土地出让金

5. 关于企业自行研究开发项目的支出，下列说法中不正确的是（　　）。

A. 企业自行研究开发项目的支出，应当区分研究阶段支出和开发阶段支出

B. 企业自行研究开发项目研究阶段的支出，应当于发生时计入当期损益

C. 企业自行研究开发项目开发阶段的支出，可能确认为无形资产也可能确认为费用

D. 企业自行研究开发项目开发阶段的支出，均应确认为无形资产

6. 关于无形资产的摊销，下列说法不正确的是（　　）。

A. 使用寿命有限的无形资产，其应摊销的金额应当在使用寿命内系统合理摊销

B. 使用寿命有限的无形资产一定无残值

C. 对于使用寿命不确定的无形资产不需要摊销

D. 企业摊销无形资产，应当自无形资产可供使用时起至不再作为无形资产确认为止

7. 关于无形资产的内容，下列说法中不正确的有（　　）。

A. 无形资产具有可辨认性

B. 无形资产属于非货币性资产

C. 合并中产生的商誉不作为无形资产

D. 无形资产的使用寿命一定是确定的

8. 企业计提无形资产摊销时，贷方应记的科目是（　　）。

A. 管理费用　　B. 其他业务成本　　C. 累计摊销　　D. 无形资产

9. 企业出售一项 3 年前取得的专利权，该项专利取得时的成本为 20 万元，采用直线法按 10

年摊销，出售时取得收入40万元，营业税为2万元，则应该计入当期损益的金额为（　　）万元。

A. 24　　B. 15　　C. 26　　D. 16

10. 企业出租无形资产，发生的相关支出应该计入（　　）。

A. 营业外支出　　B. 管理费用　　C. 其他业务成本　　D. 销售费用

二、多选题

1. 下列项目中属于企业无形资产的有（　　）。

A. 商标权　　B. 品牌　　C. 非专利技术　　D. 自创商誉

2. 企业取得无形资产的方式通常有（　　）。

A. 自行研究开发　　B. 投资者投入　　C. 外购　　D. 非货币性资产交换

3. 下列各项中，不会引起无形资产账面价值发生增减变动的有（　　）。

A. 转让无形资产所有权

B. 转让无形资产使用权

C. 企业内部研究开发项目研究阶段的支出

D. 企业内部研究开发项目开发阶段的支出不满足无形资产确认条件的部分

4. 下列有关无形资产会计处理的表述中，正确的有（　　）。

A. 自用的土地使用权应确认为无形资产

B. 企业内部研究开发项目研究阶段的支出不应确认为无形资产

C. 无形资产均应确定预计使用年限并分期摊销

D. 使用寿命不确定的无形资产不需要摊销

5. 无形资产摊销进行会计处理时，可能用到的会计科目有（　　）。

A. 管理费用　　B. 营业外收入　　C. 其他业务成本　　D. 累计摊销

6. 企业出售无形资产进行会计处理时，可能用到的会计科目有（　　）。

A. 其他业务收入　　B. 营业外收入　　C. 营业外支出　　D. 累计摊销

7. 企业出租无形资产进行会计处理时，可能用到的会计科目有（　　）。

A. 营业外收入　　B. 其他业务收入　　C. 其他业务成本　　D. 累计摊销

8. 下列各项中，企业应确认为无形资产的有（　　）。

A. 企业自行研究开发无形资产的研究费用

B. 由于技术先进掌握了生产诀窍而形成的商誉

C. 企业自行开发无形资产的开发费用在符合资本化条件时

D. 企业在市场上购入的无形资产

9. 下列事项中，可能影响当期利润表中营业利润的有（　　）。

A. 计提无形资产减值准备

B. 新技术项目研究过程中发生的人工费用

C. 出租无形资产取得的租金收入

D. 接受其他单位捐赠的专利权

E. 摊销无形资产

10. 下列可以确认为无形资产的有（　　）。

A. 企业自创的商誉

B. 有偿取得的经营特许权

C. 有偿取得的高速公路 15 年的收费权

D. 国家无偿划拨给企业的土地使用权

E. 企业研发专利权发生的研究费用

三、判断题

1. 企业自创的商誉属于无形资产。(　　)

2. 存储计算机软件的光盘具有实物形态，不属于企业的无形资产。(　　)

3. 作为投资性房地产的土地使用权，作为投资性房地产核算。(　　)

4. 企业内部研究开发项目研究阶段的支出，应当于发生时计入当期损益。(　　)

5. 企业出租无形资产收取的租金收入应该记入“营业外收入”科目。(　　)

6. 企业内部研究开发项目开发阶段的支出都应该确认为无形资产的成本。(　　)

7. 企业持有的无形资产都需要进行摊销。(　　)

8. 使用寿命有限的无形资产，其残值一般应当视为零。(　　)

9. 企业转让无形资产所有权和使用权的收入均应记入“营业外收入”科目，其转让成本费用均应记入“营业外支出”科目。(　　)

10. 投资者投入的无形资产必须按照投资合同或协议约定的价值确定。(　　)

四、业务题

1. 某公司自行研究开发某项专利技术，在研究过程中发生材料费 40 000 元、人工工资 20 000 元，以及其他费用 20 000 元，总计 80 000 元。在开发过程中，发生材料费 20 000 元、人工工资 10 000 元，以及其他费用 20 000 元，总计 50 000 元，全部符合资本化条件，年末，该专利技术已经达到预定用途。请编制有关业务的会计分录。

2. A 企业 20×7 年 1 月 1 日从 B 企业购入一项专利的所有权，以银行存款支付买价和有关费用共计 100 万元。该专利自可供使用时起至不再作为无形资产确认时止的年限为 10 年，假定 A 企业于年末一次计提全年无形资产摊销。20×9 年 1 月 1 日，A 企业将上项专利权出售给 C 企业，取得收入 90 万元存入银行，该项收入适用的营业税税率为 5%（不考虑其他税费）。

要求:（1）编制 A 企业购入专利权的会计分录;

（2）计算该项专利权的年摊销额并编制有关的会计分录;

（3）编制与该项专利权转让有关的会计分录（金额单位使用万元表示）。

3. 某公司将一项专利技术出租给另外一个企业使用，该专利技术账面余额为 50 000 元，摊销期限为 5 年，出租合同规定每年专利技术使用费为 20 000 元，租期为 5 年。假设没有其他相关税费。请编制有关业务的会计分录。

4. 20×8 年 4 月 1 日，甲公司对其以经营租赁方式新租入的办公楼进行装修，发生以下有关支出:领用生产用材料 500 000 元,购进该批原材料时支付的增值税进项税额为 85 000 元；辅助生产车间为该装修工程提供的劳务支出为 180 000 元；有关人员工资等职工薪酬 435 000 元。20×8 年 11 月 30 日，该办公楼装修完工，达到预定可使用状态并交付使用，按租赁期 10 年开始进行摊销。

要求：编制甲公司对租入的办公楼进行装修以及交付使用后第一个月摊销的有关会计分录。

五、案例分析题

【案例 1】

某企业聘用专业评估机构，对其品牌价值进行评估。评估中结合了相关经济数据和对消费者的调研结果，最终确定其品牌价值为 20 亿元。请问企业可否将品牌价值确认为无形资产进行会计核算？为什么？

【案例 2】

某企业持有一项商标，该商标的账面余额为 10 000 元，累计摊销额为 5 000 元。企业将其出售，取得收入 20 000 元。企业出售无形资产时，将所取得的价款与该无形资产账面价值的差额计入当期损益，记入“其他业务收入”科目。请问该企业的会计处理是否正确？为什么？

第八章　投资性房地产

【学习目标】

通过本章的学习，应该明确投资性房地产的概念、特征及其范围；掌握投资性房地产的初始计量和后续计量；掌握投资性房地产的用途转换与处置的会计处理。

第一节　投资性房地产概述

一、投资性房地产及其特征

房地产是指房屋和土地及其产权的总称。房屋是指土地上的房屋等建筑物和构筑物。土地在我国归国家或集体所有，企业只能取得土地使用权，因此，房地产中的土地是指土地使用权。随着我国房地产市场的不断发展，房地产交易也日趋活跃，企业持有的房地产，除了用于自身的生产经营活动以外，出现了将房地产用于赚取租金或增值收益的活动，形成了投资性房地产。

投资性房地产是指为赚取租金或资本增值，或者两者兼有而持有的房地产。投资性房地产应当能够单独计量和出售。投资性房地产具有以下主要特征。

1. 投资性房地产业务是一种经营性活动

投资性房地产的主要形式是出租建筑物、出租土地使用权，这实质上属于一种让渡资产使用权行为，房地产租金就是让渡资产使用权取得的使用费收入，是企业为完成其经营目标所从事的经营性活动以及与之相关的其他活动形成的经济利益的流入。

投资性房地产的另一种形式是持有并准备增值后转让的土地使用权，尽管其增值收益通常与市场供求、经济发展等因素有关，但目的是增值后转让以赚取增值收益，也是企业为完成其经营目标所从事的经营性活动以及与之相关的其他活动形成的经济利益的流入。但是，按照国家有关规定认定的闲置土地不属于持有并准备增值后转让的土地使用权。在我国实务中，持有并准备增值后转让的土地使用权的情况较少。

2. 投资性房地产区别于作为生产经营场所的房地产和用于销售的房地产

投资性房地产在用途、状态、目的等方面区别于作为生产经营场所的房地产和用于销售的房地产。

企业持有的房地产除了自用（用于管理和生产经营的活动场所）和对外销售（已建完工的商品房）以外，随着我国近年来房地产市场的发展和房地产交易的活跃，出现了将房地产用于赚取租金或增值收益的活动，甚至成为个别企业的主营业务。然而，投资性房地产在用途、状态、目的等方面与企业自用的厂房、办公楼等房地产和房地产企业作为存货销售的商品房是有很大区别的，因此，为了合理反映企业所持有房地产的构成情况和赢利能力，有必要将投资性房地产单独作为一项资产核算和反映。

二、投资性房地产的范围

根据投资性房地产准则的规定，投资性房地产的范围限定为已出租的土地使用权、持有并准备增值后转让的土地使用权以及已出租的建筑物。

1. 已出租的土地使用权

已出租的土地使用权是指企业通过出让或转让方式取得的并以经营租赁方式出租的土地使用权。企业取得的土地使用权通常包括在一级市场上以交纳土地出让金的方式取得的土地使用权，也包括在二级市场上接受其他单位转让的土地使用权。对于以经营租赁方式租入土地使用权再转租给其他单位的，不能确认为投资性房地产。

【例 8.1】 A 公司与 B 公司签署了一项经营租赁合同，B 公司将其持有使用权的一块土地出租给 A 公司，以赚取租金收入，租期 8 年。A 公司又将这块土地转租给了 C 公司，以赚取租金差价，为期 3 年。假设此交易不违反国家有关规定。

本例中，对于 A 公司而言，这块土地使用权不能确认为投资性房地产。虽然从表面上看，A 公司转租土地后也赚取了租金收入，但这块土地是 A 公司以经营租赁方式租入的资产，A 公司不具有产权，故不属于其投资性房地产。对于 B 公司而言，自租赁期开始日起，这项土地使用权属于其投资性房地产。

2. 持有并准备增值后转让的土地使用权

持有并准备增值后转让的土地使用权是指企业通过出让或转让方式取得并准备增值后转让的土地使用权。这类土地使用权很可能给企业带来资本增值收益，符合投资性房地产的定义。例如，企业发生转产或厂址搬迁，部分土地使用权停止自用，企业继续持有这部分土地使用权，待其增值后转让以赚取增值收益。

但是，按照国家有关规定认定的闲置土地不属于持有并准备增值的土地使用权。

3. 已出租的建筑物

已出租的建筑物是指企业拥有产权并以经营租赁方式出租的建筑物，包括自行建造或开发活动完成后用于出租的建筑物。

企业在判断和确认已出租的建筑物时，应当注意把握以下要点。

（1）用于出租的建筑物是指企业拥有产权的建筑物。企业以经营租赁方式租入再转租的建筑物不属于投资性房地产，因为企业对其不具有产权。

（2）已出租的建筑物是企业已经与其他方签订了租赁协议，约定以经营租赁方式出租的建筑物。自租赁协议规定的租赁期开始日起，经营租出的建筑物才属于已出租的建筑物。企业计划用于出租但尚未出租的建筑物不属于已出租的建筑物。

【例 8.2】 A 企业对持有使用权的一块土地进行了开发，并在这块土地上建造了一栋写字楼，拟用于整体出租，但尚未找到合适的承租人。

本例中，这栋写字楼不属于投资性房地产。直到 A 企业与承租人签订经营租赁合同，自租赁期开始日起，这栋写字楼才能转换为投资性房地产；同时，相应的土地使用权（无形资产）也应当转换为投资性房地产。

（3）企业将建筑物出租，按租赁协议向承租人提供的相关辅助服务在整个协议中不重大的，应当将该建筑物确认为投资性房地产。

【例 8.3】 B 公司购买了一栋商务楼，共 6 层。其中 1～2 层经营出租给某家商业银行，3 层经营出租给某健身中心，4～6 层经营出租给丙公司。B 公司同时为该商务楼提供保安、维修等日常辅助服务。

本例中，B 公司将商务楼出租，同时提供的辅助服务不重大。对于 B 公司而言，这栋商务楼属于其投资性房地产。

三、不属于投资性房地产的项目

1. *自用房地产*

自用房地产是指企业为生产商品、提供劳务或者经营管理而持有的房地产，如企业生产经营用的厂房和办公楼属于固定资产，企业生产经营用的土地使用权属于无形资产。自用房地产的特征在于服务于企业自身的生产经营，其价值会随着房地产的使用而逐渐转移到企业的产品或服务中去，通过销售商品或提供服务为企业带来经济利益，在产生现金流量的过程中与企业持有的其他资产密切相关。

此外，企业出租给本企业职工居住的宿舍，虽然也收取租金，但间接为企业自身的生产经营服务，因此不属于投资性房地产。又如，宾馆、酒店类企业拥有并自行经营的宾馆饭店，在向顾客提供住宿服务的同时，还提供餐饮、娱乐等其他服务，其经营目的主要是通过向顾客提供服务取得服务收入，因此，企业自行经营的旅馆饭店是企业的经营场所，不属于投资性房地产。

2. *作为存货的房地产*

作为存货的房地产通常是指房地产开发企业在正常经营过程中销售的或为销售而正在开发的商品房和土地。这部分商品房和土地属于房地产开发企业的存货，其生产、销售构成企业的主营业务活动，产生的现金流量也与企业的其他资产密切相关。因此，具有存货性质的房地产不属于投资性房地产。

实务中，存在某项房地产部分自用或部分作为存货出售、用于赚取租金或资本增值的情形。如果某项投资性房地产不同用途的部分能够单独计量和出售，应当分别确认为固定资产（或无形资产、存货）和投资性房地产。例如，甲开发商建造了一栋商住两用楼盘，一层出租给一家大型超市，已签订经营租赁合同，其余楼层均为普通住宅，正在公开销售中。这种情况下，如果一层商铺能够单独计量和出售，应当确认为甲企业的投资性房地产，其余楼层为甲企业的存货，不属于投资性房地产。

3. *闲置土地*

企业依法取得土地使用权后，应当按照国有土地有偿使用合同或建设用地批准书规定的期限动工开发建设。关于闲置土地的认定，根据 1999 年 4 月 26 日国土资源部发布的《闲置土地处理办法》的规定，土地使用者依法取得土地使用权后，未经原批准用地的人民政府同意，超过规定的期限未动工开发建设的建设用地属于闲置土地。具有下列情形之一的，也可以认定为闲置土地：①国有土地有偿使用合同或者建设用地批准书未规定动工开发建设日期，自国有土地有偿使用合同生效或者土地行政主管部门建设用地批准书颁发之日起满1年未动工开发建设的；②已动工开发建设但开发建设的面积占应动工开发建设总面积不足1/3或者已投资额占总投资额不足25%且未经批准中止开发建设连续满1年的；③法律、行政法规规定的其他情形。

按照国家有关规定认定的闲置土地，不属于持有并准备增值后转让的土地使用权，也就不属于投资性房地产。

相关链接

投资性房地产的确认、计量和披露适用《企业会计准则第3号——投资性房地产》的规定。

第二节　投资性房地产的初始计量

一、投资性房地产的确认

投资性房地产同时满足下列条件的，才能予以确认。

（1）与该投资性房地产有关的经济利益很可能流入企业。在会计实务中，主要依据与该投资性房地产所有权相关的风险和报酬是否已转移到了企业。如果没有，即使企业持有投资性房地产，也不能确认。

（2）该投资性房地产的成本能够可靠地计量。成本能够可靠地计量是确认资产的另一项基本条件。

二、投资性房地产的初始计量

根据投资性房地产准则的规定，投资性房地产应当按照成本进行初始确认和计量。

1. 外购的投资性房地产的确认和初始计量

企业外购的房地产只有在开始对外出租或用于资本增值时才能作为投资性房地产加以确认。如果企业购入的房地产自用一段时间之后再改为出租或用于资本增值，应当先将其确认为固定资产或无形资产，自租赁开始日或用于资本增值之日起，才能从固定资产或无形资产转换为投资性房地产。

外购的投资性房地产的取得成本包括购买价款、相关税费和可直接归属于该资产的其他支出。

2. 自行建造的投资性房地产的确认和初始计量

企业自行建造的房地产只有在自行建造活动完成（即达到可使用状态）并开始对外出租或用于资本增值时，才能将自行建造的房地产确认为投资性房地产。如果自行建造的房地产达到可使用状态后，过了一段时间才对外出租或用于资本增值，也应先将其确认为固定资产或无形资产，自租赁开始日或用于资本增值之日起，才能从固定资产或无形资产转换为投资性房地产。

自行建造的投资性房地产的成本由建造该项资产达到预定可使用状态前发生的必要支出构成，包括土地开发费、建造成本、应予以资本化的借款费用、支付的其他费用和分摊的间接费用等。建造过程中发生的非正常性损失直接计入当期损益，不计入建造成本。

三、投资性房地产取得的会计处理

投资性房地产应通过“投资性房地产”账户进行核算。该账户核算企业采用成本模式计量的投资性房地产的成本，采用公允价值计量的投资性房地产，还应当对“成本”和“公允价值变动”进行明细核算。

1. 外购的投资性房地产

外购的投资性房地产按取得成本作为其入账价值，包括购买价款、相关税费和可直接归属于该资产的其他支出。

【例 8.4】 20×9 年 3 月，A 企业计划购入一栋写字楼用于对外出租。4 月 5 日，A 企业正式购入写字楼，支付价款共计 1 300 万元，支付各种税费 4.5 万元。A 企业已于当天出租给丙企业。

A 企业的账务处理如下：

购买成本 = 1 300+4.5 = 1 304.5（万元）

借：投资性房地产——写字楼　　13 045 000

　　贷：银行存款　　13 045 000

2. 自行建造的投资性房地产

自行建造的投资性房地产的成本包括建造该项资产达到预定可使用状态前发生的必要支出。

【例 8.5】 20×9 年 3 月，A 企业从二级市场购入一块土地的使用权，该块土地使用权的成本为 600 万元；A 企业在该块土地上开始自行建造 3 栋房屋。计划一栋用于对外出租。其余两栋作为厂房。20×9 年 7 月 5 日，购买工程用的各种物资 800 万元，支付增值税 136 万元，物资全部用于房屋建设。支付工程人员工资 164 万元，为工程发生借款费用 100 万元，20×9 年 8 月，A 企业预计工程将要完工，与某公司签订租赁合同，该工程完工（达到预定可使用状态）时开始起租。20×9 年 9 月，工程完工（达到预定可使用状态）。A 企业的账务处理如下。

（1）购入土地的使用权：

借：无形资产——土地使用权　　6 000 000

　　贷：银行存款　　6 000 000

（2）购入工程用的各种物资：

借：工程物资　　9 360 000

　　贷：银行存款　　9 360 000

（3）领用工程物资：

借：在建工程　　9 360 000

　　贷：工程物资　　9 360 000

（4）支付工程人员的工资：

借：在建工程　　1 640 000

　　贷：应付职工薪酬　　1 640 000

（5）工程借款发生借款费用：

借：在建工程　　1 000 000

　　贷：长期借款　　1 000 000

（6）工程完工（达到预定可使用状态）时：

工程造价总额 = 9 360 000+1 640 000+1 000 000 = 12 000 000（元）

投资性房地产工程造价 = 12 000 000/3 = 4 000 000（元）

借：投资性房地产——房屋	4 000 000	
——土地使用权	2 000 000	
固定资产	8 000 000	
贷：在建工程		12 000 000
无形资产——土地使用权		2 000 000

补充说明

企业取得的土地使用权通常应被确认为无形资产。但是，改变土地使用权的用途，将其作为用于出租或增值目的时，应将其转为投资性房地产。

自行开发建造厂房等建筑物，相关的土地使用权与建筑物应当分别进行处理。外购土地及建筑物支付的价款应当在土地使用权与建筑物之间进行分配；难以合理分配的，应当全部作为固定资产。

企业（房产开发）取得土地用于建造对外出售的房屋建筑物，相关的土地使用权账面价值应当计入所建造的房屋建筑物成本。

3. 以其他方式取得的投资性房地产

以其他方式取得的投资性房地产的成本按相关会计准则的规定确定。如接受投资方式取得的投资性房地产，其成本为双方的确认价或协议价；债务重组方式取得的投资性房地产，其成本为公允价值；以非货币性交易换入的投资性房地产，应以公允价值和应支付的相关税费作为换入资产的成本。

第三节　投资性房地产的后续计量

投资性房地产的后续计量有成本和公允价值两种计量模式。从会计信息相关性的角度考虑，采用公允价值对投资性房地产进行后续计量是最理想的选择。然而，由于我国目前房地产交易市场还不够完善，房地产交易的公允价值的及时获取还有一定的困难，因此，为了保证会计信息的可靠性，通常应当采用成本模式计量，满足特定条件的情况下也可以采用公允价值模式计量。但是，同一企业只能采用一种模式对所有投资性房地产进行后续计量，不得同时采用两种计量模式。为保证会计信息的可比性，企业对投资性房地产的计量模式一经确定，不得随意变更。只有在房地产市场比较成熟、能够满足采用公允价值模式条件的情况下，才允许企业对投资性房地产从成本模式计量变更为公允价值模式计量。

已采用公允价值模式计量的投资性房地产不得从公允价值模式转为成本模式。

一、采用成本模式计量的投资性房地产

（一）采用成本模式计量的投资性房地产的后续计量

成本模式的会计处理比较简单，主要涉及“投资性房地产”、“投资性房地产累计折旧（摊

销）”、“投资性房地产减值准备”等科目，可比照“固定资产”、“无形资产”、“累计折旧”、“累计摊销”、“固定资产减值准备”、“无形资产减值准备”等相关科目进行处理。

采用成本模式进行后续计量的投资性房地产取得的租金收入，借记“银行存款”等科目，贷记“其他业务收入”等科目。同时，应当按照固定资产或无形资产的有关规定，按期（月）计提折旧或摊销，借记“其他业务成本”等科目，贷记“投资性房地产累计折旧（摊销）”科目。

投资性房地产存在减值迹象的，还应当适用资产减值的有关规定。经减值测试后确定发生减值的，应当计提减值准备，借记“资产减值损失”科目，贷记“投资性房地产减值准备”科目。如果已经计提减值准备的投资性房地产的价值又得以恢复，不得转回。

【例 8.6】 A 公司一栋办公楼出租给 C 公司使用，已确认为投资性房地产，采用成本模式进行后续计量。假设该栋办公楼的成本为 2 400 万元，按照直线法计提折旧，使用寿命为 20 年，预计净残值为零。按照经营租赁合同约定，C 公司每月支付 A 公司租金 12 万元。出租后第 10 年的 12 月，这栋办公楼发生减值迹象，经减值测试，其可收回金额为 1 000 万元，但之前未进行计提减值准备。

A 公司的财务处理如下。

（1）计提折旧：

每月计提折旧=2 400/20/12 = 10（万元）

借：其他业务成本	100 000
贷：投资性房地产累计折旧	100 000

（2）确认租金：

借：银行存款（或其他应收款）	120 000
贷：其他业务收入	120 000

（3）计提减值准备：

计提减值准备时 A 公司办公楼账面价值 = 2 400/20×10=1 200（万元）

资产减值损失 = 1 200−1 000 = 200（万元）

借：资产减值损失	2 000 000
贷：投资性房地产减值准备	2 000 000

（二）与投资性房地产有关的后续支出

1. 资本化的后续支出

与投资性房地产有关的后续支出满足投资性房地产确认条件的应当计入投资性房地产成本。例如，企业为了提高投资性房地产的使用效能，往往需要对投资性房地产进行改建、扩建而使其更加坚固耐用，或者通过装修而改善其室内装潢，改扩建或装修支出满足确认条件的，应当将其资本化。

企业对投资性房地产进行改扩建等再开发且将来仍作为投资性房地产的，再开发期间应继续将其作为投资性房地产，不计提折旧或摊销。

2. 费用化的后续支出

与投资性房地产有关的后续支出不满足投资性房地产确认条件的应当在发生时计入当期损益。如企业对投资性房地产进行日常维护等所发生的支出，发生时，借记“其他业务成本”

账户，贷记“银行存款”等账户。

二、采用公允价值模式计量的投资性房地产

（一）采用公允价值模式计量的投资性房地产的后续计量

企业有确凿证据表明其投资性房地产的公允价值能够持续可靠取得的，可以采用公允价值计量模式进行后续计量。企业一旦选择公允价值模式，就应当对其所有投资性房地产采用公允价值模式进行后续计量。

采用公允价值模式计量投资性房地产应当同时满足以下两个条件。

（1）投资性房地产所在地有活跃的房地产交易市场。也就是说，投资性房地产可以在所在地的房地产交易市场中直接交易。活跃的房地产交易市场是指同时具有下列特征的市场：市场交易对象具有同质性；可以随时有自愿交易的买方或卖方；市场价格是公开的。

（2）企业能够从房地产交易市场上取得同类或类似房地产的市场价格及其他相关信息，从而对投资性房地产的公允价值作出科学合理的估计。

这两个条件必须同时具备，缺一不可。

企业可以参照活跃市场上同类或类似房地产的现行市场价格（市场公开报价）来确定投资性房地产的公允价值。无法取得同类或类似房地产现行市场价格的，可以参照活跃市场上同类或类似房地产的最近交易价格，并考虑交易情况、交易日期、所在区域等因素予以确定。

投资性房地产采用公允价值模式计量的，不计提折旧或摊销，应当以资产负债表日投资性房地产的公允价值为基础调整其账面价值，公允价值与原账面价值之间的差额计入当期损益。

采用公允价值模式计量，“投资性房地产”账户下应设置“成本”和“公允价值变动”两个明细账户，分别核算投资性房地产的取得成本和公允价值增减变动的情况。

资产负债表日，投资性房地产的公允价值高于其账面余额的差额，借记“投资性房地产——公允价值变动”科目，贷记“公允价值变动损益”科目，公允价值低于其账面余额的差额做相反分录。

【例 8.7】 20×9 年 5 月，A 公司与 B 公司签订租赁协议，约定将 A 公司开发的一栋精装修的写字楼于开发完成的同时开始租赁给 B 公司使用，租赁期限为 10 年。当年 7 月 1 日，该写字楼开发完成并开始起租，写字楼的造价为 9 000 万元。20×9 年 12 月 31 日，该写字楼的公允价值为 9 300 万元。假设 A 公司对投资性房地产采用公允价值模式计量。

A 公司的账务处理如下。

（1）20×9 年 7 月 1 日，A 公司开发完成写字楼并出租：

借：投资性房地产——成本　　90 000 000

　贷：开发成本　　90 000 000

（2）20×9 年 12 月 31 日，按照公允价值为基础调整其账面价值，公允价值与原账面价值之间的差额计入当期损益：

借：投资性房地产——公允价值变动　　3 000 000

　贷：公允价值变动损益　　3 000 000

（3）假如 20×9 年 12 月 31 日，该写字楼的公允价值为 8 900 万元，公允价值与原账面价值之间的差额计入当期损益：

借：公允价值变动损益　　1 000 000

贷：投资性房地产——公允价值变动　　1 000 000

（二）与投资性房地产有关的后续支出

1. 资本化的后续支出

与投资性房地产有关的后续支出满足投资性房地产确认条件的应当计入投资性房地产成本。

【例 8.8】 20×9 年 3 月，A 企业与 B 企业的一项厂房经营租赁合同即将到期，为了提高厂房的租金收入，A 企业决定在租赁期满后对厂房进行改扩建，并与 C 企业签订了经营租赁合同，约定自改扩建完工时将厂房出租给 C 企业。3 月 31 日，与 B 企业的租赁合同到期，厂房随即进入改扩建工程。11 月 1 日，厂房改扩建工程完工，共发生支出 150 万元，即日按照租赁合同出租给 C 企业。3 月 31 日厂房账面余额为 1 200 万元，其中成本 1 000 万元，累计公允价值变动 200 万元。假设 A 企业对投资性房地产采用公允价值模式计量。

本例中，改扩建支出属于资本化的后续支出，应当计入投资性房地产的成本。

A 企业的账务处理如下。

（1）20×9 年 3 月 31 日，投资性房地产转入改扩建工程：

借：投资性房地产——厂房（在建）　　12 000 000

　　贷：投资性房地产——成本　　10 000 000

　　　　　　　　　　——公允价值变动　　2 000 000

（2）20×9 年 3 月 31 日至 11 月 1 日发生改扩建支出：

借：投资性房地产——厂房（在建）　　1 500 000

　　贷：银行存款　　1 500 000

（3）20×9 年 11 月 1 日，改扩建工程完工：

借：投资性房地产——成本　　13 500 000

　　贷：投资性房地产——厂房（在建）　　13 500 000

2. 费用化的后续支出

与投资性房地产有关的不满足投资性房地产确认条件的费用化的后续支出，应当在发生时计入其他业务成本等当期损益。

第四节　投资性房地产的转换与处置

一、投资性房地产转换

房地产的转换实质上是因房地产用途发生改变而对房地产进行的重新分类。它是指房地产用途发生改变而不是指房地产后续计量模式的转换。企业必须有确凿证据表明房地产用途发生改变，才能将投资性房地产转换为非投资性房地产或者将非投资性房地产转换为投资性房地产。这里的确凿证据包括两个方面：一是企业管理当局应当就改变房地产用途形成正式的书面决议，二是房地产因用途改变发生实际状态上的改变，如从自用状态改为出租状态。

房地产转换的形式包括作为存货的房地产改为出租，自用建筑物或土地使用权停止自用改为出租，自用土地使用权停止自用改用于资本增值，投资性房地产转为自用。

（一）在成本计量模式下的转换

在成本计量模式下，应当将房地产转换前的账面价值作为转换后的入账价值。即非投资性房地产转换为投资性房地产时，应将非投资性房地产的账面价值作为投资性房地产的账面价值；投资性房地产转换为非投资性房地产时，应将投资性房地产的账面价值作为非投资性房地产的账面价值。

1. 非投资性房地产转换为投资性房地产

（1）作为存货的房地产转换为投资性房地产。作为存货的房地产转换为投资性房地产通常指房地产开发企业将其持有的开发产品以经营租赁的方式出租，存货相应转换为投资性房地产。这种情况下，转换日为房地产的租赁期开始日。

企业将作为存货的房地产转换为采用成本模式计量的投资性房地产，应当按该项存货在转换日的账面价值，借记“投资性房地产”科目，原已计提跌价准备的，借记“存货跌价准备”科目，按其账面余额，贷记“开发产品”等科目。

【例 8.9】 A 企业是从事房地产开发业务的企业，20×9 年 5 月 1 日，A 企业与 B 企业签订了租赁协议，将其开发的一栋写字楼出租给 B 企业使用，租赁期开始日为 20×9 年 6 月 1 日。20×9 年 6 月 1 日，该写字楼的账面余额为 5 000 万元，未计提存货跌价准备。

20×9 年 6 月 1 日 A 企业的账务处理如下：

借：投资性房地产——写字楼	50 000 000	
贷：开发产品		50 000 000

（2）自用房地产转换为投资性房地产。企业将原本用于生产商品、提供劳务或者经营管理的建筑物或土地使用权改用于出租，应于租赁期开始日，将相应的固定资产或无形资产转换为投资性房地产。

企业将自用建筑物或土地使用权转换为以成本模式计量的投资性房地产时，应当按该项建筑物或土地使用权在转换日的原价、累计折旧、减值准备等，分别转入“投资性房地产”、“投资性房地产累计折旧（摊销）”、“投资性房地产减值准备”科目。按其账面余额，借记“投资性房地产”科目，贷记“固定资产”或“无形资产”科目；按已计提的折旧或摊销，借记“累计折旧”或“累计摊销”科目，贷记“投资性房地产累计折旧（摊销）”科目；原已计提减值准备的，借记“固定资产减值准备”或“无形资产减值准备”科目，贷记“投资性房地产减值准备”科目。

【例 8.10】 20×9 年 6 月 1 日，B 企业与 C 企业签订了经营租赁协议，将企业自用的一栋办公楼整体出租给 C 企业使用，租赁期开始日为 20×9 年 8 月 1 日，为期 5 年。20×9 年 8 月 1 日，这栋办公楼的账面余额 5 000 万元，已计提折旧 300 万元，已计提固定资产减值准备 100 万元。

20×9 年 8 月 1 日，B 企业的账务处理如下：

借：投资性房地产——写字楼	50 000 000	
累计折旧	3 000 000	
固定资产减值准备	1 000 000	
贷：固定资产		50 000 000
投资性房地产累计折旧		3 000 000

投资性房地产减值准备　　1 000 000

2. 投资性房地产转换为非投资性房地产

（1）投资性房地产转换为自用房地产。企业将原本用于赚取租金或资本增值的房地产改用于生产商品、提供劳务或者经营管理，投资性房地产相应转换为固定资产或无形资产。在此种情况下，转换日为房地产达到自用状态、企业开始将房地产用于生产商品、提供劳务或者经营管理的日期。

企业将投资性房地产转换为自用房地产时，应当按该项投资性房地产在转换日的账面余额、累计折旧、减值准备等，分别转入“固定资产”、“累计折旧”、“固定资产减值准备”等科目。按投资性房地产的账面余额，借记“固定资产”或“无形资产”科目，贷记“投资性房地产”科目；按已计提的折旧或摊销，借记“投资性房地产累计折旧（摊销）”科目，贷记“累计折旧”或“累计摊销”科目；原已计提减值准备的，借记“投资性房地产减值准备”科目，贷记“固定资产减值准备”或“无形资产减值准备”科目。

【例 8.11】 20×9 年 8 月 1 日，A 企业将出租在外的厂房收回，开始用于本企业生产商品。该项厂房在转换前采用成本模式计量，其账面净值 3 000 万元，其中，原价 5 000 万元，累计已提折旧 2 000 万元。

转换日 A 企业的账务处理如下：

借：固定资产	50 000 000	
投资性房地产累计折旧	20 000 000	
贷：投资性房地产——厂房		50 000 000
累计折旧		20 000 000

（2）投资性房地产转换为存货。房地产开发企业将用于经营出租的房地产转为用于对外销售的，应从投资性房地产转换为存货。这种情况下，转换日为租赁期届满、企业用于对外销售的日期。

企业将投资性房地产转换为存货时，应当按照该项房地产在转换日的账面价值，借记“开发产品”科目；按照已计提的折旧或摊销，借记“投资性房地产累计折旧（或摊销）”科目；原已计提减值准备的，借记“投资性房地产减值准备”科目；按其账面余额，贷记“投资性房地产”科目。

（二）在公允价值计量模式下的转换

1. 非投资性房地产转换为投资性房地产

（1）作为存货的房地产转换为投资性房地产。企业将作为存货的房地产转换为采用公允价值模式计价的投资性房地产时，应当按该项房地产在转换日的公允价值入账，借记“投资性房地产——成本”科目；原已计提跌价准备的，借记“存货跌价准备”科目；按其账面余额，贷记“开发产品”等科目。同时，转换日的公允价值小于账面价值的，按其差额，借记“公允价值变动损益”科目；转换日的公允价值大于账面价值的，按其差额，贷记“资本公积——其他资本公积”科目。待该项投资性房地产处置时，因转换计入资本公积的部分应转入当期的其他业务收入，借记“资本公积——其他资本公积”科目，贷记“其他业务收入”科目。

【例 8.12】 A 企业是从事房地产开发业务的企业，20×9 年 5 月 10 日，A 企业与 C 企业签订了租赁协议，将其开发的一栋写字楼出租给 C 企业使用，租赁期开始日为 20×9 年 7 月 1

日。20×9 年 7 月 1 日，该写字楼的账面余额 3 000 万元。该企业采用公允价值模式计价，转换日该投资性房地产公允价值为 3 500 万元。

20×9 年 7 月 1 日，A 企业的账务处理如下：

借：投资性房地产——成本　　35 000 000

　贷：开发产品　　30 000 000

　　资本公积——其他资本公积　　5 000 000

（2）自用房地产转换为投资性房地产。企业将自用房地产转换为采用公允价值模式计量的投资性房地产时，应当按该项土地使用权或建筑物在转换日的公允价值，借记“投资性房地产——成本”科目；按已计提的累计摊销或累计折旧，借记“累计摊销”或“累计折旧”科目；原已计提减值准备的，借记“无形资产减值准备”、“固定资产减值准备”科目；按其账面余额，贷记“固定资产”或“无形资产”科目。同时，转换日的公允价值小于账面价值的，按其差额，借记“公允价值变动损益”科目；转换日的公允价值大于账面价值的，按其差额，贷记“资本公积——其他资本公积”科目。待该项投资性房地产处置时，因转换计入资本公积的部分应转入当期的其他业务收入。

【例 8.13】 20×8 年 6 月，B 企业因搬迁，准备将原处于商业繁华地段的办公楼出租，以赚取租金收入。20×8 年 10 月，B 企业与 C 企业签订了租赁协议，将其原办公楼租赁给 C 企业使用，租赁期开始日为 20×9 年 1 月 1 日，租赁期限为 5 年。20×9 年 1 月 1 日，该办公楼的公允价值为 3 500 万元，其原价为 5 000 万元，已提折旧 1 400 万元，假设 B 企业对投资性房地产采用公允价值模式计量。

20×9 年 1 月 1 日，B 企业的账务处理如下：

借：投资性房地产——成本　　35 000 000

　公允价值变动损益　　1 000 000

　累计折旧　　14 000 000

　贷：固定资产　　50 000 000

2. 投资性房地产转换为非投资性房地产

（1）投资性房地产转为自用房地产。企业将采用公允价值模式计量的投资性房地产转换为自用房地产时，应当以其转换当日的公允价值作为自用房地产的账面价值，公允价值与原账面价值的差额计入当期损益。

转换日，按该项投资性房地产的公允价值，借记“固定资产”或“无形资产”科目；按该项投资性房地产的成本，贷记“投资性房地产——成本”科目；按该项投资性房地产的累计公允价值变动，借记或贷记“投资性房地产——公允价值变动”科目；按其差额，借记或贷记“公允价值变动损益”科目。

【例 8.14】 20×8 年 10 月 15 日，B 企业因租赁期满，将出租的写字楼收回，准备作为办公楼用于本企业的行政管理。20×8 年 12 月 1 日，该写字楼正式开始自用，当日的公允价值为 4 800 万元。该项房地产在转换前采用公允价值模式计量，原账面价值为 4 750 万元，其中，成本为 4 500 万元，公允价值变动为增值 250 万元。

20×8 年 12 月 1 日，B 企业的账务处理如下：

借：固定资产　　48 000 000

贷：投资性房地产——成本　45 000 000

——公允价值变动　2 500 000

公允价值变动损益　500 000

（2）投资性房地产转为存货。企业将采用公允价值模式计量的投资性房地产转换为存货时，应当以其转换当日的公允价值作为存货的账面价值，公允价值与原账面价值的差额计入当期损益。

转换日，按该项投资性房地产的公允价值，借记“开发产品”科目；按该项投资性房地产的成本，贷记“投资性房地产——成本”科目；按该项投资性房地产的累计公允价值变动，贷记或借记“投资性房地产——公允价值变动”科目；按其差额，贷记或借记“公允价值变动损益”科目。

二、投资性房地产的处置

投资性房地产的处置包括企业投资性房地产的出售、转让、报废、毁损以及因非货币性交换和债务重组而减少等。当投资性房地产被处置或者永久退出使用且预计不能从其处置中获取经济利益时，应当终止确认该项投资性房地产。

企业出售、转让、报废或者发生投资性房地产毁损，应当将处置收入扣除其账面价值和相关税费后的金额计入当期损益。

（一）采用成本模式计量的投资性房地产的处置

处置采用成本模式计量的投资性房地产时，应当按实际收到的金额，借记“银行存款”等科目，贷记“其他业务收入”科目；按该项投资性房地产的账面价值，借记“其他业务成本”科目；按其账面余额，贷记“投资性房地产”科目；按照已计提的折旧或摊销，借记“投资性房地产累计折旧（摊销）”科目；原已计提减值准备的，借记“投资性房地产减值准备”科目。

【例 8.15】 A 公司将其出租的一栋写字楼确认为投资性房地产，采用成本模式计量。租赁期届满后，A 公司将该栋写字楼出售给 B 公司，合同价款为 30 000 万元，B 公司已用银行存款付清。出售时，该栋写字楼的成本（原值）为 25 000 万元，已计提折旧 3 000 万元，已计提减值准备 100 万元。假设不考虑相关税费。

A 企业的账务处理如下。

（1）确认收入：

借：银行存款　300 000 000

贷：其他业务收入　300 000 000

（2）结转成本：

借：其他业务成本　219 000 000

投资性房地产累计折旧　30 000 000

投资性房地产减值准备　1 000 000

贷：投资性房地产——写字楼　250 000 000

（二）采用公允价值模式计量的投资性房地产的处置

处置采用公允价值模式计量的投资性房地产时，应当按实际收到的金额，借记“银行存款”等科目，贷记“其他业务收入”科目；按该项投资性房地产的账面余额，借记“其他业务成本”科目；按其成本，贷记“投资性房地产——成本”科目；按其累计公允价值变动，贷记或借记“投资性房地产——公允价值变动”科目。同时，将投资性房地产累计公允价值变动转入其他业务收入，借记或贷记“公允价值变动损益”科目，贷记或借记“其他业务收入”科目。若存在原转换日计入资本公积的金额，也一并转入其他业务收入，借记“资本公积——其他资本公积”科目，贷记“其他业务收入”科目。

【例 8.16】 A 为一家房地产开发企业，20×8 年 2 月 1 日，A 企业与 C 企业签订了租赁协议，将其开发的一栋写字楼出租给 C 企业使用，租赁期开始日为 20 × 8 年 4 月 1 日。20 × 8 年 4 月 1 日，该写字楼的账面余额为 22 500 万元，公允价值为 23 500 万元。20 × 8 年 12 月 31 日，该项投资性房地产的公允价值为 24 000 万元。20 × 9 年 6 月租赁期届满，企业收回该项投资性房地产，并以 27 500 万元出售，出售款项已收讫。A 企业采用公允价值模式计量。假设不考虑相关税费。

A 企业的账务处理如下。

（1）20×8 年 4 月 1 日，存货转换为投资性房地产：

借：投资性房地产——成本　　235 000 000

　　贷：开发产品　　225 000 000

　　　　资本公积——其他资本公积　　10 000 000

（2）20×8 年 12 月 31 日，公允价值变动：

借：投资性房地产——公允价值变动　　5 000 000

　　贷：公允价值变动损益　　5 000 000

（3）20×9 年 6 月，收回并出售投资性房地产：

借：银行存款　　275 000 000

　　贷：其他业务收入　　275 000 000

借：其他业务成本　　240 000 000

　　贷：投资性房地产——成本　　235 000 000

　　　　　　　　　　——公允价值变动　　5 000 000

同时，将投资性房地产累计公允价值变动损益转入其他业务收入：

借：公允价值变动损益　　5 000 000

　　贷：其他业务收入　　5 000 000

同时，将转换时原计入资本公积的部分转入其他业务收入：

借：资本公积 ——其他资本公积　　10 000 000

　　贷：其他业务收入　　10 000 000

本章小结

投资性房地产是指为赚取租金或资本增值，或者两者兼有而持有的房地产。投资性房地产的主要特征是：投资性房地产业务是一种经营性活动；投资性房地产在用途、状态、目的等方面区别于作为生产经营场所的房地产和用于销售的房地产。

根据投资性房地产准则的规定，投资性房地产的范围限定为已出租的土地使用权、持有并准备增值后转让的土地使用权以及已出租的建筑物。不属于投资性房地产的项目有自用房地产、作为存货的房地产和闲置土地。

投资性房地产应当按照成本进行初始确认和计量。投资性房地产的后续计量有成本和公允价值两种计量模式，通常应当采用成本模式计量，满足特定条件的情况下也可以采用公允价值模式计量。但是，同一企业只能采用一种模式对所有投资性房地产进行后续计量，不得同时采用两种计量模式。企业投资性房地产的计量模式一经确定，不得随意变更。

采用成本模式计量的投资性房地产的核算与固定资产、无形资产基本相同；采用公允价值模式计量的投资性房地产的核算期末不计提折旧或进行摊销，而是在资产负债表日以投资性房地产的公允价值为基础调整其账面价值，新公允价值与原账面价值的差额记入“公允价值变动损益”账户。

与投资性房地产有关的后续支出，满足投资性房地产确认条件的应当计入投资性房地产成本，不满足投资性房地产确认条件的应当在发生时计入当期损益。

投资性房地产的转换是指因房地产用途发生改变而对房地产进行重新分类。企业必须有确凿证据表明房地产用途发生改变，才能将房地产按用途进行转换。企业应根据不同的转换方式进行相关会计处理。

投资性房地产的处置包括企业投资性房地产的出售、转让、报废、毁损以及因非货币性交换和债务重组而减少等。当投资性房地产被处置或者永久退出使用且预计不能从其处置中获取经济利益时，应当终止确认该项投资性房地产并做相应的账务处理。

复习思考

1. 请阐述投资性房地产和企业自用房地产的区别。
2. 试说明在什么条件下可以采用公允价值模式对投资性房地产进行计量？
3. 请阐述采用公允价值模式计量和采用成本模式计量时投资性房地产与非投资性房地产转换的核算有什么不同？
4. 采用成本模式和公允价值模式计量的投资性房地产能够相互转换计量吗？为什么？
5. 投资性房地产在什么情况下不需要计提折旧？
6. 投资性房地产在什么情况下需要测试是否减值？

基本训练

一、单选题

1. 下列各项属于甲公司投资性房地产的是（　　）。

A. 甲公司拥有并自行经营的饭店

B. 甲公司开发完成后用于出售的房地产

C. 甲公司持有并准备增值后转让的土地使用权

D. 甲公司以经营租赁方式租入的建筑物再转租给其他单位

2. 关于企业出租并按出租协议向承租人提供保安和维修等其他服务的建筑物，下列说法正确的是（　　）。

A. 所提供的其他服务在整个协议中不重大的，该建筑物应视为企业的经营场所，应当确认为自用房地产

B. 所提供的其他服务在整个协议中重大的，应将该建筑物确认为投资性房地产

C. 所提供的其他服务在整个协议中不重大的，应将该建筑物确认为投资性房地产

D. 所提供的其他服务在整个协议中无论是否重大，均不将该建筑物确认为投资性房地产

3. A公司对持有的投资性房地产采用成本模式计量。20×9年6月30日购入一栋房地产，价款为9 800万元，价款中包括土地使用权以及地上建筑物的价值，其中土地使用权的价值为4 800万元，地上建筑物的价值为5 000万元。土地使用权及地上建筑物的预计使用年限均为20年，均采用直线法计提折旧或摊销，预计净残值均为零。购入当日即开始对外经营出租。不考虑其他因素，则A公司20×9年度应确认的投资性房地产折旧（摊销）额为（　　）万元。

A. 265　　B. 245　　C. 125　　D. 490

4. A公司拥有一栋写字楼，用于本公司办公。20×9年1月1日，A公司与B公司签订经营租赁协议，将该写字楼整体出租给B公司使用，租赁期开始日为20×9年1月1日，年租金为400万元，为期3年。当日，该写字楼的账面余额为3 500万元，已计提折旧1 000万元，公允价值为1 800万元，且预计其公允价值能够持续可靠取得。20×9年年底，该项投资性房地产的公允价值为2 400万元。假定A公司对投资性房地产采用公允价值模式计量，不考虑其他因素，则该项房地产对A公司20×9年度损益影响金额为（　　）万元。

A. 1 000　　B. −100　　C. 300　　D. 600

5. 甲公司于20×9年4月20日将采用公允价值模式计量的投资性房地产转为行政管理部门使用，该房地产20×8年年末的公允价值为3 000万元，转换日的公允价值为3 060万元，预计尚可使用年限20年，采用平均年限法计提折旧，净残值为60万元，则该项资产20×9年度应计提的折旧额是（　　）万元。

A. 98　　B. 100　　C. 110.25　　D. 112.5

6. A公司于20×9年1月1日将一幢厂房对外出租并采用公允价值模式计量，租期为5年。每年12月31日收取租金100万元。出租时，该厂房的成本为2 400万元，公允价值为2 200万元。20×9年12月31日，该厂房的公允价值为2 250万元。A公司20×9年应确认的公允价值变动损益为（　　）万元。

A. −150　　B. 150　　C. 200　　D. −200

7. 下列不属于企业投资性房地产的是（　　）。

A. 企业出租的土地使用权

B. 自用的房地产

C. 房地产开发企业将作为存货的商品房以经营租赁方式出租

D. 企业开发完成后用于出租的房地产

8. 企业处置一项以公允价值模式计量的投资性房地产，实际收到的金额为200万元，投资性房地产的账面余额为160万元。其中成本为140万元，公允价值变动为20万元。该项投资性房地产是自用房地产转换的，转换日公允价值大于账面价值的差额为30万元。假设不考虑相关税费，处置该项投资性房地产对当期损益的影响金额为（　　）万元。

A. 70　　B. 90　　C. 40　　D. 50

9. 企业出售、转让、报废投资性房地产时，应当将处置收入计入（　　）。

A. 管理费用　　B. 其他业务收入　　C. 投资收益　　D. 营业外收入

10. A公司对投资性房地产采用成本模式进行后续计量。A公司的投资性房地产为一栋已出租的写字楼，20×9年1月1日，由于该写字楼所在的房地产交易市场比较成熟，A公司决定对投资性房地产从成本模式转换为公允价值模式计量。该写字楼的原价为6 000万元，已计提折旧1 500万元，未计提减值准备。当日该写字楼的公允价值为5 500万元。A公司按净利润的10%计提盈余公积。不考虑所得税影响，则该事项对A公司未分配利润的影响金额为（　　）万元。

A. 1 000　　B. 900　　C. −450　　D. 0

二、多选题

1. 下列项目中，属于投资性房地产的有（　　）。

A. 已出租的建筑物　　B. 持有并准备增值后转让的土地使用权

C. 已出租的土地使用权　　D. 按国家有关规定认定的闲置土地

2. 下列各项中，不属于投资性房地产的有（　　）。

A. 已出租的建筑物　　B. 作为存货的房地产

C. 持有并准备增值后转让的土地　　D. 自用的房地产

3. 下列项目中，属于投资性房地产的有（　　）。

A. 企业已经营出租给合营企业的房地产

B. 房地产企业持有并准备增值后出售的商品房

C. 房地产企业将原作为存货的商品房以经营租赁方式出租

D. 已出租的房屋租赁期满，收回后继续用于出租但暂时空闲

4. 下列对投资性房地产后续计量模式变更的表述中，正确的有（　　）。

A. 投资性房地产由成本模式转为公允价值模式计量的，变更时的公允价值与账面价值的差额计入资本公积

B. 投资性房地产由成本模式转为公允价值模式计量的，变更时的公允价值与账面价值的差额计入当期损益

C. 已采用公允价值模式计量的投资性房地产，不得从公允价值模式转为成本模式

D. 投资性房地产由成本模式转为公允价值模式计量的，属于会计政策变更，应追溯调整

5. 关于投资性房地产的后续计量，下列说法中正确的有（　　）。

A. 企业通常应当采用成本模式对投资性房地产进行后续计量

B. 企业可以采用公允价值模式对投资性房地产进行后续计量

C. 企业应当采用一种模式对投资性房地产进行后续计量，不得同时采用两种计量模式

D. 企业可以同时采用两种计量模式对投资性房地产进行后续计量

6. 下列事项中，不影响企业资本公积金额的有（　　）。

A. 公允价值模式计量下，企业自用房地产转换为投资性房地产时，公允价值小于账面价值的差额

B. 公允价值模式计量下，投资性房地产公允价值小于账面价值的差额

C. 公允价值模式计量下，投资性房地产转换为自用房地产时，公允价值大于账面价值的差额

D. 公允价值模式计量下，企业自用房地产转换为投资性房地产时，公允价值大于账面价值的差额

7. 下列有关投资性房地产的计量模式说法中，不正确的有（　　）。

A. 已经采用公允价值模式计量的投资性房地产，可以从公允价值模式转换为成本模式

B. 已经采用成本模式计量的投资性房地产，在满足一定的条件时，可以从成本模式转换为公允价值模式

C. 采用公允价值模式计量的投资性房地产，应计提折旧或进行摊销

D. 企业对投资性房地产的计量模式一经确定，就不得随意变更

8. 下列对投资性房地产处置的表述中，正确的有（ ）。

A. 处置投资性房地产时，应将相关的资本公积转入其他业务收入

B. 处置投资性房地产时，应将相关的公允价值变动损益转入投资收益

C. 处置投资性房地产时，应将取得的价款与其账面价值的差额计入投资收益

D. 处置投资性房地产时，应将其账面价值计入其他业务成本

9. 采用公允价值模式进行后续计量的投资性房地产，应当同时满足的条件是（ ）。

A. 投资性房地产所在地有活跃的房地产交易市场

B. 与该投资性房地产有关的经济利益很可能流入企业

C. 该投资性房地产的成本能够可靠地计量

D. 企业能够从房地产交易市场上取得同类或类似房地产的市场价格及其他相关信息，从而对投资性房地产的公允价值作出科学合理的估计

10. 关于土地使用权，下列说法中正确的有（ ）。

A. 企业取得的土地使用权通常应确认为无形资产

B. 土地使用权用于自行开发建造厂房等地上建筑物时，相关的土地使用权应当计入所建造的房屋建筑物成本

C. 房地产开发企业取得的土地使用权用于建造对外出售的房屋建筑物，土地使用权与地上建筑物分别进行摊销和提取折旧

D. 企业外购的房屋建筑物支付的价款无法在地上建筑物与土地使用权之间分配的，应当按照《企业会计准则第 4 号——固定资产》规定，确认为固定资产原价

E. 企业改变土地使用权的用途，将其作为用于出租或增值目的时，应将其账面价值转为投资性房地产

三、判断题

1. 企业经营出租的建筑物或土地使用权，只有能够单独计量和出售的才能确认为投资性房地产。（ ）

2. 企业的一幢 4 层建筑物，第 1、第 2 层出租给单位职工居住，并按市场价格收取租金，第 3、第 4 层作为办公区使用，并且该建筑物的各层均能够单独计量和出售，这种情况下，企业应将第 1、第 2 层确认为投资性房地产。（ ）

3. 采用公允价值模式计量的投资性房地产，应计提折旧或进行摊销，计提折旧或摊销金额计入当期损益。（ ）

4. 已采用成本模式计量的投资性房地产，不得从成本模式转为公允价值模式。（ ）

5. 因房地产用途发生改变，企业将自用的房地产转换为投资性房地产后，则不再计提折旧或进行摊销。（ ）

6. 非投资性房地产转换为采用成本模式计量的投资性房地产的相关会计处理不影响当期损益。（ ）

7. 采用公允价值模式计量的投资性房地产转换为自用房地产时，应当以其转换当日的账面价值作为自用房地产的入账价值。（ ）

8. 自用房地产或存货转换为采用公允价值模式计量的投资性房地产时，投资性房地产应

当按照转换当日的公允价值计量，公允价值与原账面价值的差额计入当期损益（公允价值变动损益）。（　　）

9. 企业出售、转让、报废投资性房地产或者发生投资性房地产毁损，应当将处置收入扣除其账面价值和相关税费后的金额计入当期损益。（　　）

四、业务题

1. 20×7 年 12 月 31 日，某企业以经营租赁方式将一栋仓库对外出租，租赁期 3 年，每年租金 120 万元，每年年末收取租金。企业仓库的原价为 3 500 万元，预计尚可使用 30 年，预计净残值为零，采用直线法计提折旧，已累计计提折旧 500 万元。租赁开始日为 20×7 年 12 月 31 日，第 1 年租金在 20×8 年 12 月 31 日收取。企业对投资性房地产采用成本模式计量。

要求：编制相关的会计分录。

2. A 公司于 20×8 年 1 月 31 日将采用公允价值模式计量的投资性房地产（建筑物）转为企业管理部门使用，该建筑物 20×7 年 12 月 31 日的公允价值为 6 000 万元（成本 5 600 万元，公允价值变动 400 万元），20×8 年 1 月 31 日的公允价值为 6 100 万元，转换日该建筑的尚可使用年限为 15 年，采用年限平均法计提折旧，无残值。

要求：编制相关的会计分录。

3. 企业在 20×7 年 1 月购入一项土地使用权，共花费 2 000 万元，土地使用权的使用年限为 50 年（企业按直线法进行摊销，无残值）。20×7 年 2 月，企业在该土地上建造办公楼，企业购入工程物资一批，取得增值税专用发票。物资买价 750 万元，增值税 127.5 万元。全部用于工程建设。发放工资等 200 万元。工程在 20×8 年 12 月 31 日达到可使用状态。该办公楼预计使用 50 年，预计净残值为零，采用直线法计提折旧。20×9 年 12 月 31 日企业决定将该办公楼出租给甲公司，租赁期 8 年，年租金 100 万元。租赁开始日为 20×9 年 12 月 31 日。企业采用成本模式计价。

要求：编制所有与此业务相关的会计分录。

4. 长江房地产公司（以下简称长江公司）于 2006 年 12 月 31 日将一栋建筑物对外出租并采用公允价值模式计量，租期为 3 年，每年 12 月 31 日收取租金 150 万元。出租时，该建筑物的成本为 2 800 万元，已提折旧 500 万元，已提减值准备 300 万元，尚可使用年限为 20 年，公允价值为 1 800 万元。2007 年 12 月 31 日，该建筑物的公允价值为 1 850 万元。2008 年 12 月 31 日，该建筑物的公允价值为 1 820 万元。2009 年 12 月 31 日，该建筑物的公允价值为 1 780 万元。2010 年 1 月 5 日将该建筑物对外出售，收到 1 800 万元存入银行。

要求：编制长江公司上述经济业务的会计分录（假定按年确认公允价值变动损益和确认租金收入）。

五、案例分析题

【案例 1】

企业以经营租赁方式将一栋仓库的一楼对外出租，每年租金收入 200 万元，企业同时提供修理等劳务，劳务费单独收取。仓库的二楼自用。该企业的会计认为，仓库是企业的自用房屋，因而收取的 200 万元房租应冲减企业的管理费用。

你认为该企业会计的处理是否正确并说明理由。

【案例 2】

企业有一栋房屋，原是企业的办公楼，原价 1 000 万元，每年折旧 25 万元。3 年后企业把办公楼对外出租，租期 10 年，每年租金 30 万元。出租后企业按公允价值模式计量。出租 3 年后，企业的会计认为改为成本模式计量比较好，因而把投资性房地产改为成本模式计量，并把账面价值与公允价值的差额计入资本公积。

请对该项业务的处理进行评价。

【案例 3】

企业有一栋房屋，原是企业的办公楼，原价 2 000 万元，每年折旧 50 万元。3 年后由于房产升值，企业准备把该办公楼对外出售。企业在第 3 年年底搬出办公楼，房屋待售，并于第 4 年 8 月售出房屋，赚了 150 万元。李会计认为企业在进行会计核算时应该在第 3 年年底确认为转换日，把该房屋由固定资产转换为投资性房地产进行核算。张会计认为应该在第 4 年 8 月出售该房屋时确认为转换日并进行相应的会计核算。

请对该项业务的处理进行评价与分析。

第九章　流动负债

【学习目标】

通过本章的学习，应该了解流动负债的概念、内容以及分类；掌握流动负债的会计核算，特别是应付职工薪酬及应交税费的会计核算；了解我国相关的税收法规以及薪酬政策的有关规定。

第一节　流动负债概述

负债是由企业过去的交易或事项形成的现时义务，履行该义务预期会导致经济利益流出企业。负债按偿还期的长短可以分为流动负债和长期负债。

一、流动负债的性质及特点

流动负债是指企业将在一年内（包含一年）或超过一年的一个营业周期内偿还的债务。因偿还期较短，流动负债又称为短期负债。企业的流动负债主要包括短期借款、应付票据、应付账款、预收账款、应付职工薪酬、应交税费、应付利息、应付股利、其他应付款、预计负债等。

流动负债通常具有以下特点。

（1）偿还期限在一年或超过一年的一个营业周期内；

（2）流动负债到期必须用流动资产或以新的流动负债来偿还。

二、流动负债的分类

按照不同的标准可以将流动负债进行不同的分类。

1. 按形成的原因分类

按形成的原因，流动负债可以分为以下四类。

（1）融资活动中形成的流动负债：指企业从银行或其他金融机构筹集资金所形成的流动负债，如各种短期借款、应付利息等。

（2）结算过程中形成的流动负债：指企业在与外部有关单位结算时所形成的流动负债，如应付票据、应付账款、预收账款等。

（3）经营活动中形成的流动负债：指企业在生产经营活动中因款项的延迟支付而形成的流动负债，如应付职工薪酬、应交税费等。

（4）利润分配形成的流动负债：指企业在利润分配过程中形成的流动负债，如应付股利等。

2. 按应付金额是否确定分类

按应付金额是否确定，流动负债可以分为以下三类。

（1）金额可以确定的流动负债。这类负债通常依据合同、契约或法律的规定具有确定的金额、债权人和付款日，是到期必须偿还的债务，如应付账款、应付票据、短期借款、预收账款等。

（2）金额需视经营情况而确定的流动负债。这类负债通常需要待企业在一定的经营期末根据生产经营成果才能确定，如应交税费、应付股利等。

（3）金额需估计的流动负债。企业过去发生的经营活动造成将来应清偿的债务，其金额应客观、合理地预计，如应付产品保修责任等各项预计负债。

三、流动负债的计价

为了客观、公正地反映企业所承担的债务，并为报表使用者预测企业未来现金流量和财务风险等提供相关的会计信息，需要对负债进行计价。从理论上来说，所有负债都应当按照其未来应付金额的现值入账。但是，在实务中由于流动负债的偿付时间一般不超过一年，其到期值和现值的差异不大，为了简化会计处理，流动负债一般按照业务发生时的金额，即实际成本计价入账。个别流动负债，如交易性金融负债，因为其价值波动较大，应按公允价值计价。

第二节 短期借款

短期借款是指企业借入的期限在一年以内的各种借款，通常是基于企业生产周转需要的借款。

企业借入的短期借款构成了企业的负债，除了偿还借款的本金外，还要支付利息。短期借款所发生的利息作为一项筹资费用，计入财务费用。

短期借款的利息有两种核算方式。

（1）如果短期借款的利息是按季、按半年支付或者利息随本金到期一并归还，则采用预提方式核算。由于我国会计期间是按月核算，为了体现配比原则，正确计算各期的损益，每月核算利息，常采用预提的方式进行核算。

（2）如果短期借款的利息是按月支付或者利息金额不大，为了简化核算手续，可采用支付利息时直接计入当期损益，列为财务费用。

【例 9.1】 企业于 20×9 年 1 月 1 日向银行借入一笔金额为 100 000 元、利率为 6%、期限为 9 个月的借款。该笔业务的有关会计处理如下。

（1）借款利息采用预提方式核算。

借入款项时：

借：银行存款	100 000	
贷：短期借款		100 000

月末计提利息：

借：财务费用	500	
贷：应付利息		500

借款到期：

借：短期借款　　100 000

　　应付利息　　4 500

　　贷：银行存款　　104 500

（2）借款利息采用直接计入方式核算。

借入款项时：

借：银行存款　　100 000

　　贷：短期借款　　100 000

借款到期时：

借：短期借款　　100 000

　　财务费用　　4 500

　　贷：银行存款　　104 500

第三节　应付票据与应付账款

一、应付票据

应付票据是指企业在商品购销活动中由于采用商业汇票结算方式购入货物而应付的票据款。

（一）应付票据的分类

1. 按是否带息分类

应付票据按其是否带息分为带息票据和不带息票据。

不带息票据是指票据上没有标明利率，票据到期只需按面额支付款项；带息票据是指在票据上标明利率，票据到期除按票据面额支付款项外，还要支付利息。

2. 按其承兑人的不同分类

应付票据按其承兑人的不同分为银行承兑汇票和商业承兑汇票。

银行承兑汇票的承兑人是付款人的开户银行，在商业汇票到期后，如果付款人的存款不足，付款人开户银行将代其兑付票款，并将其转为对付款人的短期贷款。

商业承兑汇票的承兑人是付款人，在商业汇票到期后，如果付款人的存款不足，付款人的开户银行将把票据退还给收款人。

（二）应付票据的核算

企业应设置“应付票据”账户核算企业商业汇票的签发、承兑以及支付的情况。购买商品或接受劳务签发票据时记入“应付票据”账户贷方；票据到期，支付商业票据款项记入“应付票据”账户借方。

1. 不带息票据的核算

【例 9.2】A 企业 20×9 年 3 月 1 日根据合同向甲公司购入一批材料，材料价款 50 000 元，增值税 8 500 元，A 企业签发并承兑面值为 58 500 元、期限为半年的商业承兑汇票一张，用以抵付货款。

A 企业的会计处理如下。

（1）购货时：

借：原材料　　50 000

　　应交税费——应交增值税（进项税额）　　8 500

　　贷：应付票据　　58 500

（2）票据到期，支付票款：

借：应付票据　　58 500

　　贷：银行存款　　58 500

（3）假如票据到期，A 企业无力承兑：

借：应付票据　　58 500

　　贷：应付账款　　58 500

如果本例中，A 企业签发的是银行承兑汇票用以购货。票据到期，如果 A 企业无力兑付，则企业的开户银行将代其兑付票款，并将其转为对 A 企业的短期贷款。A 企业收到银行的兑付通知时，编制会计分录如下：

借：应付票据　　58 500

　　贷：短期借款　　58 500

2. 带息票据的核算

带息票据签发时，按票据面值入账。票据的利息可以按期计提；如果金额小，也可以到期一次确认。

【例 9.3】 A 企业 20×9 年 5 月 10 日向乙公司购入一批材料，材料价款 200 000 元，增值税 34 000 元，A 企业签发一张票面利率 6%、期限为半年期的商业承兑汇票用以抵付货款。

A 企业的会计处理如下。

（1）购货时：

借：原材料　　200 000

　　应交税费——应交增值税（进项税额）　　34 000

　　贷：应付票据　　234 000

（2）每月期末计提利息：

借：财务费用　　1 170

　　贷：应付票据　　1 170

（3）票据到期，支付票款时：

借：应付票据　　241 020

　　贷：银行存款　　241 020

二、应付账款

应付账款是指企业因购买货物或接受劳务供应等而形成的负债。应付账款应在所购货物的所有权的风险和报酬转移时或接受的劳务发生时确认。在会计实务中，应视具体情况而定：①如果货物和发票账单同时到达，但货款未支付，一般待货物验收入库后，应付账款才按发票账单登记入账；②如果发票账单已到而货物未到，货款未付，则作为“在途物资”入账的同时确认应付账款；③如果货物已到，但发票账单未到，企业应在月末时，按暂估价计入应付账款，下月初用红字冲销，待收到发票账单时，再按正常程序入账。

1. 应付账款的一般核算

应付账款因其偿还期较短，一般按照应付金额入账，而不按到期应付金额的现值入账。

【例 9.4】 企业向 F 公司赊购原材料，收到增值税专用发票，货物金额为 50 000 元，增值税为 8 500 元，货款尚未支付，货物已经到达，验收入库。

（1）收到材料时，编制会计分录如下：

借：原材料　　50 000

　　应交税费——应交增值税（进项税额）　　8 500

　　贷：应付账款　　58 500

（2）偿还货款时，编制会计分录如下：

借：应付账款　　58 500

　　贷：银行存款　　58 500

2. 购货折扣的核算

购货折扣是指企业因及时付款而获得的优惠。购货折扣会计处理有总价法和净价法两种处理方法。总价法是将未扣减现金折扣前的发票金额作为应付账款的入账金额。这种做法认为到期付款是正常情况，因提前付款而获得的购货折扣作为理财收益。净价法是将扣减折扣后的金额作为应付账款的入账金额。这种方法认为企业应尽一切努力提前付款，获得购货折扣，将超过折扣期而丧失的购货折扣作为理财费用。我国《企业会计准则》规定目前采用总价法核算购货折扣。

【例 9.5】 企业赊购原材料一批，货款金额为 10 000 元，增值税 1 700 元，材料已验收入库。折扣条件为 1/20，n/60（假定只对货款金额给予折扣）。

相关会计处理如下。

（1）赊购发生时：

借：原材料　　10 000

　　应交税费——应交增值税（进项税额）　　1 700

　　贷：应付账款　　11 700

（2）折扣期内付款：

借：应付账款　　11 700

　　贷：银行存款　　11 600

　　　　财务费用　　100

（3）折扣期外付款：

借：应付账款　　11 700

　　贷：银行存款　　11 700

应付账款一般在较短时间内支付，有些应付账款由于债权人撤销或其他原因而无法支付，应计入营业外收入。

第四节　应付职工薪酬

一、职工薪酬概述

职工薪酬是企业为获取职工提供的服务而给予职工的各种形式的报酬以及相关支出，包括企业提供给职工的全部货币性薪酬以及非货币性薪酬。薪酬费用是企业产品成本、费用的一个重要组成内容，加强职工薪酬的核算，对于正确地核算企业的营业成本和费用具有重要的意义。

（一）职工薪酬的内容

1. 企业职工的范围

进行职工薪酬的核算，首先应确定职工的范围。企业职工的范围包括以下三类人员。

（1）与企业订立正式劳动合同的所有人员，含全职、兼职和临时职工；

（2）虽未与企业订立正式劳动合同、但由企业正式任命的人员，如董事会成员、监事会成员和内部审计委员会成员等；

（3）在企业的计划、领导和控制下，虽与企业未订立正式劳动合同、或企业未正式任命的人员，但为企业提供了类似服务，也纳入本准则的职工范畴。

2. 职工薪酬的范围和组成内容

职工薪酬既包括货币性薪酬，又包括非货币性薪酬。企业对职工的股份支付本质上也属于职工薪酬，但其具有期权性质，由《企业会计准则第 11 号——股份支付》准则进行规范。

企业的职工薪酬由以下内容组成。

（1）职工工资、奖金、津贴和补贴；

（2）职工福利费；

（3）社会保险费；

（4）住房公积金；

（5）工会经费和职工教育经费；

（6）非货币性福利；

（7）因解除与职工的劳动关系而给予的补偿；

（8）其他与获取职工提供的服务相关的支出。

（二）应付职工薪酬的确认与计量

1. 应付职工薪酬的确认

企业应当在职工为其提供服务的会计期间，根据职工提供服务的受益对象，将应确认的职工薪酬全部计入相关资产成本或当期费用，同时确认应付职工薪酬负债。因解除与职工的劳动关系而给予的补偿除外。

职工薪酬的确认时间：职工薪酬的确认应以权责发生制为基础，在职工为企业提供服务的会计期间进行确认，而不是以实际支付期为准。

职工薪酬的确认原则：企业应当根据职工提供服务的受益对象，将应确认的职工薪酬全部计入相关资产成本或当期费用，同时确认应付职工薪酬负债。即借记“生产成本”、“制造费用”、“管理费用”、“在建工程”、“销售费用”等账户，贷记“应付职工薪酬”账户。

2. 应付职工薪酬的计量

应付职工薪酬包括货币性职工薪酬和非货币性职工薪酬。

货币性职工薪酬应按职工的工资标准进行计量和发放。社会保险和住房公积金，应按国务院、企业所在地政府或企业年金计划规定的计提标准计量。工会经费和职工教育经费应按国家相关规定，分别按照企业职工工资总额的2%和1.5%的比例计提。

企业向职工提供的非货币性薪酬应分情况计量。

（1）企业以其自产产品或外购商品作为福利发放给职工。企业应按受益对象，按产品或商品的公允价值（通常是销售价）和相关税费计入相关资产成本或当期费用，同时确认应付职工薪酬负债。

（2）企业以自有的房屋无偿提供给职工使用，应按受益对象，将企业拥有的房屋每期应计提的折旧计入相关资产成本或当期费用，同时确认应付职工薪酬负债。

（3）企业租赁房屋提供给职工无偿使用。企业应按受益对象，将每期应付的租金计入相关资产成本或当期费用，同时确认应付职工薪酬负债。

二、应付职工薪酬的核算

（一）账户的设置

为了全面反映企业应付职工薪酬的形成和发放等情况，应设置“应付职工薪酬”账户核算。形成应付职工薪酬时记入贷方，实际发放时记入借方。在该账户下分别设置“工资”、“职工福利”、“社会保险费”、“住房公积金”、“工会经费”、“职工教育经费”、“非货币性福利”、“辞退福利”等明细账户进行核算。

知识链接

企业以股份为基础的薪酬适用《企业会计准则第11号——股份支付》，企业年金基金适用《企业会计准则第10号——企业年金基金》。

（二）应付职工薪酬的会计处理

1. 工资

在实际工作中，企业应按照国家的工资政策以及有关规定，正确计算应支付给职工的工资，如实反映工资的结算及分配情况。通常，企业是按每个职工来计算工资的。每个企业的工资计算有所不同，有的是按计件工资计算，有的是按计时工资计算，有的是结合计算。

企业期末进行工资费用的分配时，应编制工资费用分配表，并根据领取工资的职工提供服务的受益对象进行分配。对于生产车间的生产工人的工资，应记入“生产成本”账户；对于生产车间的管理人员的工资，应记入“制造费用”账户；对于企业行政管理部门人员的工资，应记入“管理费用”账户；对于专设销售机构人员的工资，应记入“销售费用”账户；对于企业进行固定资产在建工程人员的工资，应记入“在建工程”账户。

【例 9.6】 A 企业 20×9 年 7 月工资结算分配见表 9.1。

表 9.1 工资结算分配表

（单位：元）

车间部门		应付工资	代扣款				实发工资
			水电费	社会保险费	个人所得税	合计	
第一车间	生产工人	150 000	5 000	4 050	3 000	12 050	137 950
	管理人员	10 000	1 000	270	1 560	2 830	7 170
第二车间	生产工人	140 000	4 500	3 780	3 200	11 480	128 520
	管理人员	8 000	600	216	980	1 796	6 204
在建工程人员		130 000	4 000	3 510	3 650	11 160	118 840
销售人员		50 000	1 200	1 350	2 000	4 550	45 450
企业管理人员		60 000	850	1 620	8 610	11 080	48 920
其他业务部门人员		12 000	760	324	450	1 534	10 466
合计		560 000	17 910	15 120	23 450	56 480	503 520

根据工资结算分配表，A 企业做相关会计处理如下。

（1）月终分配工资费用：

借：生产成本　290 000
　　制造费用　18 000
　　管理费用　60 000
　　在建工程　130 000
　　销售费用　50 000
　　其他业务成本　12 000
　　贷：应付职工薪酬——工资　560 000

（2）从银行提取现金：

借：库存现金　503 520
　　贷：银行存款　503 520

（3）发放职工工资：

借：应付职工薪酬——工资　503 520
　　贷：库存现金　503 520

现在企业通常采用银行卡的方式发放工资，就不用提取现金后再发放了。因此，采用银行卡发放的方式下，（2）（3）两笔分录可合为一笔：

借：应付职工薪酬——工资　503 520
　　贷：银行存款　503 520

（4）结转各种代扣款：

借：应付职工薪酬——工资　56 480
　　贷：其他应付款——水电费　17 910

——社会保险费　15 120

应交税费——应交个人所得税　23 450

小提示

在实际工作中，企业当月的职工工资一般在下月才发放，即工资费用分配在前，发放工资在后。因此，分配工资费用和发放工资的账务处理通常不是在同一个月内进行。

2. 职工福利费

在我国，企业职工从事生产经营活动除了领取劳动报酬以外，还可以享受一定的职工福利。职工福利费主要是指职工浴室、理发室等福利部门的开支，职工的生活困难补助以及按规定发生的其他职工福利支出等。

企业发生福利性支出时，应借记“应付职工薪酬——职工福利费”账户，贷记“银行存款”等账户。

月末，企业对发生的福利费应按用途进行分配。分配对象与工资相同。借记“生产成本”、“制造费用”、“管理费用”、“在建工程”、“销售费用”等账户，贷记“应付职工薪酬——职工福利费”账户。

3. 社会保险费和住房公积金

我国规定社会保险费和住房公积金是由企业与职工共同负担的费用。企业负担的部分应按国务院、企业所在地方政府或企业年金计划规定的标准计提，按提供服务的受益对象，借记“生产成本”、“制造费用”、“管理费用”、“在建工程”、“销售费用”等账户，贷记“应付职工薪酬——社会保险费、住房公积金”账户。

由职工个人负担的部分，应从职工的工资中予以扣除，即借记“应付职工薪酬——工资”账户，贷记“其他应付款”等账户。

企业缴纳社会保险费和住房公积金时，应借记“应付职工薪酬——社会保险费、住房公积金”（由企业负担的部分）、“其他应付款”（由职工负担的部分）账户；贷记“银行存款”账户。

4. 工会经费和职工教育经费

工会经费和职工教育经费是指企业为了改善职工文化生活、为职工学习先进技术和提高文化水平和业务素质，用于开展工会活动和职工教育及职业技能培训等相关支出。按照财务规则的相关规定，分别按工资总额的2%和1.5%计提。从业人员技术要求高、培训任务重、经济效益好的企业，根据国家相关规定，可按工资总额的2.5%计提。

企业按工资总额的一定比例计提时，借记“生产成本”、“制造费用”、“管理费用”、“在建工程”、“销售费用”等账户，贷记“应付职工薪酬——工会经费、职工教育经费”账户。

企业支付工会经费和职工教育经费时，应借记“应付职工薪酬——工会经费、职工教育经费”账户，贷记“银行存款”账户。

5. 非货币性福利

非货币性福利是指企业以自己的产品或外购商品发放给职工作为福利，企业提供给职工无偿使用自有的资产或租赁资产供职工无偿使用。

（1）企业以其自产的产品作为非货币性福利发放给职工。企业以其自产的产品发放给职工在税法上是一种视同销售行为，企业应按销售产品处理。即按产品的公允价值（通常是销售价）和相关增值税金额，借记"应付职工薪酬——非货币性福利"账户，贷记"主营业务收入"、"应交税费——应交增值税（销项税额）"账户。同时，应按受益对象，将产品的公允价值连同税费分摊到相关资产成本或当期费用，确认应付职工薪酬负债。

【例 9.7】 B 企业是一家冰箱生产企业，共有职工 1 200 人。20×8 年春节，B 企业将自己生产的冰箱作为福利发放给企业的职工，每人发一台。每台冰箱的生产成本为 1 200 元，对外销售价为 2 000 元（不含税价）。企业职工中，750 人是车间生产工人，100 人是车间管理人员，350 人是企业管理人员。B 企业属于一般纳税人，有关的账务处理如下。

冰箱的销售总价=（1 200×2 000）+（1 200×2 000×17%）=2 808 000（元）

1）发放冰箱给职工时视同销售：

借：应付职工薪酬——非货币性福利　　2 808 000

　贷：主营业务收入　　2 400 000

　　应交税费——应交增值税（销项税额）　　408 000

2）结转产品成本（1 200×1 200=1 440 000）：

借：主营业务成本　　1 440 000

　贷：库存商品　　1 440 000

3）分配非货币性福利费用。

生产工人应承担的费用=（750×2 000）+（750×2 000×17%）

车间管理人员应承担的费用=（100×2 000）+（100×2 000×17%）

企业管理人员应承担的费用=（350×2 000）+（350×2 000×17%）

编制会计分录如下：

借：生产成本　　1 755 000

　制造费用　　234 000

　管理费用　　819 000

　贷：应付职工薪酬——非货币性福利　　2 808 000

（2）企业以自有的房屋无偿提供给职工使用或租赁房屋提供给职工无偿使用。企业以自有的房屋无偿提供给职工使用，应根据该房屋每期应计提的折旧，借记"应付职工薪酬——非货币性福利"账户，贷记"累计折旧"账户。企业租赁房屋提供给职工无偿使用，应根据该房屋每期应付租金，借记"应付职工薪酬——非货币性福利"账户，贷记"银行存款"账户。

【例 9.8】 企业为部门经理以上级别的职工提供汽车免费使用，为副总裁以上职工租赁住房免费使用。企业部门经理以上级别的职工有 30 人，副总裁以上职工为 10 人，假定每辆汽车每月折旧 2 000 元，每月每套房子的租金 5 000 元。

有关的账务处理如下。

房屋租金=10×5 000 = 50 000（元）

汽车折旧额=30×2 000= 60 000（元）

（1）企业每月支付房租、计提折旧时，编制会计分录如下：

借：应付职工薪酬——非货币性福利　110 000

　贷：累计折旧　60 000

　　银行存款　50 000

（2）分配费用，编制会计分录如下：

借：管理费用　110 000

　贷：应付职工薪酬——非货币性福利　110 000

6. 辞退福利

辞退福利是指因企业解除与职工的劳动关系而给予职工的补偿。辞退福利包括两方面的内容：一是在职工劳动合同尚未到期前，不论职工本人是否愿意，企业决定解除与职工的劳动关系而给予的补偿；二是在职工劳动合同尚未到期前，为鼓励职工自愿接受裁减而给予的补偿，职工有权选择继续在职或接受补偿离职。

辞退福利通常采取解除与职工的劳动关系时一次补偿的方式，也有通过提高退休后养老金或其他离职后福利标准的方式等。

辞退福利同时满足下列条件的，应当确认解除与职工的劳动关系给予职工的补偿而产生的预计负债，同时计入当期损益。

企业已经制订正式的解除劳动关系计划或提出自愿裁减建议，并即将实施。

企业不能单方面撤回解除劳动关系或裁减建议。

企业因解除与职工的劳动关系而给予职工补偿时，由于被辞退职工不再能给企业带来任何经济利益，辞退福利应当计入当期费用而不计入资产成本。企业辞退职工时，应按照确定的金额借记“管理费用”账户，贷记“应付职工薪酬——辞退福利”账户。实际支付时，借记“应付职工薪酬——辞退福利”，贷记“银行存款”或“库存现金”等账户。

第五节　应 交 税 费

税收是国家财政收入的主要来源，也是国家调节经济行为的一种必不可少的手段。企业在一定时期内取得的收入和实现的利润，应按规定向国家缴纳各种税费，这些应交的税费在缴纳之前，形成了企业的负债。企业应依法缴纳的各种税费主要有增值税、消费税、营业税、所得税、资源税、城市维护建设税、教育费附加等。

为了核算企业应交税费的形成和缴纳，企业应设置“应交税费”账户，并按照应交税费的种类设明细账分别进行核算。

一、应交增值税

增值税是就货物或应税劳务的增值部分征收的一种税。在我国境内销售货物或提供加工、修理修配劳务以及进口货物的单位和个人为增值税的纳税义务人。

从计税原理而言，增值税是对商品生产和流通中各环节的新增价值或商品附加值进行征税，所以称之为“增值税”。然而，由于新增价值或商品附加值在商品流通过程中是一个难以准确计算的数据，因此，在增值税的实际操作上采取间接计算办法，即企业购入货物或接受应税劳务支付的增值税（即进项税额）可以从销售货物或提供劳务收取的增值税（即销项税额）中抵扣，抵扣进项税后的余额为纳税人实际缴纳的增值税额。这是增值税的核心所在，这种做法同样体现了对新增价值征税的原则。

为了严格增值税的征收管理和对某些经营规模小的纳税人简化计征办法，参照国际惯例，我国增值税暂行条例将增值税纳税人按其经营规模以及会计核算是否健全，分为一般纳税人和小规模纳税人。两者征税办法不同，税率不同，其会计核算也不同。

小提示

一般纳税人和小规模纳税人的认定标准主要有两个:（1）财务核算是否健全。（2）年应税销售额的大小。财务核算不健全，年应税销售额达不到标准的企业只能认定为小规模纳税人。

（一）一般纳税人增值税的会计处理

1. 一般纳税人资格的认定标准

企业成为一般纳税人要经过税务机关的批准，现行标准为工业企业年应税销售额为 50 万元及以上，商业企业年应税销售额为 80 万元及以上，并且会计核算健全。

2. 一般纳税人的税率

一般纳税人的税率分为三档。

（1）基本税率 17%，适用于大部分商品；

（2）低税率 13%，主要适用于粮食、食用植物油、天然气、图书、报纸、化肥、饲料、农药等；

（3）零税率，适用于部分出口商品。

3. 增值税的抵扣

一般纳税人增值税核算有两个特点：一是企业销售货物或提供劳务可以开具增值税专用发票；二是企业购货取得的增值税专用发票上注明的增值税额可以抵减销项税额。

一般纳税人当期应交的增值税通常为当期的销项税额与当期的进项税额之间的差额。

应交增值税=当期的销项税额 – 当期的进项税额

当期的进项税额是指当期购入货物或接受应税劳务支付的增值税并符合抵扣条件的金额。当期的销项税额是指当期销售货物或提供劳务应收取的增值税的金额。

一般纳税人购入货物或接受应税劳务支付的增值税必须具备以下凭证，其进项税额才能抵扣。

（1）增值税专用发票。购货方应取得购进货物的增值税专用发票，以发票上的增值税额作为抵扣依据。

（2）海关完税证明。企业进口货物支付的增值税，以海关完税凭证上的增值税额作为抵扣依据。

（3）企业购进免税农产品，按规定使用的收购凭证上买价的 13%计算进项税额作为抵扣依据。

（4）企业外购存货支付的运费，按运费发票金额的 7%计算进项税额作为抵扣依据。

（5）企业接受投资或接受捐赠取得物资，只有取得了投资方或捐赠方开具的增值税专用发票，其进项税额才能抵扣。

如果企业不能取得以上凭证或企业属于小规模纳税人，其支付的增值税不能抵扣，只能计入资产的采购成本。

补充知识

为了扩大内需，减轻企业设备投资的税收负担，国务院在 2008 年 11 月 5 日颁布了新修订后的《中华人民共和国增值税暂行条例》，自 2009 年 1 月 1 日起施行。

主要变化如下。

（1）企业新购入的机器设备所含进项税额可以抵扣。但与企业技术更新无关的纳税人自用消费品如小汽车、摩托车、游艇所含进项税额不能抵扣。

（2）小规模纳税人的增值税税率下调为 3%（制造企业原是 6%，商业企业原是 4%）。

4. 账户设置

为了核算一般纳税人增值税的发生、交纳等情况，应在“应交税费”下设置“应交增值税”和“未交增值税”两个明细账户。

应交增值税明细账户下设“进项税额”、“已交税金”、“减免税款”、“出口抵减内销产品应纳税额”、“转出未交增值税”、“销项税额”、“出口退税”、“进项税额转出”、“转出多交增值税”等三级明细账户。应交增值税明细账格式见表 9.2。

表 9.2　应交增值税明细账

（单位：元）

<table>
<tr><th colspan="2">年</th><th colspan="2">凭　证</th><th rowspan="2">摘要</th><th colspan="6">借　　方</th><th colspan="5">贷　　方</th><th rowspan="2">借或贷</th><th rowspan="2">余额</th></tr>
<tr><th>月</th><th>日</th><th>种类</th><th>编号</th><th>合计</th><th>进项税额</th><th>已交税金</th><th>减免税款</th><th>出口抵减内销产品应纳税额</th><th>转出未交增值税</th><th>合计</th><th>销项税额</th><th>出口退税</th><th>进项税额转出</th><th>转出多交增值税</th></tr>
<tr><td></td><td></td><td></td><td></td><td></td><td></td><td></td><td></td><td></td><td></td><td></td><td></td><td></td><td></td><td></td><td></td><td></td><td></td></tr>
<tr><td></td><td></td><td></td><td></td><td></td><td></td><td></td><td></td><td></td><td></td><td></td><td></td><td></td><td></td><td></td><td></td><td></td><td></td></tr>
<tr><td></td><td></td><td></td><td></td><td></td><td></td><td></td><td></td><td></td><td></td><td></td><td></td><td></td><td></td><td></td><td></td><td></td><td></td></tr>
</table>

应交增值税明细账中“借方”各专栏反映如下内容。

（1）“进项税额”专栏，反映企业购入货物或接受劳务而支付的、准予从销项税额中抵扣的增值税额。企业购入货物或接受应税劳务支付的进项税额用蓝字登记；退回所购货物应冲销的进项税额用红字登记。

（2）“已交税金”专栏，反映企业缴纳的增值税额。

（3）“减免税款”专栏，反映企业按规定减免的增值税款。

（4）“出口抵减内销产品应纳税额”专栏，反映出口企业销售出口货物后，按规定计算的出口货物的进项税额抵减内销产品的应纳税额。

（5）“转出未交增值税”专栏，反映企业月终转出应缴未缴的增值税。月末企业“应交税费——应交增值税”明细账出现贷方余额时，根据余额借记本科目，贷记“应交税费——未交增值税”科目。

“应交增值税明细账”中“贷方”各专栏反映如下内容。

（1）“销项税额”专栏，反映企业销售货物或提供应税劳务应收取的增值税额。企业销售货物或提供应税劳务应收取的销项税额用蓝字登记；退回销售货物应冲销的销项税额用红字登记。

（2）“出口退税”专栏，反映企业出口适用零税率的货物，向海关办理报关出口手续后，凭出口报关单等有关凭证，向税务机关申报办理出口退税而收到退回的税款。

（3）“进项税额转出”专栏，反映企业的购进货物、在产品、产成品等发生非正常损失以及其他原因而不应从销项税额中抵扣，按规定转出的进项税额。

（4）“转出多交增值税”专栏，反映企业月终转出多缴的增值税。

5. 账务处理

（1）一般购销业务的处理。企业购进原材料，如果取得了增值税专用发票，则按发票上的买价，借记“原材料（材料采购）”账户；按支付的增值税额，借记“应交税费——应交增值税（进项税额）”账户，贷记“银行存款”、“应付账款”等账户。

企业销售货物或提供应税劳务，应根据开出的增值税专用发票，借记“银行存款”、“应收账款”等账户，贷记“主营业务收入”、“应交税费——应交增值税（销项税额）”账户。

【例 9.9】 某一般纳税人企业 20×9 年 10 月购进原材料一批，取得增值税专用发票所列价为 30 000 元，增值税为 5 100 元，货款已支付，材料已验收入库。

企业材料入库时，编制会计分录如下：

借：原材料	30 000
应交税费——应交增值税（进项税额）	5 100
贷：银行存款	35 100

【例 9.10】 某一般纳税人企业 20×9 年 10 月销售产品一批，增值税专用发票所列价为 20 000 元，增值税额为 3 400 元，货款尚未收到。

企业销售货物时，编制会计分录如下：

借：应收账款	23 400
贷：主营业务收入	20 000
应交税费——应交增值税（销项税额）	3 400

（2）购进免税农产品的处理。按税法规定，对农业生产者销售的自产农产品免征增值税。企业购进免税的农产品，由于销售方不收增值税，因而企业无法取得增值税专用发票，但按税法规定，企业可以按照购进免税农产品买价的 13%计算进项税额，准予从销项税额中扣除。在会计核算上按买价扣除进项税额后的金额作为该农产品的成本。

【例 9.11】 某一般纳税人企业 20×9 年 10 月购进免税农产品一批，用于产品生产。收购凭证所列价款为 30 000 元。货款已支付，材料已验收入库。

可抵扣增值税=30 000×13%=3 900（元）

编制会计分录如下：

借：原材料	26 100
应交税费——应交增值税（进项税额）	3 900
贷：银行存款	30 000

（3）接受投资和接受捐赠的处理。企业接受投资和接受捐赠，如能取得投资方或捐赠方的增值税专用发票，其发票上注明的增值税可以抵扣。

【例 9.12】 企业 20×9 年 10 月接受某单位的投资原材料一批，取得增值税专用发票所列价为 30 000 元，增值税为 5 100 元，材料已验收入库。编制会计分录如下：

借：原材料　　30 000

　应交税费——应交增值税（进项税额）　　5 100

　贷：实收资本　　35 100

（4）企业视同销售行为的处理。按照增值税条例的规定，下列活动视同销售：企业将货物委托他人代销；销售代销货物；将自产、委托加工的物资用于非应税项目；将自产、委托加工的物资用于集体福利或个人消费；将自产、购入或委托加工的物资用于分配给投资者；将自产、购入或委托加工的物资用于投资；将自产、购入或委托加工的物资用于无偿捐赠等。

对于税法上某些视同销售的行为，如以自产产品对外投资，从会计角度看属于非货币性资产交换，但是，无论会计上如何处理，只要这种行为是属于税法规定需要缴纳增值税的，就应当计算缴纳增值税销项税额。

【例 9.13】 乙企业 20×9 年 10 月用自产产品对甲企业进行投资，双方协议按产品的售价作价。该批产品成本 800 万元，售价和计税价格均为 810 万元，增值税率为 17%。该项交易具有商业实质。

乙企业投出产品应计增值税=8 100 000×17%=1 377 000（元）

编制会计分录如下：

借：长期股权投资　　9 477 000

　贷：主营业务收入　　8 100 000

　　应交税费——应交增值税（销项税额）　　1 377 000

同时：

借：主营业务成本　　8 000 000

　贷：库存商品　　8 000 000

（5）进项税额转出的处理。按照增值税条例的规定，一般纳税人购进货物用于非应税项目、免税项目、集体福利或个人消费，非正常损失的购进货物，以及非正常损失的在产品、产成品所耗用的购进货物所发生的进项税额不能抵扣，只能随货物的价款一起转移，计入有关资产成本或费用。这里有两种情况：如果购入货物时就能直接认定用于上述用途，所发生的进项税额直接计入有关成本或费用；如果购入货物时不能直接认定用于上述用途，所发生的进项税额可先记入“应交税费——应交增值税（进项税额）”账户，以后用于上述用途时，再将其进项税额转出到相关账户。

【例 9.14】 企业 20×9 年 10 月领用生产产品的原材料修建厂房，该原材料的购进价格为 10 万元，进项税额为 17 000 元，编制会计分录如下：

借：在建工程　　117 000

　贷：原材料　　100 000

　　应交税费——应交增值税（进项税额转出）　　17 000

企业购进的货物、加工的在产品和产成品等发生非正常损失，原来的进项税额不予抵扣，与货物的成本一起作为损失处理。

【例 9.15】 企业 20×9 年 10 月由于发生火灾，烧毁了一批原材料。该批原材料的购进价格为 20 万元，进项税额为 34 000 元，编制会计分录如下：

借：待处理财产损溢　　234 000

　　贷：原材料　　200 000

　　　　应交税费——应交增值税（进项税额转出）　　34 000

（6）出口退税的处理。按照增值税条例的规定，企业出口货物实行零税率。自营或委托外贸企业代理出口自产货物的生产型企业实行“免，抵，退”的办法。免是指生产型企业出口自产货物可免销售环节增值税；抵是指生产型企业出口自产货物所消耗的原材料所含应退的进项税额，抵扣内销货物的应纳税额；退是指生产型企业出口自产货物在当月的进项税额大于销项税额时，对未抵扣完的部分由税务机关予以退税。

企业计算应收出口退税款时，对按规定予以退回的税额，于实际收到退税款时，借记“银行存款”账户，贷记“应交税费——应交增值税（出口退税）”账户。

（7）减免税款的处理。按照国家有关规定，税务机关可以减少或免征企业应交增值税，体现了国家的税收优惠政策。企业在收到税务机关减免增值税税款通知时，借记“应交税费——应交增值税（减免税款）”账户，贷记“营业外收入”账户。

（8）转出多交增值税和未交增值税的核算。为了分别反映增值税一般纳税人欠交增值税和待抵扣增值税的情况，确保企业及时足额上缴增值税，避免企业用以前月份欠交增值税抵扣以后月份未抵扣的增值税情况，企业在月末应将“应交税费——应交增值税”账户借贷方的差额转入“应交税费——未交增值税”账户。如果“应交税费——应交增值税”账户的差额为贷方差额，表明企业当期的欠缴数，应从“应交税费——应交增值税（转出未交增值税）”账户转入“应交税费——未交增值税”账户的贷方；如果“应交税费——应交增值税”账户的差额为借方差额，表明企业当期的多交数，应从“应交税费——应交增值税（转出多交增值税）”账户转入“应交税费——未交增值税”账户的借方；留待下月继续抵扣。

【例 9.16】 月份终了，企业计算出当月应交未交增值税 50 000 元。编制会计分录如下：

借：应交税费——应交增值税（转出未交增值税）　　50 000

　　贷：应交税费——未交增值税　　50 000

假如月份终了，企业计算出当月多交增值税 20 000 元，则编制会计分录如下：

借：应交税费——未交增值税　　20 000

　　贷：应交税费——应交增值税（转出多交增值税）　　20 000

经过结转后，“应交税费——应交增值税”账户应无余额，“应交税费——未交增值税”账户的余额反映企业尚未交纳的增值税或尚未抵扣完的增值税。尚未抵扣完的增值税今后可以继续抵扣。

（9）交纳税金的处理。企业当月交纳当月的增值税，借记“应交税费——应交增值税（已交税金）”账户，贷记“银行存款”账户；企业当月交纳以前月份未交的增值税，借记“应交税费——未交增值税”账户，贷记“银行存款”账户。

【例 9.17】 月份终了，企业计算出当月应交未交增值税 50 000 元。企业用银行存款交纳当月增值税 10 000 元，尚有 40 000 元未交纳，编制会计分录如下。

（1）交纳当月的增值税：

借：应交税费——应交增值税（已交税金）　　10 000

　　贷：银行存款　　10 000

（2）结转尚未交纳的增值税：

借：应交税费——应交增值税（转出未交增值税）　　40 000

　　贷：应交税费——未交增值税　　40 000

（二）小规模纳税人增值税的会计处理

小规模纳税人是指工业企业年应税销售额在 50 万元以下，商业企业年应税销售额在 80 万元以下的企业。

小规模纳税人增值税核算上有三个特点。

（1）小规模纳税人"应交税费——应交增值税"明细账账页采用借、贷、余三栏式格式。

（2）小规模纳税人销售货物或提供劳务时只能开具普通发票，不能开具增值税专用发票。开具普通发票金额为含税销售额，在记录收入时，应还原为不含税销售额。还原公式为销售额=含税销售额/（1＋征收率）。目前我国小规模纳税人的征收率为 3%。

（3）小规模纳税人购入货物无论是否取得增值税专用发票，所支付的增值税额均不得抵扣，而是计入购入货物的成本。

小规模纳税人增值税的核算分为购入货物和销售产品两个环节。

1. 购入货物的处理

【例 9.18】 某企业为小规模纳税人，10 月份购进货物一批，取得增值税专用发票，发票所列价款为 50 000 元，增值税进项税为 8 500 元，材料已验收入库，货款尚未支付，编制会计分录如下：

借：原材料　　58 500

　　贷：应付账款　　58 500

2. 销售产品的处理

【例 9.19】 某企业为小规模纳税人，10 月份销售产品一批，开出普通发票金额为 51 500 元，货款尚未收到。

不含税销售额=51 500/（1+3%）=50 000（元）

编制会计分录如下：

借：应收账款　　51 500

　　贷：主营业务收入　　50 000

　　　　应交税费——应交增值税　　1 500

3. 交纳税金的处理

通常小规模纳税人当月销售货物计算出的增值税就是企业应交纳的增值税，一般在下月初交纳，交纳时，借记"应交税费——应交增值税"账户，贷记"银行存款"账户。

二、应交消费税

消费税是对生产、委托加工以及进口应税消费品（主要指烟、酒、高档次以及高耗能的消费品）征收的一种税。征收消费税是国家在对货物普遍征收增值税的基础上，选择少数消费品再征收一道消费税，主要是为了调节消费结构，正确引导消费方向，保证国家财政收入。

消费税的征收方法主要有两种：从价定率征收和从量定额征收。实行从价定率征收的税基为不含税销售额；实行从量定额征收的应纳税额的销售数量是指应税消费品的数量。

1. 销售应税消费品

企业将生产的产品直接对外销售的，对外销售产品应交纳的消费税通过"营业税金及附加"账户核算。

【例 9.20】 A 企业销售应纳消费税的产品，产品售价为 200 000 元（不含税价），增值税税率为 17%，消费税税率为 10%，产品成本为 180 000 元。产品已发出，货款已经收到。

A 企业的会计处理如下。

（1）产品销售时：

借：银行存款　　234 000

　　贷：主营业务收入　　200 000

　　　　应交税费——应交增值税（销项税额）　　34 000

（2）计算消费税：

借：营业税金及附加　　20 000

　　贷：应交税费——应交消费税　　20 000

（3）结转产品成本：

借：主营业务成本　　180 000

　　贷：库存商品　　180 000

2. 以应税消费品对外投资

企业以应税消费品对外投资，应交的消费税计入投资的初始成本；企业以应税消费品用于在建工程项目，应交的消费税计入在建工程成本。

3. 委托加工应税消费品

按照税法的规定，企业委托加工的应税消费品，由受托方在向委托方交货时代收代交税款。委托加工的应税消费品收回后直接对外出售的，委托方交纳的消费税直接计入委托加工成本，该产品销售时不再交纳消费税；委托加工的应税消费品收回后用于连续生产应税消费品的，委托方交纳的消费税记入"应交税费——应交消费税"账户的借方，按规定准予抵扣最终产品销售时交纳的消费税。

【例 9.21】 企业委托外单位加工应税消费品材料，原材料的成本 100 万元，加工费用 10 万元，增值税 1.7 万元，由受托方代扣代缴的消费税 1 万元。材料已加工完毕并已验收入库，加工费用已用银行存款支付。

（1）委托方收回加工的材料直接用于销售。

发出原材料，编制会计分录如下：

借：委托加工物资　　1 000 000

　　贷：原材料　　1 000 000

支付加工费、增值税及消费税，编制会计分录如下：

借：委托加工物资　　110 000

　　应交税费——应交增值税（进项税额）　　17 000

　　贷：银行存款　　127 000

委托加工材料验收入库，编制会计分录如下：

借：原材料　　1 110 000

　　贷：委托加工物资　　1 110 000

（2）委托方收回加工的材料用于连续生产应税消费品。

发出原材料，编制会计分录如下：

借：委托加工物资　　1 000 000

　　贷：原材料　　1 000 000

支付加工费、增值税及消费税，编制会计分录如下：

借：委托加工物资　　100 000

　　应交税费——应交增值税（进项税额）　　17 000

　　　　　　——应交消费税　　10 000

　　贷：银行存款　　127 000

委托加工材料验收入库，编制会计分录如下：

借：原材料　　1 100 000

　　贷：委托加工物资　　1 100 000

三、应交营业税

营业税是对我国境内提供应税劳务、转让无形资产、销售不动产的单位或个人征收的一种流转税。

应税劳务是指属于交通运输、建筑安装、金融保险、邮电通信、文化体育、娱乐、服务业税目征收范围的劳务。

补充知识

营业税改征增值税试点改革是国家实施结构性减税的一项重要举措，也是一项重大的税制改革。2012 年 1 月 1 日起在上海市交通运输业和部分现代服务业开展营业税改征增值税试点改革，拉开营业税改征增值税的改革大幕，同年 8 月“营改增”试点分批扩大。自 2013 年 8 月 1 日起，在全国范围内开展交通运输业和部分现代服务业营改增试点。按照规划，最快有望在十二五（2011—2015 年）期间完成“营改增”。

营业税的计算公式为

应纳营业税额=营业额×税率

制造业的主要流转税是增值税，缴纳增值税的企业一般不再缴纳营业税。但制造业有三种行为要交纳营业税，即提供非工业性劳务、转让无形资产和销售不动产。

1. 提供非工业性劳务

工业企业提供工业生产活动以外的其他非工业性劳务所取得的收入按规定要缴纳营业税。

【例 9.22】 某企业为营改增非试点企业，该企业本月对外提供运输劳务，取得服务收入 50 000 元，营业税税率为 3%。

（1）取得收入时，编制会计分录如下：

借：银行存款　　50 000

　　贷：其他业务收入　　50 000

（2）计算应交营业税。

应交营业税=50 000×3%=1 500（元）

编制会计分录如下:

借：营业税金及附加　　1 500

　　贷：应交税费——应交营业税　　1 500

2. 转让无形资产

企业出租或出售无形资产也要缴纳营业税。出租无形资产缴纳的营业税记入“营业税金及附加”账户，出售无形资产缴纳的营业税通过“营业外收入”或“营业外支出”账户核算。

【例 9.23】企业转让一项专利权的所有权，该专利权原账面价值 20 万元，已经摊销 5 万元。转让收入 30 万元，营业税税率为 5%，编制会计分录如下:

借：银行存款　　300 000

　　累计摊销　　50 000

　　贷：无形资产　　200 000

　　　　应交税费——应交营业税　　15 000

　　　　营业外收入　　135 000

3. 销售不动产

企业销售不动产也要按规定缴纳营业税。销售不动产应交的营业税应通过“固定资产清理”账户核算。

【例 9.24】企业出售一栋房屋，原价 100 万元，已提折旧 50 万元，出售收入 45 万元，营业税税率为 5%。编制如下的会计分录。

（1）固定资产转入清理:

借：固定资产清理　　500 000

　　累计折旧　　500 000

　　贷：固定资产　　1 000 000

（2）取得转让收入:

借：银行存款　　450 000

　　贷：固定资产清理　　450 000

（3）计算营业税:

借：固定资产清理　　22 500

　　贷：应交税费——应交营业税　　22 500

（4）结转清理净损益:

借：营业外支出　　72 500

　　贷：固定资产清理　　72 500

四、应交资源税

资源税是对在我国境内开采矿产品和生产盐的单位和个人计算征收的一种税。它是调节企业因资源的富有程度和开发条件的差异而形成级差收入的一种税，有助于企业合理有效地利用自然资源。

资源税应纳税额应按产品的课税数量和规定的单位税额计算。其计算公式为

$$应纳资源税额=课税数量\times单位税额$$

如果企业开采或者生产应税产品对外销售，以销售量为课税数量；如果企业开采或者生产应税产品供自用，以自用数量为课税数量。前者在会计上记入“营业税金及附加”账户，后者记入“生产成本”账户。

【例 9.25】企业本月销售原煤 40 000 吨，每吨煤单位税额为 2 元，应纳资源税额为 80 000 元，编制会计分录如下：

借：营业税金及附加　　80 000

　　贷：应交税费——应交资源税　　80 000

五、应交房产税、车船使用税、土地使用税

（一）房产税

房产税是以房屋为征税对象，依据房产价格或房产租金收入向房产所有人或经营人征收的一种税。对房产征税的目的是运用税收杠杆，加强对房产的管理，提高房产使用效率，控制固定资产投资规模和配合国家房产政策的调整，合理调节房产所有人和经营人的收入。此外，房产税税源稳定，易于控制管理，是地方财政收入的重要来源之一。房产税计税办法有两种：按房产余值计算和按房产出租收入计算。

（1）按房产余值计算。其计算公式为

$$每年应纳房产税税额=应税房产原值\times（1-扣除比例）\times适用税率$$

（2）按房产出租收入计算。其计算公式为

$$每年应纳房产税税额=租金收入\times适用税率$$

（二）车船税

车船税是国家对拥有并使用车辆的单位和个人所征收的一种税，其计算公式分别为

$$车辆税应纳税额=企业拥有车辆数\times单位税额$$

$$船舶税应纳税额=船舶吨位\times单位税额$$

（三）土地使用税

土地使用税是以城镇土地为征税对象，对拥有土地使用权的单位和个人所征收的一种税。开征土地使用税是国家为了合理利用城镇土地，调节土地级差收入，提高土地使用效益，加强土地管理而开征的一种税，其计算公式为

$$应纳税额=土地使用面积\times每平方米税额$$

房产税、车船税和土地使用税在会计上记入“管理费用”账户。其会计分录为

借：管理费用——房产税　　×××

　　　　　　——车船税　　×××

　　　　　　——土地使用税　　×××

　　贷：应交税费——应交房产税　　×××

　　　　　　　　——应交车船税　　×××

　　　　　　　　——应交土地使用税　　×××

六、应交城市维护建设税和教育费附加

城市维护建设税（以下简称“城建税”）是国家对缴纳增值税、消费税、营业税（简称

“三税”）的单位和个人就其实际缴纳的“三税”税额为计征依据而征收的一种税。城建税属于一种附加税，它是国家为加强城市的维护建设，扩大和稳定城市维护建设资金的来源而采取的一项税收措施。

教育费附加是国家为了发展我国教育事业，提高人们的文化素质而征收的一种费用。

城建税和教育费附加按企业当期实际交纳的增值税、营业税、消费税额的一定比例计算交纳，其计算公式为

应纳税额=纳税人实际缴纳的“三税”税额×适用税率

城建税的税率，按纳税人所在地不同，实行地区差别税率。具体分为三档：纳税人所在地为市区的，税率为 7%；纳税人所在地为县城、镇的，税率为 5%；其余为 1%。教育费附加的征收比率为 3%。

在会计核算上，根据其计算基础的不同，应分别借记“营业税金及附加”、“固定资产清理”账户，贷记“应交税费——应交城建税（或应交教育费附加）”账户。

第六节　其他应付及预收款项

一、其他应付款

其他应付款是指与企业的购销业务没有直接联系的各种应付或暂收款，主要包括应付经营租入固定资产的租金、应付包装物的租金、应付职工未按时领取的工资、应付的各种赔款及罚款。

企业发生的各种其他应付或暂收款构成了企业的流动负债，在会计核算上应设置“其他应付款”账户进行核算。发生上述各种应付、暂收款项时，借记“银行存款”、“库存现金”等账户，贷记“其他应付款”账户；实际偿付时，做相反分录。

【例 9.26】 企业向临时工出借钢丝床 200 张，每张收取押金 50 元。

（1）收到存入保证金，编制会计分录如下：

借：库存现金　　10 000

　　贷：其他应付款　　10 000

（2）职工归还钢丝床 10 张，退还押金 500 元，编制会计分录如下：

借：其他应付款　　500

　　贷：库存现金　　500

二、预收账款

预收账款是企业预先向客户收取的款项，于将来以提供商品、劳务进行清偿。预收账款的核算应视企业的具体情况而定。如果预收货款业务比较多，可以设置“预收账款”账户；如果预收货款业务不多，可以简化核算，不设置“预收账款”账户，而通过“应收账款”账户核算，预收货款时，直接记入“应收账款”账户贷方。

【例 9.27】 企业按合同规定收到客户 F 的预付货款 20 000 元。企业向客户发出商品一批，货物售价 20 000 元（不含税价），增值税税率 17%。

（1）预收货款，编制会计分录如下：

借：银行存款　　20 000

　　贷：预收账款　　20 000

（2）发出商品，确认收入，编制会计分录如下：

借：预收账款　　23 400

　　贷：主营业务收入　　20 000

　　　　应交税费——应交增值税（销项税额）　　3 400

说明：这里“预收账款”账户出现借方余额，其实质是企业应收购买单位的款项，理论上应记入“应收账款”账户，为了集中揭示预收货款业务，会计实务中常用“预收账款”账户来反映该部分应收账款的内容，在编制会计报表时，应将“预收账款”账户的借方余额并入“应收账款”项目。

（3）收到补付货款，编制会计分录如下：

借：银行存款　　3 400

　　贷：预收账款　　3 400

本章小结

流动负债是指企业将在一年内（包含一年）或超过一年的一个营业周期内偿还的债务。企业举借流动负债主要目的是企业的日常经营活动所需。

流动负债通常具有以下特点：偿还期限短，到期必须用流动资产或以新的流动负债来偿还。

流动负债一般按照业务发生时的金额，即实际成本计价入账。流动负债的内容主要有短期借款、应付票据、应付账款、应付职工薪酬、应交税费、其他应付款及预收账款等。

应付职工薪酬的内容主要有八项，体现了我国的薪酬政策。新的薪酬制不但扩大了核算范围，而且包括了非货币性薪酬。

企业在一定时期内取得的收入和实现的利润，应按规定向国家缴纳各种税费，这些应交的税费在缴纳之前形成了企业的负债。企业应依法缴纳的各种税费主要有增值税、消费税、营业税、所得税、资源税、城市维护建设税、教育费附加等。

制造业的主要流转税是增值税，我国增值税条例将增值税纳税人分为一般纳税人和小规模纳税入。两者征税办法不同，税率不同，其会计核算也不同。

复习思考

1. 流动负债包括哪些内容？
2. 会计上确认流动负债的标准有哪些？
3. 短期借款的核算有何特点？
4. 商业承兑汇票和银行承兑汇票有何异同？
5. “应付职工薪酬”账户的核算内容有哪些？什么是非货币性职工福利？
6. 各种税金在会计上应如何列支？
7. 小规模纳税人与一般纳税人在会计核算上有哪些不同？
8. 企业的哪些税金不需通过“应交税费”账户核算？

基本训练

一、单选题

1. 下列项目中，不属于职工薪酬的是（　　）。

A. 职工工资　　B. 职工福利费

C. 医疗保险费　　D. 职工出差报销的火车票

2. 下列职工薪酬中，不应当根据职工提供服务的受益对象计入成本费用的是（　　）。

A. 因解除与职工的劳动关系给予的补偿

B. 构成工资总额的各组成部分

C. 工会经费和职工教育经费

D. 医疗保险费、养老保险费、失业保险费、工伤保险费和生育保险费等社会保险费

3. 企业在无形资产研究阶段发生的职工薪酬，应当（　　）。

A. 计入当期损益　　B. 计入在建工程成本

C. 计入无形资产成本　　D. 计入固定资产成本

4. 下列各项目中，不属于职工薪酬中的职工的是（　　）。

A. 临时雇员　　B. 独立监事

C. 兼职会计　　D. 为企业提供审计服务的注册会计师

5. 企业预收账款的核算应视具体情况而定。如果企业预收账款比较多，可以设置“预收账款”科目；而预收账款情况不多的企业，也可以将预收的款项直接记入（　　）科目的贷方，不设“预收账款”科目。

A. 应收账款　　B. 预付账款　　C. 其他应收款　　D. 应付账款

6. 下列项目中，通过“应付股利”科目核算的是（　　）。

A. 董事会宣告分派的股票股利　　B. 董事会宣告分派的现金股利

C. 股东大会宣告分派的股票股利　　D. 股东大会宣告分派的现金股利

7. 因债权单位撤销或其他原因无法支付，企业无法或无需支付的应付款项应计入（　　）。

A. 补贴收入　　B. 资本公积　　C. 营业外收入　　D. 公允价值变动损益

8. 某小规模纳税人本期购入原材料并已验收入库，其采购取得增值税专用发票记载原材料价格 20 000 元，增值税 3 400 元，该企业当期产品销售价格（含税）70 000 元，则该企业当期应该交纳的增值税为（　　）。

A. 2 038.83 元　　B. 8 500 元　　C. 6 770.94 元　　D. 10 170.94 元

9. 企业开出的商业承兑汇票如果不能如期支付，应在票据到期并未签发新的票据时，将“应付票据”账面余额转入（　　）。

A. 应付票据折现　　B. 应付账款　　C. 坏账损失　　D. 应收账款

10. 企业利润表中的“营业税金及附加”项目不包括的税金为（　　）。

A. 消费税　　B. 资源税

C. 城市维护建设税　　D. 增值税

11. 甲公司为增值税一般纳税人，适用的增值税税率为 17%。2007 年 1 月甲公司董事会

决定将本公司生产的500件产品作为福利发放给公司管理人员。该批产品的单件成本为1.2万元，市场销售价格为每件2万元（不含增值税）。不考虑其他相关税费，甲公司在2007年因该项业务应计入管理费用的金额为（　　）万元。

A. 600　　B. 770　　C. 1 000　　D. 1 170

二、多选题

1. 下列项目中，属于职工薪酬的有（　　）。

A. 职工工资、奖金、津贴和补贴　　B. 住房公积金

C. 工会经费和职工教育经费　　D. 因解除与职工的劳动关系给予的补偿

2. 企业下列行为应视同销售，必须计算交纳增值税销项税额的有（　　）。

A. 将货物对外投资　　B. 销售代销货物

C. 委托他人保管货物　　D. 工程项目领用本企业生产的产品

3. 工业企业按规定交纳营业税的项目有（　　）。

A. 销售商品取得收入　　B. 销售不动产取得收入

C. 出租无形资产取得收入　　D. 出售无形资产取得收入

4. 下列与一般纳税人增值税有关的业务，应作为增值税进项税额转出处理的有（　　）。

A. 房屋建造项目领用本企业的材料　　B. 非常损失造成的存货盘亏

C. 工程项目领用本企业产品　　D. 以产品对外投资

5. 下列（　　）属于一般纳税人在购入资产时即可确认为进项税额不能抵扣的项目。

A. 购入固定资产　　B. 购入工程物资

C. 购入物资用于集体福利　　D. 企业购入商品取得普通发票

6. 下列内容属于职工薪酬的"职工"范畴的有（　　）。

A. 与企业订立劳动合同的全职人员　　B. 与企业订立劳动合同的临时人员

C. 企业正式任命的独立董事　　D. 与企业订立劳动合同的兼职人员

E. 为企业提供清洁服务的人员

7. 对增值税一般纳税人，下列各项业务中，需要转出进项税额的有（　　）。

A. 购进物资用于对外长期股权投资　　B. 购进物资发生非正常损失

C. 购进物资用于职工个人消费　　D. 购进物资用于房屋工程建设

8. 下列增值税中，应计入有关成本的有（　　）。

A. 以产成品对外投资应交的增值税

B. 在建工程使用本企业生产的产品应交的增值税

C. 小规模纳税人购入商品已交的增值税

D. 出口商品不予退回的增值税部分

9. 某企业为增值税一般纳税人，该企业发生的下列业务中应视同销售，计算增值税销项税额的有（　　）。

A. 用库存材料对外投资　　B. 产成品用于职工集体福利

C. 库存材料用于在建工程　　D. 产成品用于在建工程

10. 企业购入货物或接受劳务供应时，其进项税额若能予以抵扣，必须具备的凭证是（　　）。

A. 增值税专用发票

B. 完税凭证

C. 普通发票

D. 购进免税农产品时经税务机关批准的收购凭证

三、判断题

1. 职工薪酬是指企业为获得职工提供的服务而给予职工各种形式的报酬以及其他相关支出。(　　)

2. 职工薪酬中的非货币性福利应当根据职工提供服务的受益对象分别计入成本费用。(　　)

3. 企业自产或委托加工的货物用于非应税项目，由于不是销售，所以不必计算交纳增值税。(　　)

4. 短期借款利息在预提或实际支付时均应通过“短期借款”科目核算。(　　)

5. 小规模纳税人具有增值税专用发票，才能将支付的进项税额抵扣销项税额。(　　)

6. 企业购入按规定不予抵扣项目的货物所支付的增值税，应计入所购货物的成本。(　　)

7. 小规模纳税人购入货物发生的进项税额，在用该货物生产的产品销售时，转入产品销售成本。(　　)

8. 流动负债要按实际发生数额记账，如果负债发生数额不确定，则不可以入账。(　　)

9. 企业开出并承兑的商业承兑汇票如不能如期支付，应在票据到期时，将应付票据科目的账面余额转入“短期借款”科目。(　　)

10. 某企业为一般纳税人，购进原材料一批，发票中价税合计为 175 500 元，运输过程中的保险费用 500 元，入库前的挑选整理费为 200 元，那么该批原材料的成本为 150 700 元。(　　)

四、业务题

1. B 公司 20×9 年 7 月有关职工薪酬业务如下。

(1) 公司将自己生产的笔记本电脑发放给职工作为福利，每件产品成本为 1.8 万元，计税价格(售价)每件产品为 2 万元，其中生产工人为 100 人，总部管理人员 20 人。

(2) 为总部部门经理级别以上职工每人提供一辆桑塔纳汽车免费使用，该公司总部共有部门经理以上职工 10 名，假定每辆桑塔纳汽车每月计提折旧 0.2 万元。

(3) 该公司为 6 名副总裁以上高级管理人员每人租赁一套公寓免费使用，每套公寓月租金为 2 万元，按月以银行存款支付。

(4) 公司管理层 20×9 年 1 月 1 日决定停产某车间的生产任务，提出职工没有选择权的辞退计划，规定拟辞退生产工人 2 人、总部管理人员 1 人，并于 20×9 年 7 月 31 日执行。经董事会批准，辞退补偿为生产工人每人 20 万元、总部管理人员每人 50 万元。

要求：根据以上资料编制会计分录(金额单位为万元)。

2. A 企业为一般纳税人，发生以下经济业务。

(1) 购入材料一批，价款 10 000 元，增值税额 1 700 元，共计 11 700 元，以银行存款支付。

(2) 销售产品价款 50 000 元，向客户收取增值税额 8 500 元，共计 58 500 元，收到款项送存银行。

(3) 收购农产品以银行存款支付价款 30 000 元。

(4) 以原材料对 B 单位投资，该批原材料的账面成本为 600 000 元，与公允价值相同，计税价格为 630 000 元，增值税率为 17%。

(5) 将自产的一批产品用于房屋工程建设，该批产品的成本为 15 000 元，计税价格为

20 000 元。该产品的增值税率为 17%。

（6）购入一台机器设备，价款 90 000 元，增值税额为 15 300 元，款项已经以银行存款支付。

（7）购入甲种原材料一批，价款 40 000 元，增值税额 6 800 元，共计 46 800 元，以银行汇票支付。

（8）企业房屋工程领用甲材料一批，账面价值 15 000 元。

（9）本月份支付增值税进项税额 136 000 元，发生的销项税额为 153 000 元，本月份交纳增值税额 15 000 元。

要求：根据经济业务编制会计分录。

五、案例分析题

【案例 1】

1．资料

新华公司为增值税小规模纳税人。20×9 年 6 月购入材料一批，增值税专用发票上注明，其销售价格为 80 万元，增值税为 13.6 万元。新华公司已用银行存款支付货款，材料尚未到达。新华公司当月销售产品一批，其销售总价为 187.2 万元（含税价），货已发出，尚未收到货款。

对于上述业务，新华公司的会计做了如下处理：把 13.6 万元作为增值税的进项税额，当月销售总价是含税价，应还原为不含税价，187.2/（1+17%）=160（万元）。即当月的销项税额为 187.2 − 160=27.2（万元），当月应交税金=当月的销项税额 − 当月的进项税额=27.2 − 13.6=13.6（万元）。

2．要求

如果你是企业的会计，你认为上述处理是否正确并说明理由。

【案例 2】

1．资料

A 企业为职工交纳了 30 万元的社会保险费、20 万元的住房公积金及 10 万元的个人所得税。企业会计认为，这些费用均应由职工自己负担，所以，会计在核算职工工资时，全部从职工工资总额中予以扣除。

2．要求

如果你是企业的会计，你认为上述处理是否正确并说明理由。

第十章 长期负债

【学习目标】

通过本章的学习，应该了解长期负债的概念、内容；明确企业举借长期负债的主要目的以及举借长期负债的主要优缺点；掌握长期负债的会计处理，特别是应付债券和可转换债券的会计处理，熟练掌握实际利率法。

第一节 长期负债概述

一、长期负债的性质与特点

长期负债是指偿还期在一年以上或超过一年的一个营业周期以上的债务。它是企业向债权人筹借的，可供企业长期使用的资金，包括长期借款、长期应付债券以及长期应付款等。

长期负债与流动负债相比具有以下几个特征。

（1）偿还期限较长。长期负债的偿还期均超过一年，而流动负债的偿还期在一年以内。

（2）负债金额较大。企业举借长期负债通常是为了扩大经营规模的需要，如新建扩建厂房，购置大型设备等，所以资金需要量一般比较大。而流动负债一般是企业为了满足正常生产经营活动的资金需要，负债数额相对较小。

（3）负债的风险较高。长期负债的利息费用较高，构成了企业的一项长期的固定支出，加重了企业的财务负担，加大了财务风险，如果企业到期不能履行还本付息的义务，甚至可能导致企业破产。

（4）偿还方式多样。长期负债的偿还方式较为多样，可以采用分期付息，到期还本的方式，也可以采用到期一次还本付息的方式，还可以采用分期偿还本息的方式来偿还负债。

二、长期负债的种类

长期负债可按筹措方式的不同或偿还方式的不同分类。

1. 按筹措方式的不同分类

长期负债按筹措方式的不同分为长期借款、应付债券、可转换债券和长期应付款四种。

长期借款是指企业向银行或其他金融机构借入的期限在一年以上（不含一年）的各种借款。

应付债券是指企业为了筹措长期资金，依照法定程序发行的、期限在一年以上（不含一年）的公司债券。

可转换债券是指企业依照法定程序发行、在发行一定时期后持券人可以按约定的条件转换成发行公司股票的债券。

长期应付款是通常是指企业采用补偿贸易方式引进国外设备的应付款和企业融资租入固定资产应付的融资租赁费用等。

2. 按偿还方式的不同分类

长期负债按偿还方式的不同分为定期偿还的长期负债和分期偿还的长期负债。

定期偿还的长期负债是指企业在规定的借款到期日一次偿还本息的长期负债。

分期偿还的长期负债是指企业在举债期限内，按规定分若干次偿还本息的长期负债。

三、举借长期负债的意义

企业筹措长期资金的方式主要有两种，一种是增发股票或由投资者追加投资；另一种是举借长期负债，即举债经营。当企业预计的投资利润率高于举借长期负债的利率时，企业通常会选择举债经营，其中的原因可归结为以下几个方面。

1. 举债经营不会影响股东的持股比例和控制权

由于债权人对企业只享有到期索回本金和利息的权利，不享有对企业的经营管理权，因此举借债务不会影响投资者的股权结构和投资比例，不会削弱投资者对企业的控制能力和权限，有利于投资者保持对企业的控制。

2. 举借长期负债可以发挥财务杠杆作用

企业举借长期负债只需按固定利率支付利息，如果举债经营的投资利润率高于举借长期负债的利率，则剩余的盈余归投资者所享有，从而提高了投资者的资本金利润率，增加了企业积累与所有者权益，使企业获得了财务杠杆收益。

3. 举债经营具有节税作用

长期负债的借款利息可以作为企业正常的财务费用计入当期损益，在所得税前列支，有抵减应纳税所得额的作用，可以减少企业应交所得税。而如果通过增资扩股筹集长期资金，所分配给投资者的股利只能从缴纳所得税后的利润中支付，没有节税的作用。

当然，举债经营也有不足之处，主要表现在，首先，举借长期负债企业要定期支付利息，到期偿还本金，这会导致企业在财务上缺乏灵活性，影响相关的财务决策；其次，举债经营加大了企业的财务风险，固定的利息支出成为企业沉重的负担，如果企业经营不善，到期不能履行还本付息的义务，甚至可能导致企业破产清算；最后，举债经营会降低企业未来的举债能力。考虑到企业举债经营的优点与不足，企业应进行合理的财务决策，根据自身的具体情况，权衡利弊，选择正确的筹资方式。

四、借款费用的处理

1. 借款费用的性质和内容

企业举债经营是需要付出代价的，这个代价就是借款费用。借款费用是指企业因借款而发生的利息及其他相关成本，包括因借款而发生的利息、应付债券溢价或折价的摊销，因外币借款而发生的汇兑差额以及因借款而发生的辅助费用等。

因借款而发生的利息是指企业向银行或者其他金融机构等借入资金发生的利息、发行公司债券发生的利息、为购建或者生产符合资本化条件的资产而发生的带息债务所承担的利息等。

应付债券溢价或折价是指企业发行债券所发生的债券溢价或折价。应付债券溢价或折价的摊销实质上是对借款利息的调整，因而构成借款利息的组成部分。

因外币借款而发生的汇兑差额是指由于汇率变动对外币借款本金及其利息的记账本位币金额所产生的影响金额。由于这部分汇兑差额与外币借款直接相联系，因而也属于借款利息的组成部分。

因借款而发生的辅助费用是指企业在借款过程中发生的手续费、佣金、债券印刷费等费用。由于这些费用是因安排借款而发生的，也属于借入资金所付出的代价，应当计入借款费用。

2. 借款费用的处理方法

从理论上来说，借款费用的会计处理有两种方法可供选择：一是在发生时直接计入当期费用，即费用化；二是予以资本化，即将购建某项资产相关的借款费用计入该资产的取得成本。这两种处理方法各有所长：费用化的方式简化了会计处理，同时避免了因筹资方式的不同而导致同类资产的账面价值不同；资本化的方式将借款费用与所购建的资产相联系，更能真实、合理地反映资产的取得成本。

我国《企业会计准则第 17 号——借款费用》中规定的借款费用的处理原则是，企业发生的借款费用，可直接归属于符合资本化条件的资产的购建或生产的，应当予以资本化，计入相关资产成本；其他借款费用，应当在发生时根据其发生额确认为费用，计入当期损益。所谓“符合资本化条件的资产”是指需要经过相当长时间（通常为一年）的购建或者生产活动才能达到预定可使用或者可销售状态的固定资产、投资性房地产、存货以及符合资本化条件的无形资产。其中的“存货”主要包括房地产开发企业开发的用于对外出售的房地产开发产品、企业制造的用于对外出售的大型机器设备等。这类存货通常需要经过相当长时间（通常为一年以上）的建造或者生产过程，才能达到预定可销售状态。

借款费用的具体处理方法有以下两种。

（1）如果是为购建或生产某项符合资本化条件的资产直接相关的借款费用，在该资产达到预定可使用或者可销售状态之前，应当予以资本化，计入相关资产成本；在该资产达到预定可使用或者可销售状态之后发生的借款费用，则作为费用计入当期损益。但如果符合资本化条件的资产在购建或生产过程中发生非正常中断且中断时间连续超过 3 个月的，应当暂停借款费用的资本化。在中断期间发生的借款费用应当计入当期损益，直至资产的购建或生产活动重新开始。

（2）如果借款是用于生产经营过程的，其借款费用作为财务费用直接计入当期损益。

相关案例

1993 年 7 月 12 日，重庆渝港钛白粉股份有限公司（简称“渝钛白”）在深交所挂牌上市。公司上市时正值钛白粉项目建设初期，而上市仅融资 7 000 万元，近 10 亿元的工程建设资金几乎全靠银行贷款，平均每年负担银行利息高达 8 000 多万元。仅就 1997 年而言，为该项工程发生的借款利息及应付债券利息就有 8 064 万元。

钛白粉项目为国家重点项目，工程于 1992 年 1 月破土动工，1995 年 6 月完成主体工程建设，8 月 18 日投料试生产，11 月 20 日生产出金红石型高档钛白粉产品，并经国家指定检验部门检测，质量达到国家标准。由于该钛白粉装置还不够完善和当时缺乏流动资金等原因，公司自 1996 年 3 月起停车整改，直至 1997 年 7 月开始批量生产，1997 年度共生产出 1 680 吨钛白粉。

注册会计师在审计中发现并认为，从该事项的经济实质来看，工程既已投入使用，而且能够生产合格产品，创造效益，说明该工程已经达到预定可使用状态；而 1997 年发生的借款利息及应付债券利息 8 064 万元，渝钛白将其资本化计入了钛白粉工程成本，应调整计入财务费用。而渝钛白则认为，钛白粉这种基础化工产品不同于普通商品，对各项技术指标的要求非常严格，需要通过反复试生产，逐步调整质量、消耗等指标，直到生产出合格的产品才能投放市场，而试生产期间的试产品性能不稳定，是不能投放市场的。因此，钛白粉项目交付使用进入投资回报期、产生效益前，还有一个过渡期，即整改和试生产期间，这仍属于工程在建期。因此，项目建设期的借款利息及应付债券利息 8 064 万元理应资本化计入钛白粉工程成本。

对此案例，你有何见解？

第二节　长 期 借 款

一、长期借款的分类和计价

长期借款是指企业向银行或其他金融机构借入的、偿还期在一年以上（不含一年）的各种借款。

长期借款按借款条件分为抵押借款、信用借款、担保借款。抵押借款是指企业用动产或不动产作为抵押而取得的借款；信用借款是指企业不用特定的财产抵押作为保证，而是凭借企业的良好信誉而取得的借款；担保借款是指企业通过其他具有法人资格单位的担保而取得的借款。长期借款按偿还方式分为到期一次还本付息、分期付息到期还本和分期还本付息等方式。

二、长期借款的核算

为了反映企业长期借款的取得、应计利息和归还本息的情况，企业应设置“长期借款”账户进行核算。该账户核算企业向银行或其他金融机构借入的期限在一年以上的各项借款。企业借入借款时，借记“银行存款”账户，贷记“长期借款——本金”账户。资产负债表日，应确定长期借款的利息费用，借记“在建工程”、“研发支出”、“财务费用”等账户，贷记“长期借款——应计利息”或“应付利息”账户。归还长期借款本金时，借记“长期借款——本金”账户，贷记“银行存款”账户。

如果企业长期借款的名义利率与实际利率不相符，企业可以采用实际利率法进行核算。

【例 10.1】 甲企业为扩大生产规模修建厂房一栋。在 20×6 年 1 月 1 日向银行取得两年期的借款 1 000 万元，年利率 6%。合同约定分期付息，到期还本，利息于每年 1 月 1 日支付。企业取得借款的同时工程开工，企业支付工程款 400 万元。企业在 20×7 年 1 月 1 日又投入工程款 500 万元，厂房在 20×7 年 10 月底完工达到预定可使用状态。假定不考虑闲置的借款资金存入银行的利息收入或投资收益。甲企业的会计处理如下。

（1）20×6 年 1 月 1 日取得借款时：

借：银行存款	10 000 000	
贷：长期借款——本金		10 000 000

（2）20×6 年 1 月 1 日支付工程价款时：

借：在建工程	4 000 000	
贷：银行存款		4 000 000

（3）20×6 年 12 月 31 日，计算 20×6 年应计入工程成本的利息：

4 000 000×6%=240 000（元）

计算当年应计入财务费用的利息：

6 000 000×6%=360 000（元）

编制会计分录如下：

借：在建工程　　240 000
　　财务费用　　360 000
　　贷：应付利息　　600 000

（4）20×7 年 1 月 1 日企业支付利息时：

借：应付利息　　600 000
　　贷：银行存款　　600 000

（5）20×7 年 1 月 1 日支付工程价款时：

借：在建工程　　5 000 000
　　贷：银行存款　　5 000 000

（6）20×7 年 10 月底，厂房达到预定可使用状态，计算当年应计入工程成本的利息：

9 000 000×6%÷12×10 = 450 000（元）

编制会计分录如下：

借：在建工程　　450 000
　　贷：应付利息　　450 000

厂房建造总成本=400+24+500+45=969（万元）

编制会计分录：

借：固定资产　　9 690 000
　　贷：在建工程　　9 690 000

（7）20×7 年 12 月 31 日，计算当年应计入财务费用的利息：

（10 000 000×6%）－450 000=150 000（元）

编制会计分录如下：

借：财务费用　　150 000
　　贷：应付利息　　150 000

（8）20×8 年 1 月 1 日到期还本付息时：

借：长期借款——本金　　10 000 000
　　应付利息　　600 000
　　贷：银行存款　　10 600 000

第三节　应付债券

一、应付债券的概念和分类

企业筹措所需的长期资金，除了可以向银行申请取得长期借款以外，还可以通过发行公司债券，向社会筹集所需资金。应付债券是指企业依照法定程序，向债权人发行的约定在一定期限内还本付息的一种有价证券。发行公司债券是企业融通长期资金的主要方式之一。若符合国家有关规定，债券可以在金融市场上流通转让。

企业发行的债券，可以按不同的标准分类。

（1）按是否有担保品或抵押品可以分为有担保债券和无担保债券。有担保债券是指以相应的抵押财产为担保而发行的债券；无担保债券是指无财产作为担保，凭发行企业的信用发行的债券。

（2）按是否记名可以分为记名债券和不记名债券。记名债券是指在债券上注明债权人姓名，同时在发行企业的账簿中予以记载；不记名债券是不在债券上注明债权人姓名，同时在发行企业的账簿中也不予以记载。

（3）按本金的偿还方式可以分为一次还本公司债券、分期还本公司债券和通知还本公司债券。一次还本公司债券是指在债券到期日将全部本金一次偿付的债券；分期还本公司债券是指在债券存续期内分次偿还本金的债券；通知还本公司债券是指发行债券的企业可以在债券到期前提前通知债权人还本的公司债券。

知识链接

公开发行公司债券应当符合下列条件：

（1）股份有限公司的净资产不低于人民币 3 000 万元，有限责任公司的净资产不低于人民币 6 000 万元；

（2）累计债券余额不超过公司净资产的 40%；

（3）最近 3 年平均可分配利润足以支付公司债券一年的利息；

（4）筹集的资金投向符合国家产业政策；

（5）债券的利率不超过国务院限定的利率水平；

（6）国务院规定的其他条件。

公开发行公司债券筹集的资金，必须用于核准，不得用于弥补亏损和非生产性支出。

上市公司发行可转换为股票的公司债券，除应当符合第一款规定的条件外，还应当符合《证券法》关于公开发行股票的条件，并报国务院证券监督管理机构核准。

资料来源：《中华人民共和国证券法》（2005）

二、应付债券的基本要素

企业发行债券必须严格执行国家的有关法规，按规定程序发行债券。在债券票面上应按规定载明与债券相关的内容，即债券要素，其中，下列要素是债券必不可少的基本要素。

（1）债券的面值即债券的本金或票面金额，它是发债企业向债权人支付利息和偿还本金的依据。

（2）债券的利率也称票面利率，是债券利息与债券面值之间的比率。债券利率的高低主要受市场利率、企业资信状况、债券偿还期限、计息方式以及资本市场上资金供求关系等因素的影响。

（3）利息的支付方式即发债者在债券票面上注明的付息日期。利息的支付方式有分期付息和到期一次付息等。

（4）债券的到期日即债券的偿还期限。企业应根据自身的筹资意图、未来资本市场上市场利率的发展趋势等情况确定偿还期限。

三、债券发行价格的计算

债券的发行价格是指发债企业出售债券的价格，即债权人购买债券的价格。债券的发行价格通常可能有 3 种情况：债券的发行价格与债券的面值一致，为平价发行；债券的发行价格高于债券的面值，为溢价发行；债券的发行价格低于债券的面值，为折价发行。通常，当债券票面利率与市场利率一致时，企业按面值发行债券。当债券票面利率高于市场利率时，企业会溢价发行债券，溢价是企业以后各期需多付利息而事先从投资者那里得到的补偿。当债券票面利率低于市场利率时，企业会折价发行债券，折价是企业以后各期少付利息而事先给投资者的补偿。

（一）分期付息到期还本债券发行价格的计算

分期付息到期还本债券发行价格的计算公式为

发行价格=债券到期偿还本金的现值+各期利息的现值

=（债券面值×复利现值系数）+（债券每期利息×年金现值系数）

【例 10.2】 企业 20×1 年 1 月 1 日发行 5 年期债券，面值 2 000 万元，票面利率 10%，每年付息一次。

假如发行时市场利率为 8%，计算企业债券的发行价格。

查表得知：n=5，i=8%的复利现值系数为 0.681；年金现值系数为 3.993。

该债券的发行价格=2 000×0.681+（2 000×10%）×3.993

=1 362+798.6 =2 160.6（万元）

假如发行时市场利率为 12%，计算企业债券的发行价格。

查表得知：n=5，i=12%的复利现值系数为 0.567；年金现值系数为 3.605。

该债券的发行价格=2 000×0.567+（2 000×10%）×3.605

=1 134+721=1 855（万元）

（二）到期一次还本付息债券发行价格的计算

到期一次还本付息债券发行价格的计算公式为

发行价格 = 债券到期偿还本金及到期利息之和的现值

=（债券面值+债券利息）×复利现值系数

【例 10.3】 企业 20×1 年 1 月 1 日发行 5 年期债券，面值 2 000 万元，票面利率 10%，到期一次还本付息。

假如发行时市场利率为 8%，查表得知：n=5，i=8%的复利现值系数为 0.681。

该债券的发行价格=（2 000+2 000×10%×5）×0.681

=（2 000+1 000）×0.681 = 2 043（万元）

假如发行时市场利率为 12%，查表得知：n=5，i=12%的复利现值系数为 0.567。

该债券的发行价格 =（2 000+2 000×10%×5）×0.567

=（2 000+1 000）×0.567 =1 701（万元）

四、应付债券的核算

企业应设置“应付债券”账户核算企业发行的期限超过一年的债券业务，并在此账户下设“面值”、“利息调整”、“应计利息”等明细账户进行明细分类核算。“面值”反映债券的本金；“利息调整”反映债券的面值与债券实际发行价格的差额（通常指债券的溢价或折价）；“应计利息”反映到期一次还本付息债券的应付利息。如果债券是分期付息的，则应通过“应付利息”账户核算。

企业发行债券时，会发生一些相关的费用，如发行债券的手续费、经纪人佣金等，这些费用应根据《企业会计准则第22号——金融工具确认和计量》的规定，除以公允价值计量且其变动计入当期损益的金融负债之外，其他金融负债相关的交易费用应当计入金融负债的初始确认金额。企业发行债券时，相关的交易费用和发行期间冻结资金所产生的利息收入相抵后的差额也作为债券的溢价或折价，记入“应付债券——利息调整”科目。

1. 债券发行的核算

企业发行债券时，按收到的金额，借记“银行存款”或“库存现金”等账户，按债券的面值，贷记“应付债券——面值”账户；按其差额，借记或贷记“应付债券——利息调整”账户。

【例 10.4】 企业 20×1 年 1 月 1 日发行 5 年期债券，面值 2 000 万元，年利率 10%，每年付息一次，用于企业生产经营需要。企业债券发行时，市场利率等于票面利率，企业按面值发行。其会计处理如下：

借：银行存款　　20 000 000

　贷：应付债券——面值　　20 000 000

【例 10.5】 续【例 10.4】，假定企业发行债券时，市场利率为 8%，小于票面利率，企业按 2 160.6 万元溢价发行。其会计处理如下：

借：银行存款　　21 606 000

　贷：应付债券——面值　　20 000 000

　　　　　　——利息调整　　1 606 000

【例 10.6】 续【例 10.4】，假定企业发行债券时，市场利率为 12%，大于票面利率，企业按 1 855 万元折价发行。其会计处理如下：

借：银行存款　　18 550 000

　　应付债券——利息调整　　1 450 000

　贷：应付债券——面值　　20 000 000

2. 债券利息及债券溢价（折价）的核算

企业的应付债券应按期计算利息。对于分期付息到期还本的债券，通常在企业付息前计算应付利息，同时摊销债券溢价（折价）；对于到期一次还本付息的债券，企业至少要在每年年末计提利息并同时摊销债券溢价（折价）。

对于分期付息到期还本的债券，企业应按债券的摊余成本和实际利率计算确定的债券利息，借记“在建工程”、“财务费用”、“研发支出”等账户；按票面利率计算确定的应付未付利息，贷记“应付利息”账户；按其差额，借记或贷记“应付债券——利息调整”账户。

对于到期一次还本付息的债券，企业应按债券的摊余成本和实际利率计算确定的债券利息，借记“在建工程”、“财务费用”、“研发支出”等账户；按票面利率计算确定的应付未付利息，贷记“应付债券——应计利息”账户；按其差额，借记或贷记“应付债券——利息调整”账户。

【例 10.7】 资料见【例 10.5】，企业采用实际利率法和摊余成本计算确定的利息费用见表 10.1。

表 10.1 利息费用及债券溢价摊销表

（单位：元）

①付息日	②应付利息	③利息费用	④摊销的溢价	⑤债券摊余成本
	面值×10%	上期⑤×8%	②-③	上期⑤-④
20×1.01.01				21 606 000
20×1.12.31	2 000 000	1 728 500	271 500	21 334 500
20×2.12.31	2 000 000	1 706 800	293 200	21 041 300
20×3.12.31	2 000 000	1 683 300	316 700	20 724 600
20×4.12.31	2 000 000	1 658 000	342 000	20 382 600
20×5.12.31	2 000 000	1 617 400	382 600 *	20 000 000
合 计	10 000 000		1 606 000	

* 差额在最后一年调整，382 600 由倒减得出。

根据表 10.1 的计算，进行如下账务处理。

（1）20×1 年 12 月 31 日：

借：财务费用 1 728 500

　　应付债券——利息调整 271 500

　　贷：应付利息 2 000 000

（2）20×2 年 1 月 1 日：

借：应付利息 2 000 000

　　贷：银行存款 2 000 000

（3）20×2 年 12 月 31 日：

借：财务费用 1 706 800

　　应付债券——利息调整 293 200

　　贷：应付利息 2 000 000

（4）20×3 年 1 月 1 日：

借：应付利息 2 000 000

　　贷：银行存款 2 000 000

（5）20×3 年 12 月 31 日：

借：财务费用 1 683 300

　　应付债券——利息调整 316 700

　　贷：应付利息 2 000 000

（6）20×4 年 1 月 1 日：

借：应付利息 2 000 000

贷：银行存款　2 000 000

（7）20×4 年 12 月 31 日：

借：财务费用　1 658 000

应付债券——利息调整　342 000

贷：应付利息　2 000 000

（8）20×5 年 1 月 1 日：

借：应付利息　2 000 000

贷：银行存款　2 000 000

（9）20×5 年 12 月 31 日：

借：财务费用　1 617 400

应付债券——利息调整　382 600

贷：应付利息　2 000 000

【例 10.8】 资料见【例 10.6】，企业采用实际利率法和摊余成本计算确定的利息费用见表 10.2。

表 10.2　利息费用及债券折价摊销表

（单位：元）

①计息日	②应付利息	③利息费用	④摊销的折价	⑤债券摊余成本
	面值×10%	上期⑤×12%	③−②	上期⑤+④
20×1.01.01				18 550 000
20×1.12.31	2 000 000	2 226 000	226 000	18 776 000
20×2.12.31	2 000 000	2 253 100	253 100	19 029 100
20×3.12.31	2 000 000	2 283 500	283 500	19 312 600
20×4.12.31	2 000 000	2 317 500	317 500	19 630 100
20×5.12.31	2 000 000	2 369 900	369 900 *	20 000 000
合　计	10 000 000		1 450 000	

* 差额在最后一年调整，369 900 由倒减得出。

根据表 10.2 的计算，进行如下账务处理。

（1）20×1 年 12 月 31 日：

借：财务费用　2 226 000

贷：应付利息　2 000 000

应付债券——利息调整　226 000

（2）20×2 年 1 月 1 日：

借：应付利息　2 000 000

贷：银行存款　2 000 000

（3）20×2 年 12 月 31 日：

借：财务费用　2 253 100

贷：应付利息　2 000 000

应付债券——利息调整　253 100

（4）20×3 年 1 月 1 日：

借：应付利息　2 000 000

贷：银行存款　　2 000 000

（5）20×3 年 12 月 31 日：

借：财务费用　　2 283 500

贷：应付利息　　2 000 000

应付债券——利息调整　　283 500

（6）20×4 年 1 月 1 日：

借：应付利息　　2 000 000

贷：银行存款　　2 000 000

（7）20×4 年 12 月 31 日：

借：财务费用　　2 317 500

贷：应付利息　　2 000 000

应付债券——利息调整　　317 500

（8）20×5 年 1 月 1 日：

借：应付利息　　2 000 000

贷：银行存款　　2 000 000

（9）20×5 年 12 月 31 日：

借：财务费用　　2 369 900

贷：应付利息　　2 000 000

应付债券——利息调整　　369 900

从以上例子可以看出，在实际利率法下，当企业溢价发行债券时，随着债券摊余成本的递减，每期企业的实际利息费用在减少；反之，当企业折价发行债券时，随着债券摊余成本的递增，每期企业的实际利息费用在增高。这种方法科学、合理地体现了负债价值与利息费用的关系，我国《企业会计准则》要求采用实际利率法对企业应付债券的溢价（折价）进行摊销。

补充说明

"应付债券"的核算除了实际利率法外，还有平均摊销法（直线法），该方法是将债券的溢价（或折价）在存续期内平均摊销。这种方法虽然简单，但不能合理体现负债价值与利息费用的关系，所以我国《企业会计准则》要求企业采用实际利率法对企业应付债券的溢价（或折价）进行摊销。

3．债券到期清偿的核算

企业的债券到期时，无论当时是以什么价格发行的债券，由于债券发行价与债券面值的差额已在债券的存续期内全部摊销，所以，企业债券到期时的账面价值等于债券面值。分期付息到期还本债券到期时的会计处理为，借记"应付债券——债券面值"、"应付利息"账户，贷记"银行存款"账户。到期一次还本付息债券到期的会计处理为，借记"应付债券——债券面值"、"应付债券——应计利息"账户，贷记"银行存款"账户。

【例 10.9】 根据【例 10.7】的资料，该企业在 20×6 年 1 月 1 日清偿全部债券本金及最后一年利息。

企业收回全部债券时，编制会计分录如下：

借：应付债券——债券面值　　20 000 000

　　应付利息　　2 000 000

　贷：银行存款　　22 000 000

第四节　可转换债券

一、可转换债券的概述

企业在发行债券的条款中，若规定债券持有者可以在一定期间之后，按规定的转换比率或转换价格，将持有的债券转换成该企业的股票，这种债券就称为可转换债券。可转换债券属于混合型证券，其兼具债券和股票双重性质，在未转换前是债券，转换以后是股票。

企业发行可转换债券对投资者和发行企业都具有很大的吸引力。

对于投资者而言，购买可转换债券的有利之处是既可作为债权人，有权要求公司偿还债券本金以及利息；又可以在有利的时机将债券转换成股票，享受股东的权利，分享股利及股票增值的利益。

对于发行债券的企业而言，发行可转换债券也有利可图，表现为可转换债券的利率较低，通常低于普通债券。企业通过发行可转换公司债券筹资降低其筹资成本。如果企业在直接增发股票有困难的情况下，通过发行可转换公司债券并附加转换权利，让投资者在不需要追加投资的情况下成为企业的股东，有利于吸引投资者，从而达到增资的目的。

但是，如果可转换债券转换为股份时的转换价格高于股票的市价，投资者会放弃转换而持有至到期日以获得债券利息，由此投资者将会损失一定的利息收入，即所得债券利息一般会低于市场利息，这是可转换债券的不足之处。

理论上，可转换债券的售价由两部分组成：一是债券面值和债券利息按市场利率折算的现值，也就是负债价值；二是转换权的价值。转换权之所以有价值，是因为当股票价格上涨时，债权人可以把债券按原定转换比率换成股票，从而享受股票增值的利益。譬如，按原发行条款中规定，面值 1 000 元的债券，在可转换期间内可转换 20 股普通股，转换期如果每股市价 40 元，则 20 股共计 800 元，债权人自然不会转换。转换期如果每股市价 60 元，则 20 股共计 1 200 元，债权人可得溢价 200 元。这时债权人会选择转换。企业一般都会选择在有溢价时转换债券，从这个意义来讲，转换权是有价值的。所以，企业在初始确认时，应该将债券包含的负债成分和权益成分进行分拆。转换权的价值很难按股票市价确定，可以用含转换权的债券发行价格与同类不含转换权的债券的市价之差来表示。

二、可转换债券的账务处理

《中华人民共和国公司法》规定：上市公司经股东大会决议可以发行可转换为股票的公司债券，并在公司债券筹集办法中规定具体的转换办法。上市公司发行可转换为股票的公司债券应当报国务院证券监督管理机构审批。发行可转换为股票的公司债券，应当在债券上标明“可转换公司债券”字样，并在公司债券存根簿上载明可转换公司债券的数额。

企业发行的可转换公司债券应当在初始确认时将其包含的负债成分和权益成分进行分

拆，将负债成分确认为应付债券，将权益成分确认为资本公积（即转换权价值）。在进行分拆时，应当先对负债成分的未来现金流量进行折现确定负债成分的初始确认金额，再按发行价格总额扣除负债成分初始确认金额后的金额确定权益成分的初始确认金额。

发行可转换公司债券发生的交易费用应当在负债成分和权益成分之间按照各自的相对公允价值进行分摊。

企业发行的可转换公司债券作为长期负债，在"应付债券"账户中设置"可转换公司债券"明细账户进行核算。发行可转换公司债券时，将负债成分和权益成分进行分拆后形成负债的部分，其面值在"应付债券——可转换公司债券（面值）"账户中核算；属于权益部分的价值，记入"资本公积——其他资本公积"账户；按其差额，借记或贷记"应付债券——利息调整"账户。

可转换公司债券的负债成分，在转换为股份前，其会计处理与一般公司债券的账务处理相同。未转换股票的可转换公司债券到期还本付息，也比照一般公司债券进行处理。

当可转换公司债券持有人行使转换权利，将其持有的债券转换为股票时，应按可转换公司债券的余额，借记"应付债券——可转换公司债券（面值、利息调整）"账户；按其权益成分的金额，借记"资本公积——其他资本公积"账户；按股票面值和转换的股数计算的股票面值总额，贷记"股本"账户；按其差额，贷记"资本公积——股本溢价"账户。债券面额不足转换1股股份的部分，企业应当以现金支付，还应贷记"银行存款"、"库存现金"等账户。

【例10.10】 K公司20×1年1月1日发行5年期面值为1 000 000元的可转换公司债券，发行总收入1 000 000元。债券票面利率为5%，每年付息一次，债券发行时同类不附转换条件的普通债券的市场利率为8%。债券发行1年后可转换为普通股股票，转股价为每股10元，股票面值为每股1元。

查表得知：$n=5$，$i=8\%$的复利现值系数为0.681；年金现值系数为3.993。

该可转换债券发行时负债成分的公允价值（即不含转换权的债券的市价）为

$$1\ 000\ 000\times0.681+1\ 000\ 000\times5\%\times3.993=880\ 650\text{（元）}$$

可转换债券权益成分的公允价值为

$$1\ 000\ 000-880\ 650=119\ 350\text{（元）}$$

（1）企业发行可转换公司债券时，编制会计分录如下：

借：银行存款　　1 000 000

　　应付债券——可转换公司债券（利息调整）　　119 350

　贷：应付债券——可转换公司债券（债券面值）　　1 000 000

　　　资本公积——其他资本公积　　119 350

按照实际利率法每期摊销折价，调整各期利息费用见表10.3。

表10.3　利息费用及债券折价摊销表

（单位：元）

付息日①	应付利息②	利息费用③	摊销的折价④	债券摊余成本⑤
	面值×5%	上期⑤×8%	③-②	上期⑤+④
20×1.01.01				880 650
20×1.12.31	50 000	70 452	20 452	901 102
20×2.12.31	50 000	72 088	22 088	923 190
20×3.12.31	50 000	73 855	23 855	947 045
20×4.12.31	50 000	75 764	25 764	972 809
20×5.12.31	50 000	77 191	27 191 *	1 000 000
合　计	250 000		119 350	

* 差额在最后一年调整，27 191由倒减得出。

（2）20×1 年 12 月 31 日确认利息费用和摊销折价时，编制会计分录如下：

借：财务费用　　70 452

　　贷：应付利息　　50 000

　　　　应付债券——可转换公司债券（利息调整）　　20 452

注：20×2—20×4 年的账务处理略。

（3）假定 20×4 年年底，债券持有人将该债券全部转为股本（假定利息已经支付），按约定条件为每 10 元面值的债券可以换面值 1 元的 1 股股票，转换的股数为

持有人可换得股份=1 000 000÷10=100 000（股）

转换时未摊销的折价额=1 000 000−972 809=27 191（元）

转换后形成的股本溢价=1 119 350−100 000−27 191=992 159（元）

企业将债券转换为股票时，编制会计分录如下：

借：应付债券——可转换公司债券（债券面值）　　1 000 000

　　资本公积——其他资本公积　　119 350

　　贷：股本　　100 000

　　　　资本公积——股本溢价　　992 159

　　　　应付债券——可转换公司债券（利息调整）　　27 191

第五节　长期应付款

一、长期应付款概述

长期应付款是指企业除长期借款和应付债券以外的其他长期债务，主要包括企业采用补偿贸易方式引进国外设备的应付款、企业融资租入固定资产应付的融资租赁费用以及分期付款方式购置固定资产的应付款等。

补偿贸易是国际贸易的一种特殊方式。在这种方式下，购进设备方从国外引进设备后不需要支付货款，而是用进口的设备所制造的产品或者其他商品偿付进口设备的款项。

融资租入固定资产实质上是企业负债购置固定资产的一种形式，通常用于价值较高的大型或高精尖设备。在这种方式下，需要设备的一方为承租方，实际出资购置设备的一方为出租方。与经营租赁（又称短期租赁）不同的是，融资租赁租期长，通常占租赁资产使用寿命的 75%以上，故又称长期租赁。承租方按期支付租金。通常，当承租方付清最后一笔租金后，即可获得该设备的所有权。

采用分期付款方式购置固定资产是企业负债购置固定资产的另一种方式。购入有关资产超过正常信用条件延期支付价款，实际上具有融资性质。因购入方需要承担延期付款的利息，故分期付款总额通常高于一次性付款金额。

二、长期应付款的核算

1. 应付引进设备款

应付引进国外设备款在“长期应付款”总账下设置“应付补偿贸易引进设备款”明细账，

对买方自设备进口后应偿付设备价款及有关费用而形成的负债进行核算。

企业采用补偿贸易方式引进设备时，对于设备和随同设备一起进口的工具、零配件的价款和国外运杂费的外币金额，应按规定的汇率（业务发生当日或当月1日汇率）折合为记账本位币，记入上述账户的贷方，作为长期应付款的发生数；归还债务时，则反映在“长期应付款”账户的借方。现举例说明如下。

【例10.11】 某企业采用补偿贸易方式引进一成套设备。该设备价款为511 000元，随同设备一起进口的工具和零配件价款分别为14 600元和29 200元，另支付国内运杂费5 000元，（其中，设备负担4 000元，工具负担200元，零配件负担800元），设备安装费11 000元。引进设备投产后，第一批产品出口收入为72 000元，按合同规定全部归还设备款。企业做该笔经济业务的有关会计分录如下。

（1）引进设备时：

	借方	贷方
借：在建工程	511 000	
低值易耗品	14 600	
原材料	29 200	
贷：长期应付款——应付补偿贸易引进设备款		554 800

（2）支付国内运杂费：

	借方	贷方
借：在建工程	4 000	
低值易耗品	200	
原材料	800	
贷：银行存款		5 000

（3）支付安装费：

	借方	贷方
借：在建工程	11 000	
贷：银行存款		11 000

（4）工程完工，结转工程成本：

	借方	贷方
借：固定资产	526 000	
贷：在建工程		526 000

（5）企业销售产品时：

	借方	贷方
借：应收账款	72 000	
贷：主营业务收入		72 000

（6）企业用产品价款抵偿设备款时：

	借方	贷方
借：长期应付款——应付补偿贸易引进设备款	72 000	
贷：应收账款		72 000

2. 应付融资租赁费

企业租赁分为融资租赁和经营租赁。经营租赁是为了满足生产经营的临时需要而租入资产。融资租赁是指实质上转移了与资产所有权有关的全部风险和报酬的租赁。其所有权最终可能转移，也可能不转移。通常，满足下列条件之一的，应确定为融资租赁。

（1）在租赁期届满时，资产的所有权转移给承租人。

（2）承租人有购买租赁资产的选择权，所订立的合同购价远低于行使选择权时租赁资产的公允价值，因而在租赁开始日就可以合理地确定承租人将会行使这种选择权。

（3）租赁期占租赁资产使用寿命的大部分。（“大部分”是指占租赁资产使用寿命的75%以上。）

（4）就承租人而言，租赁开始日最低租赁付款额的现值几乎相当于租赁开始日租赁资产的公允价值；就出租人而言，租赁开始日最低租赁收款额的现值几乎相当于租赁开始日租赁资产的公允价值。（“几乎相当于”是指在90%以上。）

（5）租赁资产性质特殊，如果不做较大修整，只有承租人才能使用。

由于融资租赁的租赁期占租赁资产使用寿命的大部分，因此，发生的应付融资租赁费形成企业的一项长期负债。

我国目前的会计实务中，企业应付融资租赁费是在“长期应付款”账户下设置“应付融资租赁费”明细账，对设备租入后承租方应向出租方支付的租赁费进行核算，租赁费的全部发生、支付额均记录于该账户。

企业采用融资租赁方式租入固定资产，应根据实质重于形式的原则，在确认负债的同时，确认一项资产。应在租赁期开始日，将租赁资产公允价值与最低租赁付款额现值两者中较低者作为固定资产的入账价值，借记“固定资产”等账户；按最低租赁付款额，贷记“长期应付款”账户；按其差额，借记“未确认融资费用”账户。

租入的设备若需安装、调试，其费用应通过“在建工程”账户转入“固定资产”账户。

有关融资租赁的会计核算将在《高级财务会计》中讲述。

本章小结

长期负债是指偿还期在一年以上或超过一年的一个营业周期以上的债务，是企业向债权人筹借的，可供企业长期使用的资金。长期负债的内容主要包括长期借款、应付债券、可转换债券、长期应付款等。

企业举借长期负债通常是为了扩大企业的经营规模的需要。所以长期负债具有偿还期限长、负债金额大、负债的风险高和偿还方式多样等特点。

举债经营和增发股票相比的优点：①举债经营不会影响股东的持股比例和控制权；②举借长期负债可以发挥财务杠杆作用；③举债经营具有节税作用。缺点：①财务上缺乏灵活性；②加大了企业的财务风险；③降低企业未来的举债能力。

企业发生的借款费用可直接归属于符合资本化条件的资产的购建或生产的，应当予以资本化，计入相关资产成本；其他借款费用应当在发生时根据其发生额确认为费用，计入当期损益。

当债券票面利率与市场利率一致时，企业按面值发行债券。当债券票面利率高于市场利率时，企业会溢价发行债券，溢价是企业以后各期需多付利息而事先从投资者那里得到的补偿。当债券票面利率低于市场利率时，企业会折价发行债券，折价是企业以后各期少付利息而事先给投资者的补偿。

可转换债券属于混合型证券，其兼具债券和股票双重性质，在转换前是债券，转换以后是股票。可转换债券的价值由两部分组成：一是债券面值及利息按市场利率折算的现值；二是转换权的价值。企业发行的可转换公司债券，应当在初始确认时将其包含的负债成分和权益成分进行分拆，将负债成分确认为应付债券，将权益成分确认为资本公积（即转换权价值）。

长期应付款是指企业除长期借款和应付债券以外的其他长期债务，主要包括企业采用补偿贸易方式引进国外设备的应付款、企业融资租入固定资产应付的融资租赁费用以及分期付款方式购置固定资产的应付款等。

复习思考

1. 长期负债包括哪些内容？

2. 企业采用举债经营还是增发股票主要应考虑哪些因素？
3. 什么是专门借款？专门借款的利息如何处理？
4. 什么是补偿贸易？
5. 企业融资租赁与经营租赁有何不同？
6. 对于企业和投资者而言，发行和购买可转换公司债券有什么有利和不利之处？
7. 投资者购买可转换债券的目的是什么？
8. 为什么企业要融资租入固定资产？对企业有什么意义？

基本训练

一、单选题

1. 甲企业20×9年7月1日按面值发行5年期债券100万元。该债券到期一次还本付息，票面年利率为5%。甲企业20×9年12月31日应付债券的账面余额为（　　）万元。

A. 100　　B. 102.5　　C. 105　　D. 125

2. 20×8年7月1日，甲企业按面值发行3年期、到期一次还本付息、年利率6%（不计复利）、面值总额为5 000万元的债券。20×9年12月31日“应付债券”科目的账面余额为（　　）万元。

A. 5 150　　B. 5 600　　C. 5 000　　D. 5 450

3. 下列各项中，导致负债总额变化的是（　　）。

A. 赊销商品　　B. 赊购商品　　C. 开出银行汇票　　D. 用盈余公积转增资本

4. 某企业于20×8年7月1日对外发行4年期、面值为1 000万元的公司债券，债券票面年利率为8%，一次还本付息，收到债券发行全部价款1 000万元。20×9年12月31日该债券的账面余额为（　　）万元。

A. 1 120　　B. 1 000　　C. 1 040　　D. 1 080

5. 企业向银行取得长期借款1 000 000元，用于建造厂房，在建设期间应付利息为20 000元，其会计分录为（　　）。

A. 借：在建工程 20 000
　　贷：长期借款 20 000

B. 借：财务费用 20 000
　　贷：长期借款 20 000

C. 借：财务费用 20 000
　　贷：固定资产 20 000

D. 借：在建工程 20 000
　　贷：固定资产 20 000

6. 与购建固定资产有关的长期借款利息支出以及外币折算差额，在固定资产达到预计可使用状态前，应记入（　　）科目的借方。

A. 财务费用　　B. 应付利息　　C. 在建工程　　D. 长期借款

7. 某股份有限公司于20×8年1月1日发行3年期、每年付息、到期一次还本的公司债券，债券面值为200万元，票面年利率为5%，实际利率为6%，发行价格为194.65万元。按实际利率法确认利息费用。该债券20×9年度确认的利息费用为（　　）万元。

A. 11.78　　B. 12　　C. 10　　D. 11.68

8. 就发行债券的企业而言，所获债券溢价收入实质是（　　）。

A. 为以后少付利息而付出的代价　　B. 为以后多付利息而得到的补偿
C. 本期利息收入　　D. 以后期间的利息收入

9. 企业以折价方式发行债券时，每期实际负担的利息费用是（ ）。

A. 按票面利率计算的利息减去应摊销的折价

B. 按实际利率计算的利息减去应摊销的折价

C. 按实际利率计算的利息

D. 按实际利率计算的利息加上应摊销的折价

10. 就发行债券的企业而言，债券折价实质是（ ）。

A. 为以后少付利息而付出的代价　B. 为以后多付利息而得到的补偿

C. 本期利息收入　D. 以后期间的利息收入

二、多选题

1. "应付债券"账户的贷方反映的内容有（ ）。

A. 债券发行时产生的债券溢价　B. 债券发行时产生的折价

C. 期末计提应付债券利息　D. 债券的面值

2. "应付债券"账户的借方反映的内容有（ ）。

A. 债券溢价的摊销　B. 债券折价的摊销

C. 期末计提应付债券利息　D. 归还债券本金

3. 在"应付债券"科目下，应设置的明细科目有（ ）。

A. 面值　B. 应计利息　C. 债券折价　D. 利息调整

4. 某企业20×7年1月1日从银行借入3年期人民币贷款100万元用于一项工程，该借款年利率6%，不计复利。工程于20×9年3月30日交付使用。该借款每半年付息一次，截至20×9年6月30日，该借款累计计入工程成本和财务费用的利息分别是（ ）。

A. 13.5万元　B. 15万元　C. 0万元　D. 1.5万元

5. 下列各项目中属于长期负债的有（ ）。

A. 应付债券　B. 长期借款　C. 长期应付款　D. 可转换公司债券

6. 在我国会计实务中，生产经营期间为购建固定资产而发生的长期借款利息费用可能记入（ ）科目。

A. 在建工程　B. 财务费用　C. 长期借款　D. 长期待摊费用

7. 对于分期付息、一次还本的债券，于资产负债表日按摊余成本和实际利率计算确定的债券利息，可能借记的会计科目有（ ）。

A. 在建工程　B. 应付利息　C. 财务费用　D. 研发支出

8. 下列关于可转换公司债券的表述，正确的有（ ）。

A. 企业发行的可转换公司债券，应当在初始确认时将其包含的负债成分和权益成分进行分拆，将负债成分确认为应付债券，将权益成分确认为资本公积

B. 可转换公司债券的负债成分，在转换为股份前，按照实际利率和摊余成本确认利息费用，按照面值和票面利率确认债券利息，差额作为利息调整

C. 可转换公司债券在进行分拆时，应当对负债成分的未来现金流量进行折现确定负债成分的初始确认金额

D. 发行可转换公司债券发生的交易费用，应当直接计入当期损益

9. 对债券发行者来讲，采用实际利率法摊销债券溢折价时，以下说法正确的是（ ）。

A. 随着各期债券溢价的摊销，债券的摊余成本、利息费用应逐期减少

B. 随着各期债券溢价的摊销，债券的摊余成本减少，利息费用应逐期增加

C. 随着各期债券折价的摊销，债券的摊余成本、利息费用应逐期增加

D. 随着各期债券溢价的摊销，债券的溢价摊销额应逐期增加

E. 随着各期债券折价的摊销，债券的折价摊销额应逐期增加

10. 下列项目中，属于“长期应付款”科目核算内容的有（ ）。

A. 应付融资租入固定资产租赁费

B. 以分期付款方式购入无形资产发生的应付款项

C. 采用补偿贸易方式引进国外设备发生的应付款项

D. 经营租入固定资产的租赁费

三、判断题

1. 溢价或折价发行债券是在债券存续期内对利息费用的一种调整，因此，在摊销债券溢价时应增加财务费用，在摊销债券折价时应减少当期的财务费用。（ ）

2. 为建造固定资产而发生的长期借款费用，在固定资产达到可使用状态后所发生的，直接计入当期损益。（ ）

3. 对于固定资产借款发生的利息支出，在竣工决算前发生的应予资本化，将其计入固定资产的建造成本；在竣工决算后发生的，则应作为当期费用处理。（ ）

4. 对分期付息债券，若采用实际利率法对公司溢价发行的债券摊销，因为债券的账面价值逐期减少，所以溢价摊销额也逐期减少。（ ）

5. 对分期付息债券，若采用实际利率法对公司折价发行的债券摊销，随着债券的账面价值逐期增加，债券折价摊销额逐期减少。（ ）

6. 采用实际利率法对应付债券溢折价进行摊销时，应付债券账面价值逐期减少或增加，应负担的利息费用也随之逐期减少或增加。（ ）

7. 企业发行可转换公司债券时支付的交易费用应全部计入负债成分的初始确认金额。（ ）

8. 专门借款实际发生借款利息减去闲置资金的利息收入或投资收益后的金额应全部资本化。（ ）

9. 借款费用仅包括企业向银行或者其他金融机构等借入资金发生的利息、发行公司债券发生的利息。（ ）

10. 融资租入固定资产时，应在租赁开始日按租赁资产的公允价值入账。（ ）

四、业务题

1. 某企业经批准从20×8年1月1日起发行3年期面值为100元的债券10 000张，发行价格确定为面值发行，债券年利率为6%，每半年计息一次，该债券所筹资金全部用于新生产线的建设，该生产线于20×9年6月底完工交付使用，债券到期后一次支付本金和利息。

要求：编制该企业从债券发行到债券到期的全部会计分录。

2. 企业20×9年1月1日向中国银行借入一笔金额为100万元，利率10%，期限3年期的款项。借款合同规定：借款采用复利计息，每年复利一次，借款到期一次还本付息。该笔借款用于建造某项固定资产，资产于第3年初交付使用。

要求：对上述借款业务进行账务处理。

3. 某企业经批准于20×7年1月1日起发行两年期面值为100元的债券200 000张，债券年利率为3%，每年7月1日和12月31日付息两次，到期归还本金和最后一次利息。该

债券发行收款为 1 961.92 万元，债券实际利率为年利率 4%。该债券所筹资金全部用于新生产线的建设，该生产线于 20×7 年 6 月底完工交付使用。债券溢折价采用实际利率法摊销。

要求：编制该企业从债券发行到债券到期的全部会计分录。

4.甲企业经批准于 20×8 年 1 月 1 日按面值发行（不考虑其他税费）300 000 000 元的可转换债券。该债券期限 4 年，票面年利率为 4%，实际利率为 6%，每年付息一次。自 20×9 年 1 月 1 日起，该可转换债券持有人可以申请按债券转换日的账面价值转为甲企业的普通股（每股面值 1 元），初始转换价格为每股 12 元，不足转为 1 股的部分以现金结清。20×9 年 1 月，该债券的所有持有人全部把债券转为普通股股票。

假定甲企业采用实际利率法确认利息费用，每年年末企业确认并支付利息费用。（P/A，6%，4）= 3.4 651，（P/F，6%，4）= 0.7 921。

要求：编制相关的会计分录。

五、案例分析题

【案例 1】

1．资料

金丰企业于 20×6 年 1 月 1 日按面值发行总额为 4 亿元的可转换公司债券，用于企业建造一栋仓库。该可转换公司债券的期限为 3 年，票面利率为 3%。企业在可转换公司债券的募集书中规定，从 20×7 年 1 月 1 日起每年 1 月 5 日支付上一年度的债券利息（未转换为普通股的债券利息）。债券持有人自 20×7 年 3 月 31 日起可以将所持有的债券转换为企业普通股股票，转换价格按可转换公司债券 100 元转换为企业普通股 8 股股票，每股面值 1 元，没有约定赎回和回售条款。在发行可转换公司债券过程中，企业取得冻结资金利息 400 万元，发行可转换公司债券共发生相关税费 30 万元。

企业发行可转换公司债券完毕后，由于市场发生变化，仓库的建造工作截至 20×7 年 7 月 1 日尚未开工。

2．要求

根据以上资料，回答下列问题。

（1）该企业应计入债券溢价的金额是多少？请说明理由。

（2）20×7 年 7 月 1 日以前可转换公司债券的应计利息是否应计入在建工程的成本？为什么？

【案例 2】

1．资料

某股份有限公司准备在近期新建一条生产线，由于资金紧张，董事会讨论决定采用发行一批公司债券来筹措资金，拟发行债券的面值为 2 000 万元，票面利率为 6%，5 年期，按面值发行。企业的部分董事已同意，但董事李某反对。李认为，发行公司债券手续较多，又有许多限制条件，可以向银行借款 2 000 万元。但董事张某反对。张认为，公司应发行 2 000 万元的股票，理由是发行股票不需要偿还本金，也不需要支付利息。有利于企业发展。

2．要求

（1）分析评价他们的观点是否恰当并说明理由。

（2）简要说明发行债券、向银行借款、发行股票三种筹资方式的优缺点。

第十一章　所有者权益

【学习目标】

通过本章的学习，应了解所有者权益的性质和特征；明确企业组织形式及各种企业组织形式下的所有者权益的构成；掌握实收资本的概念以及实收资本增加和减少的会计核算；掌握资本公积的性质与来源以及会计核算；掌握留存收益的性质和构成以及相关的会计处理。

第一节　所有者权益概述

一、所有者权益的性质与特征

所有者权益是指企业资产扣除负债后由所有者享有的剩余权益。它代表企业投资人即所有者对企业净资产的所有权。所谓净资产，是指企业全部资产减去全部负债后的余额，用公式表示为，资产-负债=所有者权益。公司的所有者权益又称为股东权益。

企业的全部资产是由债权人和投资人提供的，因而债权人和投资人对企业的资产均具有要求权，债权人的要求权称为负债，投资人的要求权称为所有者权益。虽然在资产负债表上两种要求权都反映在右方，负债和所有者权益合计总额等于资产总额，但是，负债和所有者权益又存在明显区别。与负债相比，所有者权益具有以下特征。

（1）所有者权益是投资者对企业净资产的要求权。企业的所有者权益最初表现为所有者的投入资本，随着企业生产经营活动的开展，由于取得赢利而使投入资本逐渐增值，这部分增值的资金归企业所有者享有，与投入资本一起构成了企业的所有者权益。因此，所有者权益是投资人投入资本及其运用后产生的盈余（或亏损），它体现了投资人对企业净资产的所有权。而负债是企业在经营活动或其他事项中发生的债务，它体现了债权人对企业资产的索偿权。

（2）所有者权益是一种剩余权益。债权人和所有者都是企业资产的提供者，都可以对企业资产拥有要求权，但是从法律的角度上讲，二者的要求顺序是不同的。债权人的要求权应先于所有者，所有者只有在企业满足了债权人对资产的要求权以后，才能对剩余资产拥有要求权。

（3）所有者有权参与企业的经营决策及赢利分配。债权人只享有到期收回本金及利息的权利，无权过问企业的经营活动，也无权分享企业的赢利；而所有者有权参与企业的经营决策及赢利分配。

（4）所有者权益没有固定的偿还期限和金额。负债必须按约定的日期偿还；而投资人的投资在企业的存续期内一般不能抽回，只能在企业解散清算时（除按法律程序减资等情况以外），其破产财产在偿付了破产费用、债权人的债务等以外，如有剩余财产，才可能退还给投资者。

二、企业组织形式及所有者权益的构成

我国现有的企业组织形式有个人独资企业、合伙企业、公司制企业等，不同的企业组织形式下，由于企业特性和法律规范的不同，所有者权益的构成也不一样。

（一）非公司制企业

1. 个人独资企业

个人独资企业是由一个自然人投资，财产为投资人个人所有，投资人以其个人财产对企业债务承担无限责任的经营实体。个人独资企业的主要特征如下。

（1）业主独立出资。个人独资企业的出资人是一个自然人，即业主。非自然人的投资和两个以上自然人的投资都不符合个人独资企业的基本属性。

（2）财产归业主个人所有。这里的财产不仅包括企业成立时业主投入的初始财产，而且包括企业存续期间积累的财产。

（3）债务责任无限。这是个人独资企业的重要特征。由于个人独资企业为业主个人所有，收益归业主，企业风险也应由业主个人承担。也就是说，当业主申报登记的出资不足以清偿个人独资企业经营所负的债务时，业主必须以其个人财产甚至是家庭财产来清偿债务。

（4）企业不是法律主体。由于个人独资企业不具有法人资格，因此，企业的财产和对外所负的债务在法律上被视为业主个人的财产和债务，企业的对外行为也被视为业主的个人行为。

（5）企业不是纳税主体，不缴纳企业所得税。个人独资企业的收益应由业主连同其本人所获得的其他收入，依据个人所得税法一并计算缴纳个人所得税。

这种企业的规模都较小，其优点是经营者和所有者合一，能充分发挥业主的积极性，经营灵活，便于筹建、转向和解散。这类企业的缺点是自身财力所限，抵御风险的能力较弱，从而限制了企业的规模和发展。

在个人独资企业中，由于企业的投入资本和取得的经营成果都归业主个人所有，因此，其所有者权益也就不必再进行分类，可通过设置“业主资本”账户反映业主投入企业的资本及其增减变动，设置“业主提款”账户，对业主提取资本等事项进行核算。

2. 合伙企业

合伙企业是由两个以上合伙人按照合伙协议共同出资、合伙经营、共享收益、共担风险的企业。合伙企业主要有以下几个特征。

（1）企业生命有限。合伙企业比较容易设立和解散。合伙人签订了合伙协议就宣告合伙企业的成立。合伙人的退伙、死亡、自愿清算、破产清算等均可造成合伙企业的解散，因而其存续期限往往不可能很长。

（2）债务责任无限。合伙企业作为一个整体对债务承担无限责任。按照合伙人对合伙企业的责任，合伙企业可分为普通合伙企业和有限合伙企业。普通合伙企业由普通合伙人组成，普通合伙人对合伙企业债务承担无限连带责任。有限合伙企业由普通合伙人和有限合伙人组成，普通合伙人对合伙企业债务承担无限连带责任，有限合伙人以其认缴的出资额为限对合伙企业债务承担有限责任，这类合伙人一般不直接参与企业经营管理活动。

（3）财产共有，利益共享。合伙企业的财产由合伙人统一管理和使用，不经其他合伙人同意，任何一位合伙人不得将合伙财产移为他用。合伙企业在生产经营活动中所取得的利润

归合伙人共享，如有亏损亦由合伙人共同承担。损益分配的比例应在合伙协议中明确规定，未经规定的可按合伙人出资比例分摊或平均分摊。

（4）合伙人之间互为代理。在合伙企业的业务范围内，任何一个合伙人所执行的业务均视为所有合伙人共同执行的业务。换言之，每个合伙人代表合伙企业所发生的经济行为对所有合伙人均有约束力。因此，合伙人之间较易发生纠纷。

（5）企业不是法律主体和纳税主体。合伙企业通常不具有法人资格，也不是纳税主体。合伙企业的生产经营所得和其他所得，按照国家有关税收规定，由合伙人分别缴纳所得税。

与个人独资企业相比，合伙企业的优点是能够发挥出资者的集体智慧和力量，扩大企业规模，增强经营实力。合伙人作为企业的业主，其风险与报酬一致，因此，经营的积极性也较高。其缺点是若各个合伙人意见不一致，也会影响企业的经营决策，甚至危及企业的生存。此外，合伙人之间的连带责任使每一个合伙人需要对其他合伙人的经营行为负责，加重了合伙人的风险。

与个人独资企业一样，合伙企业的所有者权益也可通过“业主资本”账户一并反映。但由于各合伙人出资比例或实现约定的分配方案不同而享有不同的权益份额，所以在“业主资本”账户下应按合伙人的姓名设明细账，分别反映各合伙人对企业的资本投入、从企业提款以及企业经营损益的分配情况。

知识链接

我国在 2006 年 8 月 27 日颁布了修订后的《中华人民共和国合伙企业法》，并规定自 2007 年 6 月 1 日起施行。修订后的合伙企业法其创新主要体现在以下方面。

（1）合伙人的资格。新法规定，自然人、法人和其他组织均可成为合伙人。但从维护公共利益出发，国有独资公司、国有企业、上市公司以及公益性的事业单位、社会团体不得成为普通合伙人。

（2）合伙的形式。新法规定了 3 种合伙形式：普通合伙、特殊的普通合伙以及有限合伙。

普通合伙即原法中规定的合伙形式，合伙人均承担无限连带责任。特殊的普通合伙是普通合伙中的一种特殊情况，这种合伙形式适用于以专业知识和专门技能为客户提供有偿服务的专业服务机构。其应建立执业风险基金、办理职业保险。在该种合伙形式中，一个或数个合伙人在执业活动中因故意或重大过失造成合伙企业债务，应当承担无限责任或者无限连带责任，其他合伙人以其在合伙企业中的财产份额为限承担责任。否则，全体合伙人承担无限连带责任。有限合伙由 2 个以上 50 个以下合伙人设立，其中至少应当有一个普通合伙人，其他为有限合伙人。有限合伙人不得以劳务出资，不直接参与企业经营管理活动。在承担责任方面，有限合伙人以其认缴的出资额为限承担责任，普通合伙人则承担无限连带责任。

新法的重要作用在于：

（1）将提高专业服务机构的竞争能力。新法规定，会计师事务所、建筑师事务所等企业专业服务机构直接适用“特殊的普通合伙企业”的相关规定。以前的合伙企业都要求全部合伙人承担无限连带责任，这使得合伙人为了避免过度风险而减少投资，从而不利于专业服务机构的壮大。新法为这些专业机构扩大规模、提升服务质量提供了契机。

（2）新法为风险投资的发展注入动力。风险投资在我国仍处在瓶颈阶段，组织形式是其制约的原因之一。目前在我国风险投资大多以公司形式存在，而从国际上来看，绝大多数的风险投资采取的都是有限合伙的形式。风险投资最大的特点在于资金与管理技术的结合，有限合伙正好能将二者高效地结合起来。投资者只负责出资，也仅在其出资范围内承担责任，不必管理合伙事务；而管理技术方则利用自己的智力来管理、支配风险资金。有限合伙形式能降低投资者的投资风险，使更多的资金进入风险投资领域，加快我国的创新建设。

（二）公司制企业

1. 有限责任公司

有限责任公司是指由 50 个以下股东共同出资建立，股东以其认缴的出资额为限对公司承担有限责任，公司以其全部资产对公司债务承担责任的企业法人。有限责任公司具有以下特征。

（1）股东按其出资额认购股份，公司向股东出具股权证书而不发行股票。

（2）公司是法律主体，公司以其全部资产对公司的债务承担有限责任。

（3）股东持有的股份不得抽回，但可以转让。有限责任公司的股东之间可以相互转让其全部或者部分股权。股东向股东以外的人转让股权应当经其他股东过半数同意，不同意的股东应当购买该转让的股权，如果不购买，视为同意转让。

（4）公司是纳税主体。有限责任公司作为法人，取得的收益应计算缴纳企业所得税。

（5）有限责任公司在组织与经营上具有封闭性，即设立程序和经营状况不向社会公开。

提示

我国《公司法》中还规定了一人有限责任公司的设立和组织形式。一人有限责任公司是指只有一个自然人股东或者一个法人股东的有限责任公司。一人有限责任公司的年度财务报表须经会计师事务所审计。一人有限责任公司的股东不能证明公司财产独立于股东自己的财产的，应当对公司债务承担连带责任。

2. 股份有限公司

股份有限公司是指将全部注册资本划分为等额股份，并通过发行股票的方式筹集股本，股东以其认购的股份为限对公司承担有限责任，公司以其全部资产对公司债务承担责任的企业法人。股份有限公司具有以下特征。

（1）公司资本划分为等额股份，并通过发行股票筹集资本。

（2）股东人数没有上限，只有下限，我国公司法规定不得少于 2 人。

（3）股票可以自由交易、转让。

（4）公司是法律主体，债务责任有限。股东以其所持股份对公司承担有限责任，公司以其全部资产对公司债务承担责任。

（5）公司具有较严密的内部组织机构。公司的股东大会、董事会、监事会分别行使公司重大事项决策权、经营管理权和监督权。

（6）公司财务公开。

股份有限公司具有其他公司形式所不具备的生命力和优越性：一是可以吸收社会上的闲散资金，在资本结构和筹资方式上更具灵活性；二是股份可以自由流动，较大程度上分散了投资人的投资风险。它已成为当今世界上最广泛采用的企业组织形式。

股份有限公司与有限责任公司比较，设立条件及程序更为严格。股份有限公司的设立，可以采取发起设立或者募集设立两种方式。发起设立是指由发起人认购公司应发行的全部股份。募集设立是指由发起人认购公司应发行股份的一部分，其余股份向社会公开募集或者向特定对象募集。

3. 国有独资公司

国有独资公司是由国家授权投资的机构或者国家授权投资的部门单独投资设立的有限责

任公司。国有独资公司的性质与个人独资企业和有限责任公司相比有以下特征。

（1）国有独资公司为有限责任公司。国有独资公司的投资者是国家，但国家仅以其投入公司的特定财产金额为限对公司的债务负责，而不承担无限责任，这不同于个人独资企业。

（2）国有独资公司的股东具有唯一性。国有独资公司虽属于有限责任公司，但它与一般的有限责任公司不同。最根本的区别就在于，国有独资公司仅有一个股东，即国家授权投资的机构或者国家授权投资的部门。

国有独资公司不设股东会，但公司的合并、分立、解散、增减资本和发行公司债券等重大决策，必须由国家授权的机构和部门批准。国有独资公司是一种国家所有的有限责任公司，其财产出资人是国家这个特殊的主体，财产所有权属于国家。国有独资公司在追求赢利的同时，担负着执行国家经济政策、实行国家计划、调节社会经济结构和运行的特殊使命，受到国家政策、法律的许多特殊对待和国家的特别照顾，享有许多优惠。国有企业设立或改建为国有独资公司是我国深化国有大中型企业改革的重要举措，也是国有企业经营管理制度改革的一项有效措施。但是，国有独资公司毕竟有别于一般公司，一般公司制度具有许多优点和长处，它并不完全具备，其设立和运行等也受到许多限制。

根据上述公司制企业的特点，其所有者权益应划分为实收资本（股份公司为股本）、资本公积、盈余公积和未分配利润四个部分进行核算。下面主要针对公司制企业的所有者权益进行论述。

第二节　实收资本

一、实收资本概述

我国有关法律规定，投资者设立企业首先必须投入资本。实收资本是指投资者作为资本投入到企业中的各种资产的价值。在股份有限公司，实收资本表现为公司实际发行的股票面值，也被称为股本。

我国目前实行的是注册资本制度，要求企业进行生产经营活动必须首先在工商行政管理部门登记注册。企业的实收资本和注册资本要一致。所谓注册资本，是指企业在设立时向工商行政管理部门登记的资本总额，即全部投资者设定的出资额。注册资本是企业的法定资本，是企业承担民事责任的财力保证。

股份有限公司的设立有两种方式，即发起式和募集式。采取发起式设立的，首次出资额不得低于注册资本的20%，其余部分由发起人自公司成立之日起两年内缴足，但投资公司可以在5年内缴足。采取募集式设立的，注册资本为在公司登记机关登记的实收股本总额。

有限责任公司股东的首次出资额不得低于注册资本的20%，也不得低于法定的注册资本最低限额，其余部分由股东自公司成立之日起两年内缴足。股东可以用货币出资，也可以用实物、知识产权、土地使用权等可以用货币估价并可以依法转让的非货币财产作价出资。对作为出资的非货币资产应当评估作价，核实财产，不得高估或低估作价。企业全体投资者的货币出资金额不得低于注册资本的30%。企业收到投资者缴纳的出资后，必须聘请依法设立的验资机构验资并出具验资报告。

投资者必须足额缴纳注册资本金，不得擅自改变注册资本或抽逃资金。在企业成立后，有抽逃行为的，由工商行政管理部门责令改正，处以所抽逃资金5%以上15%以下的罚款。构成犯罪的，依法追究刑事责任。

公司增加注册资本的，有限责任公司股东认缴新增资本的出资和股份有限公司的股东认购新股，应当分别依照《公司法》的有关规定执行。股份有限公司以公开发行新股方式或者上市公司以非公开发行新股方式增加注册资本的，还应当提交国务院证券监督管理机构的核准文件。公司变更实收资本的，应当提交依法设立的验资机构出具的验资证明，并应当按照公司章程载明的出资时间、出资方式缴纳出资。公司应当自足额缴纳出资或者股款之日起30日内申请变更登记。公司法定公积金转增为注册资本的，所留存的该项公积金不得少于转增前公司注册资本的25%。

二、实收资本的核算

（一）账户设置

非股份制企业对投资者投入资本的核算，应设置“实收资本”账户。该账户属于所有者权益类账户，贷方反映实际收到投资者缴付的资本，借方反映按法定程序减资时减少的注册资本，贷方余额表示实收资本总额。为了反映每个投资者投入资本的实际情况，该账户应按投资者设置明细账，进行明细分类核算。

股份制企业对股东投入资本的核算，应设置“股本”账户。该账户属于所有者权益类账户，贷方登记公司按核定的股份总额发行的股票面值总额，借方登记依法批准减少的股本数额，贷方余额表示公司所拥有的股本总额。该账户下应按投资者设置明细账，进行明细分类核算。

（二）实收资本增加的核算

1. 投入资本的核算

企业所有者投入资本的形式包括货币投资、实物资产投资和无形资产投资等，不同的投资形式下，确定投入资产入账价值的方式也不一样。

（1）接受货币投资。在非股份制企业，收到投资者投入的货币资产时，按实际收到的金额，借记“银行存款”账户，贷记“实收资本”账户。

【例 11.1】 A、B、C三个投资人共同出资设立乙有限责任公司，公司注册资本为1 000 000元，A、B、C持股比例分别为40%、35%、25%。20×3年10月5日，如期收到三个投资者一次性缴足的款项。编制的会计分录如下：

借：银行存款 1 000 000

　　贷：实收资本——A 400 000

　　　　　　　　——B 350 000

　　　　　　　　——C 250 000

知识链接

新华社北京2013年10月27日电，国务院总理李克强10月25日主持召开国务院常务会议，部署推进公司注册资本登记制度改革，降低创业成本，激发社会投资活力。

改革的主要内容有五条：

一是放宽注册资本登记条件。除法律、法律另有规定外，取消有限责任公司最低注册资本3万元、一人有限责任公司最低注册资本10万元、股份有限公司最低注册资本500万元的限制；不再限制公司设立时股东的首次出资比例和缴足出资的期限；公司实收资本不再作为工商登记事项。

二是将企业年检制度改为年度报告制度，任何单位和个人均可查询，使企业相关信息透明化。建立公平规范的抽查制度，克服检查的随意性，提高政府管理的公平性和效能。

三是按照方便注册和规范有序的原则，放宽市场主体经营场所登记条件，由地方政府具体规定。

四是大力推进企业诚信制度建设。完善信用约束机制，将有违规行为的市场主体列入经营异常的"黑名录"，向社会公布，使其"一处违规，处处受限"，提高企业"失信成本"。

五是推进注册资本由实缴登记制改为认缴登记制，降低开办公司成本。

（资料来源：新华网）

在股份制企业，公司发行股票时，按实际收到的金额，借记"银行存款"账户，按股票面值和核定的股份总额的乘积计算的金额，贷记"股本"账户，按其差额，贷记"资本公积"账户。股票发行方式有三种：面值发行，即按股票面值发行；溢价发行，即按高于股票面值的价格发行；折价发行，即按低于股票面值的价格发行。我国目前不允许折价发行股票。

【例 11.2】 甲股份有限公司发行普通股 10 000 000 股，每股面值 1 元，实际发行价每股 6 元，与该股票发行直接有关的佣金、手续费等 50 000 元，股款已收到并存入银行。编制会计分录如下：

借：银行存款	59 950 000	
贷：股本		10 000 000
资本公积——股本溢价		49 950 000

（2）接受非货币资产投资。企业接受投资者以存货、固定资产、无形资产等非货币资产进行投资时，应按投资合同或协议约定的价值确定其入账价值（约定价值不公允的除外）。借记"原材料"、"固定资产"、"无形资产"等账户，按投入资本在注册资本或股本中所占的份额，贷记"实收资本"账户或"股本"账户，如有差额，记入"资本公积"账户。

【例 11.3】 甲公司由 A、B、C 三方共同投资设立。A 以甲公司所需的原材料作为投资，该批原材料的协议价格为 400 万元，协议价值与公允价值相等。甲公司取得的增值税专用发票上注明的价款为 400 万元，增值税额为 68 万元。假定甲公司的股本总额为 1 000 万元，A 在甲公司享有的份额为 35%，甲公司为一般纳税人。相关会计处理如下。

A 在甲公司享有的股本金额 = 10 000 000×35% = 3 500 000（元）

A 在甲公司投资的股本溢价 = 4 000 000+680 000-3 500 000 = 1 180 000（元）

甲公司编制会计分录如下：

借：原材料	4 000 000	
应交税费——应交增值税（进项税额）	680 000	
贷：股本——A		3 500 000
资本公积——股本溢价		1 180 000

【例 11.4】 甲公司于设立时，接受乙公司的一项专利技术投资和丙公司的一项土地使用权投资，合同约定的价值分别为 200 000 元和 300 000 元，假设甲公司接受无形资产投资符合国家注册资本的有关规定，可按合同约定价作为实收资本入账，合同约定的价值与公允价值相等。甲公司编制会计分录如下：

借：无形资产——专利权	200 000	

——土地使用权　　300 000

贷：实收资本——乙公司　　200 000

——丙公司　　300 000

2. 追加投资的核算

当投资人追加投资时，按投资合同或协议约定的投入资产价值，借记“银行存款”、“原材料”、“固定资产”、“无形资产”等账户，贷记“实收资本”或“股本”账户，出资额超过其在注册资本或股本中所占份额的差额，记入“资本公积”账户。

【例 11.5】 接【例 11.1】，乙公司设立一年后，为扩大经营规模，经批准，公司注册资本扩大为 1 500 000 元，如期收到 A、B、C 三个投资人按原出资比例追加的货币投资，款已收存银行。编制会计分录如下：

借：银行存款　　500 000

贷：实收资本——A　　200 000

——B　　175 000

——C　　125 000

3. 资本公积或盈余公积转增资本的核算

资本公积或盈余公积转增资本时，应按照原投资者的出资比例相应增加各投资者的股权，企业收到的投资者出资超过其在注册资本或股本中所占份额的部分，作为资本溢价或股本溢价，在“资本公积”账户核算。

（三）实收资本减少的核算

企业在资本过剩或发生重大亏损的情况下，可以按规定程序报经批准后减少实收资本。企业因资本过剩而减资，一般要发还投资款。有限责任公司和一般企业发还投资款的会计处理比较简单，按法定程序报经批准减少注册资本时，借记“实收资本”账户，贷记“库存现金”、“银行存款”等账户。股份有限公司由于采用的是发行股票的方式筹集股本，发还股款时，则要回购发行的股票。由于发行股票时股票的价格与股票面值可能不同，回购股票的价格也可能与发行价格不同，所以，会计处理比较复杂。

股份有限公司回购股票的核算，应通过“库存股”账户进行。该账户属于所有者权益类账户，用于核算企业回购、转让或注销的本公司股份金额。该账户借方登记企业回购的本公司股份；贷方登记转让或注销的库存股；期末借方余额，反映企业持有尚未转让或注销的库存股。该账户余额在资产负债表上列为所有者权益的减项。

股份有限公司采用回购本公司股票方式减资的，回购股票时，按注销股票的面值总额减少股本，回购股票支付的价款超过面值总额的部分依次减少资本公积、盈余公积和未分配利润；若回购股票支付的价款低于面值总额，其差额增加资本公积。

【例 11.6】甲上市公司经股东大会决定，采用收购本公司股票方式进行减资，共回购 100 000 股并注销，股票面值每股 1 元，每股支付的收购价款为 3 元。回购前，资本公积中股本溢价的余额为 100 000 元，盈余公积余额为 50 000 元，未分配利润 150 000 元。编制的会计分录如下：

借：库存股　　300 000

贷：银行存款　　300 000

借：股本　　100 000

资本公积——股本溢价　100 000
盈余公积　50 000
利润分配——未分配利润　50 000
贷：库存股　300 000

【例 11.7】 沿用【例 11.6】，假定甲上市公司每股支付的价款为 0.9 元，其他条件不变。编制会计分录如下：

借：库存股　90 000
　贷：银行存款　90 000
借：股本　100 000
　贷：库存股　90 000
　　资本公积——股本溢价　10 000

第三节　资 本 公 积

一、资本公积的性质与来源

资本公积是企业收到投资者超出其在企业注册资本（或股本）中所占份额的投资，以及直接计入所有者权益的利得和损失等。资本公积属于企业非赢利因素产生的增值，包括资本溢价（或股本溢价）和直接计入所有者权益的利得和损失等。

资本公积与实收资本虽然同属于投入资本的范畴，但两者又有区别。实收资本是投资者为谋求价值增值的原始投资，属于法定资本，与企业的注册资本相一致，因此，实收资本无论是在来源还是在金额上都有比较严格的限制。而资本公积主要来源于资本溢价（或股本溢价）以及直接计入所有者权益的利得和损失等，由所有投资者共同享有。

资本公积与盈余公积也不同，盈余公积是从净利润中提取的积累，而资本公积的形成与企业的净利润无关。

为了反映资本公积的增减变动情况，应设置“资本公积”账户，该账户下面应当设置“资本（或股本）溢价”、“其他资本公积”明细科目分别进行核算。

二、资本公积的核算

（一）资本（或股本）溢价的核算

1. 资本溢价

资本溢价是指投资者的出资额大于其在企业注册资本中所占份额的差额。一般来说，在企业创立时，投资者按照其在企业注册资本中所占的份额出资，出资者认缴的出资额全部记入“实收资本”账户，不会出现资本溢价。但在企业重组或有新的投资者加入时，为了维护原有投资者的权益，新加入的投资者的出资额往往会大于其在企业注册资本中所占的份额。这是因为以下原因。

（1）新股东出资时与原股东出资时的资本利润率不同。企业初创阶段要经过筹建、试生产经营、为产品寻找市场等过程，在这个过程中一般资本利润率较低。而企业进行正常生产经营后，资本利润率会高于企业初创阶段，这表明企业的原始资本已经增值，而这部分增值是原始投资者的资本带来的，因此，新加入的投资者往往要付出大于原有投资者的出资额，才能取得与原有投资者相同的投资比例。

（2）新股东出资时，原始股东的出资额与其实际占有的资本额不同。企业在经营一段时间以后，可能会形成资本公积和留存收益等积累，这部分积累归原始股东所享有。当新投资者加入企业后，将和原股东一起分享这些积累，所以，要求新加入的投资者要付出大于原有投资者的出资额，才能与原有投资者共享这些积累。

企业收到新加入的投资者的出资额时，根据其在注册资本中所占的份额，贷记"实收资本"账户；大于其在注册资本中所占份额的部分，记入"资本公积"账户。

【例 11.8】甲、乙、丙 3 位股东各自出资 200 万，共同设立了天友有限责任公司，设立时的实收资本是 600 万。经过 3 年的经营，该公司留存收益为 150 万元。这时，丁投资者有意加入该公司，并表示愿意出资 260 万元，而仅占该公司股份的 25%，天友有限责任公司已收到该现金投资。编制的会计分录如下：

借：银行存款	2 600 000
贷：实收资本——丁	2 000 000
资本公积——资本溢价	600 000

2. 股本溢价

股份有限公司是以发行股票的方式筹集股本，由于股东按其所持企业股份享有权利和承担义务，为了反映和便于计算各股东所持股份所占企业全部股本的比例，企业的股本总额应按股票的面值与股份总数的乘积计算。在股票溢价发行的情况下，作为股本入账的金额也只能按面值计算，超出股票面值的溢价收入记入"资本公积——股本溢价"账户。

发行股票相关的手续费、佣金等交易费用，如果是溢价发行股票，应从溢价收入中扣除；平价发行股票或溢价收入不足以抵扣发行费用的，应将不足抵扣的部分冲减盈余公积和未分配利润。

【例 11.9】 甲上市公司委托证券公司发行普通股 4 000 000 股，每股面值 1 元，每股发行价为 1.2 元。公司与证券公司约定，按发行收入的 3%收取手续费，从发行收入中扣除，股款已收到并存入银行。甲公司编制会计分录如下：

借：银行存款	4 800 000
贷：股本	4 000 000
资本公积——股本溢价	800 000
借：资本公积——股本溢价	144 000
贷：银行存款	144 000

（二）其他资本公积的核算

其他资本公积是指除资本溢价（或股本溢价）项目以外所形成的资本公积，其中主要包括直接计入所有者权益的利得和损失。

直接计入所有者权益的利得和损失是指不应计入当期损益、会导致所有者权益发生增减变动的、与所有者投入资本或向所有者分配利润无关的利得或者损失。其中，利得是指由企业非日常活动所形成的、会导致所有者权益增加的、与所有者投入资本无关的经济利益的流入。损失是指由企业非日常活动所发生的、会导致所有者权益减少的、与向所有者分配利润无关的经济利益的流出。

直接计入所有者权益的利得和损失主要由以下交易或事项引起。

1. 可供出售金融资产公允价值的变动

可供出售金融资产由于期末公允价值变动产生的利得或损失直接计入资本公积，公允价值高于或低于其账面余额产生的利得或损失，借记或贷记“可供出售金融资产——公允价值变动”账户，贷记或借记“资本公积——其他资本公积”账户。待该项可供出售金融资产处置时，将原计入资本公积的部分转出，计入当期损益。

2. 金融资产的重分类

（1）将持有至到期投资重分类为可供出售金融资产，并以公允价值进行后续计量，重分类日，该债券的账面价值与公允价值之间的差额记入“资本公积——其他资本公积”账户，在该可供出售金融资产发生减值或处置时转出，计入当期损益。

（2）将可供出售金融资产重分类为持有至到期投资，该债券不再适合采用公允价值计量，应改按摊余成本计量，该债券在重分类前因公允价值变动记入“资本公积——其他资本公积”账户的利得或损失，在债券的剩余期限内，采用实际利率摊销法计入当期损益。

3. 采用权益法核算的长期股权投资

长期股权投资采用权益法核算，被投资单位除净损益以外所有者权益的其他变动，投资企业按持股比例计算应享有的份额，借记或贷记“长期股权投资——其他权益变动”科目，贷记或借记“资本公积——其他资本公积”科目。

处置采用权益法核算的长期股权投资，还应结转原计入资本公积的相关金额，借记或贷记“资本公积——其他资本公积”科目，贷记或借记“投资收益”科目。

4. 存货或自用房地产转换为投资性房地产

（1）作为存货的房地产转换为采用公允价值模式计价的投资性房地产时，应当按该项房地产在转换日的公允价值，借记“投资性房地产——成本”科目；原已计提跌价准备的，借记“存货跌价准备”科目；按其账面余额，贷记“开发产品”等科目。同时，转换日的公允价值小于账面价值的，按其差额，借记“公允价值变动损益”科目；转换日的公允价值大于账面价值的，按其差额，贷记“资本公积——其他资本公积”科目。

（2）自用房地产转换为采用公允价值模式计量的投资性房地产时，应当按该项土地使用权或建筑物在转换日的公允价值，借记“投资性房地产——成本”科目；按已计提的累计摊销或累计折旧，借记“累计摊销”或“累计折旧”科目；原已计提减值准备的，借记“无形资产减值准备”、“固定资产减值准备”科目；按其账面余额，贷记“固定资产”或“无形资产”科目。同时，转换日的公允价值小于账面价值的，按其差额，借记“公允价值变动损益”科目；转换日的公允价值大于账面价值的，按其差额，贷记“资本公积——其他资本公积”科目。

以上内容的相关会计处理详见本教材第六章和第八章。

（三）资本公积转增资本的核算

按照《公司法》的规定，法定公积金（资本公积和盈余公积）转为资本时，所留存的该项公积金不得少于转增前公司注册资本的25%。经股东大会或类似机构决议，用资本公积转增资本时，应冲减资本公积，同时按照转增前的实收资本（或股本）的结构或比例，将转增的金额记入“实收资本”或“股本”科目下各所有者权益的明细分类账。

第四节 留 存 收 益

一、留存收益的性质

留存收益是指企业从历年实现的净利润中提取或形成的留存于企业的内部积累，包括盈余公积和未分配利润。留存收益和投资者投入的资本属性一致，即均为所有者权益。但与投入资本不同的是，留存收益不是由投资者直接投入的，而是依靠公司经营所得的赢利累积而形成的，属于企业经营过程中的资本增值。

投资者投入企业的资本，通过企业的生产经营活动，不仅要保持原有资本的完整，而且要使其增值，即实现利润。企业实现的利润总额扣除按国家税法规定上交的所得税后，称为税后利润或净利润，税后利润可以按照有关法规、协议、合同或公司章程等进行分配。在分配税后利润时，一方面应按照国家法律的规定提取盈余公积，将当年实现的利润留存于企业，形成内部积累，成为留存收益的组成部分；另一方面要向投资者分配利润或股利，分配以后剩余的部分作为未分配利润，也留在企业，构成企业的留存收益。

留存收益的目的是保证企业实现的净利润有一部分留存在企业，而不是全部分配给投资者，这样做一方面可以满足企业维持或扩大生产经营活动的资金需要；另一方面可以保证企业有足够的资金弥补以后年度可能出现的亏损，同时可以避免企业稍有盈余即分尽吃光等短期行为。

二、留存收益的构成

留存收益包括盈余公积和未分配利润两大类。盈余公积属于已拨定的留存收益，而未分配利润属于未拨定的留存收益。

（一）盈余公积

1. 盈余公积的提取

盈余公积是指按照国家有关规定从净利润中提取的各种积累资金。公司制企业的盈余公积分为法定盈余公积和任意盈余公积。

法定盈余公积是指企业按规定的比例从净利润中提取的盈余公积。我国《公司法》规定，公司制企业的法定盈余公积按照税后利润的10%提取，当法定盈余公积累计金额达到企业注册资本的50%以上时，可以不再提取。

任意盈余公积是公司出于实际需要从税后利润中提取的一部分积累。任意盈余公积的提取是自愿而非强制性的，其提取比例和数额也由企业自主决定。

2. 盈余公积的用途

企业提取盈余公积主要用于以下几个方面。

（1）转增资本。经股东大会决议，可将盈余公积转为资本（或股本）。在转增资本时，要先办理增资手续，按股东原有股份比例结转，股份有限公司可以采用发放新股等方法增加股本。法定盈余公积转增资本（或股本）时，转增后留存的盈余公积的数额不得少于转增前公司注册资本的25%。

（2）弥补亏损。弥补亏损的渠道主要有以下三条。

第一，用以后年度税前利润弥补。按现行制度规定，企业发生亏损时，可用以后5年内实现的税前利润弥补，即税前利润弥补亏损的期间为5年。

第二，用以后年度的税后利润弥补。企业发生的亏损经过5年期间未弥补完的，尚未弥补的亏损应用交纳所得税以后的利润弥补。

第三，以盈余公积弥补。企业用已提取的盈余公积弥补亏损时，应当由公司董事会提议，并经股东大会批准。

（3）扩大企业生产经营。为了扩大企业生产经营规模，增强企业生产发展能力，企业应从实现的利润中提取一部分准备金用于企业生产发展，计提的盈余公积成为企业经营资金的一项重要补充途径。提取盈余公积并不是单独将这部分资金从企业资金周转过程中抽出。企业盈余公积的结存数实际只表现为企业所有者权益的组成部分，表明企业生产经营资金的一个来源而已。其形成的公积金可能表现为一定的货币资金，也可能表现为一定的实物资产，如存货和固定资产等，随同企业的其他来源所形成的资金进行循环周转，用于企业的生产经营。

（二）未分配利润

未分配利润是企业实现的净利润经过弥补亏损、提取盈余公积、向投资者分配利润后，留存在企业的利润。未分配利润有两层含义：一是留待以后年度处理的利润；二是未指定特定用途的利润。相对于所有者权益的其他部分来讲，企业对于未分配利润的使用、分配有较大的自主权。从数量上来说，未分配利润是期初未分配利润，加上本期实现的税后利润，减去提取的各种盈余公积和分出利润后的余额。

三、留存收益的核算

（一）盈余公积的核算

为了反映盈余公积的提取和使用情况，企业应设置“盈余公积”账户。该账户属于所有者权益类账户，贷方登记盈余公积的提取数额，借方登记盈余公积用于补亏或转增资本的数额，余额在贷方，表示盈余公积的结余数额。该账户下应设置“提取法定盈余公积”、“提取任意盈余公积”等账户进行明细核算。

1. 盈余公积形成的核算

企业提取盈余公积时，借记“利润分配——提取法定盈余公积”、“利润分配——提取任意盈余公积”科目，相应地贷记“盈余公积——法定盈余公积”、“盈余公积——任意盈余公积”科目。

【例11.10】 A公司20××年的税后利润为800万元，分别按10%和5%的比例提取法定盈余公积和任意盈余公积。相关账务处理如下：

借：利润分配——提取法定盈余公积　　800 000
　　　　　　——提取任意盈余公积　　400 000
　贷：盈余公积——法定盈余公积　　800 000
　　　　　　——任意盈余公积　　400 000

2. 盈余公积使用的核算

（1）盈余公积转增资本。企业用盈余公积转增资本时，借记“盈余公积”账户，贷记“实收资本（或股本）”账户。经股东大会决议用盈余公积派送新股，按派送新股计算的金额，借记“盈余公积”账户，按股票面值和派送新股总数计算的股票面值总额，贷记“股本”账户。

【例 11.11】 D公司经股东大会决议按10送1的方案用盈余公积派送新股，参照该公司股票市价确定的派送价格为每股10元，股票面值每股1元，派送前的普通股总数为2 000万股，本次共派送200万股。本次派送共动用法定盈余公积1 500万元，任意盈余公积500万元。相关的账务处理如下：

借：盈余公积——法定盈余公积　　15 000 000

　　　　　　——任意盈余公积　　5 000 000

　贷：股本　　2 000 000

　　　资本公积——股本溢价　　18 000 000

（2）盈余公积补亏。企业用盈余公积补亏时，借记“盈余公积”账户，贷记“利润分配——盈余公积补亏”账户。

【例 11.12】 F公司决定，用以前年度提取的法定盈余公积弥补当年的亏损30万元。编制会计分录如下：

借：盈余公积——法定盈余公积　　300 000

　贷：利润分配——盈余公积补亏　　300 000

（二）未分配利润的核算

未分配利润有两层含义：一是留待以后年度处理的利润；二是未指定特定用途的利润。从数量上来说，未分配利润是期初未分配利润，加上本期实现的税后利润，减去提取的各种盈余公积和分出利润后的余额。这一数额表现在期末“利润分配——未分配利润”账户的贷方，若该账户期末为借方余额，则为历年所累计的亏损。

未分配利润数额的确定以及相关的账务处理详见本教材第十二章。

本章小结

所有者权益是指企业资产扣除负债后由所有者享有的剩余权益。用公式表示为，资产－负债=所有者权益。公司的所有者权益又称为股东权益。与负债相比，所有者权益的特征是：所有者权益是投资者对企业净资产的要求权；所有者权益是一种剩余权益；所有者有权参与企业的经营决策及赢利分配；所有者权益没有固定的偿还期限和金额。

我国现有的企业组织形式有个人独资企业、合伙企业、有限责任公司、股份有限公司和国有独资公司等，不同的企业组织形式下，由于企业特性和法律规范的不同，所有者权益的构成和核算也不一样。

实收资本是指投资者作为资本投入到企业中的各种资产的价值。企业所有者投入资本的形式包括货币投资、实物资产投资和无形资产投资等，不同的投资形式下，确定投入资产入账价值的方式也不一样。投资者投入的货币资产，按实际收到的金额入账；投资者以存货、固定资产、无形资产等非货币资产进行投资时，应按投资合同或协议约定的价值确定其入账价值（约定价值不公允的除外）。

资本公积是企业收到投资者的超出其在企业注册资本（或股本）中所占份额的投资，以及直接计入所有者权益的利得和损失等。资本公积属于企业非赢利因素产生的增值，其内容包括资本溢价（或股本溢价）和其他资本公积。

留存收益是指企业从历年实现的净利润中提取或形成的留存于企业的内部积累，包括盈余公积和未分配利润。留存收益属于企业经营过程中的资本增值。盈余公积是指按照国家有关规定从净利润中提取的各种积累资金。盈余公积的主要用途：①转增资本；②弥补亏损；③扩大企业生产经营。未分配利润有两层含义：一是留待以后年度处理的利润；二是未指定特定用途的利润。从数量上来说，未分配利润是期初未分配利润，加上本期实现的税后利润，减去提取的各种盈余公积和分出利润后的余额。

复习思考

1. 什么是所有者权益？它有哪些基本特征？
2. 所有者权益与负债的区别有哪些？
3. 股份有限公司有哪些特点？
4. 股东投入资本的形式有哪些？
5. 资本公积的来源是什么？设置的账户有哪些？
6. 什么是直接计入所有者权益的利得和损失？
7. 什么是留存收益？目的是什么？
8. 企业提取盈余公积的用途是什么？
9. 什么是未分配利润？设置的明细科目有哪些？

基本训练

一、单选题

1. 下列各项，能够引起企业所有者权益减少的是（　　）。

A. 股东大会宣告派发现金股利　　B. 以资本公积转增资本

C. 提取法定盈余公积　　D. 提取任意盈余公积

2. 20×5 年 1 月 1 日某企业所有者权益情况如下：实收资本 200 万元，资本公积 17 万元，盈余公积 38 万元，未分配利润 32 万元。则该企业留存收益为（　　）万元。

A. 32　　B. 38　　C. 70　　D. 87

3. 下列各项中，会引起留存收益总额发生增减变动的是（　　）。

A. 盈余公积转增资本　　B. 盈余公积补亏

C. 资本公积转增资本　　D. 用税后利润补亏

4. 企业增资扩股时，投资者实际缴纳的出资额大于其按约定比例计算的在注册资本中所占的份额部分应作为（　　）。

A. 资本溢价　　B. 实收资本　　C. 盈余公积　　D. 营业外收入

5. 以法定盈余公积转增股本时，转增后的盈余公积以不少于注册资本的（　　）为限。

A. 50%　　B. 30%　　C. 25%　　D. 30%

6. 某公司委托证券公司发行股票 1 000 万股，每股面值 1 元，每股发行价格 8 元，向证券公司支付佣金 50 万元。该公司应贷记“资本公积——资本溢价”科目的金额为（　　）万元。

A. 6 900　　B. 7 050　　C. 6 950　　D. 7 000

7. 股份有限公司采用收购本公司股票方式实现减资，按照注销股票的面值总额减少股本，购回股票支付的价款超过面值总额的部分，应冲减的顺序依次是（　　）。

A. 资本公积、盈余公积、未分配利润　　B. 未分配利润、盈余公积、资本公积

C. 盈余公积、资本公积、未分配利润　　D. 盈余公积、未分配利润、资本公积

8. 下列各项中，能同时引起资产和所有者权益发生增减变化的有（　　）。

A. 分配股票股利　　B. 接受现金捐赠

C. 用盈余公积弥补亏损　　D. 投资者投入现金

9. 下列各项，能够引起所有者权益总额变化的是（　　）。

A. 以资本公积转增资本　　B. 增发新股

C. 向股东支付已宣告分派的现金股利　　D. 以盈余公积弥补亏损

10. 乙公司 20×4 年成立，成立当年发生亏损 120 万元，20×5—2×10 年分别实现税前利润 10 万元、20 万元、15 万元、30 万元、35 万和 50 万元。公司适用的所得税税率为 25%。假定不考虑其他纳税调整事项，则 2×10 年年末，乙公司的未分配利润余额应为（　　）万元。

A. 40　　B. 27.5　　C. 160　　D. 50

11. 某企业年初未分配利润贷方余额为 200 万元，本年利润总额为 800 万元，本年所得税费用为 300 万元，按净利润的 10%提取法定盈余公积，提取任意盈余公积 25 万元，向投资者分配利润 25 万元。该企业年末未分配利润贷方余额为（　　）万元。

A. 600　　B. 650　　C. 625　　D. 570

二、多选题

1. 下列项目中，属于资本公积核算的内容有（　　）。

A. 企业收到投资者出资额超出其在注册资本或股本中所占份额的部分

B. 直接计入所有者权益的利得

C. 直接计入所有者权益的损失

D. 企业收到投资者的出资额

2. 下列各项中，属于企业留存收益的有（　　）。

A. 法定盈余公积　　B. 任意盈余公积　　C. 资本公积　　D. 未分配利润

3. 下列各项中，仅影响所有者权益结构发生变动的有（　　）。

A. 用盈余公积弥补亏损　　B. 用盈余公积转增资本

C. 宣告分配现金股利　　D. 分配股票股利

4. 下列各项中，能同时引起资产和利润减少的项目有（　　）。

A. 计提短期借款的利息　　B. 计提行政管理部门固定资产折旧

C. 支付超标的业务招待费　　D. 无形资产摊销

5. 盈余公积可用于（　　）。

A. 派送新股　　B. 转增资本　　C. 弥补亏损　　D. 发放工资

6. 下列关于企业组织形式的陈述恰当的有（　　）。

A. 公司的两种主要形式是有限责任公司和股份有限公司

B. 有限责任公司中股东的出资不得随意抽回或转让

C. 股份有限公司的股票可以自由转让

D. 有限责任公司对债务承担无限连带责任

7. 以下说法中错误的有（ ）。

A. 实收资本表示企业的投资者在注册资本金范围内实际投入企业的资金

B. 资本公积是企业收到投资者的超出其在企业注册资本（或股本）中所占份额的投资

C. 留存收益是指按照国家有关规定从净利润中提取的各种积累资金

D. 未分配利润是净利润中尚未指定用途的部分

8. 企业吸收投资者出资时，下列会计科目的余额可能发生变化的有（ ）。

A. 盈余公积　　B. 资本公积　　C. 实收资本　　D. 利润分配

9. 属于企业内部筹资来源的有（ ）。

A. 股本　　B. 资本公积　　C. 法定盈余公积　D. 未分配利润

10. 企业弥补亏损的来源主要有（ ）。

A. 用以后年度税前利润弥补　　B. 用以前年度盈余公积弥补

C. 用以后年度税后利润弥补　　D. 用以前年度未分配利润弥补

三、判断题

1. 由于所有者权益和负债都是对企业资产的要求权，因此它们的性质是一样的。（ ）

2. 用法定盈余公积转增资本或弥补亏损时，均不导致所有者权益总额的变化。（ ）

3. 用盈余公积转增资本不影响所有者权益总额的变化，但会使企业净资产减少。（ ）

4. 企业不能用盈余公积扩大生产经营。（ ）

5. 企业接受的原材料投资，其增值税额不能计入实收资本。（ ）

6. 收入能够导致企业所有者权益增加，但导致所有者权益增加的不一定都是收入。（ ）

7. 当企业投资者投入的资本高于其注册资本时，应当将高出部分计入营业外收入。（ ）

8. 企业接受非现金资产投资时，应将非现金资产按投资各方确认的价值入账。对于投资各方确认的资产价值超过其在注册资本中所占份额的部分，计入营业外收入。（ ）

9. 企业年末资产负债表中的未分配利润的金额一定等于“利润分配”科目的年末余额。（ ）

10. 资本公积反映的是企业收到投资者出资额超过其在注册资本中所占份额的部分以及直接计入当期损益的利得和损失。（ ）

四、业务题

1. 甲公司原由投资者A和投资者B共同出资成立，每人出资200 000元，各占50%的股份。经营两年后，A和B投资者决定增加公司资本，此时有一新的投资者C要求加入甲公司。经有关部门批准后，甲公司实施增资，将实收资本增加到900 000元。经三方协商，一致同意完成下述投入后，三方投资者各拥有甲公司300 000元实收资本，并各占甲公司1/3的股份。各投资者的出资情况如下。

（1）投资者A以一台设备投入甲公司作为增资，该设备原价180 000元，已提折旧95 000元，评估确认原价180 000元，评估确认净值126 000元。

（2）投资者B以一批原材料投入甲公司作为增资，该批材料账面价值105 000元，评估确认价值110 000元，税务部门认定应交增值税额为18 700元。投资者B已开具了增值税专用发票。

（3）投资者C以银行存款投入甲公司390 000元。

要求：根据以上资料，分别编制甲公司接受投资者A和B增资时以及投资者C初次出资时的会计分录。

2.（1）东方公司20×8年税后利润为1 800 000元，公司董事会决定按10%提取法定盈余公积，按 25%提取任意盈余公积，分派现金股利 500 000 元。

（2）东方公司现有股东情况如下：A 公司占 25%，B 公司占 30%，C 公司占 10%，D 公司占 5%，其他占 30%。经公司股东大会决议，以盈余公积 500 000 元转增资本，并已办妥转增手续。

（3）20×9 年东方公司亏损 100 000 元，决议以盈余公积补亏。

要求：根据以上资料，编制有关会计分录。

3. B 公司 20×8 年 1 月 1 日的所有者权益为 2 000 万元（其中，股本为 1 500 万股，每股面值 1 元，资本公积为 100 万元，盈余公积为 100 万元，未分配利润为 300 万元）。B 公司 20×8 年实现净利润为 200 万元，按实现净利润的 10%提取法定盈余公积金。20×9 年 B 公司发生亏损 50 万元，用以前年度的未分配利润每股分派现金股利 0.1 元，每 10 股分派股票股利 1 股。

要求：

（1）编制 B 公司 20×8 年和 20×9 年结转盈亏、利润分配有关业务的会计分录。

（2）计算 B 公司 20×9 年 12 月 31 日所有者权益的余额（金额单位用万元表示）。

五、案例分析题

【案例 1】

1．资料

某家具制造企业成立于 1996 年，由 3 位自然人投资，注册资本 1 000 万元。通过 10 年的运营，到 2006 年时公司的资产规模已经达到 4 000 万元，成为一家业内公认具有较好发展前途的公司。2008 年该公司准备上两个新项目，资金问题成了重中之重。

为了解决这一问题，2008 年年初，公司经过股东会讨论，决定吸收新股东加入公司。但是在如何界定新股东的投入时，公司内部发生了激烈的争论，两种意见僵持不下。

第一种意见：既然是吸收资本投入，那么当然是所有的投资都增加公司的实收资本。

第二种意见：新股东要想获得与原股东同等的资本份额就需要投入更多的资金，即后进来的股东必须多出钱。

2．要求

（1）你认同哪种观点？理由是什么？

（2）什么因素决定了后进入的股东投入与所占资本份额之间的差异？所有这些因素都体现在财务报表上吗？

【案例 2】

1．资料

诚信会计师事务所的注册会计师在审计某小型安装企业建兴公司 2009 年度会计报表时，发现以下问题：

（1）建兴公司在 2009 年度实收资本有异常，验资报告显示建兴公司 2009 年 4 月将资本公积 200 万元转增资本，建兴公司截至转增资本之日报表累计亏损为 100 万元。

（2）2009 年 7 月，建兴公司账面净资产 2 000 万元，为扩大企业规模，该企业将历年形成的账外财产进行价值评估，将评估后的价值 800 万元作为主管部门对该公司的投资入账。但建兴公司的账外财产数量、价值明细表列示的价值显示为 700 万元。

2．要求

分析建兴公司的会计处理存在哪些问题？

第十二章 收入、费用和利润

【学习目标】

通过本章的学习，应该理解收入的定义和特征，以及收入确认的原则、方法和条件；掌握销售商品收入的确认和会计处理；理解费用的定义和特征，以及费用与成本的区别和联系；掌握利润的构成内容，掌握营业利润、利润总额、净利润的计算和利润的结算，以及所得税费用的计算和核算；掌握利润形成及其分配的核算。

第一节 收 入

在市场经济条件下，追求利润最大化已成为企业经营的主要目标之一。收入是利润的来源，因此，获取收入是企业日常经营活动中最主要的目标之一，通过获得的收入来补偿为此而发生的支出，以获得一定的利润。

一、收入的定义与特征

（一）收入的定义

收入是指企业在日常活动中形成的、会导致所有者权益增加、与所有者投入资本无关的经济利益的总流入。其中，“日常活动”是指企业为完成其经营目标所从事的经常性活动以及与之相关的活动。例如，工业企业制造并销售产品、商品流通企业销售商品等均属于企业为完成其经营目标所从事的经营活动，由此产生的经济利益的总流入构成收入。

工业企业转让无形资产使用权、出售多余的原材料等属于与经常性活动相关的活动，由此产生的经济利益的总流入也构成收入。但是，企业处置固定资产、无形资产等活动不是企业为完成其经营目标所从事的经常性活动，也不属于与经常性活动相关的活动，由此产生的经济利益的总流入不构成收入，应当确认为利得，计入营业外收入。

（二）收入的特征

本章所介绍的收入主要指营业收入，它是指企业在销售商品、提供劳务及让渡资产使用权等日常活动中形成的经济利益的总流入。

收入的特征表现在以下三个方面。

1．收入是企业在日常活动中形成的

日常活动是指企业为完成其经营目标所从事的经常性活动以及与之相关的活动。例如，工业企业制造并销售产品、商业企业销售商品、保险公司签发保单、咨询公司提供咨询服务、软件企业为客户开发软件、安装公司提供安装服务、商业银行对外贷款、租赁公司出租资产等均属于企业的日常活动。明确界定日常活动是为了将收入与利得相区分，因为企业非日常活动所形成的经济利益的流入不能确认为收入，而应当计入利得。

2. 收入会导致所有者权益的增加

与收入相关的经济利益的流入必然会导致所有者权益的增加，不会导致所有者权益增加的经济利益的流入不符合收入的定义，不应确认为收入。例如，企业向银行借入款项，尽管也导致了企业经济利益的流入，但该流入并不导致所有者权益的增加，反而使企业承担了一项现时义务。企业对于因借入款项所导致的经济利益的增加，不应将其确认为收入，应当确认一项负债。

3. 收入是与所有者投入资本无关的经济利益的总流入

收入应当会导致经济利益的流入，从而导致资产的增加。例如，企业销售商品，应当收到现金或者在未来有权利收到现金，才表明该交易符合收入的定义。但是，经济利益的流入有时是所有者投入资本的增加所导致的，所有者投入资本的增加不应当确认为收入，应当将其直接确认为所有者权益。

二、收入的分类

收入按照企业从事日常活动的性质和企业从事日常活动在企业的重要性有着不同的分类。

（1）按照企业从事日常活动的性质可将收入分为销售商品收入、提供劳务收入、让渡资产使用权收入、建造合同收入等。其中，销售商品收入是指企业通过销售商品实现的收入，如工业企业制造并销售产品、商业企业销售商品等实现的收入。提供劳务收入是指企业通过提供劳务实现的收入，如咨询公司提供咨询服务、软件开发企业为客户开发软件、安装公司提供安装服务等实现的收入。让渡资产使用权收入是指企业通过让渡资产使用权实现的收入，如商业银行对外贷款、租赁公司出租资产等实现的收入。建造合同收入是指企业承担建造合同所形成的收入。

（2）按照企业从事日常活动在企业的重要性可将收入分为主营业务收入、其他业务收入等。其中，主营业务收入是指企业为完成其经营目标所从事的经常性活动实现的收入。如工业企业制造并销售产品、商业企业销售商品、保险公司签发保单、咨询公司提供咨询服务、软件开发企业为客户开发软件、安装公司提供安装服务、商业银行对外贷款、租赁公司出租资产等实现的收入。这些活动形成的经济利益的总流入构成收入，属于企业的主营业务收入，根据其性质的不同，分别通过“主营业务收入”、“利息收入”、“保费收入”等科目进行核算。其他业务收入是指与企业为完成其经营目标所从事的经常性活动相关的活动实现的收入。例如，工业企业对外出售不需用的原材料、对外转让无形资产使用权等。这些活动形成的经济利益的总流入也构成收入，属于企业的其他业务收入，根据其性质的不同，分别通过“其他业务收入”科目核算。

三、销售商品收入的确认与计量

我国的收入准则根据销售商品、提供劳务、他人使用本企业资产等分别规定了收入的确认和计量原则。

商品包括企业为销售而生产的产品和为转售而购进的商品，如工业企业生产的产品、商业企业购进的商品等，企业销售的其他存货，如原材料、包装物等也视同企业的商品。

根据《企业会计准则——收入》的有关规定，销售商品收入同时满足下列条件的，才能予以确认。

1. 企业已将商品所有权上的主要风险和报酬转移给购货方

企业已将商品所有权上的主要风险和报酬转移给购货方是指与商品所有权有关的主要风险和报酬同时转移给了购货方。其中，与商品所有权有关的风险是指商品可能发生减值或毁损等形成的损失；与商品所有权有关的报酬是指商品价值增值或通过使用商品等形成的经济利益。

判断企业是否已将商品所有权上的主要风险和报酬转移给购货方,应当关注交易的实质，并结合所有权凭证的转移或实物的交付进行判断。如果与商品所有权有关的任何损失均不需要销货方承担，与商品所有权有关的任何经济利益也不归销货方所有，这就意味着商品所有权上的主要风险和报酬已经转移给了购货方。在具体判断时可以大致划分为三类情况。

第一类情况下，转移商品所有权凭证并交付实物后，商品所有权上的所有风险和报酬随之转移，如大多数零售商品、预收款销售商品、订货销售商品、托收承付方式销售商品等。

预收款销售商品是指购买方在商品尚未收到前按合同或协议约定分期付款，销售方在收到最后一笔款项时才交货的销售方式。

订货销售是指已收到全部或部分货款而库存没有现货，需要通过制造等程序才能将商品交付购买方的销售方式。在这种销售方式下，企业通常应在发出商品并符合收入确认条件时确认收入，在此之前预收的货款应确认为负债。

采用托收承付方式销售商品的，在办妥托收手续时，表明商品所有权上的主要风险和报酬已经转移给购货方，因此可以确认收入。

第二类情况下，转移商品所有权凭证或交付实物后，商品所有权上的主要风险和报酬随之转移，企业只保留商品所有权上的次要风险和报酬，在这种情形下，可以视同商品所有权上的所有风险和报酬已经转移给购货方，如交款提货方式销售商品、视同买断方式委托代销商品等。

【例 12.1】 A 公司多年来销售商品时均向客户承诺，如果售出的商品在 3 个月内出现质量问题，客户可以要求退货。根据公司的经验和历史数据，退货的比例仅为销售额的 2%，表明 A 公司销售商品以后所保留的风险是次要的风险，因此可以认为商品所有权上的所有风险和报酬已经转移给客户，确认销售收入实现。

【例 12.2】 A 公司本月以交款提货方式销售了 150 000 元的商品给 B 公司，B 公司已支付货款并取得 A 公司开出的销售发票和提货单，但暂时未将商品提走。

本例中，A 公司采用交款提货方式销售商品，B 公司已支付货款并取得 A 公司开出的销售发票和提货单，虽暂时未将商品提走，但商品所有权上的所有风险和报酬已经转移给客户，A 公司应该确认销售收入实现。

第三类情况下，转移商品所有权凭证或交付实物后，商品所有权上的主要风险和报酬并未随之转移，这种情况常见的有以下几种。

（1）企业销售的商品在质量、品种、规格等方面不符合合同或协议要求，又未根据正常的保证条款予以弥补，销售方企业仍负有责任。如果交易双方在商品质量的弥补方面存在分歧，买方尚未正式接受商品，商品可能被退回。因此，商品所有权上的主要风险和报酬仍留在销售方企业，销售方企业此时不能确认收入，应等到已满足买方要求且买方承诺付款时予以确认。

（2）企业尚未完成售出商品的安装或检验工作，且安装或检验工作是销售合同或协议的重要组成部分。在安装或检验过程中可能会发生一些不确定因素，阻碍该项销售的实现。因此，只有在安装完毕并检验合格后才能确认收入。

【例 12.3】 宏声公司是生产和销售大型音乐喷泉装置的企业，本月向联华商业购物中心销售了一套大型音乐喷泉装置，该装置已经运抵购物中心，发票账单已经交付，同时收到部分货款。根据销售合同规定，宏声公司负责该装置的安装和调试，在安装、调试完毕并经购物中心验收合格后，购物中心立即支付剩余货款。

本例中，音乐喷泉装置的安装和调试是销售合同的重要组成部分，在安装和调试过程中可能会发生一些不确定因素，影响销售收入的实现。因此，交付实物时并不表明商品所有权上的主要风险和报酬已经转移。

（3）销售合同或协议中规定了买方由于特定原因有权退货的条款，且企业又不能确定退货的可能性。在这种情况下，该企业尽管已将商品售出，也已收到价款，由于无法估计退货的可能性，商品所有权上的风险和报酬实质上并未转移给买方，该企业在售出商品时不能确认收入。只有当买方正式接受商品或退货期满时才能确认收入。

2. 企业既没有保留通常与所有权相联系的继续管理权，也没有对已售出的商品实施有效控制

企业将商品所有权上的主要风险和报酬转移给买方后，如仍然保留通常与所有权相联系的继续管理权，或仍然对售出的商品实施控制，则此项销售不能成立，不能确认相应的销售收入。但如果企业对售出的商品保留了与所有权无关的管理权，则不受本条件的限制。例如，房地产企业将开发的房产售出后，保留了对该房产的物业管理权，由于此项管理权与房产所有权无关，房产销售成立。企业提供的物业管理应视为一个单独的劳务合同，有关收入确认为劳务收入。

3. 收入的金额能够可靠地计量

收入的金额能够可靠地计量是指收入的金额能够合理地估计。收入的金额不能够合理地估计就无法确认收入。企业在销售商品时，商品销售价格通常已经确定。但是，由于销售商品过程中某些不确定因素的影响，也有可能存在商品销售价格发生变动的情况。在这种情况下，新的商品销售价格未确定前通常不应确认销售商品收入。

企业销售商品满足收入确认条件时，应当按照已收或应收的合同或协议价款的公允价值确定销售商品收入金额。从购货方已收或应收的合同或协议价款通常为公允价值。某些情况下，合同或协议明确规定销售商品需要延期收取价款，如分期收款销售商品，实质上具有融资性质的，应当按照应收的合同或协议价款的公允价值确定收入金额；已收或应收的价款不公允的，企业应按公允的交易价格确定收入金额。

4. 相关的经济利益很可能流入企业

相关的经济利益很可能流入企业是指销售商品价款收回的可能性大于不能收回的可能性，即销售商品价款收回的可能性超过 50%。通常，企业销售的商品符合合同或协议要求，已将发票账单交付买方，买方承诺付款，通常表明满足了该确认条件。如果企业判断销售商品收入满足确认条件的同时确认了一笔应收债权，以后由于购货方资金周转困难无法收回该债权时，不应调整原确认的收入，而应对该债权计提坏账准备、确认坏账损失。如果企业根据以前与买方交往的直接经验判断买方信誉较差，或销售时得知买方资金周转十分困难，则可能会出现与销售商品相关的经济利益不能流入企业的情况，就不应确认收入。

【例 12.4】 甲公司本月采用托收承付方式销售了价值 200 000 元的一批商品给乙公司，已开出销售发票，商品也已经发运。甲公司在销售该批商品时已得知乙公司最近遭遇重大火灾，资金周转发生了困难，但为了促销仍将商品销售给了乙公司。

本例中，甲公司在销售该批商品时已得知乙公司最近遭遇重大火灾，资金周转发生了困难，则可能会出现与销售商品相关的经济利益不能流入企业的情况，就应推迟确认收入，直至不确定因素消除。

5. 相关的已发生或将发生的成本能够可靠地计量

通常情况下，销售商品相关的已发生或将发生的成本能够合理地估计，如库存商品的成本、商品运输费用等。如果库存商品是本企业生产的，其生产成本能够可靠计量；如果是外购的，购买成本能够可靠计量。如果销售商品相关的已发生或将发生的成本不能够合理地估计，此时企业不应确认收入，已收到的价款应确认为负债。

企业销售商品应同时满足上述五个条件，才能确认收入。任何一个条件没有满足，即使收到货款，也不能确认收入。

四、销售商品收入的会计处理

（一）销售商品收入实现的一般会计处理

企业销售商品确认收入实现时，应按已收或应收的价款，加上应收取的增值税额，借记“银行存款”、“应收账款”、“应收票据”等科目；按确定的收入金额，贷记“主营业务收入”、“其他业务收入”等科目；按应收取的增值税额，贷记“应交税费——应交增值税（销项税额）”科目；同时或在月末结转已实现销售的商品销售成本，借记“主营业务成本”科目，贷记“库存商品”科目。

【例 12.5】 甲公司为增值税一般纳税人，适用的增值税税率为 17%，20×7 年 10 月 9 日，甲公司销售 A 产品一批给乙企业，产品销售价款为 460 000 元，产品销售成本为 208 000 元，产品已经发出，并开具了增值税专用发票，同时向银行办妥了托收手续。

在该笔交易中，甲公司已将售出产品的所有风险和报酬转移给乙企业，并不再对该产品实施管理和控制，销售收入和成本能够可靠计量，也未得到任何关于乙企业的不利消息，因此可以确认销售收入实现。甲公司的会计处理如下：

借：应收账款——乙企业	538 200	
贷：主营业务收入		460 000
应交税费——应交增值税（销项税额）		78 200
借：主营业务成本	208 000	
贷：库存商品		208 000

（二）销售商品未能实现收入的会计处理

如果企业售出的商品不符合收入确认条件，则不应确认收入，已经发出的商品，应当通过“发出商品”科目核算。

【例 12.6】 A 企业以托收承付方式向 C 企业销售一批商品，成本为 40 000 元，增值税专用发票上注明售价 60 000 元，增值税率 17%。A 企业在销售时已知 C 企业资金周转发生暂时困难，但为了促销仍将商品销售给了 C 企业。假设 A 企业销售该批商品的增值税纳税义务已经发生。A 企业的账务处理如下。

销售时：

借：发出商品　　40 000

　　贷：库存商品　　40 000

因 A 企业纳税义务已经发生，所以将增值税税额转入应收账款：

借：应收账款　　（60 000 × 17%）10 200

　　贷：应交税费——应交增值税（销项税额）　　10 200

假设 A 企业销售该批商品的增值税纳税义务尚未发生，则不做该笔分录，待纳税义务发生时再做。

（三）销售商品涉及商业折扣和现金折扣的处理

企业销售商品如果带有商业折扣和现金折扣，应当分别对不同情况进行处理。涉及商业折扣的情况下，应当按照扣除商业折扣后的金额确定销售商品收入金额。涉及现金折扣的情况下，应当采用总价法，即按照扣除现金折扣前的金额确定销售商品收入金额，现金折扣在实际发生时计入财务费用。关于商业折扣和现金折扣的核算，在本书第三章已有详细介绍，此处不再述及。

（四）销售商品发生销售折让和销售退回的处理

1. 销售折让的处理

销售折让是指企业因售出商品的质量不合格等原因而在售价上给予的减让。对于销售折让，企业应分别对不同情况进行处理：首先，已确认收入的售出商品发生销售折让的，通常应当在发生时冲减当期销售商品收入；其次，已确认收入的销售折让属于资产负债表日后事项的，应当按照有关资产负债表日后事项的相关规定进行处理。

【例 12.7】 甲公司向乙公司销售一批商品，开出的增值税专用发票上注明的销售价款为 10 000 元，增值税额为 1 700 元。乙公司在验收过程中发现商品质量不合格，要求在价格上给予 5%的折让。假定甲公司已确认销售收入，款项尚未收到，发生的销售折让允许扣减当期增值税额。甲公司的账务处理如下。

销售实现时：

借：应收账款　　11 700

　　贷：主营业务收入　　10 000

　　　　应交税费——应交增值税（销项税额）　　1 700

发生销售折让时：

借：主营业务收入　　500

　　应交税费——应交增值税（销项税额）　　85

　　贷：应收账款　　585

实际收到款项时：

借：银行存款　　11 115

　　贷：应收账款　　11 115

2. 销售退回的处理

销售退回是指企业售出的商品由于质量、品种不符合要求等原因而发生的退货。对于销售退回，企业应分别对不同情况进行会计处理。

对于未确认收入的售出商品发生销售退回的，企业应按已记入“发出商品”科目的商品成本金额，借记“库存商品”科目，贷记“发出商品”科目。

对于已确认收入的售出商品发生退回的，企业一般应在发生时冲减当期销售商品收入，同时冲减当期销售商品成本。如该项销售退回已发生现金折扣，应同时调整相关财务费用的金额；如该项销售退回允许扣减增值税额，应同时调整“应交税费——应交增值税（销项税额）”科目的相应金额。

已确认收入的售出商品发生的销售退回属于资产负债表日后事项的，应当按照有关资产负债表日后事项的相关规定进行会计处理。

【例 12.8】 甲公司在 20×8 年 12 月 18 日向乙公司销售一批商品，开出的增值税专用发票上注明的销售价款为 20 000 元，增值税额为 3 400 元。该批商品成本为 10 000 元。甲公司销售该批商品约定的现金折扣条件为 2/10，1/20，n/30。乙公司在 20×8 年 12 月 27 日支付货款。20×9 年 4 月 5 日，该批商品因质量问题被乙公司退回，甲公司当日支付有关款项。假定计算现金折扣时不考虑增值税，销售退回不属于资产负债表日后事项。

20×8 年 12 月 18 日销售实现时，按销售总价确认收入时，编制会计分录如下：

借：应收账款　　23 400
　　贷：主营业务收入　　20 000
　　　　应交税费——应交增值税（销项税额）　　3 400
借：主营业务成本　　10 000
　　贷：库存商品　　10 000

在 20×8 年 12 月 27 日收到货款时，按销售总价 20 000 元的 2% 享受现金折扣 400（20 000×2%）元，实际收款 23 000（23 400-400）元，编制会计分录如下：

借：银行存款　　23 000
　　财务费用　　400
　　贷：应收账款　　23 400

20×9 年 4 月 5 日发生销售退回时，编制会计分录如下：

借：主营业务收入　　20 000
　　应交税费——应交增值税（销项税额）　　3 400
　　贷：银行存款　　23 000
　　　　财务费用　　400
借：库存商品　　10 000
　　贷：主营业务成本　　10 000

（五）特殊的销售商品业务的处理

1. 代销商品

代销商品通常有两种方式：视同买断和收取手续费方式。两种方式下会计处理有所区别。

（1）视同买断方式即由委托方和受托方签订协议，委托方按协议价收取所代销商品的货款，代销商品的实际售价由受托方自定，实际售价与协议价之间的差额归受托方所有。

如果委托方和受托方之间的协议明确标明，受托方在取得代销商品后，无论是否能够卖出、是否获利，均与委托方无关，那么该种代销商品交易与委托方直接销售商品给受托方没有实质区别，在符合销售商品收入确认条件时，委托方应确认相关销售商品收入。如果委托方和受托方之间的协议明确标明，将来受托方没有将商品售出时可以将商品退回给委托方，或受托方因代销商品出现亏损时可以要求委托方补偿，那么，委托方在交付商品时不确认收入，受托方也不做购进商品处理，受托方将商品销售后，按实际售价确认销售收入，并向委托方开具代销清单，委托方收到代销清单时，再确认本企业的销售收入。

【例 12.9】 A 企业委托 B 企业销售某种商品 200 件，协议价为 200 元/件，该商品成本 120 元/件，增值税税率 17%。A 企业收到 B 企业开来的代销清单时开具增值税专用发票，发票上注明售价 40 000 元，增值税额 6 800 元。B 企业实际销售时开具的增值税发票上注明售价 48 000 元，增值税为 8 160 元。

A 企业（委托方）的会计处理如下。

（1）A 企业发出商品时：

借：发出商品　24 000

　贷：库存商品　24 000

（2）A 企业收到代销清单时：

借：应收账款——B 企业　46 800

　贷：主营业务收入　40 000

　　应交税费——应交增值税（销项税额）　6 800

借：主营业务成本　24 000

　贷：发出商品　24 000

（3）收到 B 企业汇来的货款时：

借：银行存款　46 800

　贷：应收账款——B 企业　46 800

B 企业（代销方）的会计处理如下。

（1）收到代销商品时：

借：代理业务资产（或受托代销商品）　40 000

　贷：代理业务负债（或受托代销商品款）　40 000

（2）实际销售商品时：

借：银行存款　56 160

　贷：主营业务收入　48 000

　　应交税费——应交所得税（销项税额）　8 160

借：主营业务成本　40 000

　贷：代理业务资产（或受托代销商品）　40 000

借：代理业务负债（或受托代销商品款）　40 000

　应交税费——应交增值税（进项税额）　6 800

　贷：应付账款——A 企业　46 800

（3）按合同协议价将款项付给 A 企业时：

借：应付账款 46 800

贷：银行存款 46 800

（2）收取手续费方式。在这种方式下，委托方发出商品时，商品所有权上的主要风险和报酬并未转移给受托方。委托方在发出商品时通常不应确认销售商品收入，而应在收到受托方开出的代销清单时确认销售商品收入；受托方应在商品销售后，按合同或协议约定的方法计算确定的手续费确认收入。

【例 12.10】 假如【例 12.9】中，B 企业按每件 200 元的价格出售给顾客，A 企业按售价的 10%支付 B 企业手续费。B 企业实际销售时，即向买方开出一张增值税专用发票，发票上注明该商品售价 40 000 元，增值税额 6 800 元。A 企业在收到 B 企业交来的代销清单时，向 B 企业开具一张相同金额的增值税发票。

A 企业的会计处理如下。

（1）A 企业发出商品时：

借：发出商品 24 000

贷：库存商品 24 000

（2）收到代销清单时：

借：应收账款——B 企业 46 800

贷：主营业务收入 40 000

应交税费——应交增值税（销项税额） 6 800

借：主营业务成本 24 000

贷：发出商品 24 000

借：销售费用 4 000

贷：应收账款——B 企业 4 000

（3）收到 B 企业汇来的货款：

借：银行存款 42 800

贷：应收账款——B 企业 42 800

B 企业的会计处理如下。

（1）收到代销商品时：

借：代理业务资产（或受托代销商品） 40 000

贷：代理业务负债（或受托代销商品款） 40 000

（2）实际销售商品时：

借：银行存款 46 800

贷：应付账款——A 企业 40 000

应交税费——应交增值税（销项税额） 6 800

借：应交税费——应交增值税（进项税额） 6 800

贷：应付账款——A 企业 6 800

借：代理业务负债（或受托代销商品款） 40 000

贷：代理业务资产（或受托代销商品） 40 000

（3）支付 A 企业货款并计算代销手续费时：

借：应付账款——A 企业　　46 800

　　贷：银行存款　　42 800

　　　　主营业务收入（或其他业务收入）　　4 000

2. 分期收款销售商品

企业在销售商品时，对于一些价值较大的商品，如商品房、汽车、大型设备等，有时会采取分期收款的方式销售，即商品已经交付，货款分期收回（通常为超过 3 年）。分期收款销售实质上具有融资性质，相当于企业向购货方提供免息的信贷，企业应当按照合同或协议规定的应收金额的公允价值确定收入金额。应收的合同或协议价款的公允价值，通常应当按照其未来现金流量现值或商品现销价格计算确定。

应收的合同或协议价款与其公允价值之间的差额，在合同或协议期间内，按照应收款项的摊余成本和实际利率计算确定的金额进行摊销，冲减财务费用。

【例 12.11】 20×5 年 1 月 1 日，甲公司采用分期收款方式向乙客户销售一辆豪华轿车，合同约定的销售价格为 200 万元，分 5 次于每年 12 月 31 日等额收取，每次收取 40 万元。该豪华轿车成本为 156 万元。在现销方式下，该豪华轿车的销售价格为 160 万元。甲公司发出商品时已开具增值税专用发票，注明的增值税额为 34 万元，并于当天收到存入银行。

根据本例的资料，甲公司增值税销项税额已收现款，分期收款只涉及销售商品的价款，甲公司应当确认的销售商品收入金额为 160 万元，与合同价款 200 万元的差额为 40 万元，作为收款期内的融资收入，按实际利率法分摊。

根据下列公式：

未来 5 年收款额的现值=现销方式下应收款项金额

可以得出：

$$40\times(P/A,\ r,\ 5)=160\text{（万元）}$$

可在多次测试的基础上，用插值法计算折现率。

当 r=7%时，40×4.1 002=164.008＞160（万元）；

当 r=8%时，40×3.9 927=159.708＜160（万元）。

因此，7%＜r＜8%。用插值法计算：

$$r=7\%+(8\%-7\%)\times(164.008-160)/(164.008-159.708)=7.93\%$$

采用实际利率法分摊合同价款与公允价值的差额 40 万元，有关计算见表 12.1。

表 12.1　融资收益和已收本金计算表

（单位：万元）

期数	各期收款 （1）	确认的融资收入 （2）=上期（4）×7.93%	已收本金 （3）=（1）－（2）	未收本金 （4）=上期（4）－本期（3）
				160
1	40	12.68	27.32	132.68
2	40	10.52	29.48	103.20
3	40	8.18	31.82	71.38
4	40	5.66	34.34	37.04
5	40	2.96*	37.04	0
总额	200	40	160	

* 含小数点尾差

根据表 12.1 的计算结果，甲公司的会计分录如下。

（1）20×5 年 1 月 1 日销售实现时：

借：长期应收款　　2 000 000
　　银行存款　　340 000
　　贷：主营业务收入　　1 600 000
　　　　应交税费——应交增值税（销项税额）　　340 000
　　　　未实现融资收益　　400 000

同时，结转已销产品成本：

借：主营业务成本　　1 560 000
　　贷：库存商品　　1 560 000

（2）20×5 年 12 月 31 日收取第一期货款时：

借：银行存款　　400 000
　　贷：长期应收款　　400 000

同时：

借：未实现融资收益　　126 800
　　贷：财务费用　　126 800

以后各期的账务处理比照上述处理进行。

3. 售后回购

售后回购是指企业在销售商品的同时，承诺日后重新买回该批商品。在这种方式下，销售方应根据合同或协议条款判断销售商品是否满足收入确认条件。通常情况下，售后回购实质上是销售企业通过存货转移达到融资目的，不属于真正意义上的销售行为，所售商品所有权上的风险和报酬并未转移，因而不能确认收入。企业销售商品收到的价款应确认为负债，回购价格大于原售价的差额，视为融资的利息费用，计入财务费用。

【例 12.12】 20×9 年 1 月 1 日，甲公司向乙公司销售一批商品，开出的增值税专用发票上注明的销售价款为 100 万元，增值税额为 17 万元。该批商品成本为 70 万元；商品已经发出，款项已经收到。协议约定，甲公司应于 7 月 1 日将所售商品购回，回购价为 106 万元（不含增值税额）。甲公司的账务处理如下。

1 月 1 日发出商品时：

借：银行存款　　1 170 000
　　贷：其他应付款　　1 000 000
　　　　应交税费——应交增值税（销项税额）　　170 000

借：发出商品　　700 000
　　贷：库存商品　　700 000

回购价大于原售价的差额 60 000 元，应作为回购期间的利息费用，每月计提 10 000 元计入当期财务费用。每月计提利息费用时：

借：财务费用　　10 000
　　贷：其他应付款　　10 000

7 月 1 日回购商品时:

借：其他应付款　　1 060 000

　　应交税费——应交增值税（进项税额）　　180 200

　　贷:银行存款　　1 240 200

借：库存商品　　700 000

　　贷：发出商品　　700 000

4. 售后租回

售后租回是指销售商品的同时，销售方同意在日后再将同样的商品租回的销售方式。这种交易的实质与商品售后回购相同，也属于融资性质的交易。在这种方式下，销售方企业销售商品后保留了与所有权相联系的继续管理权，或能够对其实施有效控制，企业不应确认收入，收到的款项应确认为负债，售价与资产账面价值之间的差额应当采用合理的方法进行分摊。根据售后租回的具体方式，区分融资租赁或经营租赁，分别作为折旧费用或租金费用的调整。具体内容详见高级财务会计。

五、提供劳务收入的确认与计量

企业提供劳务收入按其交易结果是否能够可靠估计分为以下两种情况。

（一）提供劳务的交易结果能够可靠估计

企业在资产负债表日，提供劳务的交易结果能够可靠估计的，应当采用完工百分比法确认提供劳务收入。

1. 提供劳务的交易结果能够可靠估计的条件

根据“收入”准则，提供劳务的交易结果能够可靠估计是指同时满足下列条件。

（1）收入的金额能够可靠地计量，即提供劳务收入的总额能够合理地估计。通常情况下，企业应当按照从接受劳务方已收或应收的合同或协议价款确定提供劳务收入总额。

（2）相关的经济利益很可能流入企业，即提供劳务收入总额收回的可能性大于不能收回的可能性。企业在确定提供劳务收入总额能否收回时，应当结合接受劳务方的信誉、以前的经验以及双方就结算方式和期限达成的合同或协议条款等因素，综合进行判断。

（3）交易的完成工进度能够可靠地确定。企业确定提供劳务交易的完工进度，可以选用下列方法。① 已完成工作的测量。这种方法需由专业测量师对已经提供的劳务进行测量，并按一定方法计算确定提供劳务交易的完工程度。② 已经提供的劳务占应提供劳务总量的比例。这种方法主要以劳务量为标准确定提供劳务交易的完工程度。③ 已经发生的成本占估计总成本的比例。这种方法主要以成本为标准确定提供劳务交易的完工程度。

（4）交易中已发生和将发生的成本能够可靠地计量。企业应当建立完善的内部成本核算制度和有效的内部财务预算及报告制度，准确地提供每期发生的成本，并对完成剩余劳务将要发生的成本作出科学、合理的估计。同时应随着劳务的不断提供或外部情况的不断变化，随时对将要发生的成本进行修订。

2. 完工百分比法的具体应用

完工百分比法是指按照提供劳务交易的完工进度确认收入和费用的方法。在完工百分比法下，劳务收入和相关费用应按下列公式计算。

本期确认的收入=劳务总收入×本期末止劳务的完工进度−以前期间已确认的收入

本期确认的费用=劳务总成本×本期末止劳务的完工进度−以前期间已确认的费用

采用完工百分比法确认劳务收入和相关费用，在劳务总收入和总成本能够可靠计量的情况下，关键是确定劳务的完工程度。企业应根据所提供的劳务的特点选择适当的方法计算确定劳务的完工程度。

【例 12.13】 A 公司于 20×9 年 12 月 1 日接受一项装修任务，装修期为 3 个月，合同总收入 300 000 元，至年底已预收装修费 220 000 元，实际发生装修费用 140 000 元（假定均为装修人员薪酬），估计还会发生 60 000 元。A 公司按实际发生的成本占估计总成本的比例确定劳务的完工进度。A 公司的会计处理如下。

实际发生的成本占估计总成本的比例=140 000÷（140 000+60 000）×100％=70％

20×9 年 12 月 31 日确认的提供劳务收入=300 000×70％−0=210 000（元）

20×9 年 12 月 31 日结转的提供劳务成本=（140 000+60 000）×70％−0 =140 000（元）

（1）预收劳务款时：

借：银行存款　　220 000

　　贷：预收账款　　220 000

（2）实际发生劳务成本时：

借：劳务成本　　140 000

　　贷：应付职工薪酬　　140 000

（3）20×9 年 12 月 31 日确认提供劳务收入并结转劳务成本时：

借：预收账款　　210 000

　　贷：主营业务收入　　210 000

借：主营业务成本　　140 000

　　贷：劳务成本　　140 000

（二）提供劳务的交易结果不能可靠估计

企业在资产负债表日，提供劳务交易结果不能够可靠估计的，即不能满足上述四个条件中的任何一条时，企业不能采用完工百分比法确认提供劳务收入。这种情况下，企业应正确预计已经发生的劳务成本有多少能够得到补偿和不能得到补偿，分别进行会计处理。

（1）已经发生的劳务成本预计全部能够得到补偿的，应按已收或预计能够收回的金额确认提供劳务收入，并结转已经发生的劳务成本。

（2）已经发生的劳务成本预计部分能够得到补偿的，应按能够得到补偿的劳务成本金额确认提供劳务收入，并结转已经发生的劳务成本。

（3）已经发生的劳务成本预计全部不能得到补偿的，应将已经发生的劳务成本计入当期损益（主营业务成本），不确认提供劳务收入。

六、让渡资产使用权收入的确认与计量

1. 让渡资产使用权收入的确认

让渡资产使用权收入是指金融企业的利息收入，一般企业对外出租资产收取的租金、进行债权投资收取的利息、进行股权投资取得的现金股利以及转让无形资产的使用权形成的使用费收入等。

让渡资产使用权收入同时满足下列条件的，才能予以确认。

（1）相关的经济利益很可能流入企业；

（2）收入的金额能够可靠地计量。

2. 让渡资产使用权收入的计量

金融企业利息收入的计量，应在资产负债表日，按照他人使用本企业货币资金的时间和利率计算确定利息收入金额。

企业对外出租资产收取的租金、进行债权投资收取的利息、进行股权投资取得的现金股利也构成让渡资产使用权收入，有关的会计处理，请参见本教材相关章节的内容。

使用费收入应当按照有关合同或协议约定的收费时间和方法计算确定。不同的使用费收入，收费时间和方法各不相同。有一次性收取一笔固定金额的；有在合同或协议规定的有效期内分期等额收取的；也有分期不等额收取的，如合同或协议规定按资产使用方每期销售额的百分比收取使用费等。

如果合同或协议规定一次性收取使用费，且不提供后续服务的，应当视同销售该项资产一次性确认收入；提供后续服务的，应在合同或协议规定的有效期内分期确认收入。如果合同或协议规定分期收取使用费的，应按合同或协议规定的收款时间和金额或规定的收费方法计算确定的金额分期确认收入。

【例 12.14】 甲公司向乙公司转让其商品的专利使用权，约定乙公司每年年末按年销售收入的 10% 支付使用费，使用期 10 年。第一年，乙公司实现销售收入 500 000 元；第二年，乙公司实现销售收入 700 000 元。假定甲公司均于每年年末收到使用费，不考虑其他因素。甲公司的账务处理如下。

（1）第一年年末确认使用费收入时：

借：银行存款　　　　（500 000×10%）50 000

　　贷：其他业务收入　　　　50 000

（2）第二年年末确认使用费收入时：

借：银行存款　　　　（700 000×10%）70 000

　　贷：其他业务收入　　　　70 000

第二节　费　用

一、费用概述

企业在生产经营过程中，必然要发生原材料等劳动对象的耗费、机器设备等劳动手段的

耗费以及人工等活劳动的耗费。

（一）费用的定义

费用是指企业在日常活动中发生的、会导致所有者权益减少的、与向所有者分配利润无关的经济利益的总流出。

费用有广义和狭义之分。广义的费用泛指企业各种活动中发生的所有耗费；狭义的费用仅指与本期营业收入相配比的那部分耗费。费用应按照权责发生制和配比原则确认，凡应属于本期发生的费用，不论其款项是否支付，均确认为本期费用；反之，不属于本期发生的费用，即使其款项已在本期支付，也不确认为本期费用。

（二）费用的特征

1. 费用是企业在日常活动中形成的

费用必须是企业在其日常活动中所形成的，这些日常活动的界定与收入定义中涉及的日常活动的界定一致。将费用界定为日常活动所形成，目的是将其与损失相区分，企业非日常活动所形成的经济利益的流出不能确认为费用，而应当计入损失。

2. 费用会导致所有者权益的减少

与费用相关的经济利益的流出应当会导致所有者权益的减少，不会导致所有者权益减少的经济利益的流出不符合费用的定义，不应确认为费用。

3. 费用是与向所有者分配利润无关的经济利益的总流出

费用的发生应当会导致经济利益的流出，从而导致资产的减少或者负债的增加（最终也会导致资产的减少）。其表现形式包括现金或者现金等价物的流出，存货、固定资产和无形资产等的流出或者消耗等。鉴于企业向所有者分配利润也会导致经济利益的流出，而该经济利益的流出显然属于所有者权益的抵减项目，不应确认为费用，应当将其排除在费用的定义之外。

（三）费用的分类

费用按照不同的标准有不同的分类。

1. 按照经济用途分类

费用按照其经济用途可以分为生产费用和期间费用两部分。生产费用按照其计入产品成本的方式不同，又可分为直接费用和间接费用。期间费用包括管理费用、销售费用和财务费用。

2. 按照经济性质分类

费用按照其经济性质可以分为外购材料费用、外购燃料费用、外购动力费用、职工薪酬、折旧费用、利息支出、税金、其他支出等。

（四）费用的确认

费用的确认除了应当符合费用的定义以外，还应当满足费用的确认条件，即费用只有在经济利益很可能流出从而导致企业资产减少或者负债增加、经济利益的流出额能够可靠计量时才能予以确认。因此，费用的确认至少应当符合以下条件：一是与费用相关的经济利益很可能流出企业；二是经济利益流出企业的结果会导致资产的减少或者负债的增加；三是经济利益的流出额能够可靠计量。

在确认费用时，应区分三个界限。

1. 区分生产费用与非生产费用的界限

生产费用是指与企业日常生产经营活动有关的费用，如生产产品所发生的原材料费用、人工费用等；非生产费用是指不应由生产费用负担的费用，如用于构建固定资产所发生的费用不属于生产费用。

2. 区分生产费用与产品生产成本的界限

生产费用与一定的时期相联系，而与生产的产品无直接关联；产品生产成本与一定品种和数量的产品相联系，而不论发生在哪一期。

3. 区分生产费用与期间费用的界限

生产费用应当计入产品成本，而期间费用直接计入当期损益。

二、生产成本

（一）生产成本的内容

生产成本是指一定期间生产产品所发生的直接费用和间接费用的总和。

1. 直接费用

直接费用是指企业在生产产品和提供劳务过程中所发生的直接材料费、直接人工费和其他直接费用。直接材料费用是指企业在生产产品和提供劳务过程中所消耗的，直接用于产品生产，构成产品实体的原料、主要材料、外购半成品及有助于产品形成的辅助材料和其他材料费用。直接人工费用是指企业在生产产品和提供劳务过程中，直接参加产品生产的工人工资薪酬等。其他直接费用是指企业发生的除直接材料费用和直接人工费用以外的，与生产产品或提供劳务有直接关系的费用。直接费用应当按照实际发生数进行核算，按照成本计算对象进行归集，直接计入产品的生产成本。

2. 间接费用

间接费用即制造费用，是指应由产品生产成本负担的，不能直接计入各产品成本的有关费用。它主要是指企业各生产单位（如生产车间）为组织和管理生产而发生的各项间接费用，包括职工薪酬、折旧费、修理费、办公费、水电费、物料消耗、劳动保护费以及其他制造费用。间接费用应当按一定的程序和方法进行分配，计入相关产品的生产成本。

企业一定期间的直接费用和间接费用构成企业的生产成本总额。对于当期发生的生产成本，企业应当根据实际情况，如企业的生产组织类型、生产经营特点等，选择合理的成本计算方法，进行成本计算，确定当期产品的单位生产成本。

生产成本与费用是一对既有联系又有区别的概念。

首先，成本是对象化的费用。生产成本是相对于一定产品而言所发生的费用，它是按照产品品种等成本计算对象对当期发生的费用进行归集所形成的。企业一定期间发生的直接费用和间接费用总和构成一定期间的产品生产成本。因此，费用的发生过程同时也就是产品成本的形成过程。

其次，费用指某一期间为进行生产经营而发生的费用，它与一定的期间相联系。生产成本指为生产产品而消耗的费用，它与一定种类和数量的产品相联系。成本与费用是相互转化的。企业在一定期间发生的直接费用按照成本计算对象进行归集，间接费用则通过分配计入各成本计算对象，使本期发生的费用予以对象化，转化为生产成本。当产品生产完工并销售以后，生产成本则转化为一定期间的销售成本，成本费用计入当期损益。

补充说明

成本与费用的联系和区别

成本和费用是两个不同的概念。费用是指一定期间内企业为获取经济利益而发生的经济资源的耗费，成本则通常被定义为对象化的费用，即为达到特定目的所失去或放弃的资源。

二者的联系表现在，费用的发生是成本形成的基础，没有费用的发生就谈不上任何对象的成本问题，二者从本质上讲都是企业资源的耗费或减少。

二者的区别：（1）计算范围不同，从企业经济活动过程看，费用发生在先，成本计算在后，费用是按整个企业计算的，按照费用的性质和发生情况，可以分别核算生产费用、管理费用、营业费用等；而成本是指企业为特定种类、数量的产品所发生的耗费，是对象化的费用，根据不同情况和管理需要，可以分别计算所含内容不同的成本，如产品的车间成本、工厂成本和销售成本等。（2）计算期间不同。费用是按会计期间划分的，是指一定时期内在生产经营活动中发生的耗费；成本是按一定对象的生产经营过程是否完成划分的，当期的生产费用与当期完工产品的成本并不完全一致。

（二）生产成本的核算

生产费用的归集与分配是计算产品成本的前提和基础。为了正确核算生产费用，控制生产费用的支出，将已经发生的费用加以汇集和分配，据以计算产品成本，企业应当设置“生产成本”、“制造费用”等成本类科目。归集和分配生产费用时，发生的直接费用应直接计入成本核算对象，发生的间接费用应当选择合理的标准分配计入有关的成本核算对象。

三、期间费用

期间费用是企业当期发生的费用中的重要组成部分，是指本期发生的、不能直接或间接归入某种产品成本的、而应直接计入当期损益的各项费用，包括管理费用、销售费用和财务费用。

1. 管理费用

管理费用是指企业为组织和管理生产经营所发生的费用，包括企业在筹建期间发生的开办费、董事会和行政管理部门在企业的经营管理中发生的或应由企业统一负担的公司经费（包括行政管理部门职工工资及福利费、物料消耗、低值易耗品摊销、办公费和差旅费等）、工会经费、董事会费（包括董事会成员津贴、会议费和差旅费等）、聘请中介机构费、咨询费（含顾问费）、诉讼费、业务招待费、房产税、车船使用税、土地使用税、印花税、技术转让费、矿产资源补偿费、研究费用、排污费以及企业生产车间（部门）和行政管理部门等发生的固定资产修理费用等。

2. 销售费用

销售费用是指企业在销售商品和材料、提供劳务的过程中发生的各种费用，包括企业在销售商品过程中发生的保险费、包装费、展览费和广告费、商品维修费、预计产品质量保证损失、运输费、装卸费等，以及为销售本企业商品而专设的销售机构（含销售网点、售后服务网点等）的职工薪酬、业务费、折旧费、固定资产修理费等。

3. 财务费用

财务费用是指企业为筹集生产经营所需资金等而发生的筹资费用，包括利息支出（减利息收入）、汇兑损益以及相关的手续费、企业发生的现金折扣或收到的现金折扣等。

企业发生的期间费用应分别通过“管理费用”、“销售费用”、“财务费用”科目核算，并按费用项目设置明细账，进行明细核算。期末，上述科目的余额结转至“本年利润”科目后无余额。

第三节 利 润

企业作为独立的经济实体，应当用其经营收入抵补其成本费用，并且实现赢利。企业赢利的大小在很大程度上反映企业生产经营的经济效益，表明企业在每一会计期间的最终经营成果。

利润是指企业在一定会计期间的经营成果。通常情况下，如果企业实现了利润，表明企业的所有者权益将增加，业绩得到了提升；反之，如果企业发生了亏损（即利润为负数），表明企业的所有者权益将减少，业绩出现了下滑。利润往往是评价企业管理层业绩的一项重要指标，也是投资者等财务报告使用者进行决策时的重要参考。

利润包括收入减去费用后的净额、直接计入当期利润的利得和损失等。其中收入减去费用后的净额反映的是企业日常活动的经营业绩，直接计入当期利润的利得和损失反映的是企业非日常活动的业绩。直接计入当期利润的利得和损失是指应当计入当期损益、最终会引起所有者权益发生增减变动的、与所有者投入资本或者向所有者分配利润无关的非日常活动的收益或损失。企业应当严格区分收入和费用，利得和损失之间的区别，以便更加全面地反映企业的经营业绩。

一、利润的构成

利润反映的是收入减去费用、利得减去损失后的净额，因此，利润的确认主要依赖于收入和费用以及利得和损失的确认，其金额的确定也主要取决于收入、费用、利得、损失金额的计量。就其构成来看，既有通过生产经营活动而获得的，又有通过投资活动而获得的，还包括那些与生产经营活动无直接关系的事项所引起的盈亏。

（一）营业利润

营业利润的计算公式为

营业利润=营业收入−营业成本−营业税金及附加−销售费用
−管理费用−财务费用−资产减值损失
+公允价值变动收益（或−公允价值变动损失）
+投资收益（或−投资损失）

其中，营业收入是指企业经营业务所确定的收入总额，包括主营业务收入和其他业务收入。营业成本是指企业经营业务所发生的实际成本总额，包括主营业务成本和其他业务成本。资产减值损失是指企业计提各项资产减值准备所形成的损失。公允价值变动收益（或损失）是指企业交易性金融资产等公允价值变动形成的应计入当期损益的收益（或损失)。投资收益（或损失）是指企业以各种方式对外投资所取得的收益（或发生的损失)。

（二）利润总额

利润总额的计算公式为

利润总额=营业利润+营业外收入–营业外支出

其中，营业外收入（或支出）是指企业发生的与日常活动无直接关系的各项利得（或损失)。

（三）营业外收支

营业外收支由企业发生的与日常活动无直接关系的各项收支构成。营业外收支虽然与企业生产经营活动没有多大的关系，但从企业整体来看，同样给企业带来了收入或形成企业的支出，也是导致利润增加或减少的因素，对企业的利润总额及净利润产生较大的影响。

1. 营业外收入

营业外收入是指企业发生的、与其日常活动无直接关系的各项利得。营业外收入并不是由企业经营资金耗费所产生的，不需要企业付出代价，实际上是一种纯收入，不需要与有关费用进行配比。营业外收入主要包括非流动资产处置利得、非货币性资产交换利得、债务重组利得、政府补助、捐赠利得等。

2. 营业外支出

营业外支出是指企业发生的、与日常活动无直接关系的各项损失。营业外支出主要包括非流动资产处置损失、非货币性资产交换损失、债务重组损失、公益性捐赠支出、非常损失、盘亏损失等。

营业外收入和营业外支出应当分别通过“营业外收入”和“营业外支出”科目核算。由于营业外收入和营业外支出所包括的项目互不相关，企业还应当分别对营业外收入的各项目和营业外支出的各项目设置明细账户，进行明细核算。年末“营业外收入”和“营业外支出”科目的余额结转至“本年利润”科目后无余额。

（四）净利润

净利润又称税后利润，是企业在某一会计期间缴纳所得税后的利润净额。净利润是评价企业赢利能力、管理绩效以及偿债能力的一个基本工具，是一个反映和分析企业多方面情况的综合指标。净利润由下列公式计算求得

净利润=利润总额–所得税费用

其中，所得税费用是指企业确认的应从当期利润总额中扣除的所得税费用。

（五）所得税费用

企业所得税是国家对企业生产、经营所得和其他所得依法征收的一种税。它既体现国家对企业的管理，又体现企业对国家应承担的社会义务。企业向国家缴纳的所得税符合费用要素的定义，形成了企业的所得税费用。

1. 所得税费用的核算方法

所得税费用的确认有应付税款法和资产负债表债务法两种方法。采用应付税款法只确认当

期所得税费用，而不确认递延所得税费用；采用资产负债表债务法，既要确认当期所得税费用，又要确认递延所得税费用。我国现行会计准则规定，所得税费用的确认应采用资产负债表债务法。

采用资产负债表债务法计算所得税费用，是从资产负债表出发，通过比较资产负债表上列示的资产、负债，按照会计准则规定确定的账面价值与按照税法规定确定的计税基础，对于两者之间的差异分为应纳税暂时性差异与可抵扣暂时性差异，确认相关的递延所得税负债和递延所得税资产，并在此基础上确定每一会计期间利润表中的所得税费用。

2. 所得税费用的核算程序

企业进行所得税核算的一般程序如下。

（1）确定当期应交所得税。应交所得税=应纳税所得额×所得税税率。

（2）确定递延所得税。首先，确定资产负债表中除递延所得税资产和递延所得税负债以外的资产和负债项目的账面价值。其次，按照企业会计准则中对于资产和负债计税基础的确定方法，以适用的税收法规为基础，确定资产负债表中有关资产、负债项目的计税基础。然后，比较资产、负债的账面价值与其计税基础，对于两者之间存在的差异（称为暂时性差异），分析其性质，分别归类为应纳税暂时性差异与可抵扣暂时性差异（特殊情况除外），根据转回时的所得税税率，确定该资产负债表日与暂时性差异相关的递延所得税负债和递延所得税资产的应有金额，并将其与期初余额相比较，确定当期的递延所得税资产和递延所得税负债的增加金额或减少（应予转销）金额，作为构成利润表中所得税费用的递延所得税。

（3）确定所得税费用的公式为

所得税费用=当期所得税（应交所得税）+递延所得税

3. 当期应交所得税

企业在确定当期应交所得税时，对于当期发生的交易或事项，会计处理与税法处理不同的，应在会计利润的基础上，按照税法的规定进行调整，计算出当期应纳税所得额，按照应纳税所得额与适用所得税税率计算确定当期应交所得税，公式为

应交所得税=应纳税所得额×所得税税率

应纳税所得额=利润总额±纳税调整项目

应纳税所得额又称应税收益或计税利润，是指企业按所得税法规定的项目计算确定的收益，是计算缴纳所得税的依据。由于企业会计利润与应纳税所得额的计算口径、计算时间可能不一致，因而两者之间可能存在差异。

例如，企业购买国债取得的利息收入作为投资收益计入了税前会计利润，而税法规定国债利息收入免征所得税，因为是支援国家，鼓励企业购买，所以在计算应纳税所得额时应从税前会计利润中扣除。

又如，企业超过税法规定标准的业务招待费支出，以及企业因违法或违规经营支付的各种罚款、罚金支出等，在计算会计利润时已抵减利润总额，但按所得税法不允许将其在税前扣除，所以在计算应纳税所得额时应加回。

再如，企业在会计核算中对各项资产提取了减值准备，已经调减了税前会计利润，但按所得税法规定，资产在发生实质性损失之前，不允许税前扣除预计的减值准备，所以在计算应纳税所得额时也应加回。

【例 12.15】 A 公司 20×9 年度实现税前利润 2 400 万元，经查，A 公司本年度损益中，

有购买国债确认的利息收入100万元；此外，本年度A公司因拖欠税款被税务部门征收税收滞纳金40万元，计提长期股权投资减值准备160万元。假定无其他纳税调整事项。公司适用的所得税率为25%。

根据上述资料，A公司20×9年度所得税的计算如下。

应纳税所得额=24 000 000+400 000+1 600 000－1 000 000 =25 000 000（元）

应交所得税=25 000 000×25%=6 250 000（元）

4. 暂时性差异

暂时性差异是指资产或负债的账面价值与其计税基础之间的差额。这里的账面价值是指资产、负债项目按照企业会计准则规定核算的结果，即资产负债表上的期末数；计税基础则是指资产、负债项目按照税法规定核算的结果，即从税法的角度来看，企业持有的资产、负债在期末的应有金额。

按照暂时性差异对未来期间应纳税所得额的影响，分为可抵扣暂时性差异和应纳税暂时性差异。

可抵扣暂时性差异是指在确定未来收回资产或清偿负债期间的应纳税所得额时，将产生可抵扣金额的暂时性差异，从而减少未来期间的应纳税所得额与应交的所得税。通常，资产的账面价值小于其计税基础或者负债的账面价值大于其计税基础的，产生可抵扣暂时性差异。例如，一项资产的账面价值为100万元，计税基础为150万元，则企业在未来期间就该项资产可以在自身取得经济利益的基础上多扣除50万元，未来期间应纳税所得额会减少，应交所得税也相应减少，形成可抵扣暂时性差异50万元。

应纳税暂时性差异是指在确定未来收回资产或清偿负债期间的应纳税所得额时，将导致产生应纳税金额的暂时性差异，该差异会增加未来期间的应纳税所得额与应交的所得税。资产的账面价值大于其计税基础或者负债的账面价值小于其计税基础的，产生应纳税暂时性差异。例如，一项资产的账面价值为100万元，计税基础为70万元，则意味着该项资产在未来使用期间能在税前扣除的金额只有70万元，差额30万元需要增加以后使用期间的应纳税所得额及应交所得税，形成应纳税暂时性差异30万元。

5. 资产的计税基础

资产的计税基础是指企业在未来期间收回资产账面价值过程中，计算应纳税所得额时按照税法规定可以抵扣的金额，即某一项资产在未来期间计税时按照税法规定可以税前扣除的金额。

例如，按照企业会计准则规定，交易性金融资产期末应以公允价值计量，公允价值的变动计入当期损益。但按照税法规定，交易性金融资产在持有期间的公允价值变动损益是未实现的，不计入应纳税所得额，即计税基础仍按其历史成本，因而产生了交易性金融资产的账面价值与计税基础之间的差异。

【例12.16】 ×企业持有一项交易性金融资产，成本为1 000万元，期末公允价值为1 500万元，计税基础仍维持1 000万元不变，则该计税基础与其账面价值之间的差额500万元应留待未来该项投资收益实现的期间纳税，属于应纳税暂时性差异。

6. 负债的计税基础

负债的计税基础是指负债的账面价值减去未来期间计算应纳税所得额时按照税法规定准

予抵扣的金额。用公式表示为

负债的计税基础=账面价值–未来期间按照税法规定可税前扣除的金额

负债的确认与偿还一般不会影响企业的损益，也不会影响其应纳税所得额，未来期间计算应纳税所得额时按照税法规定可予抵扣的金额为零，计税基础即为账面价值。但是，某些情况下，负债的确认可能会影响企业的损益，进而影响不同期间的应纳税所得额，使得其计税基础与账面价值之间产生差额，如按照会计准则规定确认的某些预计负债。

【例 12.17】 续【例 12.16】，×企业因某事项在当期确认了 100 万元预计负债，计入当期损益。假定按照税法规定，与确认该负债相关的费用，在实际发生时准予税前扣除，该负债的计税基础为零，其账面价值与计税基础之间形成可抵扣暂时性差异 100 万元。

7. 递延所得税资产和递延所得税负债

递延所得税是指按照会计准则规定应予确认的递延所得税资产和递延所得税负债在期末应有的金额相对于原已确认金额之间的差额，即递延所得税资产及递延所得税负债当期发生额的综合结果，但不包括直接计入所有者权益的交易或事项的所得税影响。

递延所得税=（递延所得税负债期末余额–递延所得税负债期初余额）
–（递延所得税资产期末余额–递延所得税资产期初余额）

递延所得税资产是按照可抵扣暂时性差异和现行税率计算确定的资产，其性质属于预付的税款，将抵减未来期间应纳税款的金额。

递延所得税负债是按照应纳税暂时性差异和现行税率计算确定的负债，其性质属于应付的税款，将增加未来期间应纳税款的金额。

【例 12.18】 续【例 12.16】、【例 12.17】，×企业适用的所得税税率为 25%，递延所得税资产和递延所税负债不存在期初余额，对于交易性金融资产产生的 500 万元应纳税暂时性差异，应确认 125 万元递延所得税负债；对于预计负债产生的 100 万元可抵扣暂时性差异，应确认 25 万元递延所得税资产。

8. 所得税费用的确认和计量

企业在计算确定当期所得税（即当期应交所得税）以及递延所得税费用（或收益）的基础上，应将两者之和确认为利润表中的所得税费用。即

所得税费用=当期所得税＋递延所得税

【例 12.19】 续【例 12.18】，×企业 12 月 31 日资产负债表中有关项目账面价值与计税基础分析见表 12.2。

表 12.2 企业有关项目账面价值与计税基础分析

20××年 12 月 31 日　　　　（单位：万元）

	项　目	账面价值	计税基础	暂时性差异	
				应纳税暂时性差异	可抵扣暂时性差异
1	交易性金融资产	1 500	1 000	500	
2	预计负债	100	0		100
	合计			500	100

假定除上述项目外，该企业递延所得税资产和递延所得税负债不存在期初余额，其他资产、负债的账面价值与其计税基础不存在差异，也不存在可抵扣亏损和税款抵减；该企业当

期按照税法规定计算确定的应交所得税为600万元。

该企业计算确认的递延所得税负债、递延所得税资产、递延所得税费用以及当期所得税费用如下：

递延所得税负债=500×25%=125（万元）

递延所得税资产=100×25%=25（万元）

递延所得税费用=125−25=100（万元）

当期应交所得税=600万元

所得税费用=600+100=700（万元）

编制会计分录如下:

借：所得税费用　7 000 000

　　递延所得税资产　250 000

　贷：应交税费——应交所得税　6 000 000

　　　递延所得税负债　1 250 000

二、本年利润的结转

企业应设置"本年利润"科目，核算企业当期实现的净利润（或发生的净亏损）。期末，企业将各收益类科目的余额转入"本年利润"科目的贷方；将各费用、支出类科目的余额转入"本年利润"科目的借方。转账后，"本年利润"科目如为贷方余额，反映本年度自年初开始累计实现的净利润；"本年利润"科目如为借方余额，反映本年度自年初开始累计发生的净亏损。

利润总额的核算方法有"账结法"和"表结法"两种，每月月末，企业可以根据实际情况自行选用，年终应采用"账结法"。

1. 账结法

账结法是指每月月末均需编制转账凭证，将在账上结计出的各损益类科目的余额转入"本年利润"科目，通过"本年利润"科目反映本月实现的利润或发生的亏损，"本年利润"科目的本年累计数反映本年累计实现的利润或者发生的亏损。在这种情况下，每月均可通过"本年利润"科目提供当月及本年累计利润或者亏损额。现举例说明采用账结法结转本年利润的核算方法。

【例12.20】 假设A企业8月末未转账前损益类科目的余额如下。

收入科目（贷方余额）：

主营业务收入　3 000 000

其他业务收入　400 000

投资收益　50 000

营业外收入　20 000

费用、支出科目（借方余额）：

营业税金及附加　300 000

主营业务成本　2 400 000

其他业务成本　10 000

销售费用　200 000

管理费用　180 000

财务费用 20 000

营业外支出 8 000

根据上述资料，企业月终应编制会计分录如下。

（1）将所有收入类科目余额转入“本年利润”科目时会计分录为

借：主营业务收入 3 000 000

其他业务收入 400 000

投资收益 50 000

营业外收入 20 000

贷：本年利润 3 470 000

（2）将所有费用、支出科目余额转入“本年利润”科目时会计分录为

借：本年利润 3 118 000

贷：营业税金及附加 300 000

主营业务成本 2 400 000

其他业务成本 10 000

销售费用 200 000

管理费用 180 000

财务费用 20 000

营业外支出 8 000

经过以上结转后，该企业 8 月份“本年利润”科目贷方余额 352 000 元，即该企业 8 月份实现的利润总额为 352 000 元。

2. *表结法*

表结法指企业每月结账时，不需要把损益类各科目的余额转入“本年利润”科目，而是通过结出各损益类科目的本年累计金额，就可据以逐项填制“利润表”，通过“利润表”计算出从年初到本月止的本年累计利润，然后减去上月本表中的本年累计利润，就是本月份的利润或亏损。

企业在采用“表结法”的情况下，年终时仍需采用“账结法”，将损益类各科目的全年累计余额转入“本年利润”科目，在“本年利润”科目集中反映本年的全年利润及其构成情况。年终，企业按上述步骤和方法计算出“本年利润”余额后，不论赢利还是亏损，均应按照国家税收的有关规定，计算缴纳所得税，并将所得税费用转入“本年利润”科目的借方，然后才能将“本年利润”科目的最终余额（即净利润）转入“利润分配”科目。若为借方余额，则借记“利润分配——未分配利润”科目，贷记“本年利润”科目；若为贷方余额，则借记“本年利润”科目，贷记“利润分配——未分配利润”科目。

第四节　利 润 分 配

利润分配是将企业实现的净利润，按照国家财务制度规定的分配形式和分配顺序，在国

家、企业和投资者之间进行的分配。利润分配的过程与结果是关系到所有者的合法权益能否得到保护，企业能否长期稳定发展的重要问题。

一、利润分配的程序

利润分配是把企业所实现的净利润按照国家的有关法规以及所有者各方的协议（如公司董事会或股东会的决议等）进行分配。为了规范和统一企业对已实现利润的分配处理，充分保障企业所有者权益和国家税收，以及企业今后发展和职工的切身利益，我国公司法等有关法规规定了企业利润分配的程序，企业应严格遵守有关的规定，使利润分配具有合法性、真实性和正确性，并努力做到合理。

根据《中华人民共和国公司法》（以下简称公司法）等有关法规的规定，企业当年实现的净利润由“本年利润”科目转入“利润分配——未分配利润”科目进行分配核算。一般应按照下列顺序进行分配。

1. 提取法定盈余公积

法定盈余公积按照税后净利润的10%提取。法定盈余公积已达注册资本的50%时可不再提取。提取的法定盈余公积可用于弥补以前年度亏损或转增资本金。但转增资本金后留存的法定盈余公积不得低于注册资本的25%。

2. 提取任意盈余公积

公司制企业提取法定盈余公积后，经过股东大会决议，还可以从税后利润中提取任意盈余公积。非公司制企业也可以根据需要提取任意盈余公积。任意盈余公积的提取比例由企业视情况而定。

3. 向投资者分配利润或股利

企业以前年度未分配的利润可以并入本年度向投资者分配。也就是说，企业税后利润在顺次经过上述的分配程序后，如果还有余额才可以向投资者进行分配。至于向投资者分配多少利润，往往要取决于企业的理财需要。

知识链接

《中华人民共和国公司法》对利润分配的有关规定

（1）公司分配当年税后利润时，应当提取税后利润的10%列入公司法定公积。公司法定公积累计为公司注册资本的50%以上的，可不再提取。

（2）公司的法定公积不足以弥补上一年度公司亏损的，在提取法定公积之前，应当先用当年利润弥补亏损。

（3）公司在从税后利润中提取法定公积后，经股东大会决议，可以提取任意公积。

（4）公司弥补亏损和提取法定公积后所余税后利润，按照股东持有的股份比例分配。

（5）股东会或者董事会违反规定，在公司弥补亏损和提取法定公积之前向股东分配利润的，必须将违反规定分配的利润退还公司。

（6）公司的公积用于弥补公司的亏损、扩大公司生产经营或者转为增加公司资本。法定公积转为资本时，所留存的该项公积金不得少于注册资本的25%。

二、利润分配的会计处理

利润分配一般在年终进行。为了反映利润分配的情况和数额，企业应设置“利润分配”账户进行核算，该账户下面应当分别设置“提取法定盈余公积”、“提取任意盈余公积”、“应付现金股利或利润”、“转作股本的股利”、“盈余公积补亏”和“未分配利润”等明细账户进行明细核算。

利润分配的相关会计分录如下。

（1）结转全年净利润：

借：本年利润

　　贷：利润分配——未分配利润

（2）进行利润分配：

借：利润分配——提取法定盈余公积

　　　　　　——提取任意盈余公积

　　　　　　——应付现金股利或利润

　　贷：盈余公积——法定盈余公积

　　　　　　　　——任意盈余公积

　　　　应付股利

（3）利润分配结束后，结转未分配利润：

借：利润分配——未分配利润

　　贷：利润分配——提取法定盈余公积

　　　　　　　　——提取任意盈余公积

　　　　　　　　——应付股利

应注意的是，企业如果发生亏损，可以用以后年度实现的利润弥补，也可以用以前年度提取的盈余公积弥补。企业以前年度亏损未弥补完，不能提取法定盈余公积。在提取法定盈余公积前，不得向投资者分配利润。

三、未分配利润

企业实现的净利润经过一系列分配之后的剩余部分，就是企业的未分配利润（或未弥补亏损）。未分配利润是企业留待以后年度进行分配的结存利润，也是企业所有者权益的组成部分。相对于所有者权益的其他部分来说，企业对于未分配利润的使用分配有较大的自主权。从数量上来看，未分配利润是期初未分配利润，加上本期实现的净利润，减去提取的各种盈余公积和分出利润后的余额。未分配利润有两层含义：一是未指定特定用途的利润；二是留待以后年度分配的利润。

在会计核算上，未分配利润是通过“利润分配”科目进行核算的，具体来说是通过“利润分配”科目之下的“未分配利润”明细科目进行核算的。企业在生产经营过程中取得的收入和发生的费用、支出，最终通过“本年利润”科目进行归集，计算出当年净利润，然后转入“利润分配——未分配利润”科目进行分配。分配以后，“利润分配——未分配利润”科目如为贷方余额，则为未分配利润；如为借方余额，则为未弥补亏损。年度终了，再将“利润分配”科目下的其他明细科目（盈余公积转入、提取法定盈余公积、提取任意盈余公积、应付股利等）的余额转入“未分配利润”明细科目。结转后，“未分配利润”明细科目的贷方余额就是未分配利润的数额。如出现借方余额，则表示未弥补亏损的数额。

【例 12.21】 某企业全年实现净利润 3 000 000 元，本年按 10%提取法定盈余公积，按 5%提取任意盈余公积，按 30%分配股利。企业应编制会计分录如下。

借：本年利润	3 000 000
贷：利润分配——未分配利润	3 000 000
借：利润分配——提取法定盈余公积	300 000
——提取任意盈余公积	150 000
——应付股利	900 000
贷：盈余公积——法定盈余公积	300 000
——任意盈余公积	150 000
应付股利	900 000
借：利润分配——未分配利润	1 350 000
贷：利润分配——提取法定盈余公积	300 000
——提取任意盈余公积	150 000
——应付股利	900 000

本章小结

收入是指企业在日常活动中形成的、会导致所有者权益增加的、与所有者投入资本无关的经济利益的总流入，包括商品销售收入、提供劳务收入、让渡资产使用权收入等。

销售商品收入的确认应同时满足以下五项条件：①企业已将商品所有权上的主要风险和报酬转移给购货方；②企业既没有保留通常与所有权相联系的继续管理权，又没有对已售出的商品实施有效控制；③收入的金额能够可靠地计量；④相关的经济利益很可能流入企业；⑤相关的已发生或将发生的成本能够可靠地计量。

销售商品收入的核算应注意掌握各种不同的销售方式下的会计处理。

提供劳务收入的确认和计量要分提供劳务交易结果能够可靠估计、提供劳务交易结果不能可靠估计等不同情况分别处理。

让渡资产使用权收入包括利息收入、使用费收入等。企业对外出租资产收取的租金、进行债权投资收取的利息、进行股权投资取得的现金股利等也构成让渡资产使用权收入。

费用是指企业在日常活动中发生的、会导致所有者权益减少的、与向所有者分配利润无关的经济利益的总流出。按照不同的标准，费用有不同的分类。

生产成本是指一定期间生产产品所发生的直接费用和间接费用的总和。

期间费用是指企业本期发生的、不能直接或间接归入某种产品成本的、而应直接计入当期损益的各项费用，包括管理费用、销售费用和财务费用。

利润是指企业在一定会计期间的经营成果。通常情况下，如果企业实现了利润，表明企业的所有者权益将增加，业绩得到了提升；反之，如果企业发生了亏损（即利润为负数），表明企业的所有者权益将减少，业绩出现了下滑。

利润的构成包括营业利润、利润总额和净利润。应注意掌握营业利润、利润总额、净利润的计算公式。

所得税费用的确认应按现行会计准则规定采用资产负债表债务法，既要确认当期所得税费用，又要确认递延所得税费用。

采用资产负债表债务法计算所得税费用，是从资产负债表出发，通过比较资产负债表上列示的资产、负债，按照会计准则规定确定的账面价值与按照税法规定确定的计税基础，对于两者之间的差异分为应纳税暂时性差异与可抵扣暂时性差异，确认相关的递延所得税负债和递延所得税资产，并在此基础上确定每一会计期间利润表中的所得税费用。

企业应设置“本年利润”科目，核算企业当期实现的净利润（或发生的净亏损）。期末，企业将各收益类科目的余额转入“本年利润”科目的贷方；将各成本、费用类科目的余额转入“本年利润”科目的借方。转账后，“本年利润”科目如为贷方余额，反映本年度自年初开始累计实现的净利润；“本年利润”科目如为借方余额，反映本年度自年初开始累计发生的净亏损。

利润分配是将企业实现的净利润，按照国家法律、制度规定的分配形式和分配顺序，在国家、企业和投资者之间进行的分配。利润分配的顺序根据《公司法》等有关法规的规定进行。企业当年实现的净利润由“本年利润”科目转入“利润分配——未分配利润”科目进行分配核算。

未分配利润是企业留待以后年度进行分配的结存利润，也是企业所有者权益的组成部分。从数量上来讲，未分配利润是期初未分配利润，加上本期实现的净利润，减去提取的各种公积和分出利润后的余额。

复习思考

1. 什么是收入？收入有什么特征？收入与利得如何区分？
2. 确认销售商品收入的条件有哪些？
3. 什么是费用？费用有什么特征？
4. 企业利润的构成是怎样的？谈谈你对企业利润的理解。
5. 企业税后利润的分配顺序如何？
6. 如何进行本年利润结算的会计处理？
7. 企业计算应交所得税时，为什么不能直接以会计利润为依据？
8. 资产负债表债务法下，所得税的计税基础应如何确定？

基本训练

一、、单选题

1. 下列各项中，符合收入会计要素定义，可以确认为收入的是（　　）。

A. 出售无形资产所有权收取的价款　　B. 出售固定资产收取的价款

C. 出售原材料收到的价款　　D. 确认的政府补助利得

2. 甲公司因到期无力支付所欠乙公司原材料款20万元，向乙公司销售一批商品，销售价格为46.8万元（含增值税），甲公司适用的增值税税率为17%，所得款项除用于偿还所欠乙公司20万元的应付账款外，其余如数收回。则甲公司应确认的收入为（　　）万元。

A. 26.8　　B. 46.8　　C. 40　　D. 20

3. 销货方对于现金折扣应在（　　）入账。

A. 销售时　　B. 预计可能发生时　C. 期末　　D. 实际发生时

4. 北京市虹光工业品有限责任公司以预收货款的方式向上海市B公司销售一批产品。预收货款的时间是2014年2月1日；该批产品发出时间为3月5日；北京市虹光工业品有限责任公司于3月7日向上海市B公司开出销货发票。两公司于3月11日结清货款，多收的预收款项于当日退回B公司。请问，对于销售产品的北京市虹光工业品有限责任公司而言，该笔销售业务收入确定的时间应为（　　）。

A. 2014年2月1日　　B. 2014年3月5日

C. 2014年3月7日　　D. 2014年3月11日

5. 某工业企业销售产品每件220元，若客户购买100件（含100件）以上，每件可得到20元的商业折扣，某客户20×4年12月10日购买该企业商品100件，按规定现金折扣条件为2/10，1/20，n/30，适用的增值税率为17%。该企业于12月26日收到该笔款项时，应给予客户的现金折扣为（　　）元。假定计算现金折扣时不考虑增值税。

A. 0　　B. 200　　C. 234　　D. 220

6. 甲企业某月产品销售收入为480 000元，发生一笔销售退回60 000元，另给购货方折让24 000元，其他业务收入36 000元，月末填列“利润表”时，“营业收入”项目应填列（　　）元。

A. 432 000　　B. 396 000　　C. 456 000　　D. 480 000

7. 采用收取手续费的代销方式，受托方在商品销售后，应按（　　）确认收入。

A. 销售价款和手续费　　B. 销售价款扣除手续费

C. 收取的手续费　　D. 销售价款和增值税

8. 甲企业于20×8年7月1日以50 000元的价格购入一项摊销期为5年的专利权。20×9年7月1日，甲企业将其转让，取得转让收入70 000元，交纳营业税3 500元，则转让该项专利权应计入“营业外收入”的金额为（　　）元。

A. 16 500　　B. 20 000　　C. 28 500　　D. 26 500

9. 下列项目中，按照现行会计制度的规定，销售企业应当作为财务费用处理的是（　　）。

A. 购货方获得的现金折扣　　B. 购货方获得的商业折扣

C. 购货方获得的销售折让　　D. 购货方放弃的现金折扣

10. 企业为购买原材料所发生的银行承兑汇票手续费应当计入（　　）。

A. 管理费用　　B. 财务费用　　C. 销售费用　　D. 其他业务成本

二、多选题

1. 下列各项收入中，应计入其他业务收入的有（　　）。

A. 提供运输劳务所取得的收入　　B. 提供加工装配劳务所取得的收入

C. 转让无形资产使用权所取得的收入　　D. 销售材料产生的收入

E. 出售固定资产所取得的收入

2. 收入的特征表现为（　　）。

A. 收入是从企业日常活动中产生，而不是从偶发的交易或事项中产生

B. 收入可能表现为资产的增加

C. 收入会导致所有者权益的增加

D. 收入包括代收的增值税

E. 收入是与所有者投入资本无关的经济利益的总流入

3. 下列各项中，应计入财务费用的包括（　　）。

A. 银行承兑汇票的手续费　　B. 利息支出

C. 诉讼费　　D. 购货单位享受的现金折扣

E. 企业生产经营期间发生的利息费用

4. 下列各项中，按规定应计入企业营业外支出的有（　　）。

A. 无形资产所有权出售的净收益　　B. 捐赠支出

C. 固定资产盘亏净损失　　D. 坏账损失

E. 罚款支出

5. 企业“营业税金及附加”科目的核算内容包括（　　）。

A. 增值税　　B. 消费税　　C. 营业税

D. 印花税　　E. 教育费附加　　F. 城市维护建设税

6. 下列项目中，应计入销售费用的有（　　）。

A. 销售过程的运输费用　　B. 专设销售机构固定资产的折旧费

C. 广告费　　D. 生产车间融资租入固定资产的租赁费

7. 下列各项中，影响营业利润的项目有（　　）。

A. 主营业务成本　　B. 营业税金及附加

C. 营业外收入　　D. 管理费用和财务费用

E. 投资收益

8. 下列各项中，属于其他业务收入的有（　　）。

A. 出售辅料取得的收入　　B. 出售包装物取得的收入

C. 出售设备取得的收入　　D. 出租包装物取得的收入

E. 提供运输劳务取得的收入

9. 下列各项中，不应计入其他业务收入的是（　　）。

A. 罚款收入　　B. 出售固定资产的收入

C. 出租无形资产的收入　　D. 出售无形资产所有权的收入

E. 固定资产清理的净收益

10. 下列各科目中，年末应无余额的有（　　）。

A. 管理费用　　B. 所得税费用　　C. 累计折旧

D. 累计摊销　　E. 销售费用

11. 下列项目中，应记入“营业外收入”科目的是（　　）。

A. 罚没收入　　B. 处置固定资产净收益

C. 确实无法支付的应付款项　　D. 教育费附加返还款

E. 固定资产盘盈收入

12. 下列项目中，应记入“营业外支出”科目的是（　　）。

A. 固定资产清理净损失　　B. 核销的固定资产盘亏损失

C. 财产的非常损失　　D. 罚没支出

E. 罚款收入

三、判断题

1. 企业取得收入往往表现为货币资产的流入，但是并非所有货币资产的流入都是企业的收入。（　　）

2. 企业发生销售折让时，编制的会计分录应当用红字冲减“主营业务收入”科目的贷方。（　　）

3. 如果企业保留与商品所有权相联系的继续管理权，则在发出商品时应确认该项商品销

售收入。(　　)

4. 采用预收款销售商品，应在收到预收款项时确认收入。(　　)

5. 甲公司将一批商品销售给乙公司，但合同规定甲公司仍保留通常与所有权相联系的继续管理权或对已售出的商品实施控制。因而，甲公司不能确认收入。(　　)

6. 收入一定表现为企业的资产增加。(　　)

7. 按企业会计准则规定，企业发生的销售折让应作为财务费用处理。(　　)

8. 企业销售商品涉及商业折扣的，应当按照扣除商业折扣后的金额确定销售商品收入的金额。(　　)

9. 企业为组织生产经营活动而发生的一切管理活动的费用，包括车间管理费用和企业管理费用，都应作为期间费用处理。(　　)

10. 企业专设销售机构，销售人员的工资应记入“管理费用”账户。(　　)

11. 企业按规定用盈余公积弥补以前年度亏损时，应按弥补数额，借记“盈余公积”科目，贷记“本年利润”科目。(　　)

四、业务题

1. 顺达股份有限公司（以下简称顺达公司）系工业企业，为增值税一般纳税人，适用的增值税税率为17%。商品销售单价均为不含增值税价格。顺达公司20×9年12月发生如下业务。

（1）12月3日，向甲企业赊销A产品50件，单价为20 000元，单位销售成本10 000元，已开出增值税专用发票，款项尚未收到。

（2）12月10日，甲企业来函提出12月3日购买的A产品质量不完全合格。经协商同意，按销售价款的10%给予折让，并办理折让手续和开具红字增值税专用发票。

（3）12月15日，向丁企业销售材料一批，价款为700 000元，该材料发出成本为500 000元。当日收取面值为819 000元的商业汇票一张。

（4）12月18日，丙企业要求退回本年11月25日购买的20件A产品，该产品的销售单价为20 000元，单位销售成本为10 000元，其销售收入400 000元已确认入账，价款尚未收取。经查明退货原因系发货错误，同意企业退货，并办理退货手续和开具红字增值税专用发票。

（5）12月18日，委托乙公司代销一批商品，合同总金额100万元，增值税17万元，商品成本60万元，货已发出。乙公司按价款（不含增值税）的10%收取手续费。乙公司当月已售出80%，并已开出代销清单，顺达公司已收到代销清单，但款项尚未收到。

要求：根据上述业务编制有关会计分录。

2. 甲股份有限公司（以下简称“甲公司”）为增值税一般纳税人，适用的增值税税率为17%，产品销售单价均为不含增值税价格。产品销售成本按经济业务逐项结转。甲公司适用的所得税税率为25%。20×9年度，甲公司发生如下经济业务事项。

（1）销售A产品一批，产品销售价款为920 000元，产品销售成本为416 000元。产品已经发出，并开具了增值税专用发票，同时向银行办妥了托收手续。

（2）收到乙公司因产品质量问题退回的B产品一批，并验收入库，甲公司用银行存款支付了退货款，并按规定向乙公司开具了红字增值税专用发票。

该退货系甲公司20×8年12月20日以提供现金折扣方式（折扣条件为2/10，1/20，n/30；折扣仅限于销售价款部分）出售给乙公司的，产品销售价款为40 000元，产品销售成本为22 000元，销售款项于12月29日收到并存入银行。

（3）用银行存款支付发生的管理费用 67 800 元，计提坏账准备 4 000 元。

（4）用银行存款支付广告宣传费用 12 000 元。

（5）销售产品应交的城市维护建设税为 2 100 元，应交的教育费附加为 900 元。

（6）计算应交所得税（假定甲公司本年度应纳税所得额为 400 000 元，无其他纳税调整事项）。

（7）将损益类科目余额结转到本年利润账户。

（8）按净利润的 10%提取法定盈余公积。

（9）按净利润的 40%向投资者分配利润。

（10）结转利润分配各明细科目。

要求：根据上述业务，编制甲公司 20 × 9 年度经济业务事项的会计分录（“应交税费”和“利润分配”科目要求写出明细科目）。

五、案例分析题

【案例 1】

1．资料

甲企业为增值税一般纳税人，增值税税率为 17%，所得税税率 25%。其涉及的业务范围包括商品的生产和销售等。甲企业 20 × 7 年度的会计报表已于年末编制完成。甲企业 20 × 7 年度的收入事项及处理如下。

（1）20 × 7 年度销售 A 产品，售价为 1 000 万元，增值税 170 万元，成本 600 万元。企业对该产品按历年的惯例，承诺产品售出后 1 年内如有质量问题可以退货。该产品为企业多年经营的成熟产品，质量和性能都很稳定，每年的退回率和保修费率极低，因此，企业本年度对销售的 A 产品确认了 1 000 万元的收入，600 万元的成本，销售利润为 400 万元（其中包括一笔 12 月份发出的 A 产品，买方最近因火灾遭遇重大财产损失，其款项很可能无法收回，该批产品售价 100 万元，成本 60 万元，增值税 17 万元）。

（2）20 × 7 年度生产试销了 B 产品，售价 500 万元，成本 400 万元。企业对销售的 B 产品承诺，两年内如有产品质量问题可保修或包退。但由于 B 产品是企业试制的新产品，企业已售的 B 产品退货的可能性不能确定，企业本年度按已售 B 产品的成本确认了销售收入和销售成本。

（3）20 × 7 年 5 月 31 日向乙企业出售 C 产品一批，售价为 3 000 万元，增值税为 510 万元，成本为 2 400 万元。该批产品采用分期收款方式销售，销售协议规定：销售 C 产品的价税款平均按 3 次分别于当年的 5 月 31 日、11 月 30 日和 20 × 8 年 5 月 31 日支付。乙企业在当年 5 月 31 日已将 1 170 万元的价税款按协议支付；当年 11 月 30 日，乙企业因暂时资金困难，第二笔价税款未能支付，但乙企业保证该笔款项将于 20 × 8 年 2 月支付（乙企业于 20×8 年 2 月已如数将该款项支付）。甲企业在 20 × 7 年年末对出售的 C 产品全年确认了 1000 万元的收入和 800 万元的成本。20 × 8 年 2 月收到第二笔款项时，甲企业将其确认为当月的收入和成本。

假设本案例不考虑应收账款计提坏账准备的问题。

2．要求

（1）判断甲企业上述收入和成本的确认是否正确，并说明理由。如不正确，请计算出正确的结果。

（2）请简要说明甲企业确认收入和成本的结果对企业净利润的影响。

【案例 2】

1．资料

2011 年 7 月 25 日，浙江金磊高温材料股份有限公司（以下简称“金磊股份”）首次公开发行（IPO）获得中国证监会批准。

金磊股份的主营业务为炉外精炼用耐火材料的研发、生产和销售，并承担耐火材料设计、安装、施工、维护等为一体的“全程在线”整体承包服务。公司 2008—2010 年营业收入及净利润变化见表 12.3。

表 12.3　金磊股份 2008—2010 年营业收入及净利润

（单位：万元）

	2008 年	2009 年	2010 年
营业收入	23 754.49	26 612.66	36 496.52
净利润	24 98.96	35 45.52	063.44
净利润同比增幅		41.88%	42.81%

2009—2010 年，同行业可比上市公司中，濮耐股份（002225）净利润同比平均增幅为 15.76%，北京利尔（002392）净利润同比平均增幅为 29.06%，金磊股份净利润同比平均增幅为 42.81%。

金磊股份招股说明书显示，2008—2010 年，公司研发投入分别为 1 079.06 万元、1 394.67 万元、1 520.21 万元，而公司同期计入管理费用的研发费只有 2010 年的 423.76 万元，2008 年和 2009 年分文未计入管理费用。对此，公司董事会秘书的解释是公司在 2009 年及以前的会计年度对技术研发费单独在“生产成本”会计科目中归集核算，从 2010 年度开始，公司的研发支出以各个项目为基本单位分别进行归集和管理，并在“生产成本”和“管理费用”科目中单列“技术开发费”分别进行专项核算。

在可比上市公司中，于 2010 年登陆 A 股市场的北京利尔 2007—2009 年的研发投入分别为 2 166.36 万元、2 168.35 万元、2 906.73 万元，全部计入当期管理费用中。

2．要求

根据资料分析金磊股份 2008—2010 年研发支出的会计处理是否合理？对其利润和财务状况会产生哪些影响？为什么？

第十三章 财务报表

【学习目标】

通过本章的学习，应该了解财务报表的编制目的、要求和种类；掌握资产负债表、利润表、现金流量表、所有者权益变动表的含义、作用及内容，理解各种报表指标的经济含义；掌握资产负债表、利润表、现金流量表和所有者权益变动表的编制方法；理解财务报表附注的内容和填列要求。

第一节 财务报表概述

一、财务报表的编制目的和要求

（一）财务报表的编制目的

财务报表是对企业财务状况、经营成果和现金流量的结构性表述。财务报表是以企业日常会计核算资料为依据编制的，是企业对外披露财务信息的主要手段，它由财务报表和报表附注两部分构成。

企业编制财务报表的目的是向其使用者提供与企业财务状况、经营成果和现金流量等有关的会计信息，以便反映企业管理层受托责任的履行情况，有助于财务报表使用者作出经济决策。

财务报表至少应当包括资产负债表、利润表、现金流量表、所有者权益（股东权益）变动表和附注。

（二）财务报表的编制要求

财务报表的编制必须遵循《会计法》、《企业会计准则》和《企业财务会计报告条例》的相关要求，做到数字真实、内容完整、说明清楚和报送及时。

1. 数字真实

财务报表中的各项数据必须真实可靠，如实地反映企业的财务状况、经营成果和现金流量。这是对会计信息质量的基本要求。财务报表所提供的会计信息是实际数，不是预计数、估计数，更不能弄虚作假，隐瞒谎报，有意篡改、伪造，以保证财务报表的真实性。

2. 内容完整

财务报表应反映企业经济活动的全貌，全面反映企业的财务状况和经营成果，才能满足各方面对会计信息的需要。凡是国家要求提供的财务报表，各企业必须全部编制并报送；凡是国家统一要求披露的信息都必须披露。不得漏编和漏报，也不应漏填、漏列报表项目，以保证财务报表的完整性。

3. 说明清楚

财务报表中需要加以说明的项目应在报表附注中用文字简要说明，以便报表使用者理解和运用。对财务报表中主要指标的构成和计算方法、报告期发生的特殊情况，如经营范围变化、经营结构变更以及对报告期经济效益影响较大的各种因素，都必须加以说明。

4. 报送及时

及时性是会计信息的重要特征，财务报表信息只有及时地传递给信息使用者，才能为使用者的决策提供依据。否则，即使是真实可靠和内容完整的财务报告，由于编制和报送不及时，对报告使用者来说，都会大大降低会计信息的使用价值。为了保证财务报表的及时性，必须加强日常核算工作，认真做好记账、算账、对账和财产清查；同时加强会计人员的配合协作，使财务报表编报及时。但不能为赶编财务报表而提前结账，更不应为了提前结账、提前报送而影响报表质量。

二、财务报表的作用

财务报表是企业对外提供财务会计信息的主要形式，财务报表所提供的资料与其他会计资料相比，具有更集中、更系统和更有条理性的特点，在日常的经济运行过程中发挥着重要的作用。概括而言，财务报表的主要作用包括以下几个方面。

1. 为投资者和债权人进行有关决策提供重要依据

通过编制和提供财务报表，有利于投资者、债权人和其他有关各方掌握企业的财务状况、经营成果和现金流量情况，进而分析企业的赢利能力、偿债能力、投资收益、发展前景等，为他们投资、贷款和贸易提供决策依据。对于投资者来说，主要关心企业经营业绩、赢利能力、投资风险和投资报酬率等情况，还要了解企业利润分配政策、未来发展前景，希望未来有一个比较稳定的红利分配。对于债权人来说，主要关心企业财务状况、负债比率、偿债能力、还债信誉等情况，希望未来能安全和及时收回其贷款的本金及利息。显然，企业财务报表能够为投资者、债权人提供他们决策所需要的相关信息。

2. 为企业加强生产经营管理提供重要依据

现代企业中，投资者与经营者是一种委托代理关系。投资者委托经营者经营其资源，为了维护自己的经济利益，需要经常了解和评价企业经营者的经营业绩，以及对受托资源的经济责任履行情况，而经营者理应定期向投资者呈报自己的受托责任完成情况，企业财务报表就是反映经营者经营业绩的主要依据。同时，通过编制和提供财务报表，有利于企业经营管理层了解本单位各项任务指标的完成情况，评价管理人员的经营业绩，以便及时发现问题，调整经营方向，制定措施改善经营管理水平，提高企业经济效益。

3. 为国家制定宏观经济调控政策提供重要依据

通过编制和提供财务报表，有利于国家宏观经济管理部门了解国民经济的运行状况，通过对各单位提供的财务报表资料进行汇总和分析，了解和掌握各行业、各地区的经济发展情况，以便调控宏观经济运行，优化资源配置，保证国民经济持续、稳定、健康地发展。此外，编制和提供财务报表，也有利于满足财政、税务、国资、审计等部门监督企业经营管理，通过财务报表可以检查、监督各企业是否遵守国家的各项法律、法规和制度，有无偷税漏税的行为，促使企业依法经营，减少国家税收流失。企业主管部门通过企业财务报表的汇总和分析，为国家制订宏观经济计划和进行宏观调控提供信息。

三、财务报表的分类

1. 按编报的时间分

财务报表按编报的时间可分为中期财务报表和年度财务报表，月报、季报和半年报统称为中期财务报表。中期财务报表至少应当包括资产负债表、利润表、现金流量表和附注。其中，中期资产负债表、利润表和现金流量表应当是完整的报表，格式和内容应当与年度财务报表相一致。与年度财务报表相比，中期财务报表中的附注披露可适当简化。

2. 按报表的服务对象分

财务报表按报表的服务对象可分为对内报表和对外报表。对内报表是指为适应企业内部管理需要而编制的不对外公开的报表，如成本报表等。对内报表一般不需要用统一规定的格式，也没有统一的指标体系。对外报表是指企业向外提供的，供企业投资者、债权人、政府部门以及其他与企业有经济利益关系的单位和个人使用的报表。企业对外提供的报表特别是上市公司报表需经注册会计师审计鉴证后，才能对外报送。企业对外报送的财务报表有资产负债表、利润表、现金流量表、所有者权益变动表以及财务报表的附注。

3. 按反映资金的运动状态分

财务报表按反映资金的运动状态可分为静态报表和动态报表。静态报表是反映资金运动处于相对静止状态时的财务报表，用来反映某一时点上企业资产、负债及所有者权益的分布情况。由于期末账户余额提供的是各项目的增减变动结果指标，即静态指标，所以静态报表一般根据账户期末余额分析计算填列，如资产负债表。动态报表是反映资金运动处于显著变动状态时的财务报表，用来反映企业在一定时期内的收入、费用、利润形成情况。由于企业各账户借、贷方发生额提供的是动态指标，因此，动态报表一般根据账户的本期发生额填列，如利润表、现金流量表和所有者权益变动表。

4. 按报表的编制主体分

财务报表按编制的主体可以分为个别报表和合并报表。个别报表一般根据账簿记录进行加工后编制，反映个别企业财务状况、经营成果和现金流量。合并报表是由母公司编制的，在母公司和子公司个别会计报表的基础上，对企业集团内部交易进行相应抵消后编制的会计报表，以反映企业集团综合的财务状况、经营成果和现金流量。

第二节　资产负债表

一、资产负债表的意义

1. 资产负债表的概念

资产负债表是反映企业在某一特定日期（月末、季末、半年末、年末）财务状况的会计报表。

它反映企业在某一特定日期所拥有或控制的经济资源、所承担的现时义务和所有者对净资产的要求权。它是根据资产、负债和所有者权益之间的相互关系，按照一定的分类标准和一定的顺序，把企业某一特定日期的资产、负债、所有者权益各项目予以适当排列并对日常工作中形成的大量数据进行整理后编制而成的。资产负债表可以反映企业资产、负债和所有者权益的全貌。

2. 资产负债表的作用

资产负债表的作用主要表现在以下几个方面。

（1）资产负债表揭示了企业所拥有或控制的资产规模及其具体存在形态。通过对资产结构的分析，债权人、投资者等相关利益者可以评价企业资产的流动性（变现能力），从而判断其资产质量及其预期的赢利能力。

（2）资产负债表揭示了企业所承担的现有义务和所有者对净资产的要求权。即通过资产负债表可以了解企业负债的构成情况，判断企业未来需要用多少资产或劳务偿清债务；了解企业的所有者在企业资产中享有多少经济利益。

（3）根据资产负债表的要素构成，可以计算企业的资产负债率、流动比率、速动比率等财务指标，分析企业的偿债能力，判断企业的财务状况，为会计信息使用者进行决策提供重要的依据。

（4）资产负债表可以帮助投资者考核企业管理人员是否有效地利用了现有的经济资源，是否使资源得到了保值增值，从而对企业管理人员的业绩进行考核评价。

二、资产负债表的结构

（一）资产负债表的结构

资产负债表的结构是根据“资产 = 负债 + 所有者权益”这一会计等式建立的，因此，资产负债表的项目应当分为资产、负债和所有者权益三类。报表分为左右两方，左方列示资产的各项目，反映全部资产的分布和存在形态；右方列示负债和所有者权益各项目，反映负债和所有者权益的内容及构成情况。资产负债表左右双方平衡，资产总计等于负债和所有者权益总计，即“资产=负债+所有者权益”。

（二）资产负债表的格式

资产负债表各会计要素及要素项目的不同排列方式形成了该表的具体格式。资产负债表的格式一般有报告式和账户式两种。

1. 报告式资产负债表

报告式资产负债表又称为直列式资产负债表，它是以“资产−负债 = 所有者权益”这一会计等式为基础编制的。它将资产、负债、所有者权益等会计要素及要素项目在资产负债表中从上到下排列，首先列示各资产项目，然后列示各负债项目，最后列示各所有者权益项目。这种报表的特点是产权关系清楚，易为债权人、所有者及一般使用者所理解。报告式资产负债表的格式见表 13.1。

表 13.1 资产负债表（报告式）

编制单位：　　　　　　　　　　年　月　日　　　　　　　　　　（单位：元）

项　目	年 初 数	期 末 数
资产：		
流动资产		

续表

项　　目	年 初 数	期 末 数
非流动资产		
资产合计		
负债：		
流动负债		
非流动负债		
负债合计		
所有者权益：		
实收资本		
资本公积		
盈余公积		
未分配利润		
所有者权益合计		

2. 账户式资产负债表

账户式资产负债表又称横列式资产负债表，它如同一个“T”形账户，分为左右两部分。资产类项目填列在左方，负债类和所有者权益类项目填列在右方。左方各资产项目相加之和与右方各负债项目和所有者权益项目相加之和应该相等。

账户式资产负债表的主要特点是，与会计的基本等式“资产＝负债＋所有者权益”一样，资产列于报表（等式）的左边，负债和所有者权益列于报表（等式）的右边，左右对照，便于对企业财务状况的比较分析。我国《企业会计准则》规定，企业资产负债表应采用账户式编制。账户式资产负债表的格式见表 13.2。

表 13.2　资产负债表（账户式）

年　　月　　日　　　　（单位：万元）

项　　目	期末余额	年初余额	项　　目	期末余额	年初余额
流动资产：			**流动负债：**		
货币资金			短期借款		
应收账款			应付账款		
存货			……		
……			一年内到期的非流动负债		
一年内到期的非流动资产			**流动负债合计**		
流动资产合计			**非流动负债：**		
非流动资产：			长期借款		
长期股权投资			……		
固定资产			**非流动负债合计**		
……			**负债合计**		
无形资产			**所有者权益：**		
……			实收资本		
非流动资产合计			……		
资产总计			**所有者权益合计**		
			负债和所有者权益总计		

三、资产负债表的编制

资产负债表是在企业完成了日常账务处理的基础上编制的。在编表日，企业需要对日常会计核算记录的数据进行归类、整理和汇总，加工成报表项目，最后形成资产负债表。编制的具体方法如下：企业在编制资产负债表之前，应当编制“账户余额试算平衡表”，该表应当根据总账的期末余额编制。在试算平衡以后，再根据“账户余额试算平衡表”和有关明细账户，正式编制资产负债表。资产负债表中各项目的填列方法如下。

（一）“年初余额”的填列方法

“年初余额”栏内各项目数字应根据上年末资产负债表“期末余额”栏内所列数字填列。如果本年度资产负债表规定的各个项目的名称和内容与上年度不一致，应对上年年末资产负债表各项目的名称和数字按本年度的规定进行调整，按调整后的数字填入资产负债表“年初余额”栏内。

（二）“期末余额”的填列方法

“期末余额”是指某一资产负债表日的数字，即月末、季末、半年末或年末的数字，主要根据有关账户的期末余额填列。其中，资产类项目主要根据有关资产类账户的借方余额填列，负债和所有者权益类项目主要根据有关账户的贷方余额填列。具体的填列方法主要有以下几种。

1. 根据总账科目余额直接填列

资产类项目有交易性金融资产、工程物资、固定资产清理、开发支出（“研发支出”中资本化支出）、长期待摊费用、递延所得税资产等。

负债类项目有短期借款、交易性金融负债、应付票据、应付职工薪酬、应交税费、应付股利、递延所得税负债等。所有者权益类项目有实收资本、资本公积、库存股、盈余公积等。

2. 根据总账科目余额计算填列

资产负债表中的某些项目需要根据若干总账科目的期末余额计算填列，如“货币资金”项目，根据“库存现金”、“银行存款”和“其他货币资金”科目期末余额的合计数填列。

货币资金＝库存现金＋银行存款＋其他货币资金

3. 根据有关明细科目的余额计算填列

资产负债表的某些项目只能根据有关科目所属的明细科目的期末余额计算填列，如“应收账款”项目，应根据“应收账款”与“预收账款”明细科目的期末借方余额计算填列。

（1）应收账款项目=“应收账款”明细账（借余）+“预收账款”明细账（借余）。

（2）预收账款项目=“预收账款”明细账（贷余）+“应收账款”明细账（贷余）。

（3）预付账款项目=“预付账款”明细账（借余）+“应付账款”明细账（借余）。

（4）应付账款项目=“应付账款”明细账（贷余）+“预付账款”明细账（贷余）。

需要注意的是，如果应收账款项目已提取了坏账准备，则还应减去坏账准备金额后才能填列。

小提示

在实际工作中，如果企业的预收账款不多，也可将应收账款与预收账款都记录在应收账款账簿中，编制资产负债表时，需根据应收账款与预收账款的明细账分析填列。

4. 根据总账科目和明细科目余额分析计算填列

资产负债表上的有些项目不能根据前述的三种方法填列，需要根据总账科目和明细科目余额分析计算填列。如“长期借款”项目，根据“长期借款”总账科目余额扣减“长期借款”科目所属明细科目中反映的将于一年内到期的长期借款部分后填列。将于一年内到期的长期借款部分填列在“一年内到期的非流动负债”项目内，“长期借款”总账科目余额扣减“一年内到期的长期借款部分”后的余额填列在“长期借款”项目内。

5. 根据有关科目与其备抵科目抵消后的净额填列

有关资产项目已提取了减值准备的，应按扣减其减值准备后的余额填列。

例如，“存货”项目 = 材料采购 + 在途物资 + 原材料 ± 材料成本差异 + 生产成本 + 周转材料（包装物和低值易耗品）+ 发出商品 + 库存商品+委托加工物资–存货跌价准备等账户，以计算后的金额填列。

“持有至到期投资”项目应当根据“持有至到期投资”科目期末余额减去“持有至到期投资减值准备”科目期末余额后的金额填列。

固定资产项目应当根据“固定资产”科目期末余额减去“累计折旧”、“固定资产减值准备”科目期末余额后的金额填列。

无形资产项目应当根据“无形资产”科目期末余额减去“累计摊销”、“无形资产减值准备”科目期末余额后的金额填列等。

四、资产负债表编制实例

【例 13.1】 长江公司为股份有限公司，其 20×3 年 1 月 1 日有关科目的余额见表 13.3。

1. 资料

长江公司为增值税一般纳税人，适用的增值税税率为 17%，所得税税率为 25%，原材料采用实际成本核算。除了“应收账款”提取坏账准备以外，其他的如存货、固定资产、无形资产等资产都没有计提资产减值准备。

长江公司 20×3 年发生的经济业务如下。

（1）向 A 工厂购入原材料一批，价款 1 250 000 元，增值税进项税额 212 500 元，共计 1 462 500 元，原已预付材料款 650 000 元，余款 812 500 元用银行存款支付，材料尚未收到。

（2）收到向 B 工厂购进的原材料一批，实际成本 1 500 000 元，材料已验收入库，货款已于上月支付。

（3）用银行汇票支付方式购入原材料，购入的材料及运杂费共 1 240 000 元，增值税进项税额 204 000 元，原材料已验收入库，

表 13.3 科目余额表

20×3 年 1 月 1 日 （单位：元）

科目名称	借方余额	科目名称	贷方余额
库存现金	21 000	短期借款	3 300 000
银行存款	7 837 000	应付票据	3 800 000
其他货币资金	3 142 000	应付账款	7 200 000
交易性金融资产	2 300 000	预收账款	3 400 000
应收票据	3 900 000	其他应付款	349 000
应收账款	6 200 000	应付利息	500 000
坏账准备	–31 000	应付职工薪酬	2 000 000
预付账款	2 300 000	应交税费	550 000
原材料	4 365 000	长期借款	11 000 000
库存商品	7 235 000		
在途物资	1 500 000		
长期股权投资	298 000		
固定资产	10 700 000	股　本	16 000 000
累计折旧	–900 000	资本公积	2 868 000
无形资产	4 100 000	盈余公积	800 000
累计摊销	–300 000	利润分配（未分配利润）	900 000
合　计	52 667 000	合　计	52 667 000

公司收到开户银行转来银行汇票多余款收账通知，通知上注明多余款项为16 000元。

（4）购入不需安装的设备一台，增值税专用发票上注明价款785 000元，增值税133 450元，设备的包装费及运费共计10 000元，均已用银行存款支付，设备已交付使用。

（5）收到银行通知，用银行存款支付到期的商业承兑汇票 1 075 000 元，支付应付账款1 625 000元。向A工厂购进的原材料已经验收入库。

（6）向东宇工厂赊销产品一批，销售价款3 500 000元，增值税销项税595 000元，该产品的实际成本为2 100 000元，产品已经发出，款项暂未收到。

（7）公司购入一批股票，作为交易性金融资产核算和管理，实际支付价款532 000元，另发生相关税费（交易费用）8 300元，均以银行存款支付。

（8）购入工程物资一批用于厂房建造，收到增值税专用发票注明工程物资价款和增值税进项税额合计1 860 000元，款项已经通过银行转账支付。

（9）厂房建造领用工程物资1 860 000元，应付职工薪酬2 200 000元。

（10）银行通知，向东宇工厂赊销产品的全部款项4 095 000元，收到3 895 000元，剩余欠款200 000元以后再归还。

（11）基本生产车间领用原材料6 500 000元，全部用于产品生产。

（12）分配本期应付职工工资 2 400 000 元（不包括在建工程人员工资），其中，生产工人工资2 160 000元，车间管理人员工资100 000元，行政管理人员工资140 000元。

（13）分配本期职工福利费644 000元，其中生产工人福利费302 400元，车间管理人员福利费14 000元，企业管理人员福利费19 600元，在建工程人员福利费308 000元。

（14）用银行存款发放职工工资4 600 000元，其中包括支付在建工程人员工资2 200 000元。

（15）厂房建造工程完工，交付使用。

（16）出售一台不需用的设备，收到价款500 000元存入银行，设备原价1 000 000元，已提折旧425 000元，用银行存款2 000元支付清理费用。设备已交付给购买方，假定不考虑相关税费。

（17）按规定计提本期固定资产折旧400 000元，其中，生产车间320 000元，管理部门80 000元。

（18）提取无形资产摊销200 000元。

（19）向华星工厂销售产品一批，价款6 300 000元，增值税销项税1 071 000元，款项收到存入银行，该批产品的实际成本为3 780 000元。

（20）将本期制造费用434 000元全部转入生产成本账户，计算并结转本期完工产品成本9 396 400元。本期没有期初在产品，生产的产品全部完工入库。

（21）偿还短期借款本金1 500 000元，利息45 000元，共计1 545 000元。借款利息原已记入“应付利息”账户。

（22）用银行存款归还到期的长期借款本金2 100 000元。

（23）公司出售一批交易性金融资产，扣除相关税费后实际收到1 860 000元，该投资的成本为1 581 000元，公允价值变动增值为241 800元，出售收益为37 200元。

（24）公司向环宇工厂销售产品一批，价款2 310 000元，增值税销项税392 700元，收到2 702 700元的银行承兑汇票一张。该批产品的实际成本1 386 000元。

（25）用银行存款支付广告宣传费260 000元。

(26) 公司将收到环宇工厂的银行承兑汇票拿到开户银行贴现，支付贴现息 135 000 元。

(27) 用银行存款支付本年的财产保险费 84 000 元。

(28) 本期产品销售应缴纳城市维护建设税 70 000 元，教育费附加 30 000 元。

(29) 用银行存款缴纳增值税 1 000 000 元，城市维护建设税 70 000 元，教育费附加 30 000 元。

(30) 年末交易性金融资产的公允价值为 1 009 200 元，应确认公允价值变动收益 47 000 元。

(31) 结转本期第 6 笔业务向东宇工厂销售产品成本 2 100 000 元，第 19 笔业务向华星工厂销售产品成本 3 780 000 元，第 24 笔业务向环宇工厂销售产品成本 1 386 000 元，共计 7 266 000 元。

(32) 生产车间盘亏一台设备，原价 350 000 元，已提折旧 281 000 元。假定不考虑相关税费。

(33) 第 (32) 笔业务中盘亏的固定资产经批准将 69 000 元损失转为营业外支出。

(34) 结转各收入、费用科目，确定利润总额 3 755 300 元。

(35) 计算本期应交所得税 938 825 元，将应交所得税转入“本年利润”账户。

(36) 用银行存款缴纳所得税 938 825 元。

(37) 年末结转实现的净利润 2 816 475 元到“利润分配——未分配利润”账户。

(38) 按照净利润的 10% 提取法定盈余公积，5% 提取任意盈余公积，分配现金股利 750 000 元。

(39) 将利润分配各明细科目的余额转入“利润分配——未分配利润”明细科目。

2. 根据以上经济业务编制会计分录

(1)

	借方	贷方
借：在途物资	1 250 000	
应交税费——应交增值税（进项税额）	212 500	
贷：银行存款		812 500
预付账款		650 000

(2)

	借方	贷方
借：原材料	1 500 000	
贷：在途物资		1 500 000

(3)

	借方	贷方
借：原材料	1 240 000	
银行存款	16 000	
应交税费——应交增值税（进项税额）	204 000	
贷：其他货币资金——银行汇票存款		1 460 000

(4)

	借方	贷方
借：固定资产	795 000	
应交税费——应交增值税（进项税额）	133 450	
贷：银行存款		928 450

(5-1)

	借方	贷方
借：应付票据	1 075 000	

应付账款　1 625 000
贷：银行存款　2 700 000

（5-2）

借：原材料　1 250 000
贷：在途物资　1 250 000

（6）

借：应收账款　4 095 000
贷：主营业务收入　3 500 000
应交税费——应交增值税（销项税额）　595 000

（7）

借：交易性金融资产　532 000
投资收益　8 300
贷：银行存款　540 300

（8）

借：工程物资　1 860 000
贷：银行存款　1 860 000

（9）

借：在建工程　4 060 000
贷：工程物资　1 860 000
应付职工薪酬——工资　2 200 000

（10）

借：银行存款　3 895 000
贷：应收账款　3 895 000

（11）

借：生产成本　6 500 000
贷：原材料　6 500 000

（12）

借：生产成本　2 160 000
制造费用　100 000
管理费用　140 000
贷：应付职工薪酬——工资　2 400 000

（13）

借：生产成本　302 400
制造费用　14 000
管理费用　19 600
在建工程　308 000
贷：应付职工薪酬——职工福利　644 000

（14）

借：应付职工薪酬　4 600 000

贷：银行存款　4 600 000

（15）

厂房工程成本 = 1 860 000+2 200 000+308 000 = 4 368 000（元）

借：固定资产　4 368 000

贷：在建工程　4 368 000

（16-1）

借：固定资产清理　575 000

累计折旧　425 000

贷：固定资产　1 000 000

（16-2）

借：固定资产清理　2 000

贷：银行存款　2 000

（16-3）

借：银行存款　500 000

贷：固定资产清理　500 000

（16-4）

借：营业外支出——处理固定资产净损失　77 000

贷：固定资产清理　77 000

（17）

借：制造费用　320 000

管理费用　80 000

贷：累计折旧　400 000

（18）

借：管理费用——无形资产摊销　200 000

贷：累计摊销　200 000

（19）

借：银行存款　7 371 000

贷：主营业务收入　6 300 000

应交税费——应交增值税（销项税额）　1 071 000

（20-1）

借：生产成本　434 000

贷：制造费用　434 000

（20-2）

借：库存商品　9 396 400

贷：生产成本　9 396 400

（21）

借：短期借款　1 500 000

应付利息　45 000

贷：银行存款　1 545 000

（22）

借：长期借款　　2 100 000

　　贷：银行存款　　2 100 000

（23-1）

借：银行存款　　1 860 000

　　贷：交易性金融资产——成本　　1 581 000

　　　　　　　　　　——公允价值变动　　241 800

　　　　投资收益　　37 200

（23-2）

借：公允价值变动损益　　241 800

　　贷：投资收益　　241 800

（24）

借：应收票据　　2 702 700

　　贷：主营业务收入　　2 310 000

　　　　应交税费——应交增值税（销项税额）　　392 700

（25）

借：销售费用　　260 000

　　贷：银行存款　　260 000

（26）

借：银行存款　　2 567 700

　　财务费用　　135 000

　　贷：应收票据　　2 702 700

（27）

借：管理费用　　84 000

　　贷：银行存款　　84 000

（28）

借：营业税金及附加　　100 000

　　贷：应交税费——应交城市维护建设费　　70 000

　　　　　　　　——应交教育费附加　　30 000

（29）

借：应交税费——应交增值税（已交税金）　　1 000 000

　　　　　　——应交城市维护建设税　　70 000

　　　　　　——应交教育费附加　　30 000

　　贷：银行存款　　1 100 000

（30）

借：交易性金融资产——公允价值变动　　47 000

　　贷：公允价值变动损益　　47 000

（31）

借：主营业务成本　　7 266 000

贷：库存商品　　7 266 000

（32）

借：累计折旧　　281 000

待处理财产损溢——待处理固定资产损溢　　69 000

贷：固定资产　　350 000

（33）

借：营业外支出——固定资产盘亏　　69 000

贷：待处理财产损溢——待处理固定资产损溢　　69 000

（34-1）

借：主营业务收入　　12 110 000

投资收益　　270 700

贷：本年利润　　12 380 700

（34-2）

借：本年利润　　8 625 400

贷：主营业务成本　　7 266 000

营业税金及附加　　100 000

销售费用　　260 000

管理费用　　523 600

财务费用　　135 000

公允价值变动损益　　194 800

营业外支出　　146 000

（35-1）

借：所得税费用　　938 825

应交税费——应交所得税　　938 825

（35-2）

借：本年利润　　938 825

贷：所得税费用　　938 825

（36）

借：应交税费——应交所得税　　938 825

贷：银行存款　　938 825

（37）

借：本年利润　　2 816 475

贷：利润分配——未分配利润　　2 816 475

（38）

借：利润分配——提取法定盈余公积　　281 647.50

——提取任意盈余公积　　140 823.75

——应付股利　　750 000

贷：盈余公积　　422 471.25

应付股利　　750 000

（39）

借：利润分配——未分配利润　　1 172 471.25

　贷：利润分配——提取法定盈余公积　　281 647.50

　　　　　　　——提取任意盈余公积　　140 823.75

　　　　　　　——应付股利　　750 000

3. 根据会计分录填列“丁”字账，计算各账户的本期发生额和期末余额

（略）

4. 编制试算平衡表

根据经济业务发生后的余额编制长江公司20×3年年末的试算平衡表（见表13.4）。

表13.4　试算平衡表

20×3年12月31日　　（单位：元）

账户名称	期初余额		本期发生额		期末余额	
	借方	贷方	借方	贷方	借方	贷方
库存现金	21 000				21 000	
银行存款	7 837 000		16 209 700	17 471 075	6 575 625	
其他货币资金	3 142 000			1 460 000	1 682 000	
交易性金融资产	2 300 000		579 000	1 822 800	1 056 200	
应收票据	3 900 000		2 702 700	2 702 700	3 900 000	
应收账款	6 200 000		4 095 000	3 895 000	6 400 000	
坏账准备		31 000				31 000
预付账款	2 300 000			650 000	1 650 000	
原材料	4 365 000		3 990 000	6 500 000	1 855 000	
库存商品	7 235 000		9 396 400	7 266 000	9 365 400	
在途物资	1 500 000		1 250 000	2 750 000	0	
长期股权投资	298 000				298 000	
固定资产	10 700 000		5 163 000	1 350 000	14 513 000	
累计折旧		900 000	706 000	400 000		594 000
固定资产清理			577 000	577 000		
待处理财产损溢			69 000	69 000		
在建工程			4 368 000	4 368 000		
无形资产	4 100 000				4 100 000	
累计摊销		300 000		200 000		500 000
短期借款		3 300 000	1 500 000			1 800 000
应付票据		3 800 000	1 075 000			2 725 000
应付账款		7 200 000	1 625 000			5 575 000
预收账款		3 400 000				3 400 000
其他应付款		349 000				349 000
应付利息		500 000	45 000			455 000

续表

账户名称	期初余额		本期发生额		期末余额	
	借方	贷方	借方	贷方	借方	贷方
应付职工薪酬		2 000 000	4 600 000	5 244 000		2 644 000
应付股利				750 000		750 000
应交税费		550 000	2 588 775	3 097 525		1 058 750
长期借款		11 000 000	2 100 000			8 900 000
股　　本		16 000 000				16 000 000
资本公积		2 868 000				2 868 000
盈余公积		800 000		422 471.25		1 222471.25
利润分配（未分配利润）		900 000	1 172 471.25	2 816 475		2 544003.75
本年利润			12 380 700	12 380 700		
生产成本			9 396 400	9 396 400		
制造费用			434 000	434 000		
工程物资			1 860 000	1 860 000		
主营业务收入			12 110 000	12 110 000		
主营业务成本			7 266 000	7 266 000		
营业税金及附加			100 000	100 000		
销售费用			260 000	260 000		
管理费用			523 600	523 600		
财务费用			135 000	135 000		
公允价值变动损益			194 800	194 800		
投资收益			270 700	270 700		
营业外支出			146 000	146 000		
所得税费用			938 825	938 825		
合　　计	53 898 000	53 898 000	109 828 071.25	109 828 071.25	51 416 225	51 416 225

5．编制资产负债表

根据以上长江公司20×3年年末的试算平衡表及科目余额表编制资产负债表(见表13.5)。

表 13.5　资产负债表

会企 01 表

编制单位：长江公司　　　　20×3 年 12 月 31 日　　　　（单位：元）

资　　产	期末余额	年初余额	负债和所有者权益	期末余额	年初余额
流动资产：			流动负债：		
货币资金	8 278 625	11 000 000	短期借款	1 800 000	3 300 000
交易性金融资产	1 056 200	2 300 000	交易性金融负债	0	0
应收票据	3 900 000	3 900 000	应付票据	2 725 000	3 800 000
应收账款	6 369 000	6 169 000	应付账款	5 575 000	7 200 000
预付账款	1 650 000	2 300 000	预收账款	3 400 000	3 400 000
应收利息	0	0	应付职工薪酬	2 644 000	2 000 000
其他应收款	0	0	应交税费	1 058 750	550 000
存货	11 220 400	13 100 000	应付利息	455 000	500 000
一年内到期的非流动资产	0	0	应付股利	750 000	0
其他流动资产	0	0	其他应付款	349 000	349 000

续表

资　　产	期末余额	年初余额	负债和所有者权益	期末余额	年初余额
流动资产合计	32 474 225	38 769 000	一年内到期的非流动负债	0	0
非流动资产：			其他流动负债	0	0
可供出售金融资产	0	0	流动负债合计	18 756 750	21 099 000
持有至到期投资	0	0	非流动负债：		
长期应收款	0	0	长期借款	8 900 000	11 000 000
长期股权投资	298 000	298 000	应付债券	0	0
投资性房地产	0	0	长期应付款	0	0
固定资产	13 919 000	9 800 000	专项应付款	0	0
在建工程	0	0	预计负债	0	0
工程物资	0	0	递延所得税负债	0	0
固定资产清理	0	0	其他非流动负债	0	0
生产性生物资产	0	0	非流动负债合计	8 900 000	11 000 000
油气资产	0	0	负债合计	27 656 750	32 099 000
无形资产	3 600 000	3 800 000	所有者权益：		
开发支出	0	0	实收资本	16 000 000	16 000 000
商誉	0	0	资本公积	2 868 000	2 868 000
长期待摊费用	0	0	减：库存股	0	0
递延所得税资产	0	0	盈余公积	1 222 471.25	800 000
其他非流动资产	0	0	未分配利润	2 544 003.75	900 000
非流动资产合计	17 817 000	13 898 000	所有者权益合计	22 634 475	20 568 000
资产总计	50 291 225	52 667 000	负债和所有者权益总计	50 291 225	52 667 000

表 13.5 中资产负债表期末余额个别项目的计算如下（年初余额计算同理）。

货币资金项目 = 21 000+6 575 625+1 682 000 = 8 278 625（元）

存货项目 = 1 855 000+9 365 400 = 11 220 400（元）

固定资产项目 = 14 513 000−594 000 = 13 919 000（元）

无形资产项目 = 4 100 000−500 000 = 3 600 000（元）

第三节　利　润　表

一、利润表的意义

（一）利润表的概念

利润表是反映企业在一定会计期间经营成果的报表。利润是一个综合性质量指标，它反映企业在一个会计期间的所有收入（广义）与所有费用（广义）相抵后的差额。它不仅能反映企业经济活动的结果，而且能在一定程度上表现出企业的经营管理水平，同时又是企业利润分配的主要依据。因此利润表是企业主要财务报表之一，每个企业都必须按期编制。

（二）利润表的作用

企业的赢利能力以及利润的发展趋势是企业生存和发展的关键，也是投资者和债权人关注的焦点。编制利润表具有以下主要作用。

1. 利润表可以反映企业的获利能力

通过利润表可以从总体上了解企业的收入、费用及净利润（或亏损）的实现及构成情况，说明企业生产经营的收益和成本耗费情况，体现企业生产经营成果，通过企业前后时期利润表的比较，可以分析企业的赢利能力以及利润的未来发展趋势。

2. 利润表可以考核企业生产经营成果

通过利润表有助于评价并预测企业偿债能力的大小。企业的偿债能力受制于多种因素，而获利能力的强弱是决定偿债能力大小的一个重要因素。获利能力强，企业经营资产的流动性就好，偿债能力也就强。

3. 利润表可以考核企业的管理水平

通过对不同时期的利润及构成项目进行分析，找出影响利润增减变动的原因，还可以据此评价企业管理者的工作业绩，督促管理者及时改进经营管理，不断提高经济效益。

二、利润表的结构

利润表的编制基础是“收入−费用=利润”，按照权责发生制将一定期间的收入与同一会计期间相关的成本费用配比，计算出企业一定时期的净利润（或净亏损）。

利润表的结构一般有两种：单步式利润表和多步式利润表。

1. 单步式利润表

单步式利润表是将当期所有的收入列在一起，然后将所有的费用列在一起，两者相减得出当期净损益。单步式利润表直接列示收入、费用总额，不经中间余额计算的步骤，直接计算出利润总额。其优点是列式简单，计算方便，易于理解。其不足则在于没能反映出各类收入与费用之间的配比关系，无法揭示出各构成要素之间的内在联系，不便于会计报表使用者进行分析，也不利于同行业之间的报表比较。其格式见表 13.6。

表 13.6 利润表（单步式）

编制单位：　　　　　　　　年　月　　　　　　　　（单位：元）

项　　目	本 期 金 额	上 期 金 额
一、收入		
主营业务收入		
其他业务收入		
投资收益		
二、费用		
主营业务成本		
其他业务成本		

续表

项　　目	本期金额	上期金额
营业税金及附加		
管理费用		
销售费用		
财务费用		
所得税费用		
三、净利润		

2. 多步式利润表

多步式利润表是通过对当期的收入以及费用、支出项目按性质加以归类，按利润形成的主要环节列示一些中间性利润指标，分步计算当期净损益，先计算营业利润，再计算利润总额，最后得出净利润。多步式利润表的优点是，能够向报表使用者提供具有结构性的信息，便于对企业生产经营情况进行分析，有利于不同企业之间进行比较。我国《企业会计准则》规定利润表采用多步式。

此外，为了使报表使用者通过比较不同期间利润的实现情况，判断企业经营成果的未来发展趋势，企业需要提供比较利润表，就每个项目再分为"本期金额"和"上期金额"两栏分别列示。其格式见表13.7。

表13.7　利润表（多步式）

编制单位：　　　　　　　　　　年　月　　　　　　　　　　（单位：元）

项　　目	本期金额	上期金额
一、营业收入		
减：营业成本		
营业税金及附加		
销售费用		
管理费用		
财务费用		
资产减值损失		
加：公允价值变动收益（损失以"–"号填列）		
投资收益（损失以"–"号填列）		
二、营业利润（亏损以"–"号填列）		
加：营业外收入		
减：营业外支出		
其中：非流动资产处置损失		
三、利润总额		
减：所得税费用		
四、净利润		
五、每股收益		
（一）基本每股收益		
（二）稀释每股收益		

在多步式利润表中，企业的净利润是根据如下步骤计算出来的。

（1）计算营业利润：

营业利润=营业收入−营业成本−营业税金及附加−销售费用

−管理费用−财务费用−资产减值损失

+公允价值变动收益（减去公允价值变动损失）

+投资收益（减去投资损失）

（2）计算利润总额：

利润总额=营业利润+营业外收入−营业外支出

（3）计算净利润：

净利润=利润总额−所得税费用

补充知识

我国企业会计准则解释第3号对利润表作了调整，在利润表“每股收益”项下增列“其他综合收益”项目和“综合收益总额”项目。“其他综合收益”项目，反映企业根据企业会计准则规定未在损益中确认的各项利得和损失扣除所得税影响后的净额。“综合收益总额”项目，反映企业净利润与其他综合收益的合计金额。“其他综合收益”和“综合收益总额” 项目的序号在原有基础上顺延。

三、利润表的编制

1. 上期金额栏的填列方法

利润表“上期金额”栏内各项目数字应根据上年该期利润表“本期金额”栏内所列数字填列。如果上年度利润表的项目名称和内容与本年度利润表不一致，应对上年度利润表项目的名称和数字按本年度的规定进行调整，填入报表的“上期金额”栏。

2. 本期金额栏的填列方法

利润表“本期金额”栏各项目主要根据各损益类科目的发生额分析填列，具体方法如下。

（1）“营业收入”项目，反映企业经营主要业务和其他业务所确认的收入总额。本项目应根据“主营业务收入”和“其他业务收入”科目的发生额分析填列。

（2）“营业成本”项目，反映企业经营主要业务和其他业务所发生的成本总额。本项目应根据“主营业务成本”和“其他业务成本”科目的发生额分析填列。

（3）“营业税金及附加”项目，反映企业经营业务应负担的消费税、营业税、城市维护建设税、资源税、土地增值税和教育费附加等。本项目应根据“营业税金及附加”科目的发生额分析填列。

（4）“销售费用”项目，反映企业在销售商品过程中发生的包装费、广告费等费用和为销售本企业商品而专设的销售机构的职工薪酬、业务费等经营费用。本项目应根据“销售费用”科目的发生额分析填列。

（5）“管理费用”项目，反映企业为组织和管理生产经营发生的管理费用，应根据“管理费用”的发生额分析填列。

（6）“财务费用”项目，反映企业筹集生产经营所需资金等而发生的筹资费用。本项目应根据“财务费用”科目的发生额分析填列。

（7）“资产减值损失”项目，反映企业各项资产发生的减值损失。本项目应根据“资产减值损失”科目的发生额分析填列。

（8）“公允价值变动收益”项目，反映企业应当计入当期损益的资产或负债公允价值变动收益。本项目应根据“公允价值变动损益”科目的发生额分析填列，如为净损失，本项目以“−”号填列。

（9）“投资收益”项目，反映企业以各种方式对外投资所取得的收益。本项目应根据“投资收益”科目的发生额分析填列，企业持有的交易性金融资产处置和出售时，处置收益部分应当自“公允价值变动损益”项目转出，列入本项目。如为投资损失，本项目以“-”号填列。

（10）“营业利润”项目，反映企业实现的营业利润，如为亏损，本项目以“-”号填列。

（11）“营业外收入”项目，反映企业发生的与经营业务无直接关系的各项收入。本项目应根据“营业外收入”科目的发生额分析填列。

（12）“营业外支出”项目，反映企业发生的与经营业务无直接关系的各项支出。本项目应根据“营业外支出”科目的发生额分析填列。

（13）“利润总额”项目，反映企业实现的利润，如为亏损本项目以“-”号填列。

（14）“所得税费用”项目，反映企业应从当期利润总额中扣除的所得税费用。本项目应根据“所得税费用”科目的发生额分析填列。

（15）“净利润”项目，反映企业实现的净利润，如为亏损本项目以“-”号填列。

（16）“基本每股收益”和“稀释每股收益”项目，应根据每股收益准则规定计算的金额填列。

3. 利润表编制举例

【例 13.2】 根据【例 13.1】长江公司 20×3 年发生的经济业务及 12 月 31 日的试算平衡表编制利润表（见表 13.8）。

表 13.8 利润表

会企 02 表

编制单位：长江公司　　20×3 年 12 月 31 日　　（单位：元）

项　　目	本 期 金 额	上 期 金 额
一、营业收入	12 110 000	（略）
减：营业成本	7 266 000	
营业税金及附加	100 000	
销售费用	260 000	
管理费用	523 600	
财务费用	135 000	
资产减值损失	0	
加：公允价值变动收益（损失以“-”号填列）	-194 800	
投资收益（损失以“-”号填列）	270 700	
二、营业利润（亏损以“-”号填列）	3 901 300	
加：营业外收入	0	
减：营业外支出	146 000	
其中：非流动资产处置损失	0	
三、利润总额	3 755 300	
减：所得税费用	938 825	
四、净利润	2 816 475	
五、每股收益	（略）	
（一）基本每股收益		
（二）稀释每股收益		

表 13.8 中的个别项目计算如下。

公允价值变动收益项目=（30）47 000-（23）241 800=-194 800（元）

投资收益项目=（23）37 200+241 800-（7）8 300=270 700（元）

注：计算式中的括号序号系【例 13.1】中经济业务的序号。

小提示

企业的利润表反映了企业收入的获得与成本费用的耗费情况，但从企业实际现金流动看，企业获得的收入并不意味着实际收到现金。这就是有的企业经营情况良好，赢利能力很强，却又无法偿还到期债务的原因；另外，利润表能够反映本期筹资活动和投资活动的损益，但不能说明筹资活动与投资活动提供或运用了多少现金。因此，利润表具有一定的局限性。现金流量表的编制可以弥补其不足。

第四节　现金流量表

一、现金流量表概述

20 世纪 50 年代以后，随着经济的快速发展，市场竞争日益加剧，生存成为企业的首要目标，企业的投资者、债权人和管理当局越来越关注企业偿还债务的能力，仅仅依靠资产负债表和利润表所提供的信息已经不能完整地反映企业的偿债能力和生存能力。会计环境的巨大变化迫使人们开始关注有关反映企业财务状况变动情况的信息。

自 20 世纪 70 年代以来，一些业绩良好的企业频频出现流动性危机，有的甚至因此而破产，这引起了人们对企业现金流量的关注，也认识到权责发生制的局限性。20 世纪 70 年代出现了财务状况变动表，20 世纪 80 年代后期现金流量表替代了财务状况变动表，有关现金流量的信息成为决策者关注的焦点。现金及其等价物如同企业的血脉，它是一个会计主体维系正常、持续经营和发展的最重要因素。如果一个企业销售很旺，但是销售款长期无法回收，导致企业的流动资金长期被人占用，就会给企业按期偿付债务、支付股利以及进入下一轮生产循环带来很大困难。资产负债表和利润表是按权责发生制编制的，其不反映企业当期现金流入、流出以及增减变化的情况，无法为管理当局以及投资者、债权人提供企业现金流动发展趋势的重要信息。而现金流量表恰恰相反，其采用收付实现制，通过现金流量来反映和揭示企业的经营状况，便于投资者、债权人更合理地评价企业的经营状况、创现能力、筹资能力和资金实力。

（一）现金流量表的概念及作用

现金流量表是反映企业在一定会计期间现金及现金等价物流入和流出情况的会计报表。

企业编制现金流量表的目的是为会计报表使用者提供企业一定会计期间内现金和现金等价物流入和流出的信息，以便于报表使用者了解和评价企业获取现金和现金等价物的能力，并据以预测企业未来现金流量。

现金流量表的作用主要体现在以下几个方面。

1. 有助于分析企业收益质量

利润表中列示的净利润指标反映了一个企业的经营成果。但是，利润表是按照权责发生制原则编制的，它不能反映企业经营活动产生了多少现金，并且没有反映投资活动和筹资活动对企业财务状况的影响。而现金流量表中的现金流量是以收付实现制为基础编制的。一般来说，净利润增加，现金流量净额也应增加，但在某些情况下，企业虽然大量销售了商品，但货款却没能及时收回，由此影响了企业资金周转，收益质量不佳。因此，通过现金流量表可以掌握企业经营活动、投资活动和筹资活动的现金流量，将经营活动产生的现金流量与净利润相比较，就可以从现金流量的角度了解净利润的质量。

2. 有助于评价企业的支付能力和偿债能力

利润表按权责发生制反映企业一定期间的经营成果，虽然获利多少在一定程度上表明了企业具有的支付能力，但往往获得的经营成果中有些并没有实实在在的现金流入。所以企业在一定期间内获得的利润并不代表企业真正具有的偿债能力或支付能力。在某些情况下，虽然企业利润表上反映的经营业绩很可观，但因发生财务困难不能偿还到期债务；还有些企业虽然利润表上反映的经营成果并不乐观，却有足够的偿付能力。现金流量表采用收付实现制，反映现金的实际流入和流出，因此，通过对企业所产生的现金流入信息和现金流出信息的分析，可以对企业的偿债能力、支付能力作出更准确、可靠的评价。

3. 有助于预测企业未来获取现金的能力

一个正常经营的企业，在创造利润的同时，还应创造现金收益。现金流量表反映企业一定期间内的现金流入和流出的整体情况，说明企业现金是从哪里来的，运用到哪里去。现金流量中经营活动产生的现金流量代表企业运用其经济资源创造现金流量的能力，便于分析一定期间内产生的净利润与经营活动产生现金流量的差异；投资活动产生的现金流量代表企业运用资金对外投资产生现金流量的能力以及购置和处置固定资产、无形资产等长期资产引起的现金流量；筹资活动产生的现金流量代表企业通过筹资获得现金流量的能力。通过现金流量表及其他财务信息，可以分析企业未来获取或支付现金的能力。如企业通过银行借款筹得资金，从本期现金流量表中反映为现金流入，却意味着未来偿还借款时要流出现金。又如，本期应收未收的款项，在本期现金流量表中虽然没有反映为现金的流入，但意味着未来将会有一定量的现金流入。

4. 能够分析和评价企业的投资活动和筹资活动

现金流量表的投资活动与资产负债表的投资活动涵盖的范围不同，前者包括对外投资（如长期股权投资）和对内投资（如扩建生产流水线），后者仅局限于对外投资。筹资活动是企业根据财力的需求而进行直接融资或间接融资的行为。一般来说，企业的投资和融资活动都根据经营活动决策和安排。因此，对现金流量表中所揭示的投资活动所产生的现金流量信息以及筹资活动所产生的现金流量信息，可以结合经营活动所产生的现金流量信息和企业净收益进行具体分析，从而判断和评价企业的投资活动和筹资活动所起的作用，例如，对提高企业的整体获利能力有什么影响，是否过度扩大企业投资规模，从而增加了企业的财务风险等，并为未来的投资决策和筹资决策提供依据。

（二）现金流量表的编制基础

现金流量表是以现金为基础编制的。现金流量表所指的“现金”概念是广义的现金概念，不仅包括企业的库存现金，还包括可随时用于支付的银行存款以及现金等价物。其具体内容如下。

1. 现金

现金是指企业库存现金以及可以随时用于支取的存款，包括库存现金、银行存款和其他货币资金（外埠存款、银行汇票存款、银行本票存款等）。不能随时用于支取的存款不属于现金。

2. 现金等价物

现金等价物是指企业持有的期限短、流动性强、易于转换为已知金额现金、价值变动风险很小的投资。期限短一般是指从购买日起3个月内到期。现金等价物通常是指企业购买的在3个月内到期的短期债券投资。企业持有的股票由于变现的金额通常不确定，因而不属于现金等价物。

3. 现金流量

现金流量是指一定会计期间企业现金和现金等价物的流入和流出金额。现金流入量和流出量的差额为现金净流量。需要注意的是，企业现金（广义）的内部转换不会产生现金的流入和流出，如企业从银行提取现金、用现金购买将于3个月内到期的债券等不属于现金流量。

二、现金流量表的结构

现金流量表在结构上将企业一定期间产生的现金流量分为3类：经营活动产生的现金流量、投资活动产生的现金流量和筹资活动产生的现金流量。

1. 经营活动产生的现金流量

经营活动产生的现金流量是指企业投资活动和筹资活动以外的所有交易和事项产生的现金流入和流出量，包括销售商品、提供劳务、经营租赁等活动收到的现金，购买商品、接受劳务、制造产品、广告宣传、交纳税金等活动支付的现金。在现金流量表中，经营活动的现金流量应当按照其经营活动的现金流入和流出的性质分项列示。

2. 投资活动产生的现金流量

投资活动产生的现金流量是指企业长期资产的购建和对外投资活动（不包括现金等价物范围的投资）的现金流入和流出量，包括收回投资、取得投资收益、处置固定资产、无形资产等活动收到的现金，购建固定资产、无形资产等长期资产和对外投资等活动所支付的现金等。在现金流量表中，投资活动的现金流量应当按照其投资活动的现金流入和流出的性质分项列示。

3. 筹资活动产生的现金流量

筹资活动产生的现金流量是指企业接受投资和借入资金导致的现金流入和流出量，包括接受投资、借入款项、发行债券等活动收到的现金，偿还借款、偿还债券、支付利息、分配股利等活动支付的现金等。在现金流量表中，筹资活动的现金流量应当按照其筹资活动的现金流入和流出的性质分项列示。

我国企业现金流量表的基本格式见表13.9，现金流量表补充资料见表13.10。

表13.9 现金流量表

会企03表

编制单位： 年 月 （单位：元）

项 目	本期金额	上期金额
一、经营活动产生的现金流量		
销售商品、提供劳务收到的现金		
收到的税费返还		
收到其他与经营活动有关的现金		
经营活动现金流入小计		

续表

项　目	本期金额	上期金额
购买商品、接受劳务支付的现金		
支付给职工以及为职工支付的现金		
支付的各项税费		
支付其他与经营活动有关的现金		
经营活动现金流出小计		
经营活动产生的现金流量净额		
二、投资活动产生的现金流量		
收回投资收到的现金		
取得投资收益收到的现金		
处置固定资产、无形资产和其他长期资产收回的现金净额		
处置子公司及其他营业单位收到的现金净额		
收到其他与投资活动有关的现金		
投资活动现金流入小计		
购建固定资产、无形资产和其他长期资产支付的现金		
投资支付的现金		
取得子公司及其他营业单位支付的现金净额		
支付其他与投资活动有关的现金		
投资活动现金流出小计		
投资活动产生的现金流量净额		
三、筹资活动产生的现金流量		
吸收投资收到的现金		
取得借款收到的现金		
收到其他与筹资活动有关的现金		
筹资活动现金流入小计		
偿还债务支付的现金		
分配股利、利润或偿付利息支付的现金		
支付其他与筹资活动有关的现金		
筹资活动现金流出小计		
筹资活动产生的现金流量净额		
四、汇率变动对现金及现金等价物的影响		
五、现金及现金等价物净增加额		
加：期初现金及现金等价物余额		
六、期末现金及现金等价物余额		

表 13.10　现金流量表补充资料

补充资料	本期金额	上期金额
1. 将净利润调节为经营活动现金流量		
净利润		
加：资产减值准备		
固定资产折旧		
无形资产摊销		
长期待摊费用摊销		

续表

补充资料	本期金额	上期金额
处置固定资产、无形资产和其他长期资产的损失（收益以"–"号填列）		
固定资产报废损失（收益以"–"号填列）		
公允价值变动损失（收益以"–"号填列）		
财务费用（收益以"–"号填列）		
投资损失（收益以"–"号填列）		
递延所得税资产减少（增加以"–"号填列）		
递延所得税负债增加（减少以"–"号填列）		
存货的减少（增加以"–"号填列）		
经营性应收项目的减少（增加以"–"号填列）		
经营性应付项目的增加（减少以"–"号填列）		
其他		
经营活动产生的现金流量净额		
2．不涉及现金收支的重大投资和筹资活动		
债务转为资本		
一年内到期的可转换公司债券		
融资租入固定资产		
3．现金及现金等价物净变动情况		
现金的期末余额		
减：现金的期初余额		
加：现金等价物的期末余额		
减：现金等价物的期初余额		
现金及现金等价物净增加额		

三、现金流量表的编制

（一）现金流量表的编制方法

编制现金流量表时，列报经营活动现金流量的方法有直接法和间接法两种。在直接法下，一般以利润表中的营业收入为起算点，调整与经营活动有关的项目的增减变动，然后计算出经营活动的现金流量。在间接法下，以利润表中的净利润为起算点，通过净利润加减调整项目得出现金流量，实际上是将权责发生制下确定的净利润调整为现金净流入，并且剔除投资活动和筹资活动对现金流量的影响。

采用直接法编报的现金流量表，便于分析企业经营活动产生现金流量的来源和用途，预测企业现金流量的未来前景；采用间接法编报现金流量表，便于将净利润与经营活动产生的现金流量净额进行比较，了解净利润与经营活动产生的现金流量差异的原因，从现金流量的角度分析净利润的质量。所以我国会计准则规定企业按直接法编制现金流量表，同时要求在附注中提供按间接法将净利润调节为经营活动现金流量的信息。

现金流量表的编制方法有工作底稿法、T形账户法和直接分析填列法。

1．工作底稿法

工作底稿法是以工作底稿为手段，以利润表和资产负债表为基础，结合有关科目的记录，对现金流量表的每一项目进行分析并编制调整分录，从而编制出现金流量表的一种方法。采用工作底稿法编制现金流量表的具体步骤如下。

第一步，将资产负债表的期初数和期末数过入工作底稿的期初数栏和期末数栏；将利润表中本期金额栏的数据过入工作底稿的期末数栏。

第二步，对当期业务进行分析并编制调整分录。编制调整分录时，以利润表中的项目为基础，从“营业收入”开始，结合资产负债表项目逐一进行分析。

在调整分录中，有关现金和现金等价物的事项，并不直接借记或贷记现金，而是按照现金流量表中的项目，分别记入“经营活动产生的现金流量”、“投资活动产生的现金流量”、“筹资活动产生的现金流量”的有关项目，借记表明现金流入，贷记表明现金流出。

第三步，将调整分录过入工作底稿中的相应项目。

第四步，核对工作底稿中各项目的调整分录。工作底稿“资产负债表项目”中资产项目的期初数加调整分录中的借方金额减贷方金额以后，应当等于期末数；负债和所有者权益项目的期初数加调整分录中的贷方金额减借方金额以后，应当等于期末数；借方项目和贷方项目合计数应当相等。

第五步，根据工作底稿中的现金流量表项目部分编制正式的现金流量表。

2. T形账户法

T形账户法是以利润表和资产负债表的数据为基础，对每一项目进行分析并编制调整分录，从而编制出现金流量表。采用T形账户法编制现金流量表的具体步骤如下。

第一步，为所有的非现金项目（包括资产负债表项目和利润表项目）分别开设T形账户，并将各自的期末期初变动数过入各该账户。如果项目的期末数大于期初数，则将差额过入和项目余额相同的方向；反之，过入相反的方向。

第二步，开设一个大的“现金及现金等价物”T形账户，每边分为经营活动、投资活动和筹资活动3个部分，左边记现金流入，右边记现金流出。与其他账户一样，过入期末期初变动数。

第三步，以利润表项目为基础，结合资产负债表分析每一个非现金项目的增减变动，并据此编制调整分录。

第四步，将调整分录过入各T形账户，并进行核对，该账户借贷相抵后的余额与原先过入的期末期初变动数应当一致。

第五步，根据大的“现金及现金等价物”T形账户编制正式的现金流量表。

3. 直接分析填列法

直接分析填列法是指直接根据资产负债表、利润表和有关科目明细账户的记录，分析计算出现金流量表各项目的金额，并据以编制现金流量表的一种方法。

（二）现金流量表主要项目说明

1. 经营活动产生的现金流量

（1）“销售商品、提供劳务收到的现金”项目，反映企业销售商品、提供劳务实际收到的现金（含销售收入和向购买者收取的增值税销项税额），包括本期销售的商品、提供劳务收到的现金，以及前期销售和前期提供劳务本期收到的现金和本期预收的账款，减去本期退回本期销售的商品和前期销售本期退回的商品支付的现金。企业销售材料和代购代销业务收到的现金也在本项目反映。

（2）“收到的税费返还”项目，反映企业收到返还的各种税费，包括所得税、增值税、营业税、消费税、教育费附加等返还款。

（3）“收到其他与经营活动有关的现金”项目，反映企业除上述各项外，收到的其他与经营活动有关的现金流入，如罚款收入、流动资产损失中由个人赔偿的现金收入、经营租赁收到的租金等其他与经营活动有关的现金流入，金额较大时应当单独列示。

（4）“购买商品、接受劳务支付的现金”项目，反映企业购买材料、商品、接受劳务实际支付的现金，包括本期购入材料、商品、接受劳务支付的现金（包括支付的增值税进项税额），以及本期偿付前期购入商品、接受劳务的应付款项和本期预付款项，减去本期购货退回收到的现金。

（5）“支付给职工以及为职工支付的现金”项目，反映企业实际支付给职工以及为职工支付的工资、奖金、各种津贴、补贴等职工薪酬（包括代扣代缴的职工个人所得税）等。但应由在建工程、无形资产负担的职工薪酬，以及企业支付给离退休人员的各项费用除外。

企业支付给离退休人员的各项费用，在“支付其他与经营活动有关的现金”项目中反映；企业支付给在建工程人员工资，在“购建固定资产、无形资产和其他长期资产所支付的现金”项目反映。

（6）“支付的各项税费”项目，反映企业按规定支付的各种税费，包括本期发生并支付的税费，以及本期支付以前各期发生的税费和预交的税金等，包括所得税、增值税、营业税、消费税、房产税、印花税和教育费附加等。

（7）“支付其他与经营活动有关的现金”项目，反映企业除上述各项目以外支付的其他与经营活动有关的现金支出，如经营租赁支付的租金，支付的差旅费、业务招待费、保险费、罚款支出等其他与经营活动有关的现金流出，金额较大的应单独列项反映。

2. 投资活动产生的现金流量

（1）“收回投资所收到的现金”项目，反映企业出售、转让或到期收回除现金等价物以外的交易性金融资产、持有至到期投资、可供出售金融资产、长期股权投资、投资性房地产等收到的现金，但处置子公司及其他营业单位收到的现金净额除外。

（2）“取得投资收益收到的现金”项目，反映企业因股权投资而分得的现金股利，从子公司、联营企业、合营企业分回利润而收到的现金，因债权性投资所取得的现金利息收入。股票股利不包括在本项目中。

（3）“处置固定资产、无形资产和其他长期资产而收到的现金净额”项目，反映企业出售固定资产、无形资产和其他长期资产所取得的现金（包括因资产毁损而收到的保险赔偿收入），减去为处置这些资产而支付有关费用后的净额。

（4）“处置子公司及其他营业单位收到的现金净额”项目，反映企业处置子公司及其他营业单位收到的现金，减去子公司及其他营业单位持有的现金和现金等价物以及相关处置费用后的净额。

（5）“购建固定资产、无形资产和其他长期资产支付的现金”项目，反映企业购买、建造固定资产，取得无形资产和其他长期资产所支付的现金（含增值税款等），以及用现金支付应由在建工程和无形资产负担的员工薪酬，不包括为购建固定资产而发生的借款利息和融资租入固定资产支付的租赁费。

（6）“投资支付的现金”项目，反映进行权益性投资和债权性投资所支付的现金，包括企业取得的除现金等价物以外的交易性金融资产、持有至到期投资、可供出售金融资产而支付的现金，以及支付的佣金、手续费等交易费用，但取得子公司及其他营业单位支付的现金净额除外。

（7）“取得子公司及其他营业单位支付的现金净额”项目，反映企业购买子公司及其他营业单位购买出价中以现金支付的部分，减去子公司及其他营业单位持有的现金和现金等价物后的净额。

（8）“收到其他与投资活动有关的现金”、“支付其他与投资活动有关的现金”项目，反映除上述第（1）至第（7）项目外收到或支付的其他与投资活动有关的现金流入或流出，金额较大的应单独列示。

3. 筹资活动产生的现金流量

（1）“吸收投资收到的现金”项目，反映企业以发行股票、债券方式筹集资金实际收到的款项，减去支付的佣金、手续费、印刷费等发行费用后的净额。

（2）“取得借款收到的现金”项目，反映企业举借各种短期、长期借款而收到的现金。

（3）“偿还债务所支付的现金”项目，反映企业以现金偿还债务的本金。

（4）“分配股利、利润或偿付利息支付的现金”项目，反映企业实际支付的现金股利，以及支付给其他投资单位的利润或用现金支付的借款利息、债券利息。

（5）“收到其他与筹资活动有关的现金”、“支付其他与筹资活动有关的现金”项目，反映企业除上述第（1）至第（4）项目外收到或支付的其他与筹资活动有关的现金流入或流出，金额较大的应单独列示。

4. 汇率变动对现金及现金等价物的影响

企业外币现金流量及境外子公司的现金流量折算为人民币时，采用现金流量发生日的汇率或按照系统合理的方法确定的、与现金流量发生日即期汇率近似的汇率，而现金流量表“现金及现金等价物净增加额”项目中外币现金净增加额是按资产负债表日的汇率折算的，这两者的差额即汇率变动对现金及现金等价物的影响。

（三）现金流量表编制示例

【例 13.3】 沿用【例 13.1】和【例 13.2】的资料以及编制的资产负债表和利润表，采用工作底稿法编制长江公司 20×3 年的现金流量表，具体步骤如下。

1. 设置工作底稿，将资产负债表的年初余额和年末余额过入工作底稿的期初数栏和期末数栏，将利润表的本期金额数过入工作底稿的期末数栏，见表 13.11。

2. 对当期业务进行分析并编制调整分录。编制调整分录以利润表的项目为基础，从“营业收入”开始，并结合资产负债表项目进行逐一分析和调整。

（1）分析调整营业收入，编制会计分录如下：

借：经营活动现金流量——销售商品、提供劳务收到的现金　13 968 700
　　应收账款　200 000
　　贷：营业收入　12 110 000
　　　　应交税费——应交增值税（销项税额）　2 058 700

本期确认的营业收入为 12 110 000 元，增值税销项税额 2 058 700 元。由于利润表中的营业收入是按权责发生制确认的，应转换为收付实现制，将营业收入中没有实际收到现金的部分剔除。为此应当调整应收账款、应收票据、预收账款等账户的记录。应收账款项目期末比期初增加 200 000 元，应减少经营活动产生的现金流入，应收票据、预收账款期末与期初相等不需进行调整。

（2）分析调整营业成本，编制会计分录如下：

借：营业成本　7 266 000
　　应付票据　1 075 000

应付账款 1 625 000
应交税费——应交增值税（进项税额） 549 950
贷：存货 1 879 600
预付账款 650 000
经营活动现金流量——购买商品、接受劳务支付的现金 7 986 350

将本期营业成本中没有实际支付现金的部分剔除，为此应当调整应付票据、应付账款、预付账款、存货等账户的记录。应付票据期末比期初减少 1 075 000 元，表明用于购买存货的现金流出增加 1 075 000 元；应付账款期末比期初减少 1 625 000 元，表明用于购买存货的现金流出增加 1 625 000 元；预付账款期末比期初减少 650 000 元，表明用于购买存货的现金流出减少 650 000 元;增值税进项税额 549 950 元,表明用于购买存货的现金流出增加 549 950 元；存货减少 1 879 600 元，表明用于购买存货的现金流出减少 1 879 600 元。

（3）分析调整本年营业税金及附加，编制会计分录如下：

借：营业税金及附加 100 000
贷：经营活动现金流量——支付的各种税费 100 000

该项目是本年支付的营业税金及附加（业务 28）。

（4）分析调整销售费用付现，编制会计分录如下：

借：销售费用 260 000
贷：经营活动现金流量——支付其他与经营活动有关的现金 260 000

该项目利润表所列销售费用与按收付实现制确认的金额相等（业务 25）。

（5）分析调整管理费用，编制会计分录如下：

借：管理费用 523 600
贷：经营活动现金流量——支付其他与经营活动有关的现金 523 600

管理费用中包含不涉及现金的支出项目，该调整分录先将管理费用金额转入“经营活动现金流量——支付其他与经营活动有关的现金”项目中，至于不涉及现金的支出项目，后面再进行相应的调整。

（6）分析调整财务费用，编制会计分录如下：

借：财务费用 135 000
贷：经营活动现金流量——销售商品、提供劳务收到的现金 135 000

本年的财务费用 135 000 元全是应收票据的贴现利息（业务 26），调整分录（1）因为应收票据期末与期初相等没有进行调整,但是本期应收票据的贴现导致向银行支付了贴现利息,所以实际销售商品的现金流入减少 135 000 元。由于在调整应收票据时是计入“经营活动现金流量——销售商品、提供劳务收到的现金”项目中的，所以要从“经营活动现金流量——销售商品、提供劳务收到的现金”项目内转回，不能作为现金流入。

分析调整资产减值损失：由于当年没有计提资产减值损失，所以该项目不需要进行调整。

（7）分析调整公允价值变动收益，编制会计分录如下：

借：交易性金融资产 47 000
贷：公允价值变动损益 47 000
借：公允价值变动损益 241 800
贷：投资收益 241 800

公允价值变动损益影响净利润的确认，但不影响现金流量。资产负债表日交易性金融资产公允价值增加 47 000 元（业务 30）；本期出售交易性金融资产，应调整公允价值变动损益 241 800 元（业务 23），转入投资收益。

（8）分析调整投资收益，编制会计分录如下：

借：投资活动现金流量——收回投资所收到的现金　1 860 000

　贷：投资收益　37 200

　　　交易性金融资产　1 822 800

借：交易性金融资产　532 000

　　投资收益　8 300

　贷：投资活动现金流量——投资支付的现金　540 300

投资收益应从利润表的项目中调整出来，列入投资活动的现金流量中。本例的投资收益分为两个部分，一是购买交易性金融资产发生了 8 300 元（业务 7）的交易费用，二是出售交易性金融资产获利 37 200 元（业务 23）。

分析调整营业外收入：由于本期没有发生营业外收入，所以该项目不需要进行调整。

（9）分析调整营业外支出，编制会计分录如下：

借：投资活动现金流量——处置固定资产收回的现金净额　498 000

　　营业外支出　77 000

　　累计折旧　425 000

　贷：固定资产　1 000 000

借：营业外支出　69 000

　　累计折旧　281 000

　贷：固定资产　350 000

本例中的营业外支出由两部分组成，一部分营业外支出是处置固定资产的损失 77 000 元（业务 16），处置过程中收到的现金应列入投资活动的现金流量中；另一部分营业外支出是固定资产盘亏产生的损失 69 000 元（业务 33），没有涉及现金流量。

（10）分析调整所得税费用，编制会计分录如下：

借：所得税费用　938 825

　贷：应交税费　938 825

将利润表中的所得税费用调入应交税费。

（11）利润表中净利润的结转将在后面调整，除此之外，利润表的全部项目都已调整完毕，将利润表的所有调整分录逐一过入工作底稿。调整分录的数据对资产负债表的相关项目会产生影响，如果期初数加减调整分录的金额等于期末金额，则该资产负债表项目可以不再调整，否则需继续进行调整。

根据 1~10 笔调整分录过入工作底稿后，资产负债表的交易性金融资产、应收票据、应收账款、预付账款和存货项目已经调整完毕，货币资金项目将在后面调整。下面调整固定资产项目。

（12）分析调整固定资产，编制会计分录如下：

借：固定资产　795 000

　贷：投资活动现金流量——购建固定资产支付的现金　795 000

借：固定资产　4 368 000

贷：投资活动现金流量——购建固定资产支付的现金　　4 060 000

应付职工薪酬——职工福利　　308 000

本期固定资产的增加包括两个部分：一是购买设备支付现金 795 000 元（业务 4）；二是通过在建工程完工转入的固定资产 4 368 000 元（业务 8、9、13、15）。本期处置和盘亏的固定资产已在分录（9）中进行了调整。

（13）分析调整累计折旧，编制会计分录如下：

借：经营活动现金流量——购买商品、接受劳务支付的现金　　320 000

（计入制造费用的折旧）

——支付其他与经营活动有关的现金　　80 000

（计入管理费用的折旧）

贷：累计折旧　　400 000

本期计提的累计折旧 400 000 元（业务 17），计入管理费用 80 000 元，计入制造费用 320 000 元。由于计入制造费用和管理费用的折旧不是付现费用，没有现金流出，前面（2）、（5）作为现金流出，应做转回调整。

（14）分析调整累计摊销，编制会计分录如下：

借：经营活动现金流量——支付的其他与经营活动有关的现金　　200 000

贷：累计摊销　　200 000

本期计提的累计摊销 200 000 元（业务 18），计入管理费用 200 000 元，没有现金流出，所以应做转回调整，理由同第（13）笔调整分录。

（15）分析调整短期借款，编制会计分录如下：

借：短期借款　　1 500 000

贷：筹资活动现金流量——偿还债务所支付的现金　　1 500 000

归还短期借款的本金和利息共 1 545 000 元（业务 21），此处只调整归还借款本金 1 500 000 元，不包括利息 45 000 元，利息一般在财务费用、应付利息中调整。

应付票据、应付账款已经在第（2）笔调整分录调整完毕。

（16）分析调整应付职工薪酬，编制会计分录如下：

借：经营活动现金流量——购买商品、接受劳务支付的现金　　2 576 400

——支付的其他与经营活动有关的现金　　159 600

贷：经营活动现金流量——支付给职工以及为职工支付的现金　　2 400 000

应付职工薪酬——职工福利　　336 000

本期应付职工薪酬金额期末比期初增加 644 000 元，由职工福利费构成，包括生产人员和管理人员福利费 336 000 元，以及在建工程人员应该负担的 308 000 元，已在第（12）笔调整分录中调整，在建工程人员应该负担的工资 2 200 000 元也在第（12）笔调整分录中调整。上述分录中由于工资费用分配时已分别计入制造费用和管理费用，所以应进行补充调整。

（17）分析调整应交税费，编制会计分录如下：

借：应交税费　　1 938 825

贷：经营活动现金流量——支付的各种税费　　1 938 825

本期支付的各种税费包括营业税金及附加 100 000 元，已交增值税 1 000 000 元，以及已交所得税 938 825 元。其中营业税金及附加 100 000 元已在利润表项目中调整，此调整分录只包括已交增值税和已交所得税。为了便于分析，企业应在日常核算时按应交税费的税种分设明细账，以方便获取分析所需数据。

（18）分析调整应付利息，编制会计分录如下：

借：应付利息　　45 000

　　贷：筹资活动现金流量——分配股利、利润或偿付利息所支付的现金　　45 000

本期支付的利息只有归还短期借款应支付的利息45 000元（业务21）。

分析调整应付股利：应付股利本期没有支付现金，所以不需要进行调整，为了保证资产负债表的调整完整，将在后面进行调整。

（19）分析调整长期借款，编制会计分录如下：

借：长期借款　　2 100 000

　　贷：筹资活动现金流量——偿还债务所支付的现金　　2 100 000

本期归还了长期借款的本金2 100 000元（业务22）。

（20）结转净利润，编制会计分录如下：

借：净利润　　2 816 475

　　贷：未分配利润　　2 816 475

（21）提取盈余公积及分配股利，编制会计分录如下：

借：未分配利润　　1 172 471.25

　　贷：盈余公积　　422 471.25

　　　　应付股利　　750 000

（22）最后调整现金的净变化额，编制会计分录如下：

借：现金净减少额　　2 721 375

　　贷：货币资金　　2 721 375

本期货币资金期末比期初减少2 721 375元。

3. 将调整分录过入工作底稿的相应部分，见表13.11。

表13.11　现金流量表工作底稿

（单位：元）

项　目	期初数	调整分录		期末数
		借　方	贷　方	
一、资产负债表项目				
借方项目：				
货币资金	11 000 000		（22）2 721 375	8 278 625
交易性金融资产	2 300 000	（7）47 000 （8）532 000	（8）1 822 800	1 056 200
应收票据	3 900 000			3 900 000
应收账款	6 169 000	（1）200 000		6 369 000
预付账款	2 300 000		（2）650 000	1 650 000
应收利息				
其他应收款				
存货	13 100 000		（2）1 879 600	11 220 400
一年内到期的非流动资产				

续表

项　　目	期初数	调整分录		期末数
		借　方	贷　方	
其他流动资产				
可供出售金融资产				
持有至到期投资				
长期应收款				
长期股权投资	298 000			298 000
投资性房地产				
固定资产	10 700 000	（12）5 163 000	（9）1 350 000	14 513 000
在建工程				
工程物资				
固定资产清理				
无形资产	4 100 000			4 100 000
开发支出				
商誉				
长期待摊费用				
递延所得税资产				
其他非流动资产				
借方项目合计	53 867 000			51 385 225
贷方项目：				
累计折旧	900 000	（9）706 000	（13）400 000	594 000
累计摊销	300 000		（14）200 000	500 000
短期借款	3 300 000	（15）1 500 000		1 800 000
交易性金融负债				
应付票据	3 800 000	（2）1 075 000		2 725 000
应付账款	7 200 000	（2）1 625 000		5 575 000
预收账款	3 400 000			3 400 000
应付职工薪酬	2 000 000		（12）308 000 （16）336 000	2 644 000
应交税费	550 000	（2）549 950 （17）1 938 825	（1）2 058 700 （10）938 825	1 058 750
应付利息	500 000	（18）45 000		455 000
应付股利			（21）750 000	750 000
其他应付款	349 000			349 000
一年内到期的非流动负债				
其他流动负债				
长期借款	11 000 000	（19）2 100 000		8 900 000
应付债券				
长期应付款				
专项应付款				
预计负债				
递延所得税负债				
其他非流动负债				

续表

项　　目	期初数	调整分录		期末数
		借　方	贷　方	
实收资本（或股本）	16 000 000			16 000 000
资本公积	2 868 000			2 868 000
减：库存股				
盈余公积	800 000		（21）422 471.25	1 222 471.25
未分配利润	900 000	（21）1 172 471.25	（20）2 816 475	2 544 003.75
贷方项目合计	53 867 000			51 385 225
二、利润表项目				
营业收入			（1）12 110 000	12 110 000
营业成本		（2）7 266 000		7 266 000
营业税金及附加		（3）100 000		100 000
销售费用		（4）260 000		260 000
管理费用		（5）523 600		523 600
财务费用		（6）135 000		135 000
资产减值损失				
公允价值变动收益（损失以"-"号填列）		（7）241 800	（7）47 000	-194 800
投资收益（损失以"-"号填列）		（8）8 300	（7）241 800 （8）37 200	270 700
营业外收入				
营业外支出		（9）146 000		146 000
所得税费用		（10）938 825		938 825
净利润（净亏损以"-"号填列）		（20）2 816 475		2 816 475
三、现金流量表项目				
（一）经营活动产生的现金流量				
销售商品、提供劳务收到的现金		（1）13 968 700	（6）135 000	13 833 700
收到的税费返还				
收到其他与经营活动有关的现金				
经营活动现金流入小计				13 833 700
购买商品、接受劳务支付的现金		（13）320 000 （16）2 576 400	（2）7 986 350	5 089 950
支付给职工以及为职工支付的现金			（16）2 400 000	2 400 000
支付的各项税费			（3）100 000 （17）1 938 825	2 038 825
支付其他与经营活动有关的现金		（13）80 000 （14）200 000 （16）159 600	（4）260 000 （5）523 600	344 000
经营活动现金流出小计				9 872 775
经营活动产生的现金流量净额				3 960 925
（二）投资活动产生的现金流量				
收回投资收到的现金		（8）1 860 000		1 860 000
取得投资收益收到的现金				
处置固定资产、无形资产和其他长期资产收回的现金净额		（9）498 000		498 000

续表

项　　目	期 初 数	调 整 分 录		期末数
		借　　方	贷　　方	
处置子公司及其他营业单位收到的现金净额				
收到其他与投资活动有关的现金				
投资活动现金流入小计				2 358 000
购建固定资产、无形资产和其他长期资产支付的现金			（12）4 855 000	4 855 000
投资支付的现金			（8）540 300	540 300
取得子公司及其他营业单位支付的现金净额				
支付其他与投资活动有关的现金				
投资活动现金流出小计				5 395 300
投资活动产生的现金流量净额				−3 037 300
（三）筹资活动产生的现金流量				
吸收投资收到的现金				
取得借款收到的现金				
收到其他与筹资活动有关的现金				
筹资活动现金流入小计				
偿还债务支付的现金			（15）1 500 000 （19）2 100 000	3 600 000
分配股利、利润或偿付利息支付的现金			（18）45 000	45 000
支付其他与筹资活动有关的现金				
筹资活动现金流出小计				3 645 000
筹资活动产生的现金流量净额				−3 645 000
四、汇率变动对现金及现金等价物的影响				
五、现金及现金等价物净增加额		（22）2 721 375		−2 721 375
调整分录借贷合计		51 474 321.25	51 474 321.25	

4. 核对调整分录，借方贷方合计已经相等，资产负债表项目期初数加减调整分录中的借贷金额以后，也已等于期末数。

5. 根据工作底稿中的现金流量表项目部分编制正式的现金流量表，见表13.12。

表 13.12　现金流量表

会企 03 表

编制单位：长江公司　　　　20×3 年度　　　　（单位：元）

项　　目	本 期 金 额	上 期 金 额
一、经营活动产生的现金流量		（略）
销售商品、提供劳务收到的现金	13 833 700	
收到的税费返还		
收到其他与经营活动有关的现金		
经营活动现金流入小计	13 833 700	
购买商品、接受劳务支付的现金	5 089 950	
支付给职工以及为职工支付的现金	2 400 000	
支付的各项税费	2 038 825	
支付其他与经营活动有关的现金	344 000	

续表

项目	本期金额	上期金额
经营活动现金流出小计	9 872 775	
经营活动产生的现金流量净额	3 960 925	
二、投资活动产生的现金流量		
收回投资收到的现金	1 860 000	
取得投资收益收到的现金		
处置固定资产、无形资产和其他长期资产收回的现金净额	498 000	
处置子公司及其他营业单位收到的现金净额		
收到其他与投资活动有关的现金		
投资活动现金流入小计	2 358 000	
购建固定资产、无形资产和其他长期资产支付的现金	4 855 000	
投资支付的现金	540 300	
取得子公司及其他营业单位支付的现金净额		
支付其他与投资活动有关的现金		
投资活动现金流出小计	5 395 300	
投资活动产生的现金流量净额	−3 037 300	
三、筹资活动产生的现金流量		
吸收投资收到的现金		
取得借款收到的现金		
收到其他与筹资活动有关的现金		
筹资活动现金流入小计		
偿还债务支付的现金	3 600 000	
分配股利、利润或偿付利息支付的现金	45 000	
支付其他与筹资活动有关的现金		
筹资活动现金流出小计	3 645 000	
筹资活动产生的现金流量净额	−3 645 000	
四、汇率变动对现金及现金等价物的影响		
五、现金及现金等价物净增加额	−2 721 375	
加：期初现金及现金等价物余额	11 000 000	
六、期末现金及现金等价物余额	8 278 625	

（四）采用分析填列法编制现金流量表

【例 13.4】 沿用【例 13.1】和【例 13.2】的资料以及编制的长江公司 20×3 年度资产负债表和利润表，采用分析填列法编制长江公司 20×3 年度的现金流量表，具体步骤如下。

1. 长江公司 20×3 年度现金流量表的各个项目金额，分析计算确定如下。

（1）销售商品、提供劳务收到的现金：

销售商品、提供劳务收到的现金=主营业务收入+应交税费（应交增值税——销项税额）

+（应收账款年初余额−应收账款期末余额）

+（应收票据年初余额−应收票据期末余额）

+（预收账款期末余额−预收账款年初余额）

−当期计提的坏账准备−票据贴现利息

=12 110 000+2 058 700+（6 169 000−6 369 000）

+（3 900 000−3 900 000）+（3 400 000−3 400 000）−135 000

=13 833 700（元）

（2）购买商品、接受劳务支付的现金：

购买商品、接受劳务支付的现金 =主营业务成本+应交税费（应交增值税——进项税额）

+（存货期末余额–存货年初余额）

+（应付账款年初余额–应付账款期末余额）

+（应付票据年初余额–应付票据期末余额）

+（预付账款期末余额–预付账款年初余额）

–当期列入生产成本、制造费用的职工薪酬

–当期列入生产成本、制造费用的折旧费和固定资产修理费

=7 266 000+549 950+（11 220 400–13 100 000）

+（7 200 000–5 575 000）+（3 800 000–2 725 000）

+（1 650 000–2 300 000）–2 576 400–320 000

=5 089 950（元）

（3）支付给职工以及为职工支付的现金：

支付给职工以及为职工支付的现金=生产成本、制造费用、管理费用中的职工薪酬

+（应付职工薪酬年初余额–应付职工薪酬期末余额）

–[应付职工薪酬（在建工程）年初余额

–应付职工薪酬（在建工程）期末余额]

=2 400 000+336 000+（2 000 000–2 644 000）

–（2 200 000–2 508 000）=2 400 000（元）

由于本例中用现金支付职工薪酬总额为 4 600 000 元，其中支付给生产成本、制造费用、管理费用中的职工薪酬为 2 400 000 元，其余 2 200 000 元是支付给在建工程人员的。职工福利 644 000 元没有支付现金，这也是应付职工薪酬期末比年初增加的原因。

（4）支付的各项税费：

支付的各项税费 =当期所得税费用+营业税金及附加

+应交税费（应交增值税——已交税金）

=938 825+100 000+1 000 000=2 038 825（元）

（5）支付其他与经营活动有关的现金：

支付其他与经营活动有关的现金=其他管理费用+销售费用

=84 000+260 000=344 000（元）

经营活动产生的现金流量净额=13 833 700–（5 089 950+2 400 000+2 038 825+344 000）

=13 833 700–9 872 775 = 3 960 925（元）

（6）收回投资收到的现金：

收回投资收到的现金=交易性金融资产贷方发生额

+与交易性金融资产一起收回的投资收益

=1 822 800+37 200=1 860 000（元）

（7）处置固定资产收回的现金净额：

处置固定资产收回的现金净额=500 000–2 000=498 000（元）

（8）购建固定资产支付的现金：

购建固定资产支付的现金=用现金购买固定资产、工程物资的金额

+支付给在建工程人员的职工薪酬

=795 000+1 860 000+2 200 000=4 855 000（元）

（9）投资支付的现金：

投资支付的现金=购买交易性金融资产的买价

+购买交易性金融资产的交易费用

=532 000 +8 300=540 300（元）

投资活动产生的现金流量净额=（1 860 000+498 000）−（4 855 000+540 300）

=−3 037 300（元）

（10）偿还债务支付的现金：

偿还债务支付的现金=归还短期借款本金+归还长期借款本金

=1 500 000+2 100 000=3 600 000（元）

（11）分配股利、利润或偿付利息支付的现金：

分配股利、利润或偿付利息支付的现金=支付的现金股利+支付的利息=45 000（元）

筹资活动产生的现金流量净额=0−（3 600 000+45 000）=−3 645 000（元）

将以上采用直接分析填列法计算出的数据填列长江公司 20×3 年的现金流量表，见表 13.13。

表 13.13 现金流量表

会企 03 表

编制单位：长江公司　　　　20×3 年度　　　　（单位：元）

项　目	本期金额	上期金额
一、经营活动产生的现金流量		（略）
销售商品、提供劳务收到的现金	13 833 700	
收到的税费返还	0	
收到其他与经营活动有关的现金	0	
经营活动现金流入小计	13 833 700	
购买商品、接受劳务支付的现金	5 089 950	
支付给职工以及为职工支付的现金	2 400 000	
支付的各项税费	2 038 825	
支付其他与经营活动有关的现金	344 000	
经营活动现金流出小计	9 872 775	
经营活动产生的现金流量净额	3 960 925	
二、投资活动产生的现金流量		
收回投资收到的现金	1 860 000	
取得投资收益收到的现金	0	
处置固定资产、无形资产和其他长期资产收回的现金净额	498 000	
处置子公司及其他营业单位收到的现金净额	0	
收到其他与投资活动有关的现金	0	
投资活动现金流入小计	2 358 000	
购建固定资产、无形资产和其他长期资产支付的现金	4 855 000	

续表

项　目	本期金额	上期金额
投资支付的现金	540 300	
取得子公司及其他营业单位支付的现金净额	0	
支付其他与投资活动有关的现金		
投资活动现金流出小计	5 395 300	
投资活动产生的现金流量净额	−3 037 300	
三、筹资活动产生的现金流量		
吸收投资收到的现金	0	
取得借款收到的现金	0	
收到其他与筹资活动有关的现金	0	
筹资活动现金流入小计	0	
偿还债务支付的现金	3 600 000	
分配股利、利润或偿付利息支付的现金	45 000	
支付其他与筹资活动有关的现金	0	
筹资活动现金流出小计	3 645 000	
筹资活动产生的现金流量净额	−3 645 000	
四、汇率变动对现金及现金等价物的影响		
五、现金及现金等价物净增加额	−2 721 375	
加：期初现金及现金等价物余额	11 000 000	
六、期末现金及现金等价物余额	8 278 625	

2. 将净利润调整为经营活动现金流量各项目的计算如下。

（注：所计算出的数据用于填列现金流量表的补充资料）

当年没有提取资产减值准备，该项目不必计算。

（1）固定资产折旧=320 000+80 000=400 000（元）

（2）无形资产摊销=200 000（元）

（3）处置固定资产、无形资产和其他长期资产的损失=（575 000+2 000−500 000）=77 000（元）

（4）固定资产盘亏损失=69 000（元）

（5）公允价值变动损失=（241 800−47 000）=194 800（元）

（6）投资损失（减：收益）=8 300−（241 800+37 200）=−270 700（元）

（7）存货的减少=（13 100 000−11 220 400）=1 879 600（元）

（8）经营性应收项目的减少 = 应收账款（6 169 000−6 369 000）+预付账款（2 300 000−1 650 000） = −200 000+650 000 = 450 000（元）

（9）经营性应付项目的增加=应付票据（2 725 000−3 800 000）+应付账款（5 575 000 − 7 200 000）+应交税费（1 058 750−550 000） + 应付职工薪酬中的职工福利（336 000） = −1 075 000−1 625 000+508 750+336 000 = −1 855 250（元）

注：计入生产成本、制造费用、管理费用中的职工薪酬共为 2 736 000 元，其中工资 2 400 000 元实际支付了现金，而职工福利 336 000 元没有实际支付，虽然影响利润，但是没有现金流出。

小提示

采用间接法计算填列现金流量表的补充资料时，计算项目中应注意如下内容。

（1）经营性应收项目的减少，反映包括应收票据、应收账款、预付账款和其他应收款等期初与期末的差额，期末数大于期初数的差额表示增加用“–”号填列。

（2）经营性应付项目的增加，反映包括应付票据、应付账款、预收账款和其他应付款、应付职工薪酬和应交税费等期末与期初的差额，期末数小于期初数的差额表示减少用“–”号填列。

根据以上计算结果填列现金流量表的补充资料，见表 13.14。

表 13.14　现金流量表补充资料　　会企 03 表

编制单位：长江公司　　20×3 年度　　（单位：元）

补 充 资 料	本 期 金 额	上 期 金 额
1．将净利润调节为经营活动现金流量		
净利润	2 816 475	（略）
加：资产减值准备	0	
固定资产折旧	400 000	
无形资产摊销	200 000	
长期待摊费用摊销	0	
处置固定资产、无形资产和其他长期资产的损失（收益以“–”号填列）	77 000	
固定资产报废损失（收益以“–”号填列）	69 000	
公允价值变动损失（收益以“–”号填列）	194 800	
财务费用（收益以“–”号填列）	0	
投资损失（收益以“–”号填列）	–270 700	
递延所得税资产减少（增加以“–”号填列）	0	
递延所得税负债增加（减少以“–”号填列）	0	
存货的减少（增加以“–”号填列）	1 879 600	
经营性应收项目的减少（增加以“–”号填列）	450 000	
经营性应付项目的增加（减少以“–”号填列）	–1 855 250	
其他		
经营活动产生的现金流量净额	3 960 925	
2．不涉及现金收支的重大投资和筹资活动		
债务转资本	0	
一年内到期的可转换公司债券	0	
融资租入固定资产	0	
3．现金及现金等价物净变动情况		
现金的期末余额	8 278 625	

续表

补 充 资 料	本 期 金 额	上 期 金 额
减：现金的期初余额	11 000 000	
加：现金等价物的期末余额	0	
减：现金等价物的期初余额	0	
现金及现金等价物净增加额	−2 721 375	

知识链接

企业面临灭顶之灾的威胁主要来自于两个方面：一是收不抵支，扭亏无期，资本减值，以至主动清算；二是现金持有量过低，不能偿还到期债务，以至被动破产。

现金持有量是一把双刃剑。一方面，现金是最好的支付手段，现金持有量过少，就会危及企业的生存；另一方面，现金的赢利性最差，所以持有现金是奢侈的行为。

同样，赢利也是一把双刃剑。一方面，赢利是企业的生存之本和发展之源，所以企业一定要赢利。只有赢利，企业才能够强盛。另一方面，企业有赢利并不等于有现金。赢利转化为现金才是修成正果，所以，在企业的财务管理中，应当坚持两手抓，一手抓赢利，一手抓现金，两手都要硬。

第五节　所有者权益变动表

一、所有者权益变动表的意义

1. 所有者权益变动表的概念

所有者权益变动表也称为股东权益变动表，是反映企业在一定期间所有者权益各组成部分增减变动情况的报表。

所有者权益变动表用来全面反映一定时期所有者权益变动的情况，不仅包括所有者权益总量的增减变动，还包括所有者权益增减变动重要的结构性信息，特别是要反映直接计入所有者权益的利得和损失，使报表使用者能够准确地掌握所有者权益增减变动的根源。

所有者权益变动表在一定程度上反映了企业的综合收益。综合收益是指企业在某一期间与所有者之外的其他方面进行交易或发生其他事项所引起的净资产变动。综合收益包括两个部分：净利润和直接计入所有者权益的利得和损失。在所有者权益变动表中，净利润和直接计入所有者权益的利得和损失均以单独项目列示，体现了企业综合收益的构成。

2. 所有者权益变动表的作用

所有者权益变动表既反映企业的净利润，又反映直接计入所有者权益的利得和损失；既反映所有者权益增减变动的结果，又揭示所有者权益增减变动的动态过程；既是资产负债表中所有者权益各项目的详细说明，又是利润表中净利润分配的进一步延伸。因此，所有者权益变动表可谓是一个内容丰富、信息量大的综合性会计报表。其作用主要体现在以下几个方面。

（1）所有者权益变动表将影响企业所有者权益的各种因素列示出来，包括本年净利润及其分配情况，直接计入所有者权益的利得和损失，以及会计政策变更、会计差错更正对所有者权益产生的影响，使会计信息使用者（尤其是股东）明白资产负债表中所有者权益各项目如何由年初数变成年末数。从这一点上说，它是对资产负债表的必要补充。

（2）从所有者权益变动表中可以清楚地了解到企业利润的分配去向及其对期末所有者权益的影响，从这个意义上说，它是利润表的进一步延伸。

（3）所有者权益变动表在一定程度上体现企业综合收益的特点，除列示直接计入所有者权益的利得和损失外，还包含最终属于所有者权益变动的净利润，从而构成企业的综合收益。这是对利润表的必要补充；同时，它解释了为什么利润（或亏损）不是导致所有者权益增减变动的唯一原因，将利润表与资产负债表的“脱节”很好地衔接起来。

二、所有者权益变动表的结构

所有者权益变动表以矩阵的形式列示企业所有者权益增减变动的情况。它一方面列示导致所有者权益变动的交易或事项；另一方面按照所有者权益各组成部分（包括实收资本、资本公积、盈余公积、未分配利润和库存股）及其总额列示交易或事项对所有者权益的影响。此外，所有者权益变动表就各项目分为“本年金额”和“上年金额”两栏分别填列，以便于信息使用者进行比较分析。

所有者权益变动表至少应当单独列示反映下列信息：①净利润；②直接计入所有者权益的利得和损失项目及其总额；③会计政策变更和差错更正的累积影响金额；④所有者投入资本和向所有者分配利润等；⑤提取的盈余公积；⑥实收资本或股本、资本公积、盈余公积、未分配利润的期初和期末余额及其调节情况。其具体格式见表 13.15。

三、所有者权益变动表的填列方法

1. 上年金额栏的填列方法

所有者权益变动表“上年金额” 栏内的各项数字应根据上年度所有者权益变动表“本年金额”内所列数字填列。如果上年度所有者权益变动表规定的各个项目的名称和内容与本年度不相一致，应对上年度所有者权益变动表各项目的名称和数字按本年度的规定进行调整，填入所有者权益变动表的“上年金额”栏内。

2. 本年金额栏的填列方法

所有者权益变动表“本年金额”栏内各项数字一般应根据“实收资本（或股本）”、“资本公积”、“盈余公积”、“利润分配”、“库存股”、“以前年度损益调整”科目的余额分析填列。

3. 所有者权益变动表编制示例

【例 13.5】 沿用【例 13.1】和【例 13.2】的资料编制长江公司的所有者权益变动表，见表 13.15。

表 13.15　所有者权益（股东权益）变动表

编制单位：长江公司　　　　20×3 年度　　　　（单位：元）

项目	行次	本年金额						上年金额					
		实收资本(或股东)	资本公积	减:库存股	盈余公积	未分配利润	所有者权益合计	实收资本(或股东)	资本公积	减：库存股	盈余公积	未分配利润	所有者权益合计
一、上年年末余额		16 000 000	2 868 000	0	800 000	900 000	20 568 000						
加：会计政策变更													
前期差错更正													
二、本年年初余额		16 000 000	2 868 000	0	800 000	900 000	20 568 000						
三、本年增减变动金额（减少以“–”号填列）													
（一）净利润						2 816 475	2 816 475						
（二）直接计入所有者权益的利得和损失													
1．可供出售金融资产公允价值变动净额													
2．权益法下被投资单位其他所有者权益变动的影响													
3．与计入所有者权益项目相关的所得税影响													
4．其他													
上述（一）和（二）小计													
（三）所有者投入和减少资本													
1．所有者投入资本													
2．股份支付计入所有者权益的金额													
3．其他													
（四）利润分配													
1．提取盈余公积					422 471 25	–422 471 25							
2．对所有者（或股东）的分配						–750 000	–750 000						
3．其他													
（五）所有者权益内部结转													
1．资本公积转增资本（或股东）													
2．盈余公积转增资本（或股东）													
3．盈余公积弥补亏损													
4．其他													
四、本年年末余额		16 000 000	2 868 000	0	1 222471 25	2 544 003 75	22 634 475						

第六节　财务报表附注

一、财务报表附注的作用

1. 财务报表附注的概念

财务报表附注是对资产负债表、利润表、现金流量表和所有者权益变动表等报表中列示项目的文字描述或明细资料，以及对财务报表本身无法或难以充分表达的内容和项目所做的补充说明和详细解释。附注是财务报表的重要组成部分，附注作为表外信息的主要形式，是信息披露必不可少的内容。

2. 财务报表附注的作用

财务报表附注是为了便于会计报表使用者理解会计报表的内容而对会计报表的编制基础、编制依据、编制原则和方法及主要项目等所做的解释。它是对会计报表的补充说明，是财务报告的重要组成部分。例如，对于一种经济业务，可能存在不同的会计原则和会计处理方法，也就是说有不同的会计政策可供选择。如果不在附注中交代会计报表中这些项目采用什么原则和方法确定，就不便于会计报表使用者正确理解会计报表。

企业的会计报表是遵循特定的会计准则，采用规范、通用的格式编制的，具有综合性、规范性等优点。但是随着市场经济的日益发达，大量非财务资料和非货币计量资源对企业经营决策同样具有重要作用，这些信息在会计报表中无法体现。因此，企业会计报表附注成为我国企业会计信息披露的重要方式和了解企业会计信息的重要途径。

二、财务报表附注的内容

按照我国企业会计准则的规定，报表附注中至少应披露下列内容。

（一）企业的基本情况

企业的基本情况主要包括：①企业注册地、组织形式和总部地址；②企业的业务性质和主要经营活动；③母公司以及集团最终母公司的名称；④财务报表的批准报出者和批准报出日。

（二）财务报表的编制基础

财务报表的编制基础主要说明以下内容：①会计年度；②记账本位币；③会计计量所运用的计量基础；④现金和现金等价物的构成。

（三）遵循企业会计准则的声明

企业应当明确说明编制的财务报表符合企业会计准则体系的要求，真实、公允地反映了企业的财务状况、经营成果和现金流量等有关信息，以此明确企业编制财务报表所依据的制度基础。

（四）重要会计政策和会计估计

企业应当披露采用的重要会计政策和会计估计，不重要的会计政策和会计估计可以不披露。

1. 重要会计政策的说明

由于企业经济业务的复杂性和多样性，一些经济业务可以有多种会计处理方法，即可供选择的会计政策不止一种。企业在发生这些经济业务时，必须从允许的会计处理方法中选择适合本企业特点的会计政策。企业选择了不同的会计处理方法，可能极大地影响企业的财务状况和经营成果，进而会编制出不同的财务报表。为了帮助使用者理解，有必要对这些会计政策进行披露。应该特别指出的是，说明会计政策时还需披露下列两项内容。

（1）财务报表项目的计量基础。会计的计量属性包括历史成本、重置成本、可变现净值、现值和公允价值，采用不同的计量属性会直接影响报表使用者的分析，这项披露要求便于使用者了解企业财务报表的项目是按何种计量属性基础予以计量的，如存货是按历史成本还是按可变现净值计量等。

（2）会计政策的确定依据。主要是根据企业运用会计政策过程中所做的对报表中确认项目金额最具影响的判断。例如，企业如何判断持有的金融资产是交易性金融资产而不是持有至到期投资；又如，企业如何判断与租赁资产相关的所有风险和报酬已转移给企业，达到符合融资租赁的标准；再如，企业投资性房地产的判断标准是什么等。这些判断对其在报表中确认的项目具有重要影响。

2. 重要会计估计的说明

企业应当披露会计估计中所采用的关键假设和不确定因素的确定依据。这些关键假设和不确定因素在下一会计期间很可能会导致资产、负债账面价值进行重大调整。例如，固定资产可回收金额的计算需根据公允价值减去处置费用后的净额与预计未来现金流量的现值两者之间的较高者确定，在计算资产未来现金流量的现值时需要对未来现金流量进行预测，并选择适当的折现率，应当在附注中披露未来现金流量预测所采用的假设及其依据，所选择的折现率为什么是合理的等。强调这一披露要求有助于提高财务报表的可理解性。

（五）会计政策和会计估计变更以及差错更正的说明

会计政策和会计估计的变更是指在不同的会计期间对相同的交易或事项采用不同的会计政策和不同的会计估计。会计政策和会计估计的变更通常会影响企业的财务状况和经营成果，导致会计报表有关项目的比较资料缺少可比性，因而可能会引起报表使用者的误解。企业应当按照《企业会计准则 28 号——会计政策、会计估计变更和差错更正》及其应用指南的规定，披露会计政策、会计估计变更以及差错更正的有关情况。

（六）重要报表项目的说明

企业应当以文字和数字描述相结合的方法，尽可能以列表形式披露重要报表项目的构成或当期增减变动情况。对重要报表项目的明细说明，应当按照资产负债表、利润表、现金流量表、所有者权益变动表的顺序以及报表项目列示的顺序进行披露，采用文字和数字描述相结合的方式进行披露，并与报表项目相互参照。

（七）其他需要说明的重要事项

主要包括或有事项、资产负债表日后非调整事项、关联方关系及其交易等。

本章小结

财务报表是对企业财务状况、经营成果和现金流量的结构性表述，是企业对外披露财务信息的主要手段。财务报表至少应当包括资产负债表、利润表、现金流量表、所有者权益（股东权益）变动表和附注。财务报表的编制必须做到数字真实、内容完整、说明清楚和报送及时。财务报告的主要作用是提供会计信息，并满足会计信息使用者的需要。

资产负债表是反映企业在某一特定日期（月末、季末、半年末、年末）财务状况的报表。企业应采用账户式格式编制资产负债表。资产负债表应根据当期会计账簿资料中资产、负债、所有者权益类账户的余额填列。填列的方法可以直接根据总账科目的余额填列、根据总账科目余额计算填列、根据有关明细科目的余额计算填列、根据总账科目和明细科目余额分析计算填列、根据有关科目与其备抵科目抵销后的净额填列等。

利润表是反映企业在一定会计期间经营成果的报表。利润表可以反映企业的获利能力、经营成果和企业的管理水平。我国企业利润表采用多步式格式。利润表各项目的填列一般根据企业损益类账户发生额分析计算填列。

现金流量表是反映企业一定会计期间现金和现金等价物流入和流出的报表。现金流量表由主表和补充资料组成。现金流量按其产生的原因和支付的用途不同，分为以下三大类：经营活动产生的现金流量、投资活动产生的现金流量、筹资活动产生的现金流量。现金流量表的编制可以采用直接法和间接法。我国会计准则要求企业按直接法编制现金流量表，并在补充资料中提供按间接法将净利润调节为经营活动现金流量的信息。

所有者权益变动表是反映企业在一定会计期间所有者权益变动情况的报表。所有者权益变动表不仅反映所有者权益总量的增减变动，还反映所有者权益增减变动重要的结构性信息，特别是要反映直接计入所有者权益的利得和损失，使报表使用者能够准确地掌握所有者权益增减变动的根源。所有者权益变动表内各项数字一般应根据“实收资本(或股本)”、“资本公积”、“盈余公积”、“利润分配”、“库存股”、“以前年度损益调整”科目的余额分析填列。

财务报表附注是对资产负债表、利润表、现金流量表和所有者权益变动表等报表中列示项目的文字描述或明细资料，是对财务报表本身无法或难以充分表达的内容和项目所作的补充说明和详细解释。附注可以帮助理解财务报表，修正已获取的财务报表信息。

复习思考

1. 财务报表编制的目的和要求有哪些？
2. 简述资产负债表的意义和结构。
3. 资产负债表各项目的填列方法有哪些？
4. 利润表的意义和结构是什么？如何编制利润表？
5. 利润与现金有什么关系？
6. 现金流量如何分类？编制现金流量表的意义是什么？
7. 现金流量表的编制方法包括哪些？
8. 所有者权益变动表的结构是什么？
9. 财务报表附注的内容有哪些？

基本训练

一、单选题

1. 利润表是反映（　　）的报表。

A. 企业一定期间经营成果　　B. 特定日财务状况

C. 某一特定日的经营成果　　D. 有关现金流入流出的信息

2. 下列不属于利润表中“营业外支出”项目的有（　　）。

A. 捐赠支出　　B. 非常损失　　C. 罚款支出　　D. 业务招待费

3. 某企业“应收账款”科目月末借方余额40 000元，其中“应收甲公司账款”明细科目借方余额60 000元，“应收乙公司账款”明细科目贷方余额20 000元；“预收账款”科目月末贷方余额15 000元，其中“预收A工厂账款”明细科目贷方余额25 000元，“预收B工厂账款”明细科目借方余额10 000元。该企业月末资产负债表中，“应收账款”项目的金额为（　　）。

A. 40 000元　　B. 70 000元　　C. 60 000元　　D. 50 000元

4. 下列项目中，不符合现金流量表中现金概念的是（　　）。

A. 企业银行本票存款　　B. 企业银行汇票存款

C. 不能随时用于支付的存款　　D. 企业购入3个月内到期的国债

5. 资产负债表中货币资金项目中包含的项目是（　　）。

A. 银行本票存款　　B. 银行承兑汇票　　C. 商业承兑汇票　　D. 交易性金融资产

6. 企业20×7年10月31日生产成本借方余额50万元，原材料借方余额30万元，材料成本差异贷方余额2万元，委托代销商品借方余额10万元，工程物资借方余额20万元。则资产负债表“存货”项目的金额为（　　）万元。

A. 90　　B. 88　　C. 108　　D. 110

7. 下列项目中，不应在资产负债表“存货”项目中反映的是（　　）。

A. 生产成本　　B. 发出商品　　C. 材料采购　　D. 工程物资

8. 下列各项中，属于企业经营活动中产生的现金流量是（　　）。

A. 收到的税费返还款　　B. 取得借款收到的现金

C. 分配股利支付的现金　　D. 处置固定资产收到的现金

9. 下列项目中，属于投资活动产生的现金流出是（　　）。

A. 购买固定资产所支付的现金　　B. 分配股利所支付的现金

C. 支付的所得税款　　D. 融资租赁所支付的现金

10. 所有者权益变动表（　　）企业所有者权益增减变动的情况。

A. 以账户的形式列示　　B. 以直接法的形式列示

C. 以矩阵的形式列示　　D. 以间接法的形式列示

二、多选题

1. 下列各项中，影响企业营业利润的项目有（　　）。

A. 销售费用　　B. 管理费用　　C. 投资收益　　D. 所得税费用

2. 下列项目中，应在所有者权益变动表中反映的项目有（　　）。

A. 直接计入所有者权益的利得　　B. 净利润

C. 直接计入当期损益的损失　　D. 盈余公积转增资本

3. 下列属于利润表中“营业外收入”的项目有（　　）。

A. 固定资产盘盈　　B. 罚没收入

C. 处置固定资产净收益　　D. 存货盘盈

4. 资产负债表的数据来源，可以通过（　　）。

A. 直接从总账科目的余额获得

B. 根据明细科目的余额分析计算获得

C. 根据几个总账科目的余额计算获得

D. 根据总账科目和明细科目余额分析计算获得

5. 下列会计科目中，在编制资产负债表时应列入“存货”项目的有（ ）。

A. 在途物资 B. 发出商品 C. 委托加工物资 D. 工程物资

6. 下列资产负债表项目中，根据总账余额直接填列的有（ ）。

A. 短期借款 B. 实收资本 C. 应收票据 D. 应收账款

7. 下列各项中，属于现金流量表中投资活动产生的现金流量的有（ ）。

A. 购建固定资产支付的现金

B. 转让无形资产所有权收到的现金

C. 购买3个月内到期的国库券支付的现金

D. 收到被投资单位分派的现金股利

8. 根据现行会计准则的规定，下列各项中，属于企业经营活动产生的现金流量的有（ ）。

A. 收到的出口退税款

B. 收到长期股权投资的现金股利

C. 用银行存款购入3个月内到期债券

D. 出租无形资产使用权取得的收入

9. 下列各项中，对现金流量表的编制描述正确的有（ ）。

A. 现金流量表的编制方法有直接法和间接法

B. 直接法下，一般以利润表中的营业收入为起算点

C. 在间接法下，一般以净利润为起算点

D. 现金流量表只能采用工作底稿法编制

10. 财务报表的附注是财务报告的重要组成部分，具有如下作用（ ）。

A. 便于会计报表使用者正确理解会计报表

B. 能够提供非财务资料和非货币计量资料

C. 是对会计报表的补充说明

D. 附注也是表内信息的主要形式

三、判断题

1. 资产负债表中的“固定资产”项目应包括融资租入固定资产的价值。（ ）

2. “利润分配”总账的年末余额不一定与相应的资产负债表中“未分配利润”项目的数额一致。（ ）

3. 利润表中“营业税金及附加”项目不包括增值税。（ ）

4. 资产负债表中确认的资产都是企业拥有的。（ ）

5. 所有者权益变动表只是反映企业一定期间未分配利润的增减变动情况的报表。（ ）

6. 现金流量表工作底稿中调整分录的借方金额与贷方金额应该相等。（ ）

7. 资产负债表中“应付账款”、“预付款项”项目应直接根据该科目的总账余额填列。（ ）

8. “长期股权投资”项目应根据“长期股权投资”科目的期末余额，减去“长期股权投资减值准备”科目的期末余额后的金额填列。（ ）

9. 现金流量表中“销售商品、提供劳务收到的现金”项目不包括预收款项的期初与期末余额的差额。(　　)

10. 企业从银行提取现金、将现金存入银行等业务是影响经营活动现金流量的因素。(　　)

四、业务题

1. 环宇公司20×3年年末账户试算平衡表和相关总账及明细账的期末余额见表13.16和表13.17。

表13.16　试算平衡表

20×3年12月31日　　　　（单位：元）

账户名称	期初余额		本期发生额		期末余额	
	借方	贷方	借方	贷方	借方	贷方
库存现金	18 000		（略）	（略）	16 000	
银行存款	6 837 000				5 577 600	
其他货币资金	342 000				1 082 000	
交易性金融资产	2 200 000				1 520 000	
应收票据	2 450 000				2 105 800	
应收账款	4 850 000				5 230 000	
坏账准备		61 000				75 000
预付账款	620 000				750 000	
原材料	4 365 000				3 854 000	
库存商品	6 235 000				7 326 000	
在途物资	560 000				780 000	
长期股权投资						
固定资产	11 740 000				13 315 000	
累计折旧		1 000 000				1 230 000
固定资产清理						
待处理财产损溢						
在建工程						
无形资产	2 100 000				3 120 000	
累计摊销		500 000				870 000
短期借款		4 710 000				2 820 000
应付票据		2 433 000				1 527 000
应付账款		3 470 000				4 341 000
预收账款		2 239 000				3 200 000
其他应付款		596 000				426 000
应付利息		290 000				365 000
应付职工薪酬		1 470 000				1 750 000
应付股利		385 000				539 000
应交税费		437 500				755 800
长期借款		5 130 000				6 340 000
股本		12 000 000				12 000 000
资本公积		4 223 000				4 223 000
盈余公积		2 000 000				2 200 000
利润分配（未分配利润）		1 372 500				2 014 600
合　计	42 317 000	42 317 000			44 676 400	44 676 400

表 13.17 科目余额表

20×3 年 12 月 31 日　　　　（单位：元）

总账科目	明细科目	期末余额	总账科目	明细科目	期末余额
应收账款	甲公司 乙公司 丙公司	5 230 000 3 045 000 2 445 000 −260 000	应付账款	C 公司 D 公司 E 公司	4 341 000 1 670 000 −160 000 2 831 000
预付账款	A 公司 B 公司	750 000 320 000 430 000	预收账款	F 公司 G 公司 H 公司	3 200 000 −100 000 2 060 000 1 240 000

要求：根据以上环宇公司 20×3 年年末的试算平衡表及科目余额表编制资产负债表（见表 13.18）。

表 13.18 资产负债表

编制单位：环宇公司　　20×3 年 12 月 31 日　　（单位：元）

资　　产	年末余额	年初余额	负债和所有者权益	年末余额	年初余额
流动资产：			流动负债：		
货币资金			短期借款		
交易性金融资产			交易性金融负债		
应收票据			应付票据		
应收账款			应付账款		
预付账款			预收账款		
应收利息			应付职工薪酬		
其他应收款			应交税费		
存货			应付利息		
一年内到期的非流动资产			应付股利		
其他流动资产			其他应付款		
流动资产合计			一年内到期的非流动负债		
非流动资产：			其他流动负债		
可供出售金融资产			**流动负债合计**		
持有至到期投资			**非流动负债：**		
长期应收款			长期借款		
长期股权投资			应付债券		
投资性房地产			长期应付款		
固定资产			专项应付款		
在建工程			预计负债		
工程物资			递延所得税负债		
固定资产清理			其他非流动负债		
生产性生物资产			**非流动负债合计**		
油气资产			**负债合计**		
无形资产			**所有者权益：**		
开发支出			实收资本		
商誉			资本公积		
长期待摊费用			减：库存股		
递延所得税资产			盈余公积		
其他非流动资产			未分配利润		
非流动资产合计			**所有者权益合计**		
资产总计			**负债和所有者权益总计**		

2. 环宇公司 20×3 年 12 月有关账户的发生额见表 13.19。环宇公司的所得税税率为 25%。

表 13.19　损益类账户发生额汇总表

20×3 年 12 月 31 日　　　　（单位：元）

账户名称	本月发生额		1～11 月累计数	
	借方发生额	贷方发生额	借方发生额	贷方发生额
主营业务收入		5 000 000		49 000 000
其他业务收入		800 000		8 200 000
投资收益		450 000		850 000
营业外收入		30 000		170 000
主营业务成本	3 000 000		25 000 000	
营业税金及附加	254 000		2 786 000	
其他业务成本	650 000		2 350 000	
销售费用	785 000		8 215 000	
管理费用	680 000		7 520 000	
财务费用	300 000		3 000 000	
资产减值损失			45 000	
公允价值变动收益				380 000
营业外支出	21 000		399 000	
所得税费用	215 000		2 253 750	

要求：根据环宇公司年末损益类账户发生额汇总表的有关资料编制利润表（见表 13.20）。

表 13.20　利润表

编制单位：环宇公司　　　　20×3 年度　　　　（单位：元）

项　　目	本期金额	上期金额
一、营业收入		（略）
减：营业成本		
营业税金及附加		
销售费用		
管理费用		
财务费用		
资产减值准备		
加：公允价值变动收益（损失以“-”号填列）		
投资收益（损失以“-”号填列）		
二、营业利润（亏损以“-”号填列）		
加：营业外收入		
减：营业外支出		
其中：非流动资产处置损失		
三、利润总额		
减：所得税费用		
四、净利润		
五、每股收益	（略）	
（一）基本每股收益		
（二）稀释每股收益		

3. 表 13.21 及表 13.22 分别是柳林公司 20×3 年 12 月 31 日的资产负债表及 20×3 年度的利润表

表 13.21 资产负债表 会企 01 表

编制单位：柳林公司 20×3 年 12 月 31 日 （单位：元）

资 产	年末余额	年初余额	负债和所有者权益	年末余额	年初余额
流动资产：			流动负债：		
货币资金	1 270 000	1 140 000	短期借款	800 000	1 300 000
交易性金融资产	560 000	300 000	交易性金融负债	0	0
应收票据	900 000	850 000	应付票据	725 000	800 000
应收账款	1 240 000	1 750 000	应付账款	1 575 000	1 200 000
预付账款	650 000	560 000	预收账款	750 000	480 000
应收利息	0	0	应付职工薪酬	132 000	300 000
其他应收款	0	0	应交税费	380 000	550 000
存货	2 620 000	2 100 000	应付利息	85 000	50 000
一年内到期的非流动资产	0	0	应付股利	450 000	0
其他流动资产	0	0	其他应付款	69 000	79 000
流动资产合计	7 240 000	6 700 000	一年内到期的非流动负债	0	0
非流动资产：			其他流动负债	0	0
可供出售金融资产	0	0	流动负债合计	4 966 000	4 759 000
持有至到期投资	0	0	非流动负债：		
长期应收款	0	0	长期借款	1 900 000	2 100 000
长期股权投资	298 000	298 000	应付债券	0	0
投资性房地产	0	0	长期应付款	0	0
固定资产	5 910 000	4 800 000	专项应付款	0	0
在建工程	0	0	预计负债	0	0
工程物资	0	0	递延所得税负债	0	0
固定资产清理	0	0	其他非流动负债	0	0
生产性生物资产	0	0	非流动负债合计	1 900 000	2 100 000
油气资产	0	0	负债合计	6 866 000	6 859 000
无形资产	1 600 000	1 800 000	所有者权益：		
开发支出	0	0	实收资本	3 150 000	3 150 000
商 誉	0	0	资本公积	2 752 500	1 860 000
长期待摊费用	0	0	减：库存股	0	0
递延所得税资产	0	0	盈余公积	1 170 050	1 070 000
其他非流动资产	0	0	未分配利润	1 109 450	659 000
非流动资产合计	7 808 000	6 898 000	所有者权益合计	8 182 000	6 739 000
资产总计	15 048 000	13 598 000	负债和所有者权益总计	15 048 000	13 598 000

其中，当年提取坏账准备 65 000 元，累计折旧 530 000 元，累计摊销 200 000 元。

表 13.22 利润表 会企 02 表

编制单位：柳林公司 20×3 年度 （单位：元）

项 目	本 期 金 额	上 期 金 额
一、营业收入	11 000 000	（略）
减：营业成本	7 500 000	
营业税金及附加	200 000	
销售费用	360 000	

续表

项　目	本期金额	上期金额
管理费用	1 350 000	
财务费用	135 000	
资产减值损失	65 000	
加：公允价值变动收益（损失以“-”号填列）		
投资收益（损失以“-”号填列）	-68 000	
二、营业利润（亏损以“-”号填列）	1 322 000	
加：营业外收入	78 000	
减：营业外支出	66 000	
其中：非流动资产处置损失	0	
三、利润总额	1 334 000	
减：所得税费用	333 500	
四、净利润	1 000 500	
五、每股收益	（略）	
（一）基本每股收益		
（二）稀释每股收益		

柳林公司其他相关资料如下。

第一， 20×3 年利润表有关项目的明细资料如下。

（1）营业税金及附加 200 000 元，实际交纳 200 000 元。

（2）管理费用的组成：职工薪酬 380 000 元，无形资产累计摊销 200 000 元，固定资产累计折旧 120 000 元，支付的其他费用 650 000 元。

（3）财务费用的组成：支付借款利息 135 000 元。

（4）资产减值损失的组成：计提坏账准备 65 000 元。上年年末坏账准备余额为 61 000 元。

（5）投资收益的组成：出售交易性金融资产（股票）的投资收益为-68 000 元。自公允价值变动损益结转的公允价值损失与持有交易性金融资产的公允价值收益刚好相抵。购买交易性金融资产的交易费用为 15 000 元。

（6）营业外收入的组成：处置固定资产净收益 78 000 元。（其处置固定资产原价为 650 000 元，累计折旧 300 000 元，收到处置收入 428 000 元。）假定不考虑与固定资产处置相关的税费。

（7）营业外支出的组成：报废固定资产净损失 66 000 元。（其固定资产账面价值为 200 000 元，累计折旧 134 800 元，支付清理费用 2 000 元，收到残值收入 1 200 元。）

（8）利润表中的销售费用 360 000 元到年底已经全部支付。

（9）当期所得税费用为 333 500 元。

第二，20×3 年年末资产负债表有关项目的明细资料如下。

（1）本期购买交易性股票本金 680 000 元，出售收回交易性股票本金 420 000 元。同时出现投资亏损 68 000 元。

（2）存货中生产成本、制造费用的组成：职工薪酬 2 380 000 元，累计折旧费用 410 000 元。

（3）应交税费的组成：本期实际支付增值税进项税额 640 000 元，本期实际收到增值税销项税额 930 000 元，已交纳增值税 385 700 元，营业税金及附加实际交纳 200 000 元，所得税实际交纳 333 500 元，应交所得税期初余额为 0。

（4）应付职工薪酬期初、期末都没有应付在建工程人员的部分。当期列入生产成本、制造费用的职工薪酬为 2 380 000 元，列入管理费用的职工薪酬为 380 000 元。

（5）本期计提借款利息 405 000 元，实际支付借款利息 135 000 元。

（6）本期用银行存款购买固定资产 2 490 000 元。

（7）本期用银行存款归还短期借款 500 000 元，归还长期借款 200 000 元。

要求：根据以上资料，采用分析填列的方法，编制柳林公司 20×3 年的现金流量表。

表 13.23　现金流量表

会企 03 表

编制单位：柳林公司　　20×3 年度　　（单位：元）

项　目	本期金额	上期金额
一、经营活动产生的现金流量		
销售商品、提供劳务收到的现金		
收到的税费返还		
收到其他与经营活动有关的现金		
经营活动现金流入小计		
购买商品、接受劳务支付的现金		
支付给职工以及为职工支付的现金		
支付的各项税费		
支付其他与经营活动有关的现金		
经营活动现金流出小计		
经营活动产生的现金流量净额		
二、投资活动产生的现金流量		
收回投资收到的现金		
取得投资收益收到的现金		
处置固定资产、无形资产和其他长期资产收回的现金净额		
处置子公司及其他营业单位收到的现金净额		
收到其他与投资活动有关的现金		
投资活动现金流入小计		
购建固定资产、无形资产和其他长期资产支付的现金		
投资支付的现金		
取得子公司及其他营业单位支付的现金净额		
支付其他与投资活动有关的现金		
投资活动现金流出小计		
投资活动产生的现金流量净额		
三、筹资活动产生的现金流量		
吸收投资收到的现金		
取得借款收到的现金		
收到其他与筹资活动有关的现金		
筹资活动现金流入小计		
偿还债务支付的现金		
分配股利、利润或偿付利息支付的现金		
支付其他与筹资活动有关的现金		
筹资活动现金流出小计		
筹资活动产生的现金流量净额		
四、汇率变动对现金及现金等价物的影响		
五、现金及现金等价物净增加额		
加：期初现金及现金等价物余额		
六、期末现金及现金等价物余额		

五、案例分析题

【案例 1】

1. 资料

表 13.24 为随意抽取的我国沪、深两市上市公司 2010 年半年报中利润表的净利润数据以及现金流量表中经营活动产生的现金流量净额数据，由表 13.24 可以看出，随意抽取的上市公司经营活动产生的现金净流量和净利润之间均存在较大的差异，有 7 家上市公司还出现了净利润和经营活动产生的现金流量净额两个数据一正一负的情况。

表 13.24　部分上市公司净利润和现金流量对比表

股票代码	股票名称	2010 上半年净利润	2010 上半年经营活动产生的现金流量净额
000768	西飞国际	126 575 787.36	−1 109 847 257.89
000790	华神集团	3 924 676.98	22 280 634.39
600211	西藏药业	4 251 292.65	−44 008 437.68
002364	中恒电气	16 816 220.23	−24 287 817.84
600894	广钢股份	46 422 147.49	85 249 988.70
600261	浙江阳光	97 034 472.96	22 319 309.70
600470	六国化工	46 497 219.80	−283 869 020.97
600353	旭光股份	8 083 895.05	39 573 191.09
000591	桐君阁	13 433 790.92	−43 236 722.96
000558	莱茵置业	40 460 919.64	−73 978 625.75
002255	海陆重工	57 566 365.67	−2 182 795.21

2. 要求

回答并分析以下问题：

（1）企业净利润应该如何计算？现金流量表中经营活动产生的现金流量净额应该如何计算？

（2）会计利润和现金净流量产生的差异说明了什么问题？这些差异对企业的生产经营有什么影响？

【案例 2】

请从图书馆或互联网上找一家知名公司的年度财务报告，分析并回答以下问题。

（1）在这家公司的资产负债表上，哪项资产的金额最大？为什么公司在这项资产上做了大笔投资?资产负债表上的项目，哪三项发生变动的百分比最大？

（2）该公司利润表上是净利润还是净亏损？净利润或净亏损占营业收入的比重为多少？利润表上的项目，哪三项发生变动的百分比最大？

（3）从报表附注中选择三项内容，说明它们对信息使用者进行决策有何影响?

（4）你认为这家公司的优势和劣势何在?为什么？

主要参考文献

［1］ 财政部. 2006a. 企业会计准则. 北京：经济科学出版社.

［2］ 财政部. 2006b. 企业会计准则——应用指南. 北京：中国财政经济出版社.

［3］ 财政部. 2013. 财税［2013］37 号《关于在全国开展交通运输业和部分现代服务业营业税改征增值税试点税收政策的通知》

［4］ 财政部会计司编写组. 2010. 企业会计准则讲解. 北京：人民出版社.

［5］ 财政部会计资格评价中心. 2013. 中级会计实务. 北京：经济科学出版社.

［6］ 陈信元. 2000. 会计学. 上海：上海财经大学出版社.

［7］ 戴德明，林钢，赵西卜. 2010. 财务会计学. 北京：中国人民大学出版社.

［8］ 黄晓义，毛晋楠.2007-9-10. 投资收益虚增利润.成都商报

［9］ 刘永泽. 2009. 中级财务会计. 大连：东北财经大学出版社.

［10］ 新华社.2013-10-27. 李克强推出注册资本登记制度改革. news.xinhuanet.com/politics/2013-10/27c_117888946. htm [2013-12-19]

［11］ 杨有红，欧阳爱萍. 2009. 中级财务会计. 北京：北京大学出版社.

［12］ 赵德武. 2011. 会计学. 成都：西南财经大学出版社.

［13］ 中国注册会计师协会. 2013a. 财务成本管理. 北京：中国财政经济出版社.

［14］ 中国注册会计师协会. 2013b. 会计. 北京：中国财政经济出版社.

配套资料索取说明

购买本书的读者可在 www.ptpedu.com.cn 注册后下载配套学习资料。

采用本书授课的老师可发邮件至 13051901888@163.com 或 education_book@163.com 索取配套教学资料。

扫一扫，发邮件
13051901888@163.com

姓　　名：________ 性别：___ 职称：______ 职务：______

办公电话：________ 手机：__________ 电子邮箱：________

学　　校：________________________ 院　　系：________

通信地址：________________________ 邮　　编：________

本课程开设于____学年____学期，原采用________出版社出版主编的《________》为本课程教材，________专业_____个班共_____人使用该教材。

证 明 人：________ 办公电话：__________ 手机：__________ 电子邮箱：________

21 世纪高等院校经济管理类规划教材

已出版教材

书　名	主　编	书　号	编辑推荐
管理学——原理与实务（第 2 版）	李海峰	978-7-115-35395-5	2013 年陕西普通高校优秀教材二等奖；提供课件、教案、实训说明、教学体会、案例分析集（文字、视频）、习题集及参考答案、补充阅读，作者开通有教学博客
生产运作管理	程国平	978-7-115-28840-0	内容全面、注重实务、案例丰富；提供课件、教案、习题答案、模拟试卷和教学案例集
公司文化管理	吴柏林	978-7-115-37650-3	专题学习网站同步展示授课视频、电子课件和教学大纲；提供课件、大纲、教学方案、答案、教学视频案例、试卷等
客户关系管理理论与应用	栾　港	978-7-115-39343-2	60 组案例助力理论联系实际，33 个二维码打通网络学习通道，在线 Xtools 软件方便实践训练；提供课件、教案、教学日历、免费教学账号、习题库、试卷等
组织行为学	丁　敏	978-7-115-27265-2	精品课程配套教材，注重实用性；提供课件、教案、模拟试卷
经济学基础	邓先娥	978-7-115-39039-4	近 300 个实例连接理论与生活，130 余个二维码打通网络学习通道，70 余项扩展阅读指南指引学习方向；提供课件、教案、答案、文字和视频案例、试卷等
微观经济学（第 2 版）	胡金荣	978-7-115-39400-2	简明易懂，关注热点；二维码扩展网络视野；提供课件、答案、案例、试卷
劳动经济学	杨爱元	978-7-115-33309-4	80%以上案例取自中国 2010 年至 2013 年社会现实事件；提供教案、课件、视频案例、参考答案、补充教学素材、模拟试卷
财务管理	王积田	978-7-115-28482-2	吸收相关学科的最新成果，与企业财务管理实践接轨；提供课件、习题答案、试卷
中级财务会计（第 2 版）	吴学斌	978-7-115-33887-7	四川省“十二五”普通高等教育本科规划教材；涉及营改增等最新知识点；章后设置大量习题并提供电子版习题集；提供课件、教案、案例库、试卷等资料
中级财务会计教程	裴永浩	978-7-115-35981-0	提供课件、答案、试卷，《财务会计实训教程》为本书配套实训教材
财务会计实训教程（上、下册）	裴永浩	978-7-115-32580-8	上册包括实训常用知识和实训要求，下册提供实训用账簿、凭证、报表等；提供答案、部分电子稿、课件、教案
成本会计（第 2 版）	张　林	978-7-115-39288-6	近百道例题详解要点，近 450 道习题助力读者学习，20 项计算题例释详解计算难点；提供课件、教案、答案、试卷等

续表

书　名	主　编	书　号	编辑推荐
审计理论与实务	崔　飚	978-7-115-31064-4	紧扣资格考试大纲，注重案例解读；提供课件、教学大纲、习题集及参考答案、模拟试卷
应用统计学（第2版）	潘　鸿	978-7-115-38994-7	以Excel为实验软件，适应未来职场需求；提供全套实验资料，提升读者应用能力；提供课件、教案、上机操作数据、常函数实现用统计表、补充阅读资料等
国际市场营销	李　爽	978-7-115-39077-6	80余个实例追求学以致用，80余个二维码拓展读者学习空间；提供课件、教案、案例（文字、视频）、实训资料、答案、试卷
国际贸易理论与政策	毛在丽	978-7-115-37138-6	包括新新贸易理论等新内容，将非关税措施分为技术性和非技术性两类，提供课件、教案、答案、试卷和教学案例等
国际贸易实务	吕　杜	978-7-115-37235-2	提供课件、答案、单证样本、习题集、模拟试卷、模拟操作训练材料和常用规则文本等
中国对外贸易	杨清震	978-7-115-39436-1	近百个案例/讨论追求实践应用，近80个二维码开拓网络学习空间；提供课件、补充教学案例、参考答案和模拟试卷等
报关实务	朱占峰	978-7-115-28352-8	提供上百个课件用视频和课件、教案、习题答案、模拟试卷等资料；内容紧跟《报关员资格考试大纲》，侧重实务
电子商务概论（第2版）	白东蕊	978-7-115-32117-6	2013年度山西省省级资源共享课程配套教材；强调实践与实训；提供课件、教案、实训资料、习题库、案例集（含视频案例）
电子商务概论	仝新顺	978-7-115-38748-6	七十余个二维码拓展学习空间，近百组案例、实训促进学练结合；提供大纲、课件、案例（文字、视频）、自测试题、试卷等
商品学	陈文汉	978-7-115-35374-0	将服务商品纳入研究范围；大量采用2013年的现实案例；提供电子课件、教学大纲、习题答案、模拟试卷
金融法	李良雄 王琳雯	978-7-115-30980-8	吸收截至2012年12月的最新法律法规，高度融合职业资格考试要求，提供课件、教案、视频案例、习题答案、补充练习题
现代金融学	刘　伟	978-7-115-36897-3	提供教学大纲、课件、答案、习题库和试卷等
保险学	刘永刚	978-7-115-31048-4	以大量案例解读相关内容，提供课件、教案、习题答案、教学补充案例和模拟试卷
证券投资学（第2版）	杨兆廷 刘　颖	978-7-115-34302-4	河北省省级精品课程配套教材；根据2013年证券业变化调整相应内容，集合证券业从业资格考试重点，提供课件、教案、视频案例、答案、补充学习资料等
证券投资学	陈文汉	978-7-115-28271-2	针对非金融类读者，内容紧跟时代；提供课件、教案、视频教学案例、习题答案、模拟试卷
外汇交易原理与实务（第2版）	刘金波	978-7-115-38372-3	着重突出外汇实际业务，二维码打造立体化阅读环境，参照实验指导可进行外汇交易模拟操作；提供课件、教案、答案、试卷、习题册、实训指导
期货交易实务	曾啸波	978-7-115-39021-9	80余个二维码拓展无限学习空间，百张图表、40个案例/讨论突出实务操作；提供课件、教案、大纲、教学要点、视频指导、最新数据、参考答案、补充习题库、试卷等
国际金融理论与实务（第2版）	孟　昊	978-7-115-34697-1	新增国际资本流动管理等内容；提供课件、大纲、教案、习题库、试卷库、视频案例库等
金融专业英语	刘铁敏	978-7-115-39042-4	旁注、尾注和大量练习提升学习效率，以二维码指出丰富的网络学习资源；提供课件、部分译文、习题答案和试卷等
财政学	唐祥来	978-7-115-31521-2	以丰富的案例提升学习兴趣，提供课件、教案、习题答案、教学案例（文字、视频）和试卷等
商务礼仪	王玉苓	978-7-115-36091-5	图文并茂，追求学以致用；提供教案、课件、答案、补充教学案例（文字、视频）、课外阅读资料等
现代社交礼仪（第2版）	闫秀荣	798-7-115-25681-2	图文并茂，二维码链接网络资源；提供课件、教案、教学案例（文字、视频）、实训手册、练习题及参考答案等
商务沟通与谈判	张守刚	978-7-115-23786-6	能实现学生课堂教学与课外学习的统一，提供配套教学网站、教案、课件